21世纪高等院校财经管理系列实用规划教材

管理运筹学

（第2版）

主　编	关文忠	重庆三峡学院
	韩宇鑫	辽宁工业大学
副主编	郭艳丽	太原科技大学
	马越峰	内蒙古科技大学
	刘　雷	平顶山工学院
主　审	胡运权	哈尔滨工业大学

北京大学出版社
PEKING UNIVERSITY PRESS

内 容 简 介

本书系统地介绍了线性规划、目标规划、图与网络模型、动态规划、存储论、排队论、决策分析、对策论等各分支的主要理论和方法，并通过案例介绍各类模型在管理实际中的应用。各章附有习题、案例及实验。本书还进行了立体化教材建设，包括：《管理运筹学实验指导书》、《管理运筹学学习指导书》、课件及自编软件 ExcelORM，并通过课程网站提供资料下载。

本书可作为高等院校财经管理专业及相关专业运筹学课程教材，也可供从事实际工作的管理人员、企业家、经营者等学习参考。

图书在版编目(CIP)数据

管理运筹学/关文忠，韩宇鑫主编．—2版．—北京：北京大学出版社，2011.8
（21世纪高等院校财经管理系列实用规划教材）
ISBN 978-7-301-19351-8

Ⅰ．①管⋯ Ⅱ．①关⋯②韩⋯ Ⅲ．①管理学：运筹学—高等学校—教材 Ⅳ．①C931.1

中国版本图书馆 CIP 数据核字（2011）第 160411 号

书　　　名：	管理运筹学（第 2 版）
	GUAN LI YUNCHOUXUE (DI - ER BAN)
著作责任者：	关文忠　韩宇鑫　主编
策划编辑：	李　虎　王显超
责任编辑：	王显超
标准书号：	ISBN 978-7-301-19351-8/C · 0690
出版发行：	北京大学出版社
地　　　址：	北京市海淀区成府路 205 号　100871
网　　　址：	http://www.pup.cn　新浪微博:@北京大学出版社
电子邮箱：	编辑部 pup6@pup.cn　总编室 zpup@pup.cn
电　　　话：	邮购部 010 - 62752015　发行部 010 - 62750672　编辑部 010 - 62750667
印　刷　者：	北京虎彩文化传播有限公司
发　行　者：	北京大学出版社
经　销　者：	新华书店
	787 毫米×1092 毫米　16 开本　21.25 印张　510 千字
	2007 年 9 月第 1 版　2011 年 8 月第 2 版　2025 年 6 月第 8 次印刷
定　　　价：	59.00 元

未经许可，不得以任何方式复制或抄袭本书之部分或全部内容。
版权所有，侵权必究
举报电话：010 - 62752024　电子邮箱：fd@pup.cn
图书如有印装质量问题，请与出版部联系，电话：010 - 62756370

第 2 版前言

运筹学是一门以人机系统的组织、管理为对象，应用数学和计算机等工具来研究各类有限资源的合理规划、使用并提供优化决策方案的科学，是财经管理类各专业本、专科生和研究生层次的主干课、学位课。

本书从适应财经管理类专业培养学生应用能力需要出发，系统地介绍线性规划、目标规划、图与网络模型、动态规划、存储论、排队论、决策分析、对策论等各分支的主要理论和方法，并通过案例介绍各类模型在管理实际中的应用。

本书第 1 版于 2007 年 9 月由北京大学出版社和中国林业出版社联合出版。与第 1 版相比，第 2 版具有以下新特点。

（1）为体现知识的完整性和系统性，将线性规划及对偶问题拆分为线性规划和对偶规划两章；对目标规划进行了全面改写；增加了存储论和排队论；决策分析增加了帕累托最优和灵敏度分析；对策论增加了纳什均衡。根据教学实践并参考最近出版的运筹学及相关图书的精华，对案例、习题进行了更新。

（2）工具软件的使用从只介绍 Excel 扩展到介绍 Excel、WinQSB 和 Lingo。为便于阅读 WinQSB 中间运行结果，单纯形表表式与 WinQSB 中单纯形表表式相一致。

（3）进行了立体化教材建设：一是编写了《管理运筹学实验指导书》，较详细地介绍了 Excel、WinQSB 和 Lingo 3 种工具软件的使用；二是编写了《管理运筹学学习指导书》，包括知识要点、习题详解和部分考研真题解答；三是制作了电子课件；四是升级了自编软件 ExcelORM，不仅可自动生成运筹学 Excel 模型，还可自动生成 Lingo 程序。上述资料可通过课程网站 http://blog.sina.com.cn/guanwenzhong 下载。

本书共分 13 章，内容包括绪论、线性规划、对偶规划、整数规划及分配问题、运输问题、目标规划、图与网络模型、计划评审技术与关键路线法、动态规划、存储论、排队论、决策分析、对策论。本书第 1、2、3 章由韩宇鑫修编；第 4、6、7、8、9、10、11、12 章由关文忠修编；第 5 章由马越峰修编；第 13 章由刘雷修编。本书由关文忠统稿，郭艳丽对全书进行了详细校对，关文忠和韩宇鑫担任主编。本书建议学时为 64 学时。

与本书配套的《管理运筹学实验指导书》、《管理运筹学学习指导书》、自编软件 ExcelORM、课件均由关文忠编写、开发与制作。

著名运筹学专家、哈尔滨工业大学博导胡运权教授担任本书主审，在此，我们表示最诚挚的感谢！北京大学出版社第六事业部林章波主任对本书进行了审阅，王显超老师对本书的编写给予了支持，他们都提出了宝贵的意见，在此，我们表示衷心感谢！在编写过程中，参考了国内外有关文献，在此对这些文献的作者一并表示感谢！

鉴于水平有限，书中缺点和错误在所难免，殷切希望同行、专家和读者批评指正。

编　者

2011 年 6 月

目 录

第1章　绪论 …………………………… 1
  1.1　决策与定量分析 …………………… 2
  1.2　运筹学在经济管理领域的应用 …… 3
  1.3　管理运筹学模型 …………………… 4
  1.4　运筹学发展趋势 …………………… 5

第2章　线性规划 ……………………… 6
  2.1　线性规划问题与模型 ……………… 7
    2.1.1　线性规划问题的提出 ………… 7
    2.1.2　线性规划的数学模型 ………… 8
    2.1.3　线性规划标准模型 …………… 10
  2.2　图解法 ……………………………… 12
    2.2.1　线性规划几何解的有关
           概念 ……………………………… 12
    2.2.2　图解法基本步骤 ……………… 13
    2.2.3　线性规划几何解的讨论 ……… 14
  2.3　单纯形法 …………………………… 14
    2.3.1　线性规划解的有关概念及
           性质 ……………………………… 14
    2.3.2　单纯形法 ……………………… 15
  2.4　人工变量法 ………………………… 21
  2.5　线性规划应用举例 ………………… 22
  本章小结 ………………………………… 30
  习题 ……………………………………… 31

第3章　对偶规划 ……………………… 37
  3.1　线性规划的对偶模型 ……………… 38
    3.1.1　对偶问题 ……………………… 38
    3.1.2　对偶模型 ……………………… 39
    3.1.3　对偶问题的基本性质 ………… 41
  3.2　对偶单纯形法简介 ………………… 42
  3.3　影子价格 …………………………… 45
  3.4　灵敏度分析 ………………………… 46
    3.4.1　价值系数 c_j 的变化分析 …… 47
    3.4.2　右端常数 b_i 的变化分析 …… 48
    3.4.3　增加一个新变量的分析 ……… 49
    3.4.4　增加新的约束条件的
           分析 ……………………………… 50
  3.5　如何看计算机求解报告 …………… 51
  本章小结 ………………………………… 54
  习题 ……………………………………… 55

第4章　整数规划及分配问题 ………… 58
  4.1　整数规划 …………………………… 59
    4.1.1　整数规划的概念 ……………… 59
    4.1.2　分枝定界法的基本
           原理* …………………………… 60
    4.1.3　利用 WinQSB、Excel 和
           Lingo 求解整数规划 ………… 61
  4.2　0—1规划 …………………………… 63
    4.2.1　0—1规划的概念 ……………… 63
    4.2.2　0—1规划的隐枚举法
           简介* …………………………… 63
    4.2.3　0—1变量在数学建模中的
           用途 ……………………………… 64
  4.3　分配问题 …………………………… 69
    4.3.1　分配问题数学模型 …………… 70
    4.3.2　分配问题的解题方法——
           匈牙利法 ………………………… 71
  本章小结 ………………………………… 75
  习题 ……………………………………… 76

第5章　运输问题 ……………………… 79
  5.1　运输问题的数学模型 ……………… 81
    5.1.1　产销平衡的数学模型 ………… 81
    5.1.2　产销不平衡的数学模型 ……… 82
    5.1.3　非标准形式数学模型的
           标准化 …………………………… 83
  5.2　表上作业法 ………………………… 86
    5.2.1　确定初始基可行解 …………… 87
    5.2.2　解的最优性检验 ……………… 89
    5.2.3　改进运输方案的办法 ………… 90
    5.2.4　如何找多个最优方案 ………… 91
  5.3　运输问题的计算机求解 …………… 92
    5.3.1　利用 WinQSB 求解运输
           问题 ……………………………… 92
    5.3.2　利用 Lingo 求解运输
           问题 ……………………………… 94

  5.3.3 利用 Excel 求解运输
     问题 ……………………… 95
 5.4 运输问题应用举例 ………… 96
本章小结 …………………………… 101
习题 ………………………………… 102

第 6 章　目标规划 ………………… 106

 6.1 目标规划的数学模型 ……… 107
  6.1.1 基本概念 …………… 108
  6.1.2 目标规划的数学模型 … 110
 6.2 目标规划的基本解法 ……… 112
  6.2.1 图解法 ……………… 113
  6.2.2 用单纯形法求解目标
     规划 ………………… 114
  6.2.3 序贯算法及 Lingo 操作 … 116
  6.2.4 利用 WinQSB 求解目标
     规划 ………………… 117
 6.3 目标规划应用举例 ………… 119
本章小结 …………………………… 124
习题 ………………………………… 125

第 7 章　图与网络模型 …………… 129

 7.1 图的若干示例和基本概念 … 131
  7.1.1 图的若干示例 ……… 131
  7.1.2 图的基本概念 ……… 132
 7.2 树图及图的最小支撑树 …… 133
  7.2.1 树图的概念和性质 … 133
  7.2.2 最小支撑树的求法——
     避圈法和破圈法 …… 134
  7.2.3 应用 WinQSB 求最小
     支撑树 ……………… 136
 7.3 最短路问题 ………………… 138
  7.3.1 求两点间最短路的 Dijkstra
     标号算法 …………… 139
  7.3.2 利用 WinQSB 求解两点间
     最短路 ……………… 142
  7.3.3 求网络各点之间最短路的
     矩阵计算法* ………… 143
  7.3.4 求网络各点之间最短路的
     Excel 操作 …………… 145
 7.4 中国邮递员问题 …………… 147
 7.5 网络最大流问题 …………… 148
  7.5.1 基本概念 …………… 149
  7.5.2 最大流问题 Ford—Fulkerson
     标号算法 …………… 151
  7.5.3 利用 Lingo 求解最大流
     问题 ………………… 153
 7.6 最小费用流问题* …………… 155
  7.6.1 最小费用流的数学模型 … 155
  7.6.2 最小费用最大流的标号
     算法 ………………… 157
本章小结 …………………………… 160
习题 ………………………………… 161

第 8 章　计划评审技术与关键
　　　　路线法 ………………… 165

 8.1 PERT 网络图 ……………… 167
  8.1.1 PERT 网络图的一些基本
     概念 ………………… 167
  8.1.2 绘制 PERT 网络图的
     规则 ………………… 168
 8.2 PERT 网络图时间参数的计算 …… 169
  8.2.1 工序时间 $t(i,j)$ 的
     确定 ………………… 170
  8.2.2 开始与结束时间 …… 170
  8.2.3 工序时差与关键路线 … 171
 8.3 网络计划的优化 …………… 173
  8.3.1 时间优化 …………… 174
  8.3.2 费用优化 …………… 174
  8.3.3 网络计划的资源优化 … 176
本章小结 …………………………… 178
习题 ………………………………… 180

第 9 章　动态规划 ………………… 183

 9.1 动态规划的概念和原理 …… 186
  9.1.1 动态规划的基本概念 … 186
  9.1.2 动态规划的最优化原理 … 189
 9.2 动态规划的模型和求解 …… 190
  9.2.1 动态规划模型的建立 … 190
  9.2.2 动态规划问题的解法 … 192
 9.3 应用举例 …………………… 193
本章小结 …………………………… 205
习题 ………………………………… 206

目 录

第 10 章 存储论 …………………… 209

- 10.1 基本概念 …………………… 211
  - 10.1.1 存储系统 …………… 211
  - 10.1.2 存储策略 …………… 211
  - 10.1.3 存储系统的费用构成 …………………… 213
- 10.2 确定性存储模型 …………… 214
  - 10.2.1 模型Ⅰ：不允许缺货，即时补充的 EOQ 模型 …………………… 214
  - 10.2.2 模型Ⅱ：不允许缺货，生产需一定时间的 EOQ 模型 …………………… 216
  - 10.2.3 模型Ⅲ：允许缺货，即时补充的模型 …… 217
  - 10.2.4 模型Ⅳ：允许缺货，生产需一定时间的 EOQ 模型 …………………… 218
  - 10.2.5 模型Ⅰ~Ⅳ的 WinQSB 求解 …………… 220
  - 10.2.6 模型Ⅴ：价格有折扣的存储模型 …………… 222
- 10.3 随机性存储模型 …………… 223
  - 10.3.1 模型Ⅵ：需求是离散的随机存储模型 …… 223
  - 10.3.2 模型Ⅶ：需求是连续的随机存储模型 …… 225
- 本章小结 …………………… 227
- 习题 …………………… 227

第 11 章 排队论 …………………… 230

- 11.1 基本概念 …………………… 232
  - 11.1.1 排队系统的一般表示 …………………… 232
  - 11.1.2 排队系统的三个特征 …………………… 232
  - 11.1.3 排队系统模型的分类 …………………… 234
  - 11.1.4 排队系统的主要性能指标 …………………… 235
  - 11.1.5 排队系统的输入和输出 …………………… 236
- 11.2 生死过程 …………………… 242
- 11.3 单服务台排队系统模型 …… 243
  - 11.3.1 标准的 M/M/1/∞/∞ 系统 …………………… 243
  - 11.3.2 系统容量有限的 M/M/1/N/∞ 系统 …… 246
  - 11.3.3 顾客源有限的 M/M/1/∞/m 系统 …… 248
- 11.4 多服务台排队系统模型 …… 250
  - 11.4.1 标准的 M/M/s/∞/∞ 系统 …………………… 250
  - 11.4.2 系统容量有限的 M/M/s/N/∞ 系统 …… 252
  - 11.4.3 顾客源有限的 M/M/s/∞/m 系统 …… 253
- 11.5 其他排队系统模型 ………… 255
  - 11.5.1 一般服务时间 M/G/1 模型 …………………… 255
  - 11.5.2 定长服务时间 M/D/1 模型 …………………… 257
  - 11.5.3 埃尔朗服务时间 M/E_k 模型 …………………… 257
  - 11.5.4 具有优先服务权的排队模型 …………………… 258
- 11.6 排队系统的优化 …………… 258
  - 11.6.1 M/M/1 模型中的最优服务率 …………………… 259
  - 11.6.2 M/M/s 模型中的最优服务台数 …………………… 261
- 本章小结 …………………… 262
- 习题 …………………… 264

第 12 章 决策分析 ………………… 268

- 12.1 决策分类与决策过程 ……… 269
  - 12.1.1 决策的分类 ………… 269
  - 12.1.2 决策过程 …………… 270
- 12.2 不确定型决策 ……………… 271
- 12.3 风险型决策 ………………… 274
  - 12.3.1 风险型决策：收益最大化与风险最小化 …… 274
  - 12.3.2 信息的价值 ………… 276
  - 12.3.3 序贯决策及决策树 … 276

12.4 贝叶斯决策 …………………… 277
　　12.4.1 贝叶斯决策的基本
　　　　　概念 …………………… 277
　　12.4.2 案例 …………………… 277
12.5 决策分析中的效用度量 ……… 281
　　12.5.1 效用的概念 …………… 281
　　12.5.2 效用曲线的确定 ……… 282
12.6 帕累托最优 …………………… 284
12.7 灵敏度分析 …………………… 285
本章小结 ……………………………… 286
习题 …………………………………… 287

第 13 章 对策论 …………………… 292

13.1 对策论的基本概念 …………… 293
　　13.1.1 对策模型的基本
　　　　　要素 …………………… 294
　　13.1.2 对策问题的分类 ……… 295
13.2 矩阵对策的纯策略 …………… 297
　　13.2.1 超优原则 ……………… 297
　　13.2.2 最大最小原则 ………… 299
13.3 矩阵对策的混合策略 ………… 300
　　13.3.1 混合策略的概念 ……… 300
　　13.3.2 图解法 ………………… 303
　　13.3.3 线性规划法 …………… 304
13.4 纳什均衡 ……………………… 307
　　13.4.1 纯策略纳什均衡的
　　　　　划线法 ………………… 308
　　13.4.2 混合策略纳什均衡的
　　　　　LP 方法 ………………… 309
13.5 应用举例 ……………………… 310
本章小结 ……………………………… 314
习题 …………………………………… 315

部分习题参考答案 …………………… 318

参考文献 …………………………… 326

附录 ………………………………… 327

第 1 章 绪 论

运筹学简称为 OR，英语全称为 Operational Research（英国）或者是 Operations Research（美国），中国科学工作者从《史记·高祖本记》"夫运筹于帷幄之中，决胜于千里之外"一语中，摘取"运筹"作为 O.R 的意译，含义是运用筹划，出谋献策，以策略取胜。

运筹学作为一门应用科学，至今还没有统一的定义。而管理运筹学从管理实践出发将运筹学看做解决实际问题的方法，不妨借鉴管理百科全书运筹学的定义："运筹学是应用分析、试验、量化的方法，对经济管理系统中的人力、物力、财力等资源进行统筹安排，为决策者提供有依据的最优量化方案，实现最有效地管理。"当然，运筹学也适用于其他领域。为表示区别，本书取名为管理运筹学。

在人类历史的长河中，运筹谋划的思想俯拾皆是，经典的运筹谋划案例也不鲜见。我国古代就有很多运筹学思想方法的典故，公元6世纪春秋时期著名的《孙子兵法》，战国时期的"田忌齐王赛马"，刘邦、项羽的楚汉相争，北宋丁渭皇宫修复工程的系统规划，秦国李冰都江堰水利工程等充分说明了我国很早就有朴素的运筹思想和方法。欧美运筹学的历史可追溯到 20 世纪前叶，1914 年提出了军事运筹学中的兰彻斯特（Lanchester）战斗方程；1917 年排队论的先驱者丹麦工程师爱尔朗（Erlang）在哥本哈根电话公司研究电话通信系统时，提出了排队论的一些著名公式；20 世纪 20 年代初提出了存储论的最优批量公式；20 世纪 30 年代，在商业方面列温逊（Le venson）已经运用运筹思想来分析商业广告和顾客心理等。

运筹学作为一门数学学科，用纯数学的方法来解决最优方法的选择安排，却是在 20 世纪 40 年代才开始兴起的一门分支。在第二次世界大战期间，英国波得塞雷达站负责人 A·P·洛维（A. P. Rowe）为了解决防空作战系统的运行问题专门成立了一个由各方面学者、专家组成的研究小组，并以"O.R"命名这种研究活动，研究的典型课题有：雷达系统有效防空问题，护航舰队保护商船队的编队问题，大西洋反潜战问题等。

第二次世界大战之后，在英、美军队中相继成立了正式运筹研究组织，以兰德公司（LAND）为首的一些部门开始着重研究战略性问题。例如，为美国空军评价各种轰炸机系统，讨论未来的武器系统和未来战争的战略等；研究苏联的军事能力及未来的预报等，运筹学的研究与应用范围主要是与战争相关的战略、战术方面的问题。

随后，从事这些活动的许多专家转到了经济部门、民用部门，大学或研究所，继续从事决策的数量方法研究，运筹学很快推广到了工业企业和政府工作的各个方面，从而促进了运筹学有关理论和方法的研究和实践，运筹学迅速发展并逐步成熟起来。运筹学作为一门学科主要在这两个方面得到发展：其一，运筹学快速形成了许多分支，比如数学规划（又包含线性规划；非线性规划；整数规划；组合规划等）、图论、网络流、决策分析、排队论、可靠性数学理论、库存论、对策论、搜索论、模拟等。1947 年，美国数学家 G•B•丹捷格（G. B. Dantzig）求解线性规划问题的单纯形法（Simple Method）是运筹学史上最重大进展之一；其二，电子计算机迅猛发展和广泛应用，使得运筹学的方法能及时、成功地解决大量经济管理中的决策问题，计算机的发展推进了运筹学的发展、普及和应用。世界上不少国家已成立了致力于该领域及相关活动的专门学会，美国于 1952 年成立了运筹学会，并出版期刊《运筹学》，世界其他国家也先后创办了运筹学会与期刊，1957 年成立了国际运筹学协会。

1.1　决策与定量分析

决策是人们在政治、经济、技术和日常生活中普遍存在的一种选择方案的行为，是管理过程中经常发生的一种活动。决策活动在管理问题解决的过程中占据极其重要的地位。正如诺贝尔奖获得者西蒙所说的"管理就是决策"，决策就是为了实现某一特定目标，借助于一定的科学手段和方法，从两个或两个以上的可行方案中选择一个最优方案，并组织实施的全部过程。

决策的过程一般包括如下步骤。

（1）确定决策目标。决策目标是指在一定的外部环境和内部环境条件下，在市场调查和研究的基础上所预测达到的结果。决策目标是根据所要解决的问题来确定的，因此，必须把握住所要解决问题的要害。只有明确了决策目标，才能避免决策的失误。

（2）拟订备选方案。决策目标确定以后，就应拟订达到目标的各种备选方案。拟订备选方案，第一步是分析和研究目标实现的外部因素和内部条件，积极因素和消极因素，以及决策事物未来的运动趋势和发展状况；第二步是在此基础上，将外部环境的不利因素和有利因素、内部业务活动的有利条件和不利条件等，同决策事物未来趋势和发展状况的各种估计进行排列组合，拟订出实现目标的方案；第三步是将这些方案同目标要求进行粗略的分析对比，权衡利弊，从中选择出若干个利多弊少的可行方案，供进一步评估和抉择。

（3）评价备选方案。备选方案拟订以后，随之便是对备选方案进行评价，评价标准是看哪一个方案最有利于达到决策目标。评价的方法通常有 3 种：经验判断法、数学分析法和试验法。

（4）选择方案。选择方案就是对各种备选方案进行总体权衡后，由决策者挑选一个最好的方案。

对于决策的 4 个步骤，其前两个步骤，即确定决策目标和拟订备选方案，归结为形成问题的阶段；其后两个步骤，即评价备选方案和选择方案归结为分析问题阶段。在分析问题阶段，可以进行定性和定量分析。定性分析要基于管理者的判断和经验，当管理者对决策的问题具有丰富经验或者所决策的问题相对比较简单时，问题的决策就要倚重于定性分析；反之，当管理者缺乏经验或者所解决的问题相对复杂时，那么定量分析在管理者最后决策中将担任非常重要的角色。

定量分析就是基于能刻画问题本质的数据和数量关系，建立能描述问题的目标、约束及其关系的数学模型，通过一种或多种数量方法，找到最好的解决方案。定量分析方法对于管理者正确决策十分重要，提高定量分析能力需要学习管理运筹学的思想和方法，了解管理运筹学在决策中的地位，不断运用管理运筹学解决实践中出现的问题等。

1.2 运筹学在经济管理领域的应用

运筹学早期的应用主要集中在军事领域，在第二次世界大战之后，运筹学的应用转向了民用领域。随着科学技术的发展和生产力水平的提高，运筹学的应用呈现出从工程系统日渐向社会经济系统扩展，渗透到诸如服务、搜索、人口、对抗、控制、时间表、资源分配、厂址定位、能源、设计、生产、可靠性等各个方面，发挥了越来越重要的作用。

作为管理五大职能之一的决策过程，往往是通过定性或定量的方法来进行。为了提高管理者的决策能力，可以通过管理者的实践和经验的积累，不断提高其定性分析的能力。而其定量分析能力的提高则需要学习运筹学的思想与方法，管理者掌握了运筹学，并了解管理运筹学在决策过程中的重要地位，这将对提高其决策的能力水平有极大的帮助。运筹学在管理领域的应用涉及以下几个方面。

（1）市场营销。包括市场预测、市场调查、媒体选择、广告预算、产品定价、新产品的引入和开发、销售计划、市场模拟研究等。

（2）财务管理。包括投资组合优化、投资决策、财务计划、成本核算、成本—效益分析、证券管理、现金管理等。

（3）生产运作。包括外购/自制生产决策、生产总体计划，工程计划、赶工问题、任务指派、产品配方等，要求从总体确定生产、存储和劳动力的配合规划以适应波动的需求计划。主要用线性规划、整数规划以及模拟方法来解决此类问题。此外还有运筹学在生产作业计划、日程表的编排、合理下料、配料问题、物料管理等方面的应用。

（4）物资运输。涉及航运、水运、公路运输、铁路运输规划和调度系统、管道运输、厂内运输线路的设计，配送系统的设计，物资的调拨、运输工具的调度等。

（5）组织人事管理。可以用运筹学方法对人员的需求和获得情况进行人才需求预测、建立人才拥有量模型、人才规划模型、制订人才培训计划，进行人才结构分析，建立人才评价体系，从事人才开发、引进策略、激励机制的研究等。

（6）计算机应用和信息系统开发。运筹学中的数学规划方法、网络图论、排队论、存储论、模拟与仿真方法等均起到巨大作用。例如风险分析模拟、排队系统模拟、库存系统模拟、飞机票预订模拟等。

(7) 宏观经济系统。国家经济发展战略、综合发展规划、经济指标体系、投入产出分析、积累与消费比例分析、产业结构分析、消费结构分析、价格系统分析、资源合理配置、经济政策分析以及综合国力分析等。

另外，运筹学还成功地应用于设备维修、更新和可靠性研究、项目的选择与评价；工程优化设计；信息系统的设计与管理以及各种城市紧急服务系统的设计与管理。

1.3 管理运筹学模型

运筹学的应用其实质在于模型的建立和求解，如果说辅助决策是运筹学应用的核心，建立模型是运筹学方法的精髓。建立数学模型就是将现实世界中的原型概括形成数学模型的过程。围绕着模型的建立、修正与应用，运筹学的研究可划分为以下步骤。

(1) 阐明问题。阐明问题就是需要分析问题的目标结构、价值观念、约束条件、备选方案、方案后果以及人们对后果的反应。在阐明问题时，尽管分析的方法很粗略，甚至完全凭直观判断，但是这些工作决定着今后的分析过程，如模型的构造，备选方案的确定，后果的可行性分析等，重要性已经为越来越多的专家所接受。阐明问题主要包括问题性质和问题条件两部分内容。问题的性质主要是弄清各种相互关联问题形成问题域，也就是全面掌握问题的结构、过程和态势。工作人员通过对话，描述存在的问题、问题的提出者、决策者、达到的目标，了解他们的价值观和相关的问题、环境等。问题的条件分析主要弄清解决问题所需要的资源。涉及资源的分配问题、分配者的职权、作用、资源使用的监督、控制等。如在管理中，对人力、设备、材料、资金的利用安排均可以归纳为资源的分配利用问题。最后，要检验问题的性质和问题的条件是否匹配，使工作任务和所需资源相当。

(2) 建立模型。一切客观存在的事物及其运动形态统称为实体。模型是对实体的特征及其变化规律的一种表征或者抽象，而且往往是对实体中那些所要研究特定规律的抽象。可以说，模型将对象实体通过适当的过滤，用适当地表现规则描绘出的简洁的模仿品。模型的正确建立是运筹学研究的关键，是一项将实际问题、经验、科学方法三者有机结合的创造性工作。一般建立模型时，尽可能选择建立数学模型，但是，当问题中的各种关系难于用数学语言描绘时，或问题中的随机因素较多时，可以建立一个模拟模型。

(3) 模型求解。利用数学方法或其他工具对模型求解。在这一步应充分考虑现有的计算机应用软件是否适应模型的条件，解的精度及可行性是否能够达到需要。若没有现成可直接应用的计算机软件，则需要考虑计算机软件的开发。目前能够用作运筹学求解的软件较多，如 WinQSB、MATLAB、Lingo 等，但人们最熟悉的系统还是 Office 组件 Excel，而且凡是有计算机的一般都装有 Office 系统，Excel 中的"规划求解"模板，可以求解运筹学中的大部分问题。

(4) 解的检验(验证)。收集实际问题的数据，把有效性试验和实行方案所需的数据收集起来加以分析，研究输入的灵敏性，从而可以更准确地估计得到的结果。验证在运筹学的研究与应用中的重要性无论怎样强调都不会过分。验证包括两个方面：第一是确定验证模型，包括为验证一致性、灵敏性、似然性和工作能力而设计的分析和实验；第二是验证的进行，即把前一步收集的数据用来对模型作完全试验。这样一种试验的结果，往往使模型必须重新设计，并要求相联系的重编程序。

（5）方案的实施。一项研究的真正困难往往在解方案实施的这最后一步。很多问题常常在这时暴露出来，他们会涉及研制方案的全过程。因此，必须由参与整个过程的有关人员参与才能解决。

1.4 运筹学发展趋势

当今的世界正进入一个信息时代，时代的需要推动着运筹学的发展，运筹学很快融合了系统科学与社会学、经济学、计算机技术、行为科学、人工智能技术以及其他学科的知识，使得运筹学发展更进入一个崭新阶段。美国前运筹学会主席邦德(S. Bonder)认为，运筹学应在三个领域发展：运筹学应用、运筹科学、运筹数学，并强调在协调发展的同时重点发展前两者。到20世纪70年代中期，运筹数学已形成一个强有力的分支，对问题的数学描述已相当完善，却忘掉了运筹学的原有特色，忽视了对多学科的横向交叉联系和解决实际问题的研究。著名运筹学家丘奇曼说："运筹学成了学术性的模型"，而不是现实世界"模型"。运筹学所研究的对象已经从偏工程性质、运行机理比较明显的硬系统转向由经济、技术、社会、生态和政治因素交叉在一体的软系统，针对这种状况，切克兰特(P. B. Checkland)从方法论上对此进行了划分。他把传统的运筹学方法称为硬系统思考，认为它适合解决那种结构明确的系统的战术及技术问题，而对于结构不明确的、有人参与活动的系统就要采用软系统思考的方法。运筹学与经济学、社会学、心理学、计算数学、系统科学等学科相融合而形成软运筹学，软运筹学是运筹学发展的必然产物，尽管还很不成熟，但却有潜在的生命力。软运筹学方法的发展，将在各个领域推动运筹学的实际运用和充分发挥效益，在理论和方法上为运筹学创造出一个新的境界。

第 2 章 线性规划

教学目标

知识目标	技能目标	应用方向
1. 理解下列核心概念 线性规划（LP）目标函数、约束集合、可行解、可行域、最优解、最优值、基、基变量、非基变量、基解、基可行解、可行基 2. 理解 LP 建模步骤，会建立 LP 模型 3. 熟练掌握 LP 的基本解法 (1)图解法　(2)单纯形法　(3)大 M 法	1. 能对管理中遇到的实际问题，正确建立 LP 模型 2. 至少掌握一种软件求解 LP 的最优解（Lingo，WinQSB 或 Excel）	合理组织人、财、物力的单目标最优化问题

知识结构

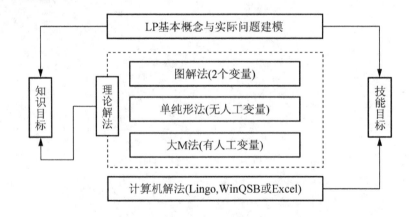

导入案例

企业生产方案选择

某企业在生产计划中,计划生产甲、乙两种产品。这两种产品需要分别在 A、B 两种不同设备上加工。每件产品的工时消耗定额、每种设备的生产能力、每件产品的计划利润如表 2-1 所示。问在计划期内如何安排生产方案,使总利润为最大?

表 2-1 产品数据表

	产品甲	产品乙	生产能力
设备 A	2	1	10
设备 B	1	1	8
计划利润(元/件)	3	2	

问题:

1. 有几种求解极值的方法,各自适用的条件是什么?
2. 如何建立该问题的数学模型?
3. 利用什么方法对该问题的数学模型求解?

导入案例提出的是求极值问题,在微积分中我们已经学习了求极值的古典方法,应用的前提条件是约束条件可以表示为一系列自变量的函数。但是在导入案例中,变量的取值要受到一系列条件的限制,求解这类带一系列条件限制的极值问题就是运筹学规划论部分研究的内容。

2.1 线性规划问题与模型

2.1.1 线性规划问题的提出

在社会经济活动中,应该如何合理地组织所拥有的人力、物力、财力等有限资源,达到资源消耗(成本)最少,或者所创造的财富(利润)最多的目的,这就是规划问题。

在导入案例中,生产计划可以这样安排,在计划期内产品甲、产品乙的产量分别为 x_1 和 x_2。因为设备生产能力的约束,产品产量受到限制。设备 A 在计划期内的加工时间为 $2x_1+x_2$,其生产能力为 10 单位,不允许超过,于是有 $2x_1+x_2 \leqslant 10$。对于设备 B 也可以列出类似的不等式:$x_1+x_2 \leqslant 8$。企业的目标是在满足各种设备生产能力约束前提下,使总利润 $z=3x_1+2x_2$ 最大。即:

$$\max z = 3x_1 + x_2$$

$$s.t. \begin{cases} 2x_1 + x_2 \leqslant 10 \\ x_1 + x_2 \leqslant 8 \\ x_1, x_2 \geqslant 0 \end{cases}$$

其中,"max"、"s.t."分别是英文单词"maximize"、"subject to"的缩写,含义是"最大化"和"满足于……"。具体含义:在满足于约束条件的情况下,求使目标函数 z 达到最大时的 $x_j (j=1, 2)$。

通过对导入案例的分析，可以概括出规划问题的数学模型一般包括三个组成要素：决策变量(Decision Variable)、目标函数(Objective Function)和约束条件(Subject To)。决策变量，是决策者为实现规划目标采取的方案、措施，是问题中要确定的未知量。目标函数，是决策者要达到的目标，表示为决策变量的函数。约束条件，决策变量在取值时受到各种稀缺资源的限制，表示为决策变量的等式或不等式。如果决策变量为可控连续变量，目标函数和约束条件是决策变量的线性函数，这类规划模型称作线性规划(Linear Programming, LP)模型(以下均用 LP 表示线性规划)。可以建构 LP 模型的实际问题，称为 LP 问题。LP 问题是运筹学中较早开始研究的一个重要分支。1939 年，前苏联康托洛维奇提出 LP 问题，1947 年美国的丹捷格提出 LP 问题求解的基本方法——单纯形法。

目前，许多经济和管理方面的问题都可成功地归纳为 LP 模型，由于模型的形式相同，解法统一(通常是单纯形解法)，特别在应用了电子计算机后，使得含有大量约束条件和决策变量的 LP 问题求解也变得轻而易举，LP 的应用领域也更加广泛了。

2.1.2 线性规划的数学模型

【例 2.1】 （合理配料问题）希望饲料有限公司为某种动物设计饲养配方。已知此动物的生长速度与饲料中的三种营养成分甲、乙、丙有关，且每头动物每天需要营养甲 85g，乙 5g，丙 18g。现有五种饲料都含有这三种营养成分，每种饲料每公斤所含营养成分及每种饲料成本见表 2-2，需要建立一个 LP 模型求解满足该动物成长所需要的又使成本最低的饲料配方。

表 2-2 饲料配方数据表

饲料	营养甲(元/kg)	营养乙(元/kg)	营养丙(元/kg)	成本(元/kg)
1	0.50	0.10	0.08	2
2	2.00	0.06	0.70	6
3	3.00	0.04	0.35	5
4	1.50	0.15	0.25	4
5	0.80	0.20	0.02	3

解 设 x_j 为每头动物每天饲料配方中第 j 种饲料的重量。

根据题目给定的条件，饲料配方受到营养成分的限制。每公斤饲料中含有营养成分甲、乙、丙的最低重量分别是 85g、5g 和 18g，于是我们可以得到：

关于营养甲的约束条件：$0.50x_1+2.00x_2+3.00x_3+1.50x_4+0.80x_5 \geq 85$

关于营养乙的约束条件：$0.10x_1+0.06x_2+0.04x_3+0.15x_4+0.20x_5 \geq 5$

关于营养丙的约束条件：$0.08x_1+0.70x_2+0.35x_3+0.25x_4+0.02x_5 \geq 18$

另外，各种饲料的重量不可能是负值，即有非负条件 $x_j \geq 0 (j=1,2,3,4,5)$。最后，设计饲料配方追求的目标是饲料的成本最低，目标函数为

$$\min z = 2x_1+6x_2+5x_3+4x_4+3x_5$$

根据上述讨论，目标函数、约束条件均是决策变量 $x_j(j=1,2,3,4,5)$ 的线性函数，再考虑到非负条件，可以建立下列 LP 模型：

$$\min z = 2x_1 + 6x_2 + 5x_3 + 4x_4 + 3x_5$$
$$s.t. \begin{cases} 0.50x_1 + 2.00x_2 + 3.00x_3 + 1.50x_4 + 0.80x_5 \geqslant 85 \\ 0.10x_1 + 0.06x_2 + 0.04x_3 + 0.15x_4 + 0.20x_5 \geqslant 5 \\ 0.08x_1 + 0.70x_2 + 0.35x_3 + 0.25x_4 + 0.02x_5 \geqslant 18 \\ x_j \geqslant 0 (j=1,2,3,4,5) \end{cases}$$

这是一个目标函数最小化的 LP 模型。其中，"min"是英文单词"minimize"的缩写，含义是"最小化"。模型的具体含义：在满足于约束条件的情况下，求使目标函数 z 达到最小时的 $x_j(j=1,2,3,4,5)$。

1. 线性规划模型一般形式

从导入案例和例 2.1 可以看出，虽然分析的问题不同，但它们的 LP 模型具有共同的结构，从而可以归纳出 LP 模型的一般形式：

求一组决策变量 $x_1, x_2, \cdots x_n$ 的值，它表示某一方案，使目标函数
$$\max(\min) z = c_1 x_1 + c_2 x_2 + \cdots + c_n x_n \qquad 式2.1$$
满足约束条件：
$$s.t. \begin{cases} a_{11}x_1 + a_{12}x_2 + \cdots + a_{1n}x_n \leqslant (或 \geqslant, =) b_1 \\ a_{21}x_1 + a_{22}x_2 + \cdots + a_{2n}x_n \leqslant (或 \geqslant, =) b_2 \\ \vdots \\ a_{m1}x_1 + a_{m2}x_2 + \cdots + a_{mn}x_n \leqslant (或 \geqslant, =) b_m \end{cases} \qquad 式2.2$$
$$x_1, x_2, \cdots, x_n \geqslant 0 \qquad 式2.3$$

这就是 LP 模型的一般形式。其中式 2.1 称为目标函数，存在 max 和 min 两种形式。式 2.2、式 2.3 称为约束条件。式 2.2 称为资源约束条件，一般存在 3 种形式："大于等于"、"小于等于"和"等于"。式 2.3 称为非负约束条件，简称非负条件，在表述问题时一般不明确指出，建模时应注意。在实际问题中，有些决策变量允许取任何实数，如资金变量、温度等，不能强制设为非负，应根据实际情况加以确定。

$x_j(j=1,2,\cdots,n)$ 称为决策变量；$c_j(j=1,2,\cdots,n)$ 称为目标函数系数、价值系数或费用系数；$b_i(i=1,2,\cdots,m)$ 称为右端项或资源常数；$a_{ij}(i=1,2,\cdots,m; j=1,2,\cdots,n)$ 称为约束系数或技术系数。

2. 线性规划模型的其他形式

LP 模型的一般形式可以简化为集合形式、向量形式和矩阵形式。

1) 线性规划模型的集合形式

$$\max(\min) z = \sum_{j=1}^{n} c_j x_j$$
$$s.t. \begin{cases} \sum_{j=1}^{n} a_{ij} x_j \leqslant (或 =, \geqslant) b_i (i=1,2,\cdots,m) \\ x_j \geqslant 0 (j=1,2,\cdots,n) \end{cases} \qquad 式2.4$$

2）线性规划模型的向量形式

$$\max(\min) z = \sum_{j=1}^{n} c_j x_j$$
$$s.t. \begin{cases} \sum_{j=1}^{n} p_j x_j \leqslant (或 =, \geqslant) b \\ x_j \geqslant 0 (j=1,2,\cdots,n) \end{cases}$$

式 2.5

其中：$b=(b_1, b_2, \cdots, b_m)^T$　$p_j=(a_{1j}, a_{2j}, \cdots, a_{mj})^T \in R^m$，$(j=1, 2, \cdots, n)$

3）线性规划模型的矩阵形式

$$\max(\min) z = CX$$
$$s.t. \begin{cases} AX \leqslant (或 =, \geqslant) b \\ X \geqslant 0 \end{cases}$$

式 2.6

其中，$X=(x_1, x_2, \cdots, x_n)^T$　$C=(c_1, c_2, \cdots, c_n)$　$A = \begin{bmatrix} a_{11} & a_{12} & \cdots & a_{1n} \\ a_{21} & a_{22} & \cdots & a_{2n} \\ \vdots & \vdots & & \vdots \\ a_{m1} & a_{m2} & \cdots & a_{mn} \end{bmatrix}$

在这里，A 也可以表示为 $A=(p_1, p_2, \cdots, p_n)$。

C 称为目标函数系数向量、价值系数向量或费用系数向量；b 称为右端项或资源常数向量；A 称为约束系数矩阵或技术系数矩阵。

可以看出，线性规划模型具有如下特点：决策变量$(x_1, x_2, \cdots, x_n)$表示要寻求的方案，每一组值就是一个方案；约束条件是用等式或不等式表示的限制条件；一定有一个追求的目标，最大或最小；所有函数都是决策变量的线性函数。

2.1.3　线性规划标准模型

对线性规划模型的一般形式的讨论可知，线性规划模型有多种不同情况：目标函数可以是最大或最小，约束条件可以有大于等于、小于等于或等于 3 种情况。为便于线性规划模型的求解可将线性规划模型的一般形式转化为标准形式，这里规定线性规划标准模型的条件：目标函数最大化、约束条件为等式、决策变量均非负、右端项为非负。

线性规划标准模型的一般表达式：

$$\max z = c_1 x_1 + c_2 x_2 + \cdots + c_n x_n$$
$$s.t. \begin{cases} a_{11} x_1 + a_{12} x_2 + \cdots + a_{1n} x_n = b_1 \\ a_{21} x_1 + a_{22} x_2 + \cdots + a_{2n} x_n = b_2 \\ \vdots \\ a_{m1} x_1 + a_{m2} x_2 + \cdots + a_{mn} x_n = b_m \\ x_1, x_2, \cdots x_n \geqslant 0 \end{cases}$$

式 2.7

线性规划标准模型的矩阵表达式：

$$\max z = \boldsymbol{CX}$$
$$s.t. \begin{cases} \boldsymbol{AX} = \boldsymbol{b} \\ \boldsymbol{X} \geqslant 0 \end{cases}$$

式 2.8

对于不符合线性规划标准型的线性规划模型，可以通过下列方法进行转化。

1. 目标函数最小化

如果目标函数是：$\min z = \sum_{j=1}^{n} c_j x_j$

因目标函数是线性函数，求 $\min z$ 等价于求 $\max(-z)$，令 $z' = -z$，目标函数最小化可转化为目标函数最大化。

$$\max z' = -\sum_{j=1}^{n} c_j x_j = \sum_{j=1}^{n} (-c_j) x_j$$

2. 约束条件为不等式

线性规划模型的约束条件为不等式约束时，需要将不等式约束转化为等式约束。

（1）当不等式约束为小于等于时，即 $a_{i1}x_1 + a_{i2}x_2 + \cdots + a_{in}x_n \leqslant b_i$。可以引进一个松弛变量(Slack Variable) $x_s \geqslant 0$，使 $x_s = b_i - (a_{i1}x_1 + a_{i2}x_2 + \cdots + a_{in}x_n)$，于是，原来小于等于的不等式约束转化为等式约束。

$$a_{i1}x_1 + a_{i2}x_2 + \cdots + a_{in}x_n + x_s = b_i$$

（2）当不等式约束为大于等于时，即 $a_{i1}x_1 + a_{i2}x_2 + \cdots + a_{in}x_n \geqslant b_i$。可以引进一个剩余变量(Surplus Variable) $x_s \geqslant 0$，使 $x_s = (a_{i1}x_1 + a_{i2}x_2 + \cdots + a_{in}x_n) - b_i$，于是，原来大于等于的不等式约束转化为等式约束。

$$a_{i1}x_1 + a_{i2}x_2 + \cdots + a_{in}x_n - x_s = b_i$$

如果原来的线性规划模型含有若干个非等式约束，在转化为标准模型时，需要逐个将非等式约束转化为等式约束。

3. 决策变量为负值或自由变量

如果变量 x_j 代表某产品当年计划数与上一年的计划数之差，显然 x_j 的取值可能是正也可能为负。

若 $x_j \leqslant 0$ 为负值，令 $x_j = -x_j'$ ($x_j' \geqslant 0$)，使其变正；

若 x_j 为自由变量(free variable)，令 $x_j = x_j' - x_j''$，$x_j' \geqslant 0$，$x_j'' \geqslant 0$，用两个非负变量之差来表示无符号限制的自由变量，x_j 的符号取决于 x_j'、x_j'' 的大小。

4. 右端项为负值

右端项系数 b_i 为负值时，即 $b_i \leqslant 0$，将等式约束两边同时乘以 -1，得到：

$$-a_{i1}x_1 - a_{i2}x_2 - \cdots - a_{in}x_n = -b_i$$

【例 2.2】 将线性规划模型转化为标准式。

$$\min z = 3x_1 + 5x_2 - x_3$$

$$s.t. \begin{cases} -x_1 + x_2 \leqslant 9 \\ -2x_1 + x_2 + 3x_3 \geqslant 4 \\ 3x_1 + 2x_2 - x_3 \geqslant -6 \\ x_1 \leqslant 0, x_2 \geqslant 0, x_3 \text{ 无约束} \end{cases}$$

解 第一，考虑决策变量，$x_1 \leqslant 0$，x_3 无约束，令

$$x_1 = -x_1', x_1' \geqslant 0, x_3 = x_3' - x_3'', x_3' \geqslant 0, x_3'' \geqslant 0$$

$$\min z = -3x_1' + 5x_2 - x_3' + x_3''$$

$$s.t. \begin{cases} x_1' + x_2 \leqslant 9 \\ 2x_1' + x_2 + 3x_3' - 3x_3'' \geqslant 4 \\ -3x_1' + 2x_2 - x_3' + x_3'' \geqslant -6 \\ x_1' \geqslant 0, x_2 \geqslant 0, x_3' \geqslant 0, x_3'' \geqslant 0 \end{cases}$$

第二，考虑目标函数，将最小化目标函数转化为最大化

$$\min z' = \max(-z) = 3x_1' - 5x_2 + x_3' - x_3''$$

第三，考虑右端项，第三个约束右端项为 -6，不等式两端乘以 -1 后为：

$$3x_1' - 2x_2 + x_3' - x_3'' \leqslant 6$$

最后，考虑约束条件，在第一、第三约束不等式左端加上松弛变量 x_4，$x_6 \geqslant 0$，在第二约束不等式左端减去剩余变量 x_5。得到线性规划标准模型为

$$\max(-z) = 3x_1' - 5x_2 + x_3' - x_3''$$

$$s.t. \begin{cases} x_1' + x_2 + x_4 = 9 \\ 2x_1' + x_2 + 3x_3' + 3x_3'' - x_5 = 4 \\ 3x_1' - 2x_2 + x_3' - x_3'' + x_6 = 6 \\ x_1', x_2, x_3', x_3'', x_4, x_5, x_6 \geqslant 0 \end{cases}$$

2.2 图解法

2.2.1 线性规划几何解的有关概念

线性规划模型的一般形式：

$$\max(\min) z = \boldsymbol{CX}$$

$$s.t. \begin{cases} \boldsymbol{AX} \leqslant (=, \geqslant) \boldsymbol{b} \\ \boldsymbol{X} \geqslant 0 \end{cases}$$

式 2.9

可行解（Feasible Solution）：满足所有约束条件的决策变量的取值 $\boldsymbol{X} = (x_1, x_2, \cdots, x_n)^T$ 称为线性规划的可行解。

可行域（Feasible Region）：所有可行解的集合称为线性规划的可行域。

最优解（Optimal Solution）：使目标函数达到最优值的可行解称为 LP 的最优解

$X^* = (x_1^*, x_2^*, \cdots, x_n^*)^T$。

最优值(Optimal Value)：将最优解代入目标函数而得到的目标函数值称为LP的最优值。

2.2.2 图解法基本步骤

对于两个变量的LP，可以通过平面图进行求解，3个变量的LP在理论上是可以绘制空间图形的，但实际操作起来很困难。因此，图解法(Graphical Solution)一般适用于两个变量的线性规划模型求解，其基本步骤可以概括如下：

(1) 分别取 x_1，x_2 为坐标向量建立直角坐标系。

(2) 确定LP解的可行域。

根据非负条件和约束条件画出解的可行域。将模型中不等式约束化为等式，在坐标系中作出约束直线，判断不等式所决定的半平面。所有约束直线可能形成或不能形成相交区域，若能形成相交区域，相交区域任意点所表示的解称为此线性规划可行解，相交区域任意点集合，称为可行集或可行域，相交区域的顶点成为可行域的极点，转到第三步；否则该线性规划问题无可行解。

(3) 绘制目标函数等值线。目标函数等值线就是目标函数取值相同点的集合，通常是一簇直线。

(4) 寻找线性规划最优解。对于目标函数的任意等值线，确定该等值线平移后值增加的方向，平移此目标函数的等值线，使其达到既与可行域相交又不可能使目标函数值再增加的位置。相交位置存在3种情况：唯一交点，切点坐标就是线性规划的最优解；相交于两个以上的点，各点连线上所有点都是线性规划的最优解，称线性规划有无穷多最优解；相交于无穷远处，称线性规划无有限最优解(无界解)。

【例2.3】 运用图解法求解导入案例的LP问题。

$$\max z = 3x_1 + 2x_2$$
$$s.t. \begin{cases} 2x_1 + x_2 \leqslant 10 \\ x_1 + x_2 \leqslant 8 \\ x_1, x_2 \geqslant 0 \end{cases}$$

解 图解法操作步骤如下：

(1) 建立平面直角坐标系。取决策变量 x_1，x_2 为坐标向量。

(2) 图示约束条件，确定LP解的可行域。

由非负条件确定为第一象限；将约束条件 $2x_1 + x_2 \leqslant 10$ 转化为等式 $2x_1 + x_2 = 10$，$x_1 + x_2 \leqslant 8$ 转化为等式 $x_1 + x_2 = 8$，画出这两条直线，$2x_1 + x_2 \leqslant 10$ 表示落在 $2x_1 + x_2 = 10$ 直线左下方，同理 $x_1 + x_2 \leqslant 8$ 落在 $x_1 + x_2 = 8$ 直线左下方。约束条件加上非负条件，共同形成一个相交平面区域，该平面区域即为LP问题的可行域，如图2.1中阴影部分所示。可以看到该线性规划可行域是一个凸多边形。

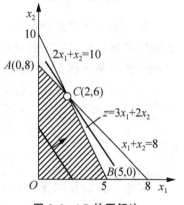

图2.1 LP的图解法

（3）绘制目标函数等值线。在目标值函数 $z=3x_1+2x_2$ 中，不妨令 $z=6$，得 $3x_1+2x_2=6$ 这条等值线。使其平行移动，与可行域切于 C 点。

（4）求出 C 点坐标 $C(2,6)$，为该 LP 问题的最优解；代入目标函数，得 $z_{\max}=18$ 为目标函数最优值。

2.2.3 线性规划几何解的讨论

针对线性规划几何解还有一些重要的性质，这里不加证明叙述如下。

（1）线性规划几何解存在 4 种情况：唯一最优解、无穷多最优解、无界解、无可行解。可行域为封闭有界区域时，可能存在唯一最优解，无穷多最优解有两种情况；可行域为非封闭无界区域时，可能存在唯一最优解，无穷多最优解，无界解 3 种情况；可行域为空集时，没有可行解，原问题没有最优解。

（2）若线性规划存在最优解，则最优解或最优解之一肯定能够在可行域（凸集）的某个极点找到。

求线性规划问题最优解，可以转换为在其可行域有限个极点上进行搜索的方法。基本思路是，先找出可行域任意一个极点，计算极点的目标函数值。判断目标函数值是否最优，如果为否，转到比该点目标函数值更优的另一极点。重复上述过程，直到找出使目标函数值达到最优的极点为止。

对于含有许多决策变量的线性规划问题，如何寻找到可行域的极点，这是我们下面需要讨论的问题。

2.3 单纯形法

2.3.1 线性规划解的有关概念及性质

用图解法求解虽然简单，但一般只适用于 2 个变量。3 个变量在理论上可用空间直角坐标系求解，但实际上很难做到，3 个以上变量则为抽象空间，根本无法用图形表示。而单纯形法则是求解 LP 问题的一般方法。

为便于讨论，将标准化的 LP 模型式 2.8 的目标函数和约束条件分别表示如下：

$$\max z = \boldsymbol{CX} \quad \text{式 2.10}$$

$$s.t. \begin{cases} \boldsymbol{AX}=\boldsymbol{b} \\ \boldsymbol{X} \geqslant 0 \end{cases} \quad \text{式 2.11}$$

其中，系数矩阵 $\boldsymbol{A}$ 为 $m \times n$ 阶矩阵。

若 $\boldsymbol{A}$ 的秩为 m，$\boldsymbol{B}$ 为 $\boldsymbol{A}$ 中的任意 $m \times m$ 阶子矩阵，且行列式 $|\boldsymbol{B}| \neq 0$，则称 $\boldsymbol{B}$ 为线性规划模型式 2.11 的一个基。$\boldsymbol{N}$ 为 $\boldsymbol{A}$ 中其余 $m \times (n-m)$ 阶子矩阵，称 $\boldsymbol{N}$ 为线性规划模型式 2.11 的一个非基。

设 $\boldsymbol{P}_j=(a_{1j}, a_{2j}, \cdots, a_{mj})^{\mathrm{T}}$，$j=1, 2, \cdots, m$ 为基向量。与基向量 $\boldsymbol{P}_j$ 对应的变量 $\boldsymbol{X}_B=(x_1, x_2, \cdots, x_m)^{\mathrm{T}}$ 称为基变量；其他 $n-m$ 个变量 $\boldsymbol{X}_N=(x_{m+1}, x_{m+2}, \cdots, x_{m+n})^{\mathrm{T}}$ 称为非基变量。

基于上述讨论，假设 B 为线性规划的一个基，N 为线性规划的一个非基，则 A 可以表示为：$A=(B, N)$，相应地 X、C 可以分为：$X=(X_B, X_N)^T$、$C=(C_B, C_N)$。于是线性规划标准模型可以表示为：

$$\max z = C_B X_B + C_N X_N \qquad \text{式 2.12}$$

$$s.t. \begin{cases} BX_B + NX_N = b \\ X_B, X_N \geqslant 0 \end{cases} \qquad \text{式 2.13}$$

式 2.13 的两边左乘 B^{-1} 并移项，得到基变量的非基变量表示式，$X_B = B^{-1}b - B^{-1}NX_N$。将 $X_B = B^{-1}b - B^{-1}NX_N$ 带入式 2.12 可以得到目标函数的非基变量表示式，$z = C_B B^{-1} b + (C_N - C_B B^{-1} N) X_N$。线性规划模型典式表示为：

$$\max z = C_B B^{-1} b + (C_N - C_B B^{-1} N) X_N \qquad \text{式 2.14}$$

$$s.t. \begin{cases} X_B = B^{-1}b - B^{-1}NX_N \\ X_B, X_N \geqslant 0 \end{cases} \qquad \text{式 2.15}$$

特别地，当 $X_N = 0$ 时，$X_B = B^{-1}b$。$X = (X_B, X_N)^T = (B^{-1}b, 0)^T$，称 X 是线性规划与基 B 对应的一个基解。如果 $X_B = B^{-1}b \geqslant 0$，称 X 是线性规划与基 B 对应的一个基可行解，相对应的基 B 称为可行基。

LP 模型的典式可以利用表格形式表达见表 2-3（与 WinQSB 中的格式相一致）。

表 2-3 线性规划模型的典式

x_B	C_j	X_N	X_B	b'
		C_N	C_B	
X_B	C_B	$B^{-1}N$	I	$B^{-1}b$

这里不加证明，通过如下基本定理叙述线性规划解的一系列重要性质：

【定理 2-1】 线性规划问题基可行解 X 对应线性规划问题可行域（凸集）的极点。

该性质说明，线性规划的基可行解和可行域的极点之间是一一对应的，这也是常常将基可行解说成是可行域中某个极点的原因。通过寻找线性规划的基可行解的方式，解决了如何确定可行域极点的问题。

【定理 2-2】 若线性规划问题有最优解，一定存在一个基可行解是最优解。

在线性规划问题几何解的讨论中，若线性规划最优解存在，则最优解或最优解之一肯定能够在可行域的某个极点找到，线性规划的基可行解和可行域的极点之间有一一对应的关系，所以，线性规划问题如果有最优解，一定是在某个基可行解上达到。

由于这个性质的成立，人们寻找线性规划最优解的方法从根本上加以突破——不是从无限多个可行解中去寻找最优解，而是从线性规划有限个基可行解（$\leqslant C_n^m$）中寻找最优解，从而将一个无限问题转化为有限问题，这正是单纯形法形成的理论依据。

2.3.2 单纯形法

单纯形法的基本思路就是基可行解的转移。先找到一个初始基可行解，如果不是最优解，设法转移到另一个基可行解，并使目标函数值不断增加，直到找到最优解。

这里要解决 3 个问题：一是初始基可行解的确定；二是基可行解最优性的判断；三是如何实现基可行解的转移。

根据以上的讨论，单纯形法的基本过程如图 2.2 所示。

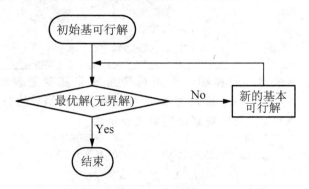

图 2.2　单纯形法的基本过程

1. 初始基可行解的确定

考虑标准形式的线性规划问题：

$$\max z = CX$$
$$s.t. \begin{cases} AX = b \\ X \geq 0 \end{cases}$$

式中：$X = (x_1, x_2, \cdots, x_n)^T$，$C = (c_1, c_2, \cdots c_n)^T$，$b = (b_1, b_2, \cdots b_m)^T$

$$A = \begin{vmatrix} a_{11} & a_{12} & \cdots & a_{1n-m} & 1 & 0 & \cdots & 0 \\ a_{21} & a_{22} & \cdots & a_{2n-m} & 0 & 1 & \cdots & 0 \\ \vdots & \vdots & \cdots & \vdots & \vdots & \vdots & \cdots & \vdots \\ a_{m1} & a_{m2} & \cdots & a_{nm-m} & 0 & 0 & \cdots & 1 \end{vmatrix}$$

式 2.16

在这里，矩阵 A 也可以表示为 $A = (p_1, p_2, \cdots, p_n)$。其中，$p_j = (a_{1j}, a_{2j}, \cdots, a_{mj}) \in R^m$。

该模型的特点是系数矩阵 $A_{m \times n}$ 中有一个现成的 m 阶单位子阵 B。选择单位子阵 B 作为初始可行基，求出初始基可行解，即初始迭代点，它对应着可行域的一个顶点。

对于任何一个线性规划问题，都可以很容易地改写成式 2.16 的形式。

对于一个 LP 模型，按照 2.1.3 中介绍的线性规划模型标准化的方法通过添加松弛变量或剩余变量变为标准化。在此标准化过程中作如下处理可得到单位矩阵：

（1）约束符为"≤"时，添加松弛变量。

（2）约束符为"≥"时，通过减剩余变量，加人工变量。

（3）约束符为"="时，只添加人工变量。

由全部松弛变量和剩余变量构成单位矩阵，作为初始基。若初始基中全部为人工变量，此时的初始可行基称为人造基；若初始基中部分含有人工变量，则是一个不完全的人造基。

导入案例的 LP 模型的约束条件属于 $\sum_{j=1}^{n}a_{ij}x_j \leqslant (\text{或} =)b_i(i=1,2,\cdots,m)$ 型，进行标准化后，存在一个明显的单位矩阵 I。

$$\max z = 3x_1 + 2x_2 + 0x_3 + 0x_4$$
$$s.t. \begin{cases} 2x_1 + x_2 + x_3 = 10 \\ x_1 + x_2 + x_4 = 8 \\ x_1, x_2, x_3, x_4 \geqslant 0 \end{cases}$$

很显然，$\begin{pmatrix} 1 & 0 \\ 0 & 1 \end{pmatrix}$ 单位矩阵是一个基 B，则 $\begin{pmatrix} 2 & 1 \\ 1 & 1 \end{pmatrix}$ 是一个非基 N，对应的 $(x_3, x_4)^T$ 是基变量，$(x_1, x_2)^T$ 是非基变量。可以得到 LP 模型的典则形式：

$$\max z = (0, 0)\begin{pmatrix} 1 & 0 \\ 0 & 1 \end{pmatrix}^{-1}\begin{pmatrix} 10 \\ 8 \end{pmatrix} + \left[(3, 2) - (0, 0)\begin{pmatrix} 1 & 0 \\ 0 & 1 \end{pmatrix}^{-1}\begin{pmatrix} 2 & 1 \\ 1 & 1 \end{pmatrix}\right]\begin{pmatrix} x_1 \\ x_2 \end{pmatrix}$$

$$s.t. \begin{cases} \begin{pmatrix} x_3 \\ x_4 \end{pmatrix} = \begin{pmatrix} 1 & 0 \\ 0 & 1 \end{pmatrix}^{-1}\begin{pmatrix} 10 \\ 8 \end{pmatrix} - \begin{pmatrix} 1 & 0 \\ 0 & 1 \end{pmatrix}^{-1}\begin{pmatrix} 2 & 1 \\ 1 & 1 \end{pmatrix}\begin{pmatrix} x_1 \\ x_2 \end{pmatrix} \\ \begin{pmatrix} x_1 \\ x_2 \end{pmatrix} \geqslant 0, \begin{pmatrix} x_3 \\ x_4 \end{pmatrix} \geqslant 0 \end{cases}$$

当 $\begin{pmatrix} x_1 \\ x_2 \end{pmatrix} = \begin{pmatrix} 0 \\ 0 \end{pmatrix}$ 时，显然有 $\begin{pmatrix} x_3 \\ x_4 \end{pmatrix} = \begin{pmatrix} 1 & 0 \\ 0 & 1 \end{pmatrix}^{-1}\begin{pmatrix} 10 \\ 8 \end{pmatrix} = \begin{pmatrix} 10 \\ 8 \end{pmatrix}$，$x_0 = (0, 0, 10, 8)^T$ 是 LP 模型的初始基可行解，$z = 0$。

设法找一个单位矩阵 I 作为基 B，由于 $b \geqslant 0$，所以基 B 即所对应的基解必然是一个可行解，这样就找到了一个初始基可行解。

2. 基可行解最优性的判断

判断可行基 B 对应的基可行解 $X = (X_B, X_N)^T = (B^{-1}b, 0)^T$ 是否是最优解，可以利用 LP 模型目标函数的典式判断。

由式 2.14 可知目标函数的非基变量表达式为：

$$z = C_B B^{-1} b + (C_N - C_B B^{-1} N) X_N$$

令 $\sigma_N = C_N - C_B B^{-1} N$，目标函数变为：

$$z = C_B B^{-1} b + \sigma_N X_N \qquad \text{式 2.17}$$

当前 X_N 全部为 0，当所有的 $\sigma_N \leqslant 0$，表示非基变量 X_N 任何一个进入基变量后不会使目标函数值增大，此时 $X = (X_B, X_N)^T = (B^{-1}b, 0)^T$ 即为最优解。所以定义 σ_N 为非基变量 x_N 的检验数，解决了基可行解最优性的判断问题。

检验数的另外表达形式为：

$$\sigma_j = c_j - \sum_{i=1}^{m} c_i a'_{i(m+j)} \qquad j = 1, 2, \cdots, n-m \qquad \text{式 2.18}$$

$$\sigma_j = c_j - C_B \cdot p'_{m+j} \qquad j = 1, 2, \cdots, n-m \qquad \text{式 2.19}$$

其中，$p'_j = B^{-1} p_j$。

结合 LP 典则形式的表格化，增加基可行解的最优性判断，可以得到初始单纯形见表 2-4。

表 2-4 初始单纯形表

x_B	c_j	X_N C_N	X_B C_B	
X_B	C_B	$B^{-1}N$	I	$B^{-1}b$
σ_N		$C_N - C_B B^{-1} N$	0	b'

根据 $\sigma_j = c_j - \sum_{i=1}^{m} c_i a'_{i(m+j)}$，可以计算非基变量 $(x_1, x_2)^T$ 的检验数。得出导入案例的初始单纯形见表 2-5。

表 2-5 初始单纯形表

基	c_j	X_1 3	X_2 2	X_3 0	X_4 0	$B^{-1}b$
X_3	0	2	1	1	0	10
X_4	0	1	1	0	1	8
$\sigma_j = c_j - z_j$		3	2	0	0	

由于 $\sigma_1 = 3$，$\sigma_2 = 2$ 均大于零，故基可行解 $x_0 = (0, 0, 10, 8)^T$ 不是 LP 模型的最优解。该基可行解对应可行域的原点为 $O(0, 0)$。

3. 基可行解的转移

分析目标函数的非基变量表达式 2.17，当存在某个 $\sigma_j > 0$ 时，所对应的 x_j 如果有非基变量转化为基变量，x_j 的取值由 0 增加到某一正值，目标函数还有改善的可能。

进基变量的选择：假设 $\sigma_k > 0 (j = k)$，如果 σ_k 对应的非基变量 σ_k 变成基变量，通常称 σ_k 为进基变量，进基变量的选择原则是选择一个正检验数所对应的非基变量进基。一般情况下，选择 $\sigma_k = \max_j \{\sigma_j | \sigma_j > 0\}$ 所对应的非基变量 x_k 为进基变量。

出基变量的选择：最小比值原则

为了保证 LP 的基变量个数为 m，从基 $B = (p_{n-m+1}, p_{n-m+2}, \cdots, p_n)$ 中选择一个列向量所对应的基变量，例如 x_1 为出基变量。

已知 $\sigma_k > 0$，因此可以选择 $x_k (1 \leq k \leq n-m)$ 作为进基变量，x_k 的取值将从 0 变成一个正数，由于受到 $X_B = B^{-1}(b - NX_N) \geq 0$ 式的限制，x_k 不可能无限制地增大，因为要保持式 X_B 中所有的表达式的非负性（也是保持解的可行性），在考虑因 B 为单位矩阵，有 $X_B = B^{-1}(b - NX_N) = b - NX_N \geq 0$，即：

$$\begin{cases} x_{n-m+1} = b_1 - (a_{11}x_1 + a_{12}x_2 + \cdots + a_{1k}x_k + \cdots + a_{1n-m}x_{n-m}) \geq 0 \\ x_{n-m+2} = b_2 - (a_{21}x_1 + a_{22}x_2 + \cdots + a_{2k}x_k + \cdots + a_{2n-m}x_{n-m}) \geq 0 \\ \cdots \cdots \cdots \cdots \cdots \cdots \cdots \cdots \cdots \cdots \\ x_n = b_m - (a_{m1}x_1 + a_{m2}x_2 + \cdots + a_{mk}x_k + \cdots + a_{mn-m}x_{n-m}) \geq 0 \end{cases}$$

除入基变量 x_k 变为非 0 外,其他非基变量仍然为零,上式简化为:

$$\begin{cases} b_1 - a_{1k}x_k \geqslant 0 \\ b_2 - a_{2k}x_k \geqslant 0 \\ \vdots \\ b_m - a_{mk}x_k \geqslant 0 \end{cases}$$

所以 $x_k \leqslant \min\left\{\dfrac{b_1}{a_{1k}},\dfrac{b_2}{a_{2k}},\cdots,\dfrac{b_m}{a_{mk}}\right\}$,令:

$$\theta = \min\left\{\dfrac{b_i}{a_{ik}}\bigg| a_{ik} > 0\right\} = \dfrac{b_l}{a_{lk}} (i=1,2,\cdots,m) \qquad \text{式 2.20}$$

当 x_k 的值由 0 增加到 θ 时,原来的基变量 x_l 的取值首先变成零,所以选择 x_l 为出基变量。称式 2.20 为决定换出变量的最小比值原则。至此,解决了基可行解的转移问题。

如果所有 $a_{ik} \leqslant 0$,x_k 的值可以由 0 增加到无穷,表示可行域是不封闭的,且目标函数值随进基变量的增加可以无限增加,此时不存在有限最优解。

在导入案例的初始单纯形表 2-5 中,对于非基变量的检验数,σ_1 最大,选取 σ_1 对应的 x_1 为进基变量;根据最小比值原则,$\theta = \min\{b_1/a_{11}, b_2/a_{21}\} = \min\{10/2, 8/1\} = 5$,故 x_3 为出基变量,见表 2-6。

表 2-6 确定换入、换出变量

基	c_j	x_1	x_2	x_3	x_4	$\boldsymbol{B}^{-1}\boldsymbol{b}$	比值
		3	2	0	0		
X_3	0	[2]	1	1	0	10	5
X_4	0	1	1	0	1	8	8
$\sigma_j = c_j - z_j$		3	2	0	0		

4. 线性方程组的初等行变换

利用进基变量 x_k 替换基变量中的出基变量 x_l,得到一个新的可行基

$$(p_{n-m+1},\cdots,p_{n-m+(l-1)},p_k,p_{n-m+(l+1)},\cdots,p_n)$$

按照"主元素 a_{lk}"进行约束方程组增广矩阵的初等行变换,将主元素化为 1,主元素所在列化为单位向量,可以找出新可行基对应的基可行解,并相应地得到一个新的单纯形表。

在例 2.2 的单纯形表 2-6 中,x_1 为进基变量,x_3 为出基变量,所对应的 $a_{11}=2$ 为主元素。

此时的基变量为:$\begin{pmatrix} x_1 \\ x_4 \end{pmatrix}$,对应的基为 $(p_1, p_4) = \begin{pmatrix} 2 & 0 \\ 1 & 1 \end{pmatrix}$,为非单位阵。如何变成单位阵呢?由线性代数知识,对增广矩阵:$(\boldsymbol{A} | \boldsymbol{b}) = \begin{pmatrix} 2 & 1 & 1 & 0 & 10 \\ 1 & 1 & 0 & 1 & 8 \end{pmatrix}$ 实施行初等变量,可保证等式约束仍然成立。为此可采取如下做法:

通过行初等变换使主元素所在列除主元素等于 1 外,其余均变为 0。于是得到单纯形见表 2-7。此时的决策变量 $x_1 = 5$,$x_2 = 0$。

表 2-7 第 1 次迭代

基	c_j	x_1 3	x_2 2	x_3 0	x_4 0	$B^{-1}b$	比值
x_1	3	1	1/2	1/2	0	5	10
x_4	0	0	[1/2]	−1/2	1	3	6
$\sigma_j = c_j - z_j$		0	1/2	−1/2	0		

这样就实现了初始基可行解 $x_0 = (0, 0, 10, 8)^T$ 向新基可行解 $x_1 = (5, 0, 0, 3)^T$ 的迭代。新基可行解对应的可行域的极点为 $B(5, 0)$。

计算非基变量 x_2，x_3 检验数，仍有 $\sigma_2 = 1/2 > 0$，不是最优解，按第 4 步进行迭代，见表 2-8。

表 2-8 第 2 次迭代

基	c_j	x_1 3	x_2 2	x_3 0	x_4 0	$B^{-1}b$	比值
x_1	3	1	0	1	−1	2	
x_2	2	0	1	−1	2	6	
$\sigma_j = c_j - z_j$		0	0	−1	−1		

计算非基变量 x_3，x_4 检验数，全部小于 0，找到了最优解 $x^* = (2, 6, 0, 0)^T$，对应于可行域的极点 $C(2, 6)$。代入目标函数求得最优值 $z^* = 3 \times 2 + 2 \times 6 = 18$。

根据以上的讨论，可以得出 LP 单纯形法的一般步骤，如图 2.3 所示。

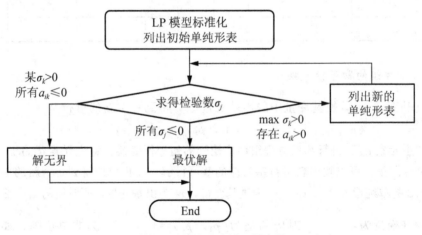

图 2.3 单纯形法的一般步骤

三条结论：

(1) 若存在 $\sigma_k > 0$，而 p'_k 所有元素均不大于 0，则解无界。

(2) 若非基变量的检验数 $\sigma_j < 0$，则存在唯一最优解。

(3) 若非基变量的检验数 $\sigma_j \leq 0$，存在某非变量检验数等于 0，则有无穷多最优解。

利用单纯形表法求解 LP 问题时应注意:
(1) 每一步的运算只能进行初等行变换。
(2) 表中 b' 列的数值总要保持非负($\boldsymbol{B}^{-1}\boldsymbol{b} \geqslant 0$),出现负值时常常是由于选取出基变量时没有取到最小 θ_i 所对应的元素。

2.4 人工变量法

用单纯形法求解 LP 要求能找出一个单位阵作为初始基。因此,当约束符均为"$\leqslant$"时,把松弛变量作为初始基变量,则可直接列出单纯形表;若存在约束符为"$\geqslant$"或"$=$",则不一定能找出一个单位阵,这种情况通常要添加人工变量(artificial variable),将所有松弛变量和人工变量作为初始基变量,则可列出单纯形表。但原本约束已经取"$=$",因此,必须使人工变量为 0 才是可行解。故在迭代过程中如果最终单纯形表中含有人工变量,则该 LP 无可行解。采取的办法是设目标函数中人工变量的系数为"$-M$"(M 为任意大的有界正数),如果最终单纯形表中含有人工变量,则目标函数不会实现最大化。这种通过添加人工变量来找初始基的方法称为人工变量法。求解具有人工变量的 LP,通常用"两阶段法"或"大 M 法"来解决。下面通过例 2.4,说明"大 M 法"的应用。

【例 2.4】 求解 LP 问题。
$$\max z = 3x_1 + 2x_2$$
$$s.t. \begin{cases} 2x_1 + x_2 = 10 \\ x_1 + x_2 \leqslant 8 \\ x_1, x_2 \geqslant 0 \end{cases}$$

解 添加松弛变量 x_3,将模型标准化为
$$\max z = 3x_1 + 2x_2 + 0x_3$$
$$s.t. \begin{cases} 2x_1 + x_2 = 10 \\ x_1 + x_2 + x_3 = 8 \\ x_1, x_2, x_3 \geqslant 0 \end{cases}$$

该模型找不到一个单位阵作为初始基,在第 1 个约束左端加上一个变量 x_4,模型变为
$$\max z = 3x_1 + 2x_2 + 0x_3 - Mx_4$$
$$s.t. \begin{cases} 2x_1 + x_2 + x_4 = 10 \\ x_1 + x_2 + x_3 = 8 \\ x_1, x_2, x_3, x_4 \geqslant 0 \end{cases}$$

添加的变量 x_4 称为人工变量。将 x_4 和 x_3 作为初始基变量,列出初始单纯形表见表 2-9。

表 2-9 初始单纯形表

基	c_j	x_1 3	x_2 2	x_3 0	x_4 $-M$	$\boldsymbol{B}^{-1}\boldsymbol{b}$	比值
x_4	$-M$	[2]	1	0	1	10	5
x_3	0	1	1	1	0	8	8

续表

	x_1	x_2	x_3	x_4		
$\sigma_j = c_j - z_j$	3	2	0	0		
*M	2	1	0	0		

该表检验数由于存在定性因子 M，故将其分为两行，不含 M 项放在上一行，含 M 的系数放在下一行。先看 M 的系数，只要其系数大于 0，最大值所对应的非基变量即为引入变量，在 M 的系数相同的情况，看上一行。此题 M 的系数最大的"2"对应的非基变量是 x_1，为入基变量，出基变量的确定与单纯形法相同。用入基变量 x_1 替换出基变量 x_4，列出新的单纯形表（见表 2-10）。重复上述过程，得最优解（见表 2-11）。

表 2-10　第 1 次迭代

基	c_j	x_1	x_2	x_3	x_4	$B^{-1}b$	比值
		3	2	0	$-M$		
x_1	3	1	1/2	0	$-1/2$	5	10
x_3	0	0	[1/2]	1	$-1/2$	3	6
$\sigma_j = c_j - z_j$		0	1/2	0	$-3/2$		
*M		0	0	0	-1		

表 2-11　最终单纯形表

基	c_j	x_1	x_2	x_3	x_4	$B^{-1}b$	比值
		3	2	0	$-M$		
x_1	3	1	0	-1	1	2	
x_2	2	0	1	2	-1	6	
$\sigma_j = c_j - z_j$		0	0	-1	-1		
*M		0	0	0	-1		

得最优解 $x_1 = 2$，$x_2 = 6$，最优值 $= 18$。

知识链接

单纯形法是求解 LP 问题的通用方法，但在实际应用中，特别是变量和约束较多时，用单纯形法求解并非易事。因此，至少应掌握一种求解 LP 的计算机软件。请从本书课程网站下载《运筹学实验指导书》，阅读 WinQSB、Lingo 和 Excel 求解 LP 的操作方法。

2.5　线性规划应用举例

LP 建模是 LP 应用的关键环节。LP 方法就是通过对经济管理的实际问题进行分析，建立相应的 LP 模型，然后进行分析和求解，为决策提供依据。所建立的模型能否反映问

第2章 线性规划

题的实质,直接影响到解的实际意义和决策的质量。所以,建模是应用LP方法的第一步,也是最关键的一步。

1. 线性规划模型的假设

目标函数和约束条件表示为决策变量的线性函数是LP模型的核心,隐含着建立LP模型的几个假设。

(1) 比例性假定和相加性假定 每个决策变量对目标函数的贡献与决策变量的值成比例;任何变量对目标函数的贡献与其他决策变量的值无关;每个变量对每个约束条件左端的贡献与其他变量的值成比例;一个变量对每个约束条件左端的贡献与其他变量的值无关。

(2) 可除性假定 可除性假定要求允许每个决策变量使用分数值。如要求所有变量必须是非负整数的LP问题则称为整数规划。

(3) 确定性假定 指已经确切地知道LP模型的每个参数(目标函数系数、约束系数和右端项)。

2. 建立线性规划模型的步骤

建立一个实际问题的LP模型可以按下面4个步骤进行。

(1) 科学选择决策变量。

(2) 根据实际问题的背景材料,找出所有的约束条件,将约束条件表示为决策变量的线性等式或不等式。

(3) 明确目标要求。确定问题的优化条件,是最大化要求还是最小化,将目标函数表示为决策变量的线性表达式。

(4) 最后,确定是否增加决策变量的非负条件。

设立决策变量是最关键的一步,如果决策变量设立得恰当,则约束条件和目标函数就很容易表示为决策变量的线性函数。否则,下边三步就很难进行。在这种情况下,可以尝试重新设定决策变量。LP建模过程具有较大的灵活性,通过大量的实例,积累经验,学会充分利用建立相关约束的方法或增加一些决策变量来解决建模问题,通过对实际案例的深入研究提高建模的能力。

案例2-1 媒体选择问题

媒体选择的基本任务是制定媒体在类别与载具的选择方向。它是从产品,企业,市场环境,消费者等各营销要素出发,去寻找适合产品销售,企业发展的广告媒体。本例以影响力指数为目标,制订广告计划,请阅读案例2-1。

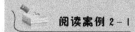 阅读案例2-1

金城自行车公司广告媒体选择

金城自行车公司新近试制出一种新型山地车,希望将新型产品在较短的时间内推向市场,其中采取的一个重要的营销手段就是广告。公司通过市场调查，确定电视，报纸，网络，杂志四种媒体做广告，使有关新产品的信息被最大限度地收听或收看，实现新产品对潜在顾客产生影响力的目的。管理层为了提高决策的质量，委托点子咨询公司获得上述各种广告途径的可达人数、成本、可提供广告数量、单位广告的影响力数据见表2－12。

表 2-12 金城自行车公司广告媒体计划的基础数据表

媒体	可达消费者数/人	单位广告成本/元	媒体可提供广告数/个	单位广告影响力
电视1(非黄金档)	15 000	1 500	15	65
电视2(黄金档)	20 000	4 000	10	90
网络	40 000	2 000	40	30
报纸	12 000	450	20	40
杂志	10 000	600	15	20

此外，金城自行车公司希望通过各种广告，使得至少2 400 000人能够看到广告。由于电视的影响力比较大，公司要求电视广告的数量不得少于10个，其中黄金档广告数不得少于2个。

公司的广告的总预算计划中，广告的总预算为300 000元。其中电视的广告预算为180 000元。

公司对广告媒体如何选择，才能实现新产品的最好营销效果。

分析 金城自行车公司广告媒体选择的目的是使广告影响力指数最大化。其限制性因素包括：(1)可达消费者人数不少于2 400 000人；(2)电视广告影响力比较大，其广告数量不少于10个，其中黄金档不少于2个；总预算不多于300 000元，电视广告费不多于180 000元。

LP建模 设 $x_j(j=1,2,3,4,5)$ 分别在电视1(非黄金档)，电视2(黄金档)，报纸，网络，杂志这五种广告媒体上投入的广告数量。

目标函数：获得最大的总影响力，即：

$$\max z = 65x_1 + 90x_2 + 30x_3 + 40x_4 + 20x_5$$

限制条件：

可达消费人数不少于2 400 000，即：

$$15\,000x_1 + 20\,000x_2 + 40\,000x_3 + 12\,000x_4 + 10\,000x_5 \geqslant 2\,400\,000$$

电视广告数量的限制：电视非黄金档不少于10个，电视黄金档不少于2个有：

$$x_1 + x_2 \geqslant 10, \quad x_2 \geqslant 2$$

广告的总预算限制为300 000元，即：

$$1\,500x_1 + 4\,000x_2 + 2\,000x_3 + 450x_4 + 600x_5 \leqslant 300\,000$$

其中，电视的广告预算为180 000元，有：

$$1\,500x_1 + 4\,000x_2 \leqslant 180\,000$$

媒体可提供广告数限制：根据表2-9可有：

$$x_1 \leqslant 15,\ x_2 \leqslant 10,\ x_3 \leqslant 40,\ x_4 \leqslant 20,\ x_5 \leqslant 15$$

综上所述，该问题的LP模型为：

$$\max z = 65x_1 + 90x_2 + 30x_3 + 40x_4 + 20x_5$$

$$s.t. \begin{cases} 15\,000x_1 + 20\,000x_2 + 40\,000x_3 + 12\,000x_4 + 10\,000x_5 \geqslant 2\,400\,000 \\ x_1 + x_2 \geqslant 10 \\ 1\,500x_1 + 4\,000x_2 + 2\,000x_3 + 450x_4 + 600x_5 \leqslant 300\,000 \\ 1\,500x_1 + 4\,000x_2 \leqslant 180\,000 \\ x_1 \leqslant 15,\ 2 \leqslant x_2 \leqslant 10,\ x_3 \leqslant 40,\ x_4 \leqslant 20,\ x_5 \leqslant 15 \\ x_j \geqslant 0 (j=1,\ 2,\ 3,\ 4,\ 5) \end{cases}$$

决策建议 求得结果：每个广告媒体按可提供的广告数量上限；总费用 160 500 元，电视广告费用 62 500 元，广告达消费者人数 2 415 000 人，广告影响力指数 4 175。

案例 2-2 投资计划问题

投资计划的基本任务是确定企业资金的投资方向。它属于企业的战略计划，关系企业的生存与发展。投资计划问题是指公司在企业有限资金使用中如何合理地选择投资项目，对所选择的投资项目进行优化组合。

阅读案例 2-2

万得集团有限公司投资计划

万得集团有限公司是一家集工、商、贸一体化的企业，为了拓展公司的业务范围，增加企业的竞争实力，公司董事会确定了投资方向，责成财务经理制订出切实可行的投资计划。财务部门通过收集相关资料和数据，决定在今后五年内给 A、B、C、D 4 个产品项目投资 6 000 万元。

财务部门设计的投资方案如下：

产品项目 A：从第 1 年到第 5 年每年年初都可以进行投资，当年年末就能收回本利 110%。

产品项目 B：从第 1 年到第 4 年每年年初都可以进行投资，次年年末收回本利 125%。

产品项目 C：投资必须在第 33 年年初进行，到第 5 年年末收回本利 140%。

产品项目 D：投资需在第 2 年年初进行，到第 5 年年末收回本利 155%。

其中：项目 B 的每年最大投资额不能超过 900 万元，项目 C 的最大投资额不能超过 2 400 万元，项目 D 的最大投资额不能超过 3 000 万元。

在满足各个投资项目的限制条件下，使企业在 5 年内获得最大收益。

分析 该问题的目标是通过 4 个项目的投资在第 5 年末获得最大利润。

约束限制为：每年投资额应等于当年可用于投资的金额，以获得增值。从第 2 年年初开始，每年的投资额限制为投资回报的本利和。

构建 LP 模型 设 $x_{ij}(i=1,2,3,4,5;\ j=1,2,3,4)$ 表示第 i 年初投资于第 j 个项目的金额 $j=1,2,3,4$ 分别表示项目 A、B、C、D。根据题意：

(1) 项目 A 可在第 1~5 年年初投资，第 1 年年末至第 5 年年末（即第 2 年年初~第 6 年年初）收回投资的 1.1 倍（见表 2-13A 列）。

(2) 项目 B 可在第 1~4 年年初投资，第 2 年年末至第 5 年年末（即第 3 年年初~第 6 年年初）收回投资的 1.25 倍（见表 2-13B 列）。

(3) 项目 C 只能在第 3 年初投资，第 5 年末收回投资的 1.4 倍。
(4) 项目 D 只能在第 2 年初投资，第 5 年末收加投资的 1.55 倍。

表 2-13 决策变量表

时间 \ 项目	投资额				收回本利			
	A	B	C	D	A	B	C	D
第 1 年年初	x_{11}	x_{12}						
第 2 年年初	x_{21}	x_{22}		x_{24}	$1.1x_{11}$			
第 3 年年初	x_{31}	x_{32}	x_{33}		$1.1x_{21}$	$1.25x_{12}$		
第 4 年年初	x_{41}	x_{42}			$1.1x_{31}$	$1.25x_{22}$		
第 5 年年初	x_{51}				$1.1x_{41}$	$1.25x_{32}$		
第 5 年年末					$1.1x_{51}$	$1.25x_{42}$	$1.4x_{33}$	$1.55x_{24}$
投资额限制		900	2 400	3 000				

由第 5 年年末收回的投资的本利和确定目标函数：

$$\max z = 1.1x_{51} + 1.25x_{42} + 1.4x_{33} + 1.55x_{24}$$

约束条件：

第 1 年年初：可投资的有两个项目，全部投资额（启动资金 6 000 万元），即：$x_{11} + x_{12} = 6\ 000$

第 2 年年初：$x_{21} + x_{22} + x_{24} = 1.1x_{11}$

第 3 年年初：$x_{31} + x_{32} + x_{33} = 1.1x_{21} + 1.25x_{12}$

第 4 年年初：$x_{41} + x_{42} = 1.1x_{31} + 1.25x_{22}$

第 5 年年初：$x_{51} = 1.1x_{41} + 1.25x_{32}$

其他的限制条件：各个产品项目投资数额的限制

项目 B 的投资限制：$x_{i2} \leq 900 (i=1, 2, 3, 4)$；

项目 C 的投资限制：$x_{33} \leq 2\ 400$；项目 D 的投资限制：$x_{24} \leq 3\ 000$

决策变量的非负约束：$x_{i1}, x_{j2}, x_{33}, x_{24} \geq 0 (i=1, 2, 3, 4, 5; j=1, 2, 3, 4)$

综上所述，LP 模型如下：

$$\max z = 1.1x_{51} + 1.25x_{42} + 1.4x_{33} + 1.55x_{24}$$

$$s.t. \begin{cases} x_{11} + x_{12} = 6\ 000 \\ -1.1x_{11} + x_{21} + x_{22} + x_{24} = 0 \\ x_{31} + x_{32} + x_{33} - 1.1x_{21} - 1.25x_{12} = 0 \\ x_{41} + x_{42} - 1.1x_{31} - 1.25x_{22} = 0 \\ x_{51} - 1.1x_{41} - 1.25x_{32} = 0 \\ x_{i2} \leq 900 (i=1, 2, 3, 4); x_{33} \leq 2\ 400; x_{24} \leq 3\ 000 \\ x_{i1}, x_{j2}, x_{33}, x_{24} \geq 0 (i=1, 2, 3, 4, 5; j=1, 2, 3, 4) \end{cases}$$

决策建议 由计算结果见表 2-14，最优值：可获投资本利和 1 024.5 万元。

表 2-14 投资决策与收益表

时间＼项目	投资额				收回本利			
	A	B	C	D	A	B	C	D
第1年年初	5 100	900						
第2年年初	1 890	720		3 000	5 610			
第3年年初		804	2 400		2 079	1 125		
第4年年初		900				900		
第5年年初	1 005				1 005			

案例 2-3　自制/外购决策问题

自制和外购的决策属于生产运作总体战略，其选择原则可能是多方面的，如哪个成本更低？可安排多少人就业？哪个质量更好？假定本例是以利润最大化为目标的，则应选择哪种方式？请阅读案例 2-3。

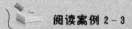

ABC 有限公司的自制/外购计划

ABC 有限公司是由香港 ABC 集团在广东东莞投资、经营的一家外资企业，公司自成立以来，事业不断发展，已经成功研制开发并生产 XYA—A、XYB—B 两个系列共 80 多个品种的产品。公司准备投产 XYC—C 系列的甲、乙、丙 3 种新产品，3 种产品都需要经过铸造、机加工和装配 3 个加工中心。甲、乙两种产品的铸件既可以自制，也可以外购；产品丙必须本厂铸造才能保证质量。3 种产品的工时定额、单位成本和市场价格数据见表 2-15 和表 2-16。

表 2-15　甲、乙、丙 3 种新产品的工时定额

工时	产品甲	产品乙	产品丙	生产能力(小时)
铸造工时(小时/件)	5	10	7	8 000
机加工工时(小时/件)	6	4	8	12 000
装配(小时/件)	3	2	2	10 000

表 2-16　甲、乙、丙 3 种新产品的单位成本和市场价格

	产品甲	产品乙	产品丙
自制铸件成本(元/件)	3	5	4
购买铸件成本(元/件)	5	6	—
机加工成本(元/件)	2	1	3
装配成本(元/件)	3	2	2
产品价格(元/件)	23	18	16

公司为了获得最大的利润，应该如何作出甲、乙、丙 3 种新产品自制、外购的计划。

资料来源：吴祈宗.运筹学.北京：机械工业出版社，2006.第49页

分析 该企业的目标是实现3种新产品利润最大化。

限制因素：计划期内铸造、机加工和装配3个加工中心的最大生产能力分别是8 000小时、12 000小时、10 000小时。

构建LP模型

(1) 选择决策变量。

产品丙必须自制，产品甲、乙即可自制也可外购。因此需要5个决策变量。

设 x_1，x_2，x_3，x_4，x_5 依次表示自制产品甲产品数量、自制产品乙产品数量、自制产品丙产品数量、外购产品甲产品数量、外购产品乙产品数量。

(2) 目标函数。

本问题目标函数是实现计划期内新产品的利润最大化。目标系数由下式确定：

$$\text{单位利润} = \text{销售单价} - \sum \text{单位成本}$$

自制产品甲的单位利润 $c_1 = 23 - (3+2+3) = 15(元/件)$
自制产品乙的单位利润 $c_2 = 18 - (5+1+2) = 10(元/件)$
自制产品丙的单位利润 $c_3 = 16 - (4+3+2) = 7(元/件)$
外购产品甲的单位利润 $c_4 = 23 - (5+2+3) = 13(元/件)$
外购产品乙的单位利润 $c_5 = 18 - (6+1+2) = 9(元/件)$

于是得到目标函数为

$$\max z = 15x_1 + 10x_2 + 7x_3 + 13x_4 + 9x_5$$

(3) 自制和外购计划的限制条件。

甲、乙、丙3种新产品的生产能力水平、外购水平要受到铸造、机加工和装配3个加工中心所提供设备生产能力的限制。

铸造中心工时限制：$5x_1 + 10x_2 + 7x_3 \leqslant 8\,000$

机加中心工时限制：$6x_1 + 4x_2 + 8x_3 + 6x_4 + 4x_5 \leqslant 12\,000$

装配中心工时限制：$3x_1 + 2x_2 + 2x_3 + 3x_4 + 2x_5 \leqslant 10\,000$

决策变量的非负约束：$x_i \geqslant 0 (i=1,2,\cdots,5)$

综上所述，该问题的LP模型为

$$\max z = 15x_1 + 10x_2 + 7x_3 + 13x_4 + 9x_5$$

$$s.t. \begin{cases} 5x_1 + 10x_2 + 7x_3 \leqslant 8\,000 \\ 6x_1 + 4x_2 + 8x_3 + 6x_4 + 4x_5 \leqslant 12\,000 \\ 3x_1 + 2x_2 + 2x_3 + 3x_4 + 2x_5 \leqslant 10\,000 \\ x_j \geqslant 0 \quad (j=1,2,\cdots,5) \end{cases}$$

用Lingo求解该问题得：

Global optimal solution found.
Objective value: 29400.00
Total solver iterations: 2

Variable	Value	Reduced Cost
X(1)	1600.000	0.000000
X(2)	0.000000	2.000000
X(3)	0.000000	13.10000
X(4)	0.000000	0.5000000
X(5)	600.0000	0.000000

Row	Slack or Surplus	Dual Price
1	29400.00	1.000000
2	0.000000	0.3000000
3	0.000000	2.250000
4	4000.000	0.000000

优化结果显示：最优方案为自制产品甲 1 600 件，外购产品乙 600 件，总利润 29 400 元。由松弛变量可知，装配工时还有 4 000 剩余。

决策建议 自制甲产品 1 600 件，外购乙产品 600 件，装配中心 4 000 剩余工时可承揽其他业务。

案例 2-4 合理下料问题

在加工业中，经常遇见下料问题，它的一般提法是：某种原材料有已知的固定规格，要切割成若干种给定尺寸的零件毛坯，在各种零件数量要求一定的前提下，考虑设计切割方案使得用料最少。下料问题分为一维下料问题、二维下料问题和三维下料问题等，其中一维问题最简单。

阅读案例 2-4

安达钢结构有限公司下料计划

安达钢结构有限公司是从事网架，钢结构及相关屋面及维护工程的专业化企业，公司技术力量雄厚，集设计、制作、开发为一体，工程涉及大型加油站、体育馆及联合工业厂房等民用与工业建筑项目。AQGJ 系列是公司设计、制作大坡度屋面轻钢结构。屋面坡度可以 1∶3 到 1∶10，整体空间跨度为 9~48m。公司正在承做一项跨度为 9 米的工程，需要截取 100 套专用钢架 H，每套专用钢架 H 需要用长度为 2.9m、2.1m、1.5m 的圆钢各一根。采购的原钢长度为 7.4m。

应该如何作出合理的下料计划，可使所用的钢材料最省。

分析 该问题是在满足工程需求的前提下，求钢材用料最省。

基本思路是：先设计条材的各种可能的较省的截取方式，再以余料最少为目标优化各种截取数量。

构建 LP 模型 对条材长 7.4m，需要的规格 2.9m、2.1m、1.5m，设计截取方法见表 2-17。

表 2-17　专用钢架下料方案

毛坯规格	方案一	方案二	方案三	方案四	方案五	方案六	方案七	方案八
2.9	2	1	1	1	0	0	0	0
2.1	0	2	1	0	3	2	1	0
1.5	1	0	1	3	0	2	3	4
合计	7.3	7.1	6.5	7.4	6.3	7.2	6.6	6.0
剩余料头	0.1	0.3	0.9	0	1.1	0.2	0.8	1.4

(1)选择决策变量：设 $x_j(j=1,2,\cdots,8)$ 为第 j 种方案下料的原钢根数。

(2)目标函数：根据目标要求，可以建立两种形式的目标函数。一种是所使用的钢材的根数最少，另一种是每一种裁料方案所剩的余料最少。如果一种裁料方案余料为零，会造成目标函数对该方案的变量失去约束，造成模型的隐含逻辑错误。因此使用第一种形式。目标函数为：

$$\min z = x_1 + x_2 + x_3 + x_4 + x_5 + x_6 + x_7 + x_8$$

(3)约束条件：每种规格需要 100 根每套钢架 H 需要用长为 2.9m、2.1m、1.5m 的圆钢各一根，为了完成跨度为 9m 的专项工程，需要制作 100 套专用钢架 H，所以需要 2.9m、2.1m、1.5m 的圆钢最少为 100 根。

2.9m 圆钢的总根数：$2x_1 + x_2 + x_3 + x_4 \geqslant 100$

2.1m 圆钢的总根数：$2x_2 + x_3 + 3x_5 + 2x_6 + x_7 \geqslant 100$

1.5m 圆钢的总根数：$x_1 + x_3 + 3x_4 + 2x_6 + 3x_7 + 4x_8 \geqslant 100$

决策变量的非负约束：$x_j \geqslant 0 (j=1,2,\cdots,8)$

综上所述，该问题的 LP 模型如下：

$$\min z = x_1 + x_2 + x_3 + x_4 + x_5 + x_6 + x_7 + x_8$$

$$s.t. \begin{cases} 2x_1 + x_2 + x_3 + x_4 & \geqslant 100 \\ 2x_2 + x_3 + 3x_5 + 2x_6 + x_7 & \geqslant 100 \\ x_1 + x_3 + 3x_4 + 2x_6 + 3x_7 + 4x_8 & \geqslant 100 \\ x_j \geqslant 0 \text{ 且为整数}(j=1,2,\cdots,8) \end{cases}$$

决策建议　对模型优化结果：第 1 种方式截取 10 根，第 2 种方式截取 50 根，第 4 种方式截取 30 根，各种规格圆钢正好 100 根。

本章小结

本章主要内容包括线性规划问题，线性规划模型的特性与结构；线性规划模型的图解法和单纯形法；注重于利用应用案例的分析实现对实际系统进行描述与建模，并运用计算机求解。

线性规划问题是指可以建构线性规划模型的一类实际问题。许多实际经济管理问题可以归为线性规划问题，通过线性规划模型实现资源的优化配置。

线性规划模型具有如下特点：决策变量($x_1, x_2, \cdots, x_n$)表示要寻求的方案，每一组值就是一个方案；约束条件是用等式或不等式表示的限制条件；一定有一个最优的目标，最大或最小；所有函数都是线性的。

线性规划模型具有一般表达式的结构。为了便于线性规划模型的求解,将模型一般表达式转化为标准形式。

线性规划模型的求解方法包括几何学的图解法和代数学的单纯形法。图解法简单直观地总结出线性规划模型解的4种情况,为理解线性规划理论奠定了基础。

线性规划的理论主要介绍了线性规划解的概念、线性规划求解的基本思路、判断线性规划解的定理。基于线性规划理论,总结出线性规划求解的基本步骤,利用单纯形表实现了求解步骤的表格化。

建立线性规划模型是线性规划的关键,利用经济管理中的媒体选择问题、投资计划问题、自制与外购问题、合理下料问题详细阐述了线性规划模型的建立,计算机求解和解的分析。

  关键术语

线性规划(Linear Programming)　　　　目标函数(Objective Function)
约束条件(Subject To)　　　　　　　　　决策变量(Decision Variable)
可行域(Feasible Region)　　　　　　　　可行解(Feasible Solution)
右端项(Right-hand Side)　　　　　　　　图解法(Graphical Solution)
基(Basis)　　　　　　　　　　　　　　　基变量(Basis Variable)
非基变量(Non-basis Variable)　　　　　基解(Basic Solution)
基可行解(Basic Feasible Solution)　　　最优解(Optimal Solution)
最优值(Optimal Value)　　　　　　　　　单纯形法(Simplex Method)

  知识链接

判断线性规划解的定理证明可阅读《运筹学基础及应用》第5版(胡运权/高等教育出版社)第18-21页。

  习　题

1. 判断正误。

(1) 图解法提供了求解线性规划问题的通用方法。　　　　　　　　　　　　(　)

(2) 用单纯形法求解一般线性规划时,当目标函数求最小值时,若所有的检验数 $c_j - z_j \geq 0$,则问题达到最优。　　　　　　　　　　　　　　　　　　　　　　(　)

(3) 在单纯形表中,基变量对应的系数矩阵往往为单位矩阵。　　　　　　　(　)

(4) 满足线性规划问题所有约束条件的解称为基可行解。　　　　　　　　　(　)

(5) 在线性规划问题的求解过程中,基变量和非基变量的个数是固定的。　　(　)

(6) 图解法与单纯形法虽然求解的形式不同,但从几何上理解两者是一致的。(　)

(7) 标准形式的线性规划问题,其可行解一定是基可行解,最优解一定是可行解。
　　　　　　　　　　　　　　　　　　　　　　　　　　　　　　　　　　(　)

(8) 线性规划问题中,如果在约束条件中出现等式约束,我们通常用增加松弛变量的

方法来产生初始可行基。( )

(9) 为了得到一种线性规划模型普遍使用的求解方法,首先将线性规划模型的一般表达式转化为线性规划标准式。( )

(10) 线性规划问题的基解对应可行域的顶点。( )

(11) 单纯形法解标准的线性规划问题时,按最小比值原则确定换出基变量是为了保证迭代计算后的解仍为基可行解。( )

(12) 单纯形法求解标准线性规划问题时,当所有检验数 $c_j - z_j \leqslant 0$,就可以判定表中的解为最优解。( )

(13) 线性规划问题的标准型最本质的特点是变量和右端项要求非负。( )

(14) 单纯形表是线性规划模型的表格化。( )

(15) 如果一个线性规划问题有两个不同的最优解,则它就有无穷多个最优解。( )

(16) 在单纯形法计算中,如不按最小非负比值原则选出换出变量,则在下一个解中至少有一个基变量的值是负的。( )

(17) 线性规划模型中增加一个约束条件,可行域的范围一般将缩小,减少一个约束条件,可行域的范围一般将扩大。( )

(18) 用单纯形法求解标准形式(求最小值)的线性规划问题时,与 $c_j - z_j \leqslant 0$ 对应的变量都可以被选作换入变量。( )

(19) 在单纯形法计算中,选取最大正检验数 δ_k 对应的变量 x_k 作为换入变量,可使目标函数值得到最快的增加。( )

(20) 如果一个线性规划问题有可行解,那么它必有最优解。( )

2. 简答下列问题。

(1) 什么是线性规划模型?在模型中各系数的经济意义是什么?

(2) 线性规划问题的一般形式有何特征?

(3) 建立一个实际问题的数学模型一般要几步?

(4) 求解线性规划问题时可能出现几种结果?哪种结果反映建模时有错误?

(5) 什么是线性规划的标准型?如何把一个非标准形式的线性规划问题转化成标准形式?

(6) 线性规划标准型中为什么规定 $\boldsymbol{X} \geqslant 0$,$\boldsymbol{b} \geqslant 0$?

(7) 试述线性规划问题的可行解、基解、基可行解、最优解、最优基解的概念及它们之间的相互关系。

(8) 试述单纯形法的计算步骤。

(9) 线性规划单纯形法得到一组基可行解后,进行旋转变换,所得到的解是否还是基可行解?为什么?

(10) 线性规划模型解存在几种情况,在单纯形法中,如何判断解的情况?

3. 将下列线性规划问题转化为标准型。

(1) max $z = 3x_1 + 2x_2 + 4x_3 - 8x_4$

$s.t. \begin{cases} x_1 + 2x_2 + 5x_3 + 6x_4 \geq 8 \\ -2x_1 + 5x_2 + 3x_3 - 5x_4 \leq 3 \\ 2x_1 + 4x_2 + 4x_3 - 5x_4 = 18 \\ x_1 \geq 0, \ x_2 \geq 0, \ x_3 \geq 0, \ x_4 \ \text{无约束} \end{cases}$

(2) min $\omega = 3x_1 + 2x_2 + 4x_3 + x_4$

$s.t. \begin{cases} x_1 - x_2 + 2x_3 + x_4 \geq 9 \\ 2x_2 + x_3 - x_4 \leq 5 \\ -2x_1 + x_2 - 3x_3 + x_4 \leq -1 \\ x_1, \ x_2 \geq 0, \ x_3 \leq 0, \ x_4 \ \text{无约束} \end{cases}$

4. 用图解法解下列线性规划。

(1) max $z = 50x_1 + 30x_2$

$s.t. \begin{cases} 4x_1 + 3x_2 \leq 120 \\ 2x_1 + x_2 \leq 50 \\ x_1, \ x_2 \geq 0 \end{cases}$

(2) max $z = 2x_1 + 2x_2$

$s.t. \begin{cases} x_1 - x_2 \geq -1 \\ -0.5x_1 + x_2 \leq 2 \\ x_1, \ x_2 \geq 0 \end{cases}$

5. 用单纯形法解下列线性规划问题。

(1) max $z = 2x_1 - x_2 + x_3$

$s.t. \begin{cases} 2x_1 + x_2 + x_3 \leq 4 \\ x_1 + 2x_2 \leq 10 \\ 2x_1 + 4x_2 + x_3 \leq 8 \\ x_1, \ x_2, \ x_3 \geq 0 \end{cases}$

(2) max $z = x_2 - 2x_3$

$s.t. \begin{cases} x_1 + 2x_2 + 4x_3 = 12 \\ 2x_2 - x_3 \leq 12 \\ x_2 \leq 5 \\ x_1, \ x_2, \ x_3 \geq 0 \end{cases}$

(3) max $z = 3x_1 + x_2 + 3x_3$

$s.t. \begin{cases} 2x_1 + x_2 + x_3 \leq 2 \\ x_1 + 2x_2 + 3x_3 \leq 5 \\ 2x_1 + 2x_2 + x_3 \leq 6 \\ x_1, \ x_2, \ x_3 \geq 0 \end{cases}$

(4) min $w = -2x_1 - x_2 + 3x_3 - 4x_4$

$s.t. \begin{cases} x_1 + 2x_2 + 4x_3 - x_4 \leq 6 \\ 2x_1 + 3x_2 - x_3 + x_4 \leq 18 \\ x_1 + x_3 \leq 4 \\ x_1, \ x_2, \ x_3, \ x_4 \geq 0 \end{cases}$

6. 用大 M 法求解下列线性规划问题。

(1) max $z = 4x_1 + 5x_2 + x_3$

$s.t. \begin{cases} 3x_1 + 2x_2 + x_3 \geq 16 \\ 2x_1 + x_2 \leq 4 \\ x_1 + x_2 - x_3 = 6 \\ x_1, \ x_2, \ x_3 \geq 0 \end{cases}$

(2) max $z = 2x_1 + x_2 + x_3$

$s.t. \begin{cases} 2x_1 + x_2 + x_3 \geq 2 \\ x_1 + 2x_2 \leq 10 \\ 2x_1 + 4x_2 + x_3 \leq 8 \\ x_1, \ x_2, \ x_3 \geq 0 \end{cases}$

7. 案例一 阅读案例 2-5，并帮助该公司制订使计划期获利最大的投资方案。

阅读案例 2-5

投资计划

某公司计划在 3 年的计划期内，有 4 个建设项目可以投资：项目 I 从第 1 年到第 3 年年初都可以投资。预计每年年初投资，年末可收回本利 120%，每年又可以重新将所获本利纳入投资计划；项目 II 需要在第 1 年年初投资，经过两年可收回本利 150%，又可以重新将所获本利纳入投资计划，但用于该项目的最大投资额不得超过 20 万元；项目 III 需要在第 2 年年初投资，经过两年可收回本利 160%，但用于该项目的最大投资额不得超过 15 万元；项目 IV 需要在第 3 年年初投资，年末可收回本利 140%，但用于该项目的最大投资额不得超过 10 万元。在这个计划期内,该公司第 1 年可供投资的资金有 30 万元。问怎样的投资方案,才能使该公司在这个计划期获得最大利润?

8. **案例二** 阅读案例 2-6,并帮助该制衣厂使其总的加工费用最小。

阅读案例 2-6

生产计划

某制衣厂生产 4 种规格的出口服装,有 3 种制衣机可以加工这 4 种服装,他们的生产效率(每天制作的服装件数)等有关数据见表 2-18,试确定各种服装的生产数量,使总的加工费用最小。(提示:设第 i 种服装由机器 j 生产的天数为决策变量)。

表 2-18 数据表

衣服规格	制衣机			需要生产数量/件
	A	B	C	
Ⅰ	300	600	800	10 000
Ⅱ	280	450	700	9 000
Ⅲ	200	350	680	7 000
Ⅳ	150	410	450	8 000
每天加工费(元)	80	100	150	

9. **案例三** 阅读案例 2-7,并帮助该制订成本最低的生产方案。

阅读案例 2-7

生产计划

某造船厂根据合同从当年起连续 3 年年末各提供四条规格相同的大型客轮,已知该厂这 3 年内生产大型客轮的能力及每艘客轮的成本见表 2-19。

表 2-19 数据表

年度	正常生产生产能力/艘	加班生产生产能力/艘	正常生产每艘成本/万元
1	3	3	500
2	5	2	600
3	2	3	500

已知加班生产时,每艘客轮的成本比正常时高出 60 万元。又知造出来的客轮若当年不交货,每艘每积压一年造成的损失时 30 万元。该厂希望在第 3 年年末完成合同时还能储存一艘。问如何安排每年的客轮生产量,能够在满足合同要求的情况下总的生产费用最少?

10. **案例四** 阅读案例 2-8,并帮助该制衣厂制订使总加工成本最小的生产方案。

阅读案例 2-8

环境治理

靠近河流有两个化工厂,流经第一化工厂的河流流量为每天 500 万立方米,在两个工厂之间有一条流量为每天 200 万立方米的支流(见图 2.4)。第一化工厂每天排放含有某种有害物质的工业污水 2 万立方米,第二化工厂每天排放含有这种有害物质的工业污水 1.4 万立方米。从第一化工厂排出的工业污水流到第二化工厂之前,有 20% 可自然净化。根据环保要求,河流中工业污水的含量应不大于 0.2%,这两个工厂都需各自处理一部分工业污水。第一化工厂处理工业污水的成本是每万立方米 1 000 元,第二化工厂处理工业污水的成本是每万立方米 800 元。现在问在满足环保要求的条件下,每厂各应处理多少工业污水,使这两个工厂总的处理工业污水的成本最小。

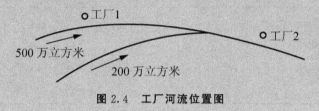

图 2.4 工厂河流位置图

11. 案例五 根据以下案例所提供的资料,要求:
(1) SYTECH 公司建立了一个线性优化模型。
(2) 针对需求、资源、能力变化以后的优化模型,进行分析。
a. 若爱尔兰工厂的劳动生产率减少到 78 000。
b. 若爱尔兰工厂的劳动生产率增加到 95 000。

阅读案例 2-9

SYTECH 公司的生产优化问题

SYTECH 国际公司是一家在同行业中处于领先地位的计算机和外围设备的制造商。公司的主导产品分类如下:大型计算机(MFRAMES)、小型计算机(MINIS)、个人计算机(PCS)和打印机(PRINTERS)。公司的两个主要市场是北美和欧洲。

公司一直按季度作出公司最初的重要决策。公司必须按照营销部门的需求预测来对分布在全球的 3 个工厂进行调整产量,公司下一季度需求预测见表 2-20。

表 2-20 需求预测

产品	北美	欧洲
大型计算机	962	321
小型计算机	4 417	1 580
个人计算机	48 210	15 400
打印机	15 540	6 850

而公司的3个工厂的生产能力限度又使得其不能随心所欲地在任一工厂进行生产,限制主要是各工厂规模及劳动力约束。工厂的生产能力和资源利用率见表2-21、表2-22。

表2-21 工厂的生产能力

工厂所在地	空间(平方英尺)	劳动力(小时)
美国	540 710	277 710
中国	201 000	499 240
爱尔兰	146 900	80 170

表2-22 资源利用率

产品	空间/单位	劳动小时/单位
大型计算机	17.48	79.0
小型计算机	17.48	31.5
个人计算机	3.00	6.9
打印机	5.30	5.6

最终分析所要求的数据由会计部门提供,表2-23所显示的数据表示单位利润贡献(税后)。

表2-23 产品单位利润

单位利润	大型计算机		小型计算机		个人计算机		打印机	
美国	16 136.46	13 694.03	8 914.47	6 956.23	1 457.18	1 037.57	1 663.51	1 345.43
中国	17 358.14	14 709.96	9 951.04	7 852.36	1 395.35	1 082.49	1 554.55	1 270.16
爱尔兰	15 652.68	13 216.34	9 148.55	7 272.89	1 197.52	1 092.61	1 478.9	1 312.4

12. 实验一

【实验目的】 掌握 WinQSB,Lingo 和 Excel 求解线性规划的方法。

【实验内容】 分别用 WinQSB,Lingo 和 Excel 求解 6(1)LP 问题。

【实验环境】 Excel 2003 及以上版本、WinQSB、Lingo、ExcelORM。

【实验要求】 提交实验报告,内容包括:(1)简述实验过程;(2)阐述实验结果。

13. 实验二

【实验目的】 强化训练,掌握 Lingo 编程或 Excel 建模。

【实验内容】 编写案例题5的 Lingo 求解程序或建立 Excel 模型。

【实验环境】 Lingo 或 Excel 2003+ExcelORM

【实验要求】 提交实验报告,内容包括:(1)程序代码或 Excel 模型;(2)运行结果。

对偶规划

教学目标

知识目标	技能目标	应用方向
1. 理解核心概念 　对偶问题　对偶定义　对偶定理　影子价格 　灵敏度分析 2. 掌握对偶问题的基本解法 3. 掌握影子价格的含义 4. 会根据最终单纯形表对于资源项、目标系数变动进行敏感度分析	1. 能利用单纯形表进行灵敏度分析 2. 掌握 Excel 中规划求解工具、Lingo 或 WinQSB 进行敏感度分析的方法，并能解读敏感性报告	合理组织人、财、物力的单目标最优化问题

知识结构

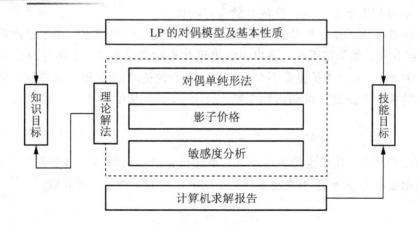

导入案例

出租还是自己组织生产？

首先回顾第 2 章导入案例建立的线性规划模型：

$$max\ z = 3x_1 + 2x_2$$
$$s.t. \begin{cases} 2x_1 + x_2 \leqslant 10 \\ x_1 + x_2 \leqslant 8 \\ x_1,\ x_2 \geqslant 0 \end{cases}$$

式 3.1

其中 x_1，x_2 表示两种产品的数量，目标函数 z 表示销售收入，两个技术约束不等式反映了两个设备资源的约束，这是一个使收益最大化的最优计划模型。

现在换个角度讨论这个问题。

假若由于某种原因，该企业打算放弃生产产品的项目，而将所有设备出租，收取租金。那么，在考虑到设备出租市场竞争条件下，如何确定 3 种设备单位台时的租金，才能使企业不至于蚀本。

问题：

1. 可以从几个角度建立线性规划模型？
2. 如何建立该问题的数学模型？
3. 利用什么方法对该问题的数学模型求解？

对于线性规划问题，有一个有趣的特性，任何一个线性规划问题都存在一个伴生的线性规划问题，我们称为"对偶"。我们将从经济学和数学两个角度来研究这一现象，寻求经济管理实际问题内在的经济联系在数学线性规划中的必然反映。

3.1 线性规划的对偶模型

3.1.1 对偶问题

在这一节中，将从经济意义上研究线性规划的对偶问题，可以从资源利用的不同角度对线性规划问题进行分析，利用有限的数据，得到更多的有用信息，为企业经营决策提供更多的科学依据。

导入案例分析：

设 y_1，y_2 分别表示设备 A，设备 B 的台时估价。

企业运转设备 A，设备 B 分别为 2 小时，1 小时就可以生产出一个单位产品甲，取得 3 千元的销售收入。如果将所有设备出租，出租 2 小时的设备 A，1 小时的设备 B 所取得的租金收入为 $2y_1 + y_2$。为了企业不至于蚀本，在为设备 A 确定租金价格时，应保证用于生产产品甲的各种设备台时得到的租金收入不能低于产品甲的单位销售收入 3 千元。因此有：

$$2y_1 + y_2 \geqslant 3$$

同理考虑产品乙，用于生产一件产品乙消耗设备 A，设备 B 台时分别为 1 小时，1 小时所得到的租金收入 $y_1 + y_2$ 不能低于产品乙的单位利润 2 千元。因此有：

$$y_1 + y_2 \geqslant 2$$

另外,设备租金的价格不能为负值,所以 $y_i \geq 0 (i=1, 2)$。

企业在计划期内拥有有限的设备生产能力,设备 A,设备 B 的总台时数分别为 10,8 小时,如果将设备的所有台时都用于出租,企业的总租金收入为:
$$\omega = 10y_1 + 8y_2$$

由于承租方是理智的,他必然设法以最低租金支出取得设备使用权,故目标要求为极小。综合上述分析,可以得到一个与引例相对应的线性规划,即:

$$\min \omega = 10y_1 + 8y_2$$
$$s.t. \begin{cases} 2y_1 + y_2 \geq 3 \\ y_1 + y_2 \geq 2 \\ y_1, \ y_2 \geq 0 \end{cases}$$

式 3.2

称式 3.2 是前一个线性规划式 3.1 的对偶规划,反之,也称式 3.1 是后一个线性规划式 3.2 的对偶规划。

由于资源的多用途性,所以对资源的利用可以从不同的角度出发,实现资源的优化配置。在本案例中,可以利用设备进行产品生产,也可以对外出租设备,实现获取利润的目的。线性规划和线性对偶规划是从不同角度对一个经济管理问题进行分析研究,所以它们之间存在密切的关系。

3.1.2 对偶模型

上述案例从一个生产资源计划问题引出了对设备租金估价问题,得到对偶规划。实际上,对于一般线性规划模型可以直接给出其对偶规划模型。对偶规划模型分为对称形式和非对称形式。

(1)对称形式的线性规划对偶模型。

导入案例中的一对规划就是对称形式,为了清楚起见,将它们重新表示如下:

原始规划:

$$\max z = 3x_1 + 2x_2$$
$$s.t. \begin{cases} 2x_1 + x_2 \leq 10 \\ x_1 + x_2 \leq 8 \\ x_1, \ x_2 \geq 0 \end{cases}$$

对偶规划:

$$\min w = 10y_1 + 8y_2$$
$$s.t. \begin{cases} 2y_1 + y_2 \geq 3 \\ y_1 + y_2 \geq 2 \\ y_1, \ y_2 \geq 0 \end{cases}$$

推广到一般:

若原始规划是:

$$\max z = c_1 x_1 + \cdots + c_n x_n$$
$$s.t. \begin{cases} a_{11} x_1 + \cdots + a_{1n} x_n \leq b_1 \\ \vdots \\ a_{m1} x_1 + \cdots + a_{mn} x_n \leq b_m \\ x_1, \cdots, x_n \geq 0 \end{cases}$$

式 3.3

对偶规划的定义为：

$$\min z = b_1 y_1 + \cdots + b_m y_m$$
$$s.t. \begin{cases} a_{11} y_1 + \cdots + a_{m1} y_m \geqslant c_1 \\ \vdots \\ a_{1n} y_1 + \cdots + a_{mn} y_m \geqslant c_n \\ y_1, \cdots, y_m \geqslant 0 \end{cases}$$

式 3.4

LP 式 3.3 与 LP 式 3.4 称为具有对称形式的对偶关系。可见对于对称形式 LP 模型有如下对应关系(见表 3-1)。

表 3-1 原规划与对偶规划的对应关系表

	原规划	对偶规划
(1)决策变量	$x \geqslant 0$(n 个)	$y \geqslant 0$(m 个)
(2)目标	max	min
(3)约束符	$\leqslant$(m 个)	$\geqslant$(n 个)
(4)约束系数	A	A^T
(5)右端顶	b	C^T
(6)目标系数	C	b^T

(2) 非对称形式的线性规划对偶模型。

除了对称形式的对偶关系以外，还存在大量的非对称形式的对偶关系，对于非对称形式的规划，可按下表直接转换(见表 3-2)。

表 3-2 非规范型 LP 原问题与对偶问题对应关系表

原问题(对偶问题)	对偶问题(原问题)
目标函数 max	目标函数 min
变量 $\begin{cases} n \text{ 个} \\ \geqslant 0 \\ \leqslant 0 \\ \text{无约束} \end{cases}$	$\begin{cases} n \text{ 个} \\ \geqslant \\ \leqslant \\ = \end{cases}$ 约束条件
目标系数	约束右端顶
约束条件 $\begin{cases} m \text{ 个} \\ \leqslant \\ \geqslant \\ = \end{cases}$	$\begin{cases} m \text{ 个} \\ \geqslant 0 \\ \leqslant 0 \\ \text{无约束} \end{cases}$ 变量
约束右端	目标系数
约束系数(A)	约束系数(A 的转置)

【例 3.1】 写出下列线性规划的对偶规划：

$$\max z = x_1 + 2x_2$$
$$s.t. \begin{cases} 2x_1 - x_2 \geqslant 1 \\ x_1 + 3x_2 = 5 \\ 2x_1 + x_2 \leqslant 8 \\ x_1 \leqslant 0, \ x_2 \text{ 无符号约束} \end{cases}$$

解 依照对应关系有：

原问题目标 max→对偶问题目标 min，原问题右端项→对偶问题目标系数，得对偶问题目标函数。

原问题约束系数转置→对偶问题约束系数，原问题目标系数→对偶问题右端项，原问题变量 $x_1 \leqslant 0$，x_2 无符号约束→对偶问题约束符 "$\leqslant$"、"$=$"，得对偶问题约束。

原问题约束符 "$\geqslant$"、"$=$"、"$\leqslant$"，对偶问题变量 $y_1 \leqslant 0$，y_2 无约束，$y_3 \geqslant 0$。于是得对偶问题 LP。

$$\min w = y_1 + 5y_2 + 8y_3$$
$$s.t. \begin{cases} 2y_1 + y_2 + 2y_3 \leqslant 1 \\ -y_1 + 3y_2 + y_3 = 2 \\ y_1 \leqslant 0, \ y_2 \text{ 无约束}, \ y_3 \geqslant 0 \end{cases}$$

3.1.3 对偶问题的基本性质

原问题与对偶问题存在下列基本性质。①

1）对称性

对偶规划的对偶是原始规划。

这个性质说明，对偶关系是相互的，如果线性规划甲是乙的对偶，那么乙也是甲的对偶。

2）弱对偶性

设 $\bar{x}_j (j=1, 2, \cdots, n)$ 与 $\bar{y}_i (i=1, 2, \cdots, m)$ 分别是原问题与对偶问题的可行解，则恒有：

$$\sum_{j=1}^{n} c_j \bar{x}_j \leqslant \sum_{i=1}^{m} b_i \bar{y}_i$$

这条性质说明，对于一对对称形式的对偶规划而言，在可行解上，相应的极大化线性规划的目标函数值不会超过极小化线性规划的目标函数值。

3）最优性

设 $\hat{x}_j (j=1, 2, \cdots, n)$ 与 $\hat{y}_i (i=1, 2, \cdots, m)$ 分别是原问题与对偶问题的可行解，且恒有：

$$\sum_{j=1}^{n} c_j \hat{x}_j = \sum_{i=1}^{m} b_i \hat{y}_i$$

---

① 性质的证明见《管理运筹学学习指导书》第 3 章。

则 $\hat{x}_j(j=1, 2, \cdots, n)$ 与 $\hat{y}_i(i=1, 2, \cdots, m)$ 分别是原问题与对偶问题的最优解。

4) 无界性

若原问题(对偶问题)具有无界解，则其对偶问题(原问题)无可行解。

5) 强对偶性

若原问题有最优解，则其对偶问题也一定有最优解，且有 $\max z = \min w$。

6) 互补松弛性

在 LP 的最优解中，若某一约束的对偶变量值为非零，则该约束条件取严格等式；反之如果约束条件取严格不等式，则其对应的对偶变量一定为零，即：

如果 $\hat{y}_k > 0$，则 $\sum_{j=1}^{n} a_{kj} \hat{x}_j = b_k$；若 $\sum_{j=1}^{n} a_{kj} \hat{x}_j < b_k$，则 $\hat{y}_k = 0$。

3.2 对偶单纯形法简介

在使用单纯形法求解 max 问题时(我们把 max 问题称为原问题)，首先求解的是原始可行解(要求所有右端项非负)。适用范围是约束符全为"$\leqslant$"型的；若存在"$\geqslant$"或"$=$"约束，则需添加人工变量，运用大 M 法或两阶段法求解。对偶单纯形法是根据对偶问题求解的特点和对称性设计出的一种不添加人工变量，求解含有"$\geqslant$"或"$=$"约束的 LP 的一种方法。对约束条件作如下变化：

当 $\sum_{j=1}^{n} a_{ij} x_j \geqslant b_i$ 时，两端乘以 -1，得 $-\sum_{j=1}^{n} a_{ij} x_j \leqslant -b_i$

当 $\sum_{j=1}^{n} a_{ij} x_j = b_i$ 时，拆分成 $\sum_{j=1}^{n} a_{ij} x_j \leqslant b_i$ 和 $-\sum_{j=1}^{n} a_{ij} x_j \leqslant -b_i$

于是可将所有约束符变为"$\leqslant$"，但由于右端项存在负值，故原问题的解不是可行解。若所有 $\sigma_j \leqslant 0$，则对偶问题的解是可行解。对偶单纯形法正是在保持对偶问题的可行性的情况下，通过迭代，使原问题变为可行解的过程。

可见对偶单纯形法在求解含有"$\geqslant$"型约束的 LP 时，由于不引入人工变量，计算比较简单。但它的前提是初始表中所有 $\sigma_j \leqslant 0$，这一点通常难以满足，故对偶单纯形法很少单独运用。

对偶单纯法求解 LP 问题的步骤如下：

(1) 将模型标准化：

$$\max z = \boldsymbol{CX}$$
$$s.t. \begin{cases} \boldsymbol{AX} = \boldsymbol{b} \\ \boldsymbol{X} \geqslant 0 \end{cases}$$

在标准化过程中，若约束符为"$\geqslant$"时，不必添加人工变量，而将约束两端乘以"-1"，变为"$\leqslant$"，因为它允许原问题为非可行解。

(2) 列出初始单纯形表，计算检验数，检查是否满足对偶单纯形法使用条件(要求对偶问题为可行解，即全部检验数非正)，若满足转下步。

(3) 确定出基变量。

对于小于 0 的基变量，选择：

$$\min_i \{b_i \mid b_i < 0\} = b_l \quad \text{式 3.5}$$

对应的基变量 x_l 作为换出变量，对应的行称为主元行。

(4) 确定入基变量。

在保持对偶问题可行性的前提下减少原始规划不可行性，依据最小比值原则（对偶 θ 准则）确定入基变量：

$$\theta = \min_j \left\{ \frac{c_j - z_j}{a_{lj}} \mid a_{lj} < 0 \right\} = \frac{c_k - z_k}{a_{lk}} \quad \text{式 3.6}$$

则选择 x_k 作为换入变量，x_k 所对应的系数列即是主元列。
主元行和主元列交叉处的元素就是主元素 a_{lk}。

(5) 初等行变换。按照"主元素 a_{lk}"进行约束方程组增广矩阵的初等行变换，将主元素化为 1，主元素所在的列化为单位向量，并相应地可以得到一个新的单纯形表，返回步骤一，用新的单纯形表代替原来的表格，然后继续步骤(3)和步骤(4)。

重复以上步骤，直至 b' 列基变量的取值全部变成非负元素即得到最优单纯形表。

【例 3.2】 用对偶单纯形法解线性规划。

$$\min w = 15y_1 + 24y_2 + 5y_3$$

$$s.t. \begin{cases} 6y_2 + y_3 \geqslant 2 \\ 5y_1 + 2y_2 + y_3 \geqslant 1 \\ y_1, y_2, y_3 \geqslant 0 \end{cases}$$

(1) 将约束等式两侧同乘以 -1，引入松弛变量 y_4，y_5 化为标准形，得到：

$$\max z = -15y_1 - 24y_2 - 5y_3$$

$$s.t. \begin{cases} -6y_2 - y_3 + y_4 = -2 \\ -5y_1 - 2y_2 - y_3 + y_5 = -1 \\ y_j \geqslant 0 \quad (j = 1, 2, \cdots, 5) \end{cases}$$

y_4，y_5 为初始基变量，相应的基本解 $Y = (0, 0, 0, -2, -1)$ 是非可行解，检验数符合最优检验条件（$\sigma_j \leqslant 0$），故可列表利用对偶单纯形法计算，计算过程见表 3-3。

表 3-3 初始对偶单纯形表

基	c_i	y_1	y_2	y_3	y_4	y_5	解 b_i
		-15	-24	-5	0	0	
y_4	0	0	[-6]	-1	1	0	-2
y_5	0	-5	-2	-1	0	1	-1
$\sigma_j = c_j - z_j$		-15	-24	-5	0	0	
δ_j / a_{ij}		—	4	5	—	—	

在初始对偶单纯形表中，基本解的两个分量小于零，不是可行解，需要进行迭代求解

新的基本解。

（2）在 b' 列中，取最小元素 -2，所在的第一行对应的基变量为 y_4，所以 y_4 为出基变量。依据最小比值：

$$\theta = \min\left\{\frac{-24}{-6}, \frac{-5}{-1}\right\} = \min\{4, 5\} = 4$$

变量 y_2 是入基变量。

（3）以 a_{12} 为主元素，在表中进行迭代计算，得到表 3-4，迭代后的检验数仍然是非正。

表 3-4 初始对偶单纯形表

基	c_i	y_1 -15	y_2 -24	y_3 -5	y_4 0	y_5 0	解 b_i
y_2	-24	0	1	1/6	$-1/6$	0	1/3
y_5	0	-5	0	[$-2/3$]	$-1/3$	1	$-1/3$
$\sigma_j = c_j - z_j$		-15	0	-1	-4	0	
δ_j / a_{ij}		3		3/2	12	—	

经检验，表 3-4 中基本解仍然有一个分量小于零，不是可行解，继续迭代。在 b' 列中，取最小元素 $-1/3$ 所对应的基变量为 y_5 为出基变量。由于比值

$$\theta = \min\left\{\frac{-15}{-5}, \frac{-1}{-2/3}, \frac{-4}{-1/3}\right\} = \min\left\{3, \frac{3}{2}, 12\right\} = \frac{3}{2}$$

在第三列，故对应的变量 y_3 是进基变量。

（4）以 a_{23} 为主元素，在表中进行迭代计算，得到表 3-5。

表 3-5 对偶单纯形法迭代表

基	c_i	y_1 -15	y_2 -24	y_3 -5	y_4 0	y_5 0	解 b_i
y_2	-24	$-5/4$	1	0	$-1/4$	1/4	1/4
y_3	-5	15/2	0	1	1/2	$-3/2$	1/2
$\sigma_j = c_j - z_j$		$-15/2$	0	0	$-7/2$	$-3/2$	

在表 3-5 中，原始规划与对偶规划均为可行解，故它是最优表，$\boldsymbol{Y}^* = (0, 1/4, 1/2, 0, 0)$，$w_{\min} = 17/2$。

【例 3.3】 用对偶单纯形法解下面线性规划。

$$\max z = -x_1 - x_2$$

$$s.t. \begin{cases} -2x_1 + x_2 + x_3 = -2 \\ x_1 - \frac{1}{2}x_2 + x_4 = -1 \\ x_j \geq 0 (j = 1, 2, 3, 4) \end{cases}$$

解 构造对偶单纯形法进行迭代，见表 3-6。从最后的表可以看到，在 b' 列中存在

"$-2<0$",并且-2所在的行元素均非负,因此原始规划没有可行解。

表 3-6 对偶单纯形法迭代表

基	c_i	x_1	x_2	x_3	x_4	解 b_i
		-1	-1	0	0	
x_3	0	[-2]	1	1	0	-2
x_4	0	1	$-1/2$	0	1	-1
$\sigma_j=c_j-z_j$		-1	-1	0	0	
c_j/a_{1j}		1/2	—	—	—	
x_1	-1	1	$-1/2$	$-1/2$	0	1
x_4	0	0	0	1/2	1	-2
$\sigma_j=c_j-z_j$		0	$-3/2$	1/2	0	

3.3 影子价格

导入案例原问题:

$$\max z = 3x_1 + 2x_2$$
$$s.t. \begin{cases} 2x_1 + x_2 \leq 10 \\ x_1 + x_2 \leq 8 \\ x_1, x_2 \geq 0 \end{cases}$$

的 WinQSB 求解结果如图 3.1 所示。图中 Shadow Price 即为对偶问题的解,可见:

$$z = \mathbf{CX} = [3, 2] \begin{bmatrix} 2 \\ 6 \end{bmatrix}$$
$$= \mathbf{Y}^T \mathbf{b} = [1, 1] \begin{bmatrix} 10 \\ 8 \end{bmatrix} = 18$$

其中,b_i 是原问题的约束右端项,它代表第 i 种资源的拥有量。

	10:58:24		Tuesday	July	27	2010			
	Decision Variable	Solution Value	Unit Cost or Profit c(j)	Total Contribution	Reduced Cost	Basis Status	Allowable Min. c(j)	Allowable Max. c(j)	
1	X1	2.0000	3.0000	6.0000	0	basic	2.0000	4.0000	
2	X2	6.0000	2.0000	12.0000	0	basic	1.5000	3.0000	
	Objective	Function	(Max.) =	18.0000					
	Constraint	Left Hand Side	Direction	Right Hand Side	Slack or Surplus	Shadow Price	Allowable Min. RHS	Allowable Max. RHS	
1	C1	10.0000	<=	10.0000	0	1.0000	8.0000	16.0000	
2	C2	8.0000	<=	8.0000	0	1.0000	5.0000	10.0000	

图 3.1 导入案例的最终单纯形表

由于 $\partial z/\partial b_i = y_i$,故对偶变量 y_i 的意义代表对 1 个单位第 i 种资源对目标函数的贡献或估价。这种估价不是资源的市场价格,而是根据资源在生产中作出的贡献而作的估价,为区别起见,称为影子价格(Shadow price 或 Dual Price),其意义解释为:

(1) 资源的市场价格由供求关系决定,而它的影子价格则有赖于资源的利用情况。由于企业生产任务、产品结构等情况发生变化,资源的影子价格也随之改变。如 b_1 允许变化范围(Allowable Min~Max)是 [8,16],即允许增量为 6,允许减量为 2。当超过此变化范围,最优解将发生改变,影子价格也将改变。

(2) 由于 $y_i = \partial z / \partial b_i$,故影子价格是一种边际价格。即给定生产条件下 b_i 每增加 1 个单位时目标函数 z 的增量。如 $y_1 = 1$,$y_2 = 1$,表明 b_1 或 b_2 增加 1 个单位时,目标函数值均增加 1 个单位。

(3) 资源的影子价格实际上又是一种机会成本。当市场价格低于影子价格时,厂家可以买进这种资源;相反当市场价格高于影子价格时,厂家就会卖出这种资源。随着资源的买进卖出,它的影子价格也将随之发生变化,一直到影子价格与市场价格保持同等水平时,才处于平衡状态。

(4) 当影子价格为 0 时,表明该种资源未得到充分利用;当影子价格不为 0 时,表明该种资源已耗费完毕。

(5) 一般来说对线性规划问题的求解是确定资源的最优分配方案,而对于对偶问题的求解则是对资源的恰当估价,这种估价直接涉及资源的最有效利用。如在一个大公司内部,可借助资源的影子价格确定一些内部结算价格,以便控制有限资源的使用和考核下属企业经营的好坏。

3.4 灵敏度分析

在前面的讨论中,线性规划的各个参数 A,C,b 都是当作已知常量处理的。但在实践中,它们往往是根据统计数据测算的,不可能完全准确,而且随着实际情况变化,某些参数会随之改变,甚至系数矩阵 A 的结构都会发生变化。线性规划的灵敏度分析就是研究参数变化时对最优解的影响。具体来说,主要讨论下列两类问题:一是在最优解(或最优基)不变的前提下,确定参数的变化范围;二是当参数或系数矩阵的结构发生变化时,如何确定最优解的变化。

线性规划灵敏度分析的方法分为利用最优单纯形表的灵敏度分析和利用计算机输出信息的灵敏度分析。

如果利用新的数据资料,重新建立单纯形表,从头开始计算,虽然可以解决这些问题,但是这样做显然是不经济的。灵敏度分析采用的方法,是从已经得到的最优解出发,通过对变化数据进行一些简单的计算,便可以迅速得到所需要的结果以及变化后的最优解。

若线性规划的矩阵形式或向量形式:

$$\max z = CX \qquad \max z = \sum_{j=1}^{n} c_j x_j$$

$$s.t. \begin{cases} AX = b \\ X \geq 0 \end{cases} \qquad 或 \qquad s.t. \begin{cases} \sum_{j=1}^{n} p_j x_j = b \\ x_j \geq 0 \end{cases}$$

若最优基为 B，则有：

检验数的向量表达式：$\sigma_N = C_N - C_B B^{-1} N$ 或 $\sigma_j = C_j - C_B B^{-1} p_j$ 式3.7

基解的向量表达式：$\bar{b} = B^{-1} b$ 式3.8

系数矩阵的向量表达式：$\bar{p}_j = B^{-1} p_j \quad j = 1, 2, \cdots, n,$ 式3.9

其中，σ_N 或 (σ_j) 是最优表中非基变量的检验数，$\bar{b}$ 是最优表中右端常数向量，$\bar{p}_j$ 是最优表的第 j 个列向量。这些公式显示了最优表的各个部分是怎样由初始表决定的。利用它们可以很方便地考察当参数变化时，最优表将有哪些变化，从而找到解决上述问题的便捷途径。

研究最优解受数据变化的影响情况主要考虑两个方面：一是解的最优性，即检验数是否仍然非负；二是解的可行性，即基本解的各个分量是否非负。

3.4.1 价值系数 c_j 的变化分析

当某个变量 x_j 的系数 c_j 发生改变时，由公式 3.7 和公式 3.8 可知，最终单纯表中只有检验数行发生变化，解的可行性保持不变。

如 x_j 是非基变量，只有 x_j 的检验数 σ_j 变化；如果 x_j 是基变量，由于 c_j 是 C_B 的一个分量，导致所有的检验数都会变化。令所有 $\sigma_j \leq 0$，可解出使最优解不变的 c_j 的变化范围。如超出该范围，必定有 $\sigma_k > 0$，对原最终表适当修改后，可以利用单纯形法继续求解。

【例 3.4】 某企业利用三种资源生产两种产品的最优计划问题归结为下列线性规划。

$$\max z = 5x_1 + 4x_2$$

$$s.t. \begin{cases} x_1 + 3x_2 \leq 90 \\ 2x_1 + x_2 \leq 80 \\ x_1 + x_2 \leq 45 \\ x_1, x_2 \geq 0 \end{cases}$$

已知最优表见表 3-7。

表 3-7 最终单纯形表

基	c_j	x_1	x_2	x_3	x_4	x_5	解 b_i
		5	4	0	0	0	
x_3	0	0	0	1	2	−5	25
x_1	5	1	0	0	1	−1	35
x_2	4	0	1	0	−1	2	10
$\sigma_j = c_j - z_j$		0	0	0	−1	−3	215

最优计划是两种产品分别生产 35 单位与 10 单位，最大产值 $z_{\max} = 215$ 单位。

(1) 确定 x_2 的系数 c_2 的变化范围，使原最优解保持不变。

(2) 若 $c_2 = 6$，求新的最优计划。

解 (1) 将表 3-7 中的 x_2 的系数以 c_2 代替，重新计算检验数，得到：

$$\begin{cases} \sigma_4 = 0 - 5 \times 1 - c_2 \times (-1) = c_2 - 5 \\ \sigma_5 = 0 - 5 \times (-1) - c_2 \times 2 = 5 - 2c_2 \end{cases}$$

当 $\sigma_j \leq 0$ 时,解的最优性保持不变,有 $\sigma_4 \leq 0$, $\sigma_5 \leq 0$

即:
$$\begin{cases} c_2 - 5 \leq 0 \\ 5 - 2c_2 \leq 0 \end{cases}$$

解得: $5/2 \leq c_2 \leq 5$

当 c_2 在区间 $[5/2, 5]$ 中变化时,最优解 $\boldsymbol{X}^* = (35, 10, 25, 0, 0)^T$ 保持不变。

(2) 当 $c_2 = 6$ 时,
$$\begin{cases} \sigma_4 = c_2 - 5 = 1 \\ \sigma_5 = 5 - 2c_2 = -7 \end{cases}$$

由于 $\sigma_4 = 1 > 0$,原最优解失去最优性,在表 3-7 中将 c_2 由 4 修改为 6,重新计算检验数,用单纯形法容易求得新的最优表,见表 3-8。

表 3-8 单纯形迭代表

		x_1	x_2	x_3	x_4	x_5	
基	c_j	5	6	0	0	0	解 b_i
x_3	0	0	0	1	[2]	-5	25
x_1	5	1	0	0	1	-1	35
x_2	6	0	1	0	-1	2	10
$\sigma_j = c_j - z_j$		0	0	0	1	-7	235
x_4	0	0	0	1/2	1	$-5/2$	25/2
x_1	5	1	0	$-1/2$	0	3/2	45/2
x_2	6	0	1	1/2	0	$-1/2$	45/2
$\sigma_j = c_j - z_j$		0	0	$-1/2$	0	$-9/2$	495/2

故新的最优解为 $\boldsymbol{X}^* = (45/2, 45/2, 0, 25/2, 0)^T$,最优值 $z_{\max} = 495/2$,即随着产品 Ⅱ 的价格上升,其产量 x_2 上升,而 x_1 下降,总产值上升。

3.4.2 右端常数 b_i 的变化分析

当右端常数 b_i 的发生改变时,由公式 3.7 和公式 3.8 可知,最终单纯表中检验数行不发生变化,右端常数向量 $\bar{b}$ 发生改变,可能影响到解的可行性。

以 $\boldsymbol{b}' = \boldsymbol{b} + \Delta\boldsymbol{b}$ 表示变化后的右端常数向量,若 $\bar{\boldsymbol{b}} = \boldsymbol{B}^{-1}\boldsymbol{b}' \geq 0$,则最优基 $\boldsymbol{B}$ 不变,最优解为 $\boldsymbol{X}_B^* = \boldsymbol{B}^{-1}\boldsymbol{b}'$, $\boldsymbol{X}_N = 0$;否则,修改原最优表的 b 列为 $\boldsymbol{B}^{-1}\boldsymbol{b}'$ 后,用对偶单纯形法继续求解。

【例 3.5】 对于例 3.4 中的线性规划,进行下列分析:

(1) b_3 在什么范围内变化时,原最优基不变?

(2) 若 $b_3 = 55$,求出新的最优解。

解 原最优基为 $\boldsymbol{B} = (p_3, p_1, p_2)$,由表 3-7 可得:

$$\boldsymbol{B}^{-1} = \begin{bmatrix} 1 & 2 & -5 \\ 0 & 1 & -1 \\ 0 & -1 & 2 \end{bmatrix}$$

(1) 设 $b' = [90, 80, b_3]^T$，根据 $\bar{b} = B^{-1} b'$

$$\bar{b} = \begin{bmatrix} 1 & 2 & -5 \\ 0 & 1 & -1 \\ 0 & -1 & 2 \end{bmatrix} \begin{bmatrix} 90 \\ 80 \\ b_3 \end{bmatrix} = \begin{bmatrix} 250-5b_3 \\ 80-b_3 \\ -80+2b_3 \end{bmatrix} \geq 0, \text{即} \begin{cases} 250-5b_3 \geq 0 \\ 80-b_3 \geq 0 \\ -80+2b_3 \geq 0 \end{cases}$$

解得：$40 \leq b_3 \leq 50$，即当 $b_3 \in [40, 50]$ 时，最优基 B 不变，最优解为：

$$X_B^* = \begin{vmatrix} x_3^* \\ x_1^* \\ x_2^* \end{vmatrix} = \begin{vmatrix} 250-5b_3 \\ 80-b_3 \\ -80+2b_3 \end{vmatrix}, \quad X_N^* = \begin{vmatrix} x_4^* \\ x_5^* \end{vmatrix} = 0$$

(2) 当 $b_3 = 55$ 时，

$$\bar{b} = \begin{vmatrix} 250-5b_3 \\ 80-b_3 \\ -80+2b_3 \end{vmatrix} = \begin{vmatrix} -25 \\ 25 \\ 30 \end{vmatrix}$$

将表 3-7 的 b 列——换为 $\bar{b}$，用对偶单纯形法继续求解，结果得表 3-9。

表 3-9 对偶单纯形迭代表

基	c_j	x_1 5	x_2 4	x_3 0	x_4 0	x_5 0	解 b_i
x_3	0	0	0	1	2	[−5]	25
x_1	5	1	0	0	1	−1	25
x_2	4	0	1	0	−1	2	30
$\sigma_j = c_j - z_j$		0	0	0	−1	−3	245
x_5	0	0	0	−1/5	−2/5	1	5
x_1	5	1	0	−1/5	3/5	0	30
x_2	4	0	1	2/5	−1/5	0	20
$\sigma_j = c_j - z_j$		0	0	−3/5	−11/5	0	230

新的最优解为 $X^* = (30, 20, 0, 0, 5)^T$，$z_{\max} = 230$。

3.4.3 增加一个新变量的分析

企业制订生产计划的一般情况是，利用 m 种资源生产 n 种产品的。设消耗系数矩阵 $A = (a_{ij})$，考虑一种新产品，其消耗系数列向量为 $p_k = (a_{1k}, a_{2k}, \cdots, a_{mk})^T$，价值系数为 c_k。把它们作为新列加入到单纯形表中，那么最优表中 x_k 的检验数为：

$$\sigma_k = c_k - C_B B^{-1} p_k = c_k - Y^* p_k$$

其中，$Y^* = \sum_{i=1}^{m} a_{ik} y_i^*$ 是生产一个单位新产品消耗的各种资源的影子价格总和，它称为机会成本。$\sigma_k = c_k - Y^* p_k$ 说明，只有新产品的价格超过它的机会成本时，才应当安排该产品的生产。

【例3.6】 对于例3.4中的线性规划,假设企业研制了一种新产品,对三种资源的消耗系数列向量以 p_6 表示,$p_6=(3/2, 1, 1/2)^T$。试问它的价值系数 c_6 符合什么条件,才必须安排它的生产?设 $c_6=3$,新的最优生产计划是什么?

解 设新产品的产量为 x_6,把 P_6 作为初始表的第6列,则在最终表中,它变换为:

$$\bar{p}_6 = B^{-1} p_6 = \begin{bmatrix} 1 & 2 & -5 \\ 0 & 1 & -1 \\ 0 & -1 & 2 \end{bmatrix} \begin{bmatrix} 3/2 \\ 1 \\ 1/2 \end{bmatrix} = \begin{bmatrix} 1 \\ 1/2 \\ 0 \end{bmatrix}$$

x_6 的检验数为:$\sigma_6 = c_6 - C_B B^{-1} p_6 = c_6 - (0, 5, 4)[1, 1/2, 0]^T = c_6 - 5/2$

因此,只有当 $c_6 \geq 5/2$ 时,才必须安排新产品生产,否则,原最优计划不变。

当 $c_6 = 3$ 时,$\sigma_6 = 1/2 \geq 0$,原最优计划发生改变。在原最终表中增加第六列变量 x_6,c_6 和 $\bar{p}_6 = B^{-1} p_6$,然后利用单纯形法继续求解,结果见表3-10。

表3-10 单纯形法迭代表

基	c_j	x_1 5	x_2 4	x_3 0	x_4 0	x_5 0	x_6 3	解 b_i
x_3	0	0	0	1	2	-5	[1]	25
x_1	5	1	0	0	1	-1	1/2	35
x_2	4	0	1	0	-1	2	0	10
$\delta_j = c_j - z_j$		0	0	0	-1	-3	1/2	215
x_6	3	0	0	1	2	-5	1	25
x_1	5	1	0	-1/2	0	3/2	0	45/2
x_2	4	0	1	0	-1	2	0	10
$\sigma_j = c_j - z_j$		0	0	-1/2	-2	-1/2	0	227.5

新的最优计划是三种产品分别生产22.5,10,与25个单位,最大利润为227.5。

3.4.4 增加新的约束条件的分析

增加新的约束条件,线性规划的可行域只会变小,不会变大,最优值只能变差,不会变得更好。因此如果原最优解 X^* 满足新的约束条件时,则 X^* 仍然是最优解。否则,按下面例3.7的方式讨论。

【例3.7】 对于例3.4中的线性规划,还要考虑一个新的资源约束:

$$4x_1 + 2x_2 \leq 150$$

原最优解 $X^* = (35, 10, 25, 0, 0)^T$ 不满足该约束,为了求得新的最优计划,在上式中引入松弛变量 x_6 转化为标准形式:

$$4x_1 + 2x_2 + x_6 = 150$$

将 $4x_1 + 2x_2 + x_6 = 150$ 作为新的一行(第四行)加入到原最优表中,结果见表3-11。

表 3-11 最终单纯形表

基	c_j	x_1 5	x_2 4	x_3 0	x_4 0	x_5 0	x_6 0	解 b_i
x_3	0	0	0	1	2	−5	0	25
x_1	5	1	0	0	1	−1	0	35
x_2	4	0	1	0	−1	2	0	10
x_6	0	4	2	0	0	0	1	150
$\delta_j = c_j - z_j$		0	0	0	−1	−3	0	

应该注意的是,表 3-11 并非规范的单纯形表,基变量 x_1,x_2 的系数列向量均非单位向量,基变量的系数矩阵不是单位矩阵。利用行的初等变换,将基变量的系数向量化为单位向量,使它们的系数矩阵成为单位矩阵,表 3-11 转化为规范的单纯形表。变换之后,基变量 x_6 的值一定是负的,而检验数行不变,从而可以应用对偶单纯形法继续求解,结果见表 3-12。

表 3-12 单纯形法迭代表

基	c_j	x_1 5	x_2 4	x_3 0	x_4 0	x_5 0	x_6 0	解 b_i
x_3	0	0	0	1	2	−5	0	25
x_1	5	1	0	0	1	−1	0	35
x_2	4	0	1	0	−1	2	0	10
x_6	0	0	0	0	[−2]	0	1	−10
$\delta_j = c_j - z_j$		0	0	0	−1	−3	0	
x_3	0	0	0	1	0	−5	1	15
x_1	5	1	0	0	0	−1	1/2	30
x_2	4	0	1	0	0	2	−1/2	15
x_4	0	0	0	0	1	0	−1/2	5
$\delta_j = c_j - z_j$		0	0	0	0	−3	−1/2	210

3.5 如何看计算机求解报告

在实际应用中,对偶问题并不需要单独列出模型和求解。在利用计算机求解原问题时,可直接得到对偶问题的解以及其他敏感度分析结果。

【例 3.8】 某厂生产 A、B、C 3 种产品,其所需劳力、材料见表 3-13。用 Lingo 软件进行优化,并分析优化结果。

表 3-13 消耗定额表

	A 产品	B 产品	C 产品	可用量
劳力(人)	6	3	5	55
材料(kg)	3	4	5	40
产品利润(元/件)	3	1	4	

解 执行开始菜单命令：程序/Lingo/File/New Problem，输入如下模型（可由 Excel ORM 自动生成，见实验指导书）：

```
MODEL：
  SETS：
    DV/1..3/：X，C；
    ST/1..2/：B；
    SQ(ST，DV)：A；
  ENDSETS
  DATA：
    C=3  1  4；
    B=55  40；
    A=6  3  5
      3  4  5；
  ENDDATA
  max=@sum(dv：c*x)；
  @for(ST(i)：@sum(DV(j)：a(i,j)*x(j))<=b(i)；)；
END
```

执行菜单命令：Lingo/Option /General Solver/Dual Computation 下箭头/选择 Prices & Range/OK。

执行菜单命令：Lingo/Solve 得结果如下：

```
Global optimal solution found.
Objective value：              35.00000
Total solver iterations：       2
Variable        Value          Reduced Cost
X(1)           5.000000         0.000000
X(2)           0.000000         2.000000
X(3)           5.000000         0.000000
C(1)           3.000000         0.000000
C(2)           1.000000         0.000000
C(3)           4.000000         0.000000
B(1)          55.00000          0.000000
B(2)          40.00000          0.000000
```

A(1, 1)	6.000000	0.000000
A(1, 2)	3.000000	0.000000
A(1, 3)	5.000000	0.000000
A(2, 1)	3.000000	0.000000
A(2, 2)	4.000000	0.000000
A(2, 3)	5.000000	0.000000
Row	Slack or Surplus	Dual Price
1	35.00000	1.000000
2	0.000000	0.2000000
3	0.000000	0.6000000

在编辑窗口中执行菜单命令：Lingo/Range 得敏感度报告：

Ranges in which the basis is unchanged：

Objective Coefficient Ranges

Variable	Current Coefficient	Allowable Increase	Allowable Decrease
X(1)	3.000000	1.800000	0.6000000
X(2)	1.000000	2.000000	INFINITY
X(3)	4.000000	1.000000	1.500000

Righthand Side Ranges

Row	Current RHS	Allowable Increase	Allowable Decrease
2	55.00000	25.00000	15.00000
3	40.00000	15.00000	12.50000

两次运行结果产生了两个报告；前一个为运行结果报告；后一个为敏感度报告。用 WinQSB 求解也可得到类似的结果；利用 Excel 求解可通过插入"运算结果报告"、"敏感度报告"和"极限值报告"显示结果。运行结果中显示以下指标：

1. 最优解和最优值

运行结果中的值(Value)给出了所有量的值，包括变量和常量。决策变量的取值即为最优解，即 $X(1)=5, X(2)=0, X(3)=5$；目标值(Objective value)为 35。

2. 缩减成本

缩减成本(Reduced Cost)指在资源总量不变的情况下，某一个变量在最优解的基础上增加 1 个单位时，目标成本增加量。由求解结果可见，$X(2)=0$，其缩减成本为 2，表示如果 $X(2)$ 入基后，每增加 1 个单位，成本将增加 2 个单位。

3. 松弛或剩余变量

松弛或剩余变量(Slack or Surplus)反映了资源的利用情况。若松弛变量为 0，表示该资源已耗费完毕，若大于 0，表示尚有剩余。本例 2 个约束的松弛变量(第 2、3 行)均为

0，表示两种资源均已耗费完毕。而第1行是生产一个单位产品所消耗的各项资源的影子价格的总和，称为产品的隐含成本。

4. 影子价格

影子价格(Dual Price)的含义见3.3节。当松弛变量为0时，影子价格大于0。

5. 目标系数变化范围

目标系数变化范围(Objective Coefficient Ranges)指最优解不变的情况下目标系数允许变化范围。运行结果给出了当前值(Current)、允许增量(Allowable Increase)和允许减量(Allowable Decrease)。变化范围确定方法如下：

变化下限＝当前值(Current Coefficient)－允许减量(Allowable Decrease)

变化上限＝当前值(Current Coefficient)＋允许增量(Allowable Increase)

如 $X(1)$目标系数的当前值为3，允许增量为1.8，允许减量为0.6，允许变化范围为 $[2.4,4.8]$。$X(2)$目标系数的允许减量 INFINITY 表示无穷大。

6. 右端项变化范围

右端项的变化范围(Righthand Side Ranges)指在最优解不变的情况下右端项允许变化的范围，其确定方法与目标系数变化范围相同。

本章小结

本章主要内容包括线性规划对偶问题；线性规划原模型与对偶模型之间的结构关系；基于线性规划对偶问题的资源影子价格的含义；线性规划模型求解的对偶单纯形法。

线性规划对偶问题是线性规划问题的一个伴生问题。从经济上理解，实质是资源优化配置这一问题的两个方面的反映；从数学角度考虑，是经济管理实际系统可以建立最大化和最小化两类线性规划模型。

线性规划原模型和对偶模型具有"上、下交换"、"左、右换位"、"约束不等式换向"、"极大变极小"的关系。

原始规划的解与对偶规划的解之间有一些重要的关系，这些基本性质统称为对偶定理，包括对称性定理，弱对偶定理，最优性准则定理，主对偶定理。

依据对偶定理，可以得到资源的影子价格的定义。对偶变量 y_i 表示一个单位第 i 种资源的估价，这种估价不是资源的市场价格，而是根据资源在生产中作出的贡献而作的估价，为区别起见，称为影子价格(Shadow Price)，对偶单纯形法是应用对偶定理求解原始线性规划最优解的一种方法，根据主对偶定理，在求得原始规划最优解的同时也求出了对偶规划的最优解。对偶单纯形法的另外一个重要作用就是线性规划问题的灵敏度分析。

线性规划的灵敏度分析就是研究参数变化时对最优解的影响。具体来说，主要讨论下列两类问题：一是在最优解(或最优基)不变的前提下，确定参数的变化范围；二是当参数或系数矩阵的结构发生变化时，如何确定最优解的变化。

线性规划灵敏度分析的方法分为利用最优单纯形表的灵敏度分析和利用计算机输出信息的灵敏度分析。

关键术语

对偶问题(Dual Problem)　　　　　　对偶定义(Dual Definition)
对偶定理(Dual Theorems)　　　　　　影子价格(Shadow Price)
对偶单纯形法(Dual Simplex Method)　灵敏度分析(Sensitivity Analysis)

 习　题

1. 判断正误。
(1) 任何线性规划问题都存在且有唯一的对偶问题。　　　　　　　　　　(　)
(2) 对偶问题的对偶问题一定是原问题。　　　　　　　　　　　　　　　(　)
(3) 若线性规划的原问题和其对偶问题都有最优解,则最优解一定相等。　(　)
(4) 对于线性规划的原问题和其对偶问题,若其中一个有最优解,另一个也一定有最优解。　　　　　　　　　　　　　　　　　　　　　　　　　　　　　　　　(　)
(5) 若线性规划的原问题有无穷多个最优解时,其对偶问题也有无穷多个最优解。
　　　　　　　　　　　　　　　　　　　　　　　　　　　　　　　　(　)
(6) 已知在线性规划的对偶问题的最优解中,对偶变量 $y_i^* > 0$,说明在最优生产计划中,第 i 种资源已经完全用尽。　　　　　　　　　　　　　　　　　　　　　　(　)
(7) 已知在线性规划的对偶问题的最优解中,对偶变量 $y_i^* = 0$,说明在最优生产计划中,第 i 种资源一定还有剩余。　　　　　　　　　　　　　　　　　　　　　　(　)
(8) 对于 a_{ij}, c_j, b_i 来说,每一个都有有限的变化范围,当其改变超出了这个范围之后,线性规划的最优解就会发生变化。　　　　　　　　　　　　　　　　　　(　)
(9) 若某种资源的影子价格为 $\bar{u}$,则在其他资源数量不变的情况下,该资源增加 k 个单位,相应的目标函数值增加 $k\bar{u}$。　　　　　　　　　　　　　　　　　　　　(　)
(10) 应用对偶单纯形法计算时,若单纯形表中某一基变量 $x_i < 0$,且 x_i 所在行的所有元素都大于或等于零,则其对偶问题具有无界解。　　　　　　　　　　　　(　)

2. 简答下列各题。
(1) 对偶问题和对偶变量的经济意义是什么?
(2) 简述对偶单纯形法的计算步骤。它与单纯形法的异同之处是什么?
(3) 什么是资源的影子价格?它和相应的市场价格之间有什么区别?
(4) 如何根据原问题和对偶问题之间的对应关系,找出两个问题变量之间、解及检验数之间的关系?
(5) 利用对偶单纯形法计算时,如何判断原问题有最优解或无可行解?
(6) 在线性规划的最优单纯形表中,松弛变量(或剩余变量) $x_{n+k} > 0$,其经济意义是什么?
(7) 在线性规划的最优单纯形表中,松弛变量 x_{n+k} 的检验数 $\sigma_{n+k} < 0$(标准形为求最大值),其经济意义是什么?
(8) 将 a_{ij}, c_j, b_i 的变化直接反映到最优单纯形表中,表中原问题和对偶问题的解将会出现什么变化？有多少种不同情况？如何去处理？

3. 写出下列线性规划的对偶问题。

(1) max $z = 4x_1 + 2x_2 + 5x_3$

$$s.t. \begin{cases} x_1 + 3x_2 + 2x_3 \leqslant 5 \\ 4x_1 + 2x_2 - 5x_3 \leqslant 7 \\ 3x_1 + x_2 + 4x_3 \leqslant 9 \\ x_1, x_2, x_3 \geqslant 0 \end{cases}$$

(2) min $w = x_1 - 2x_2 - 4x_3$

$$s.t. \begin{cases} 3x_1 - x_2 + 2x_3 \leqslant 5 \\ 2x_1 + x_2 - x_3 \geqslant 7 \\ -x_1 + 2x_2 + 4x_3 = 12 \\ x_1, x_2 \geqslant 0, x_3 \text{ 无约束} \end{cases}$$

4. 用对偶单纯形法求解下列线性规划问题。

(1) min $w = 3x_1 + 2x_2 + x_3$

$$s.t. \begin{cases} x_1 + x_2 + x_3 \leqslant 6 \\ x_1 - x_3 \geqslant 4 \\ x_2 - x_3 \geqslant 3 \\ x_1, x_2, x_3 \geqslant 0 \end{cases}$$

(2) min $w = 2x_1 + 2x_2 + 4x_3$

$$s.t. \begin{cases} 2x_1 + 3x_2 + 5x_3 \geqslant 2 \\ 3x_1 + x_2 + 7x_3 \leqslant 3 \\ x_1 + 4x_2 + 6x_3 \leqslant 5 \\ x_1, x_2, x_3 \geqslant 0 \end{cases}$$

(3) min $z = 12x_1 + 8x_2 + 16x_3 + 12x_4$

$$s.t. \begin{cases} 2x_1 + x_2 + 4x_3 \geqslant 2 \\ 2x_1 + 2x_2 + 4x_4 \geqslant 3 \\ x_j \geqslant 0 (j = 1, 2, 3, 4) \end{cases}$$

(4) min $z = 5x_1 + 2x_2 + 4x_3$

$$s.t. \begin{cases} 3x_1 + x_2 + 2x_3 \geqslant 7 \\ 6x_1 + 3x_2 + 5x_3 \geqslant 12 \\ x_j \geqslant 0 \quad (j = 1, 2, 3) \end{cases}$$

5. 已知表 3-14 为求解某线性规划问题的最终单纯形表，表中 x_4，x_5 为松弛变量，问题的约束为 $\leqslant$ 形式。

表 3-14 求解某线性规划问题的最终单纯形表

	c_j	x_1	x_2	x_3	x_4	x_5	b
x_3		0	1/2	1	1/2	0	5/2
x_1		1	-1/2	0	-1/6	1/3	5/2
$c_j - z_j$		0	-4	0	-4	-2	

(1) 写出原线性规划问题。
(2) 写出原问题的对偶问题。
(3) 直接由表写出对偶问题的最优解。

6. 某厂利用原料 A、B 生产甲、乙、丙 3 种产品，已知生产单位产品所需原料数、单件利润及有关数据见表 3-15，分别回答下列问题。

表 3-15 生产单位产品所需的相关数据表

	甲	乙	丙	原料拥有量
A	6	3	5	45
B	3	4	5	30
单件利润	4	1	5	

(1) 建立线性规划模型，求该厂获利最大的生产计划。

(2) 若产品乙、丙的单件利润不变，产品甲的利润在什么范围内变化时，上述最优解不变？

(3) 若有一种新产品丁，其原料消耗定额：A 为 3 单位，B 为 2 单位，单件利润为 2.5 单位。问该种产品是否值得安排生产，并求新的最优计划。

(4) 若原材料 A 市场紧缺，除拥有量外一时无法购进，而原材料 B 如数量不足可去市场购买，单价为 0.5，问该厂是否购买，以购进多少为宜？

(5) 由于某种原因该厂决定暂停甲产品的生产，试重新确定该厂的最优生产计划。

7. 某厂生产甲、乙、丙 3 种产品，分别经过 A、B、C 3 种设备加工。已知生产单位产品所需的设备台时数、设备的现有加工能力及每件产品的利润见表 3-16。

表 3-16 每件产品的利润表

	甲	乙	丙	设备能力(台时)
A	1	1	1	100
B	10	4	5	600
C	2	2	6	300
单位产品利润(元)	10	6	4	

(1) 建立线性规划模型，求该厂获利最大的生产计划。

(2) 产品丙每件的利润增加到多大时才值得安排生产？如产品丙每件的利润增加到 50/6，求最优生产计划。

(3) 产品甲的利润在多大范围内变化时，原最优计划保持不变？

(4) 设备 A 的能力如为 $100+10\theta$，确定保持原最优基不变 θ 的变化范围。

(5) 如有一种新产品丁，加工一件需设备 A、B、C 的台时各为 1、4、3 小时，预期每件的利润为 8 元，问是否值得安排生产？

(6) 如合同规定该厂至少生产 10 件产品丙，试确定最优计划的变化。

8. 实验一

【实验目的】 掌握计算机软件进行灵敏度分析的方法。

【实验内容】 运用计算机软件求解结果分析第 7 题所提问题(1)~(4)。

【实验环境】 依选择的分析工具不同，需配置以下软件：

(1) 利用 Excel 求解。需安装 Excel 2003 或以上版本并安装 ExcelORM。

(2) 利用 WinQSB 分析。需安装 WinQSB。

(3) 利用 Lingo 分析。需安装 Lingo。

【实验要求】 写出实验报告，内容包括：(1)简述实验步骤；(2)实验结果分析。

第 4 章

整数规划及分配问题

教学目标

知识目标	技能目标	应用方向
1. 熟悉整数规划、0—1规划、分配问题数学模型 2. 掌握0—1变量在数学建模中的应用 3. 了解分枝定界法的基本思想 4. 了解隐枚举法求解0—1规划的步骤 5. 熟练掌握求解分配问题的匈牙利法	1. 能利用0—1变量对管理中LP模型中的一些特殊要求添加约束 2. 能对非标准化的分配问题转化为标准化,并用匈牙利法求解 3. 至少掌握一种求解整数规划、0—1规划和分配问题的软件（Excel,WinQSB,Lingo）	具有整数约束的合理组织人、财、物力的单目标优化

知识结构

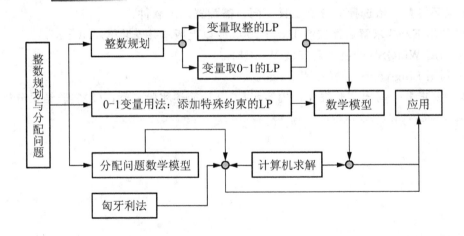

■ 导入案例

集装箱托运计划

某厂拟用集装箱托运甲、乙两种货物，每箱的体积、质量、可获得的利润以及托运所受到的限制见表 4-1。问怎样安排托运计划，可使利润最大？

表 4-1 货物装箱数据

货物	每箱体积/米³	每箱质量/50 千克	每箱利润/百元
甲	3	4	5
乙	8	3	6
托运限制	40	24	

设 x_1，x_2 为甲、乙两种货物的托运箱数（非负整数）。用数学模型可表达为：

$$\max z = 5x_1 + 6x_2 \quad (1)$$

$$s.t. \begin{cases} 3x_1 + 8x_2 \leqslant 40 & (2) \\ 4x_1 + 3x_2 \leqslant 24 & (3) \\ x_1, x_2 \geqslant 0 & (4) \\ x_1, x_2 \text{ 取整数} & (5) \end{cases}$$

它和线性规划问题的区别仅限于最后的条件(5)。先暂不考虑这个条件，即求解(1)~(4)（以后称这样的问题为和原问题相应的线性规划问题），很容易求得最优解为：

$$x_1 = 3\frac{3}{23}, \quad x_2 = 3\frac{19}{23}, \quad \max z = 38\frac{14}{23}$$

但是 x_1，x_2 是托运甲货物的箱数，不能为小数，所以不合题意。

在很多实际问题中，常要求解答必须是整数。例如，所求解的是机器的台数、工作的人数或装货的车数等。为了满足整数的要求，初看起来似乎只要把已得的非整数解舍入化整就可以了。实际上化整后的解不见得是可行解和最优解，如导入案例中的非整数最优解取整后为 $x_1 = x_2 = 3$，$z = 33$，而 $x_1 = 2$，$x_2 = 4$，$z = 34$ 也是可行解，而且比非整数解取整后更优。所以应该有特殊的方法来求解。自从 1958 年由 R·E·戈莫里提出割平面法之后，整数规划逐步形成了一个独立分支。

4.1　整数规划

4.1.1　整数规划的概念

整数规划（Integer Programming，IP）是指一类要求问题中的全部或一部分变量为整数的数学规划。

在整数规划中，依决策变量的取值不同，又可进一步划分。如果所有变量都限制为整数，则称为纯整数规划（Pure Integer Programming，PIP）；如果仅一部分变量限制为整数，则称为混合整数规划（Mixed Integer Programming，MIP）；变量取二进制的整数规划则称为0-1规划(Binary Integer Programming,BIP)。

4.1.2 分枝定界法的基本原理*

分枝定界法(Branch and Bound Method)用于求解整数规划问题,是在20世纪60年代初,由Land Doig和Dakin等人提出。由于这种方法灵活且便于用计算机求解,所以它已经是解整数规划的重要方法。下面通过对导入案例的求解,说明分枝定界法的基本原理。

【例4.1】 用图解法求解整数规划。

$$\max z = 5x_1 + 6x_2$$

$$s.t. \begin{cases} 3x_1 + 8x_2 \leqslant 40 & (1) \\ 4x_1 + 3x_2 \leqslant 24 & (2) \\ x_1, x_2 \geqslant 0 \\ x_1, x_2 \text{ 取整数} \end{cases}$$

解 (1) 绘制直角坐标系,图示约束条件,图示目标函数一根基线使其平行移动,求得非整数最优解如图4.1所示的"解1"。该解的坐标为(72/23,88/23),不在网格线的交叉点上,属于非整数解(非可行解)。

(2) 对"解1"分枝定界。

选取 x_1 进行分枝定界:在原模型的基础上,分别添加 $x_1 \leqslant 3$ 和 $x_1 \geqslant 4$。优化结果如图4.2所示的"解2",$X=(3, 31/8)$,$z=38.25$;"解3",$X=(4, 8/3)$,$z=36$。x_2 均为非整数(非可行解)。

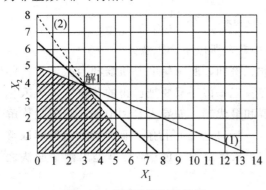
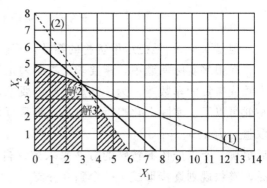

图4.1 非整数规划最优解　　　　图4.2 对"解1"分枝定界优化结果

(3) 先对"解2"分枝定界。

"解2"的坐标为(3, 31/8),分别添加 $x_2 \leqslant 3$ 和 $x_2 \geqslant 4$,优化结果如图4.3所示的"解4",$X=(3, 3)$,$z=33$,为可行解;对于"解5",$X=(8/3, 4)$,$z=37.33$,为非可行解。

(4) 再对"解3"分枝定界。

"解3"的坐标为(4, 8/3),x_2 为非整数,添加 $x_2 \leqslant 2$($x_2 \geqslant 3$ 为非可行域),优化结果为 $X=(9/2, 2)$,$z=34.5$;再添加 $x_1 \leqslant 4$ 和 $x_1 \geqslant 5$。解得整数解 $X=(4, 2)$,$z=32$ 和非整数解 $X=(21/4, 1)$,目标值 $z=31.25$;整数解目标值大于非整数解,取(4, 2),如

图 4.4 所示的 "解 6"。

(5) 对 "解 5" 分枝定界。

"解 5" 的坐标为 $(8/3, 4)$，x_1 为非整数，添加 $x_1 \leqslant 2(x_1 \geqslant 3$ 为非可行域)，优化结果为 $X=(2, 17/4)$，再添加 $x_2 \leqslant 4$ 和 $x \geqslant 5$。求得整数解 $(2, 4)$，目标值 34；整数解 $(0, 5)$，目标值 30，取 $(2, 4)$。如图 4.5 所示的 "解 7"。

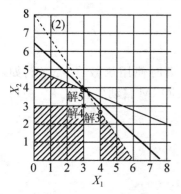
图 4.3 对 "解 2" 分枝定界

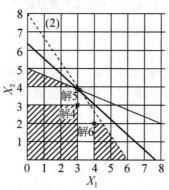
图 4.4 对 "解 3" 分枝定界

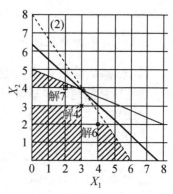
图 4.5 对 "解 5" 分枝定界

(6) 剪枝。

上述有三个区域的整数解分别为 "解 4" $X=(3, 3)$，$z=33$；"解 6" $X=(4, 2)$，$z=32$；"解 7" $X=(2, 4)$，$z=34$。相比较，目标值最大的为 34，对应的最优方案 $X^*=(2, 4)$。

4.1.3 利用 WinQSB、Excel 和 Lingo 求解整数规划

整数规划的求解，理论上可以按分枝定界法的基本原理，通过单纯形表迭代求得最优解，但当变量较多时，很难做得到。因此应至少熟练掌握一种计算机软件的使用。本小节主要介绍 WinQSB、Lingo 和 Excel 如何添加整数约束见图 4.6，其他操作也与 LP 相同，详见实验指导书(本书课程网站下载)。

1. WinQSB 添加整数约束

利用 WinQSB 求解 ILP 与求解 LP，共用一块模板，执行 "开始/程序/WinQSB/Linear and Integer Programming/File/New problem"，设置对话框时，变量类型(Default Variable Type)选择整数型变量(Nonnegative integer)；若添加二进制约束则选择(binary)。

2. Excel 添加整数约束

利用 Excel 求解整数规划，在设置 "规划求解参数" 对话框时，对决策变量添加整数约束如图 4.6 所示。其方法：在 "规划求解参数" 对话框中单击 "添加/单元格引用位置" 选择工作表中 "可变单元格" 区域(假设是 B3:C3)，约束符▼选择 int(二进制变量选择 int)。

图 4.6　Excel 添加整数约束

3. Lingo 添加整数约束

Lingo 添加整数约束时使用函数 @gin，添加二进制约束时使用函数 @bin。例如，例 4.1 的 ILP 问题可编写如下程序(该程序可由自编软件 ExcelORM 自动生成):

MODEL:
　SETS:
　　DV/1..2/: X, C;
　　ST/1..2/: B;
　　SQ(ST, DV): A;
　ENDSETS
　DATA:
　　C=5　6;
　　B=40　24;
　　A=3　8;
　　　4　3;
　ENDDATA
　max=@sum(dv: c * x);
　@for(DV: @GIN(x));
　@for(ST(i): @sum(DV(j): a(i, j) * x(j))<=b(i););
END

程序中 @for(DV: @GIN(x)); 为添加整数约束的语句。@gin(x) 表示对 x 取整数，由于 x 为二维向量，这里定义的集 DV 即为二维向量的集合，x 为其一个成员。@for(DV: @gin(x)); 表示遍历集成员 X 每个元素使其取整数。这对于变量较多时是非常方便的，本题变量很少，可直接输入表达式:

max=5 * x1+6 * x2;
3 * x1+8 * x2<=40;
4 * x1+3 * x2<=24;
gin(x1); gin(x2);

若添加二进制约束，只要将 gin 改为 bin 即可。

4.2 0—1规划

4.2.1 0—1规划的概念

0—1规划是一种特殊类型的整数规划,即决策变量只取0或1。0—1规划在整数规划中占有重要地位,许多实际问题,例如指派问题、选址问题、送货问题都可归结为此类规划。求解0—1规划的常用方法是隐枚举法,对各种特殊问题还有一些特殊方法,例如求解指派问题用匈牙利方法就比较方便。

0—1规划的数学模型为:

$$\max(\min) z = CX$$
$$s.t. \begin{cases} AX \geqslant (=, \leqslant) b \\ X \text{ 取 } 0 \text{ 或 } 1 \end{cases}$$

4.2.2 0—1规划的隐枚举法简介*

"0—1"规划是整数规划的一种特殊类型,该问题可以用枚举法求得。要计算出所有可能的(2^n 个)组合的结果,当变量数目增加时,计算量将成指数级增加。对0—1规划有更简便的求解方法是隐枚举法(Implicit Enumeration)。下面结合实际例子说明隐枚举法的计算步骤。

【例4.2】 用隐枚举法求解0—1规划问题。

$$\max z = 3x_1 + x_2 + x_3$$
$$s.t. \begin{cases} x_1 + 2x_2 - x_3 \leqslant 2 & (1) \\ x_1 + 4x_2 + x_3 \leqslant 4 & (2) \\ x_1 + x_2 \leqslant 3 & (3) \\ x_1, x_2, x_3 = 0 \text{ 或 } 1 \end{cases}$$

第一步:把问题转换成下面的标准形式(目标 min;目标系数:非负且按递增顺序排列)。

(1) 目标 max,非标准,系数改变符号,使目标变成 min。

$$\min w = -3x_1 - x_2 - x_3$$
$$s.t. \begin{cases} x_1 + 2x_2 - x_3 \leqslant 2 \\ x_1 + 4x_2 + x_3 \leqslant 4 \\ x_1 + x_2 \leqslant 3 \\ x_1, x_2, x_3 = 0 \text{ 或 } 1 \end{cases}$$

(2) 如果 $c_j < 0$,则令 $x_j' = 1 - x_j$,使其变正。

令 $x_1' = 1 - x_1$, $x_2' = 1 - x_2$, $x_3' = 1 - x_3$

$$\min w = 3x_1' + x_2' + x_3' - 5$$
$$s.t. \begin{cases} x_1' + 2x_2' - x_3' \geqslant 0 \\ x_1' + 4x_2' + x_3' \geqslant 2 \\ x_1' + x_2' \geqslant -1 \\ x_1', x_2', x_3' = 0 \text{ 或 } 1 \end{cases}$$

（3）在目标函数中，变量按系数值从小到大排列，在约束条件中排列顺序也跟着相应改变。

$$\min w = x_2' + x_3' + 3x_1' - 5$$
$$s.t. \begin{cases} 2x_2' - x_3' + x_1' \geqslant 0 \\ 4x_2' + x_3' + x_1' \geqslant 2 \\ x_2' + x_1' \geqslant -1 \\ x_1', x_2', x_3' = 0 \text{ 或 } 1 \end{cases}$$

第二步：标准化后的 0—1 规划问题中令所有变量为 0，代入约束条件若满足即为最优解，否则转下一步。由于第二个约束不满足，故转至第三步。

第三步：按目标函数中排列顺序依次令各变量分别取"1"或"0"，将问题分成两个子问题，分别检查是否满足约束条件。

$x_2' = 1$，$x_3' = 0$，$x_1' = 0$，满足全部约束，由 $x_1' = 1 - x_1$，$x_2' = 1 - x_2$，$x_3' = 1 - x_3$ 得最优解 $\boldsymbol{X}^* = (1, 0, 1)$，最优值 $z^* = 4$。

4.2.3　0—1 变量在数学建模中的用途

（1）n 中(至少、最多)选 k 个

$$\sum_{j=1}^{n} x_j = (\geqslant, \leqslant) k, x_j = 0 \text{ 或 } 1 \qquad \text{式 4.1}$$

（2）选甲必选乙，选乙不一定选甲

$$x_{甲} \leqslant x_{乙}, x_j = 0 \text{ 或 } 1 \qquad \text{式 4.2}$$

（3）选了甲或乙，丙就不能入选，选了丙，甲、乙都不能入选

$$\begin{cases} x_{甲} + x_{丙} \leqslant 1 \\ x_{乙} + x_{丙} \leqslant 1 \\ x_{甲}, x_{乙}, x_{丙} = 0 \text{ 或 } 1 \end{cases} \qquad \text{式 4.3}$$

（4）变量取离散数值 $c_1, \cdots, c_n$

$$\begin{cases} y = \sum_{j=1}^{n} c_j x_j \\ \sum_{j=1}^{n} x_j = 1 \\ x_j = 0 \text{ 或 } 1 (j = 1, \cdots, n) \end{cases} \qquad \text{式 4.4}$$

【例 4.3】　用 0—1 变量表示约束：变量 y 取 3，5，7，9 中的一个。

解　该问题可表示成如下约束

$$\begin{cases} y = 3x_1 + 5x_2 + 7x_3 + 8x_4 \\ x_1 + x_2 + x_3 + x_4 = 1 \\ x_j = 0 \text{ 或 } 1 (j = 1, \cdots, 4) \end{cases}$$

(5)两个约束满足一个

$$\begin{cases} f_1(X) \leqslant (\geqslant) g_1 + (-)My \\ f_2(X) \leqslant (\geqslant) g_2 + (-)M(1-y) \\ y = 0 \text{ 或 } 1 \end{cases}$$ 式 4.5

式中：M 为任意大的有界正数。

【例 4.4】 用 0-1 变量表示约束：$x_1 + x_2 \geqslant 2$ 和 $3x_1 + 2x_2 \leqslant 10$ 只需满足一个。

解 该问题可表示成：

$$\begin{cases} x_1 + x_2 \geqslant 2 - y_1 M \\ 3x_1 + 2x_2 \leqslant 10 + y_2 M \\ y_1 + y_2 = 1, \quad y_1, y_2 = 0 \text{ 或 } 1 \end{cases}$$

式中，M 为任意大的有界正数。

当 $y_1 = 0$，$y_2 = 1$ 时，等价于满足 $x_1 + x_2 \geqslant 2$，因为 $3x_1 + 2x_2 \leqslant 10 + M$ 恒成立；
当 $y_1 = 1$，$y_2 = 0$ 时，等价于满足 $3x_1 + 2x_2 \leqslant 10$，因为 $x_1 + x_2 \geqslant 2 - M$ 恒成立。
令 $y_2 = y$，则 $y_1 = 1 - y$ 该表达式也可写成：

$$\begin{cases} x_1 + x_2 \geqslant 2 - (1-y)M \\ 3x_1 + 2x_2 \leqslant 10 + yM, \quad y = 0 \text{ 或 } 1 \end{cases}$$

【知识要点提醒】 若约束条件的约束符为"$\geqslant$"，My 前取"$-$"号；若约束符为"$\leqslant$"，My 前取"$+$"号。

(6) n 个约束(至少、最多)满足 k 个

$$\begin{cases} f_1(X) \leqslant (\geqslant) g_1 + (-)My_1 \\ \vdots \\ f_n(X) \leqslant (\geqslant) g_n + (-)My_n \\ \sum y_j = (\leqslant, \geqslant) n - k \\ y_j = 0 \text{ 或 } 1 \quad (j = 1, 2, \cdots, n) \end{cases}$$ 式 4.6

式中：M 为任意大的有界正数。

【例 4.5】 以下 4 个约束中至少满足 2 个：
$x_1 + x_2 \leqslant 5$，$x_1 \leqslant 2$，$x_3 \geqslant 2$，$x_3 + x_4 \geqslant 6$

解 该问题可表示为：

$$\begin{cases} x_1 + x_2 \leqslant 5 + y_1 M \\ x_1 \leqslant 2 + y_2 M \\ x_3 \geqslant 2 - y_3 M \\ x_3 + x_4 \geqslant 6 - y_4 M \\ y_1 + y_2 + y_3 + y_4 \leqslant 2 \\ y_1, y_2, y_3, y_4 = 0 \text{ 或 } 1 \end{cases}$$

为什么 $y_1 + y_2 + y_3 + y_4 \leqslant 2$？因为当 $y_i = 0$ 时第 i 个约束需要满足，至少满足 2 个，即 0 的个数不少于 2 个，非零的个数就不大于 (4-2=2) 个。

(7) 两组约束满足一组

$$\begin{cases} f_1(X) \leqslant (\geqslant) g_1 + (-)My \\ f_2(X) \leqslant (\geqslant) g_2 + (-)My \\ f_3(X) \leqslant (\geqslant) g_3 + (-)M(1-y) \\ f_4(X) \leqslant (\geqslant) g_4 + (-)M(1-y) \end{cases} \quad y=0 \text{ 或 } 1 \qquad \text{式 4.7}$$

式中：M 为任意大的有界正数。

【例 4.6】 用 0—1 表示：若 $x_2 \leqslant 4$，则 $x_5 \geqslant 0$；否则 $x_2 > 4$，$x_5 \leqslant 3$。

解 该问题可表示为：

$$\begin{cases} x_2 \leqslant 4 + y_1 M \\ x_5 \geqslant 0 - y_1 M \\ x_2 > 4 - y_2 M \\ x_5 \leqslant 3 + y_2 M \end{cases} \quad y_1 + y_2 = 1 \quad y_{1,2} = \begin{cases} 0 \\ 1 \end{cases} \quad \text{或} \quad \begin{cases} x_2 \leqslant 4 + yM \\ x_5 \geqslant 0 - yM \\ x_2 > 4 - (1-y)M \\ x_5 \leqslant 3 + (1-y)M \end{cases} \quad y = \begin{cases} 0 \\ 1 \end{cases}$$

(8) 对 $f(x) = \begin{cases} 0, & \text{当 } x = 0 \\ k + cx, & \text{当 } x > 0 \end{cases}$ 可表示为 $\begin{cases} f(x) = yk + cx \\ y \leqslant Mx \\ x \leqslant My \\ y = 0 \text{ 或 } 1 \end{cases}$ 式 4.8

式中：M 为任意大的有界正数。

案例 4-1 球队队员筛选

阅读案例 4-1

球队队员筛选

某校篮球队准备从以下 6 名预备队员中选拔 3 名为正式队员，并使平均的身高尽可能高。这 6 名预备队员情况如表 4-2 所示。

表 4-2 篮球预备队员情况

预备队员	号码	身高/厘米	位置
A	1	193	中锋
B	2	191	中锋
C	3	187	前锋
D	4	186	前锋
E	5	180	后卫
F	6	185	后卫

队员的挑选要满足下列条件：

(1) 6 位预备队员选 3 名。

(2) 至少补充 1 名后卫人员。
(3) B 或 E 中间最多入选 1 名。
(4) 最多补充 1 名中锋。
(5) 无论 B 或 D 入选，F 都不能入选。

分析 该问题是条件生产筛选问题，可采用 0-1 变量添加约束。设 $x_{1\sim 6}=\begin{cases}0\\1\end{cases}$ 为决策变量，分别表示 1~6 号队员入选或不入选，取 1 为入选，取 0 为不入选。由题意可知，

目标函数：$\max z=193x_1+191x_2+187x_3+186x_4+180x_5+185x_6$

约束条件：

(1) 从 6 名预备队员中选 3 名，由式 4.1 可知 $x_1+x_2+x_3+x_4+x_5+x_6=3$。

(2) 至少补充 1 名后卫，由式 4.1 可知 $x_5+x_6\geqslant 1$。

(3) B 或 E 最多入选 1 人，由式 4.1 可知 $x_2+x_5\leqslant 1$。

(4) 最多补充 1 名中锋，由式 4.1 可知 $x_1+x_2\leqslant 1$。

(5) 只要 B 或 D 入选，F 就不能入选，由式 4.3 可知 $x_2+x_6\leqslant 1$，$x_4+x_6\leqslant 1$。

综上所述，该问题的 0-1 规划数学模型为：

$$\max z=193x_1+191x_2+187x_3+186x_4+180x_5+185x_6$$

$$s.t.\begin{cases}x_1+x_2+x_3+x_4+x_5+x_6=3\\ x_5+x_6\geqslant 1\\ x_2+x_5\leqslant 1\\ x_1+x_2\leqslant 1\\ x_2+x_6\leqslant 1\\ x_4+x_6\leqslant 1\\ x_{1\sim 6}=0 \text{ 或 } 1\end{cases}$$

解决方案 运用求解工具求得最优解 $\boldsymbol{X}^*=(1,0,1,1,0,0)$，$z^*=566$。

决策建议 选择 A、C、D 3 名预备队员入选正式队。

案例 4-2 选址问题

阅读案例 4-2

选址问题

某公司在城市东、西、南 3 区拟建立门市部。计划有 7 个位置（点）$A_i(i=1,2,\cdots,7)$ 可供选择。规定：

在东区，由 A_1，A_2，A_3 3 个点至多选两个；在西区，由 A_4，A_5 两个点至少选一个；在南区，由 A_6，A_7 两个点至少选一个。设各位置建点的成本与预计利润见表 4-3，若建点总成本控制在 100 万元以内，试问应该选取哪几个点可使年利润最大？

表 4-3 建点成本与利润表/万元

地点	A_1	A_2	A_3	A_4	A_5	A_6	A_7
建点成本	20	20	25	24	22	24	23
估计利润	30	30	35	34	38	40	45

分析 该问题是 0—1 规划问题。先引入 0—1 变量 $x_i(i=1, 2, \cdots, 7)$，令

$$x_i = \begin{cases} 1, & （当 A_i 被选用） \\ 0, & （当 A_i 不被选用） \end{cases} (i=1, 2, \cdots, 7)$$

于是得该问题数学模型

$$\max z = 30x_1 + 30x_2 + 35x_3 + 34x_4 + 38x_5 + 40x_6 + 45x_7$$

$$s.t. \begin{cases} 20x_1 + 20x_2 + 25x_3 + 24x_4 + 22x_5 + 24x_6 + 23x_7 \leq 100 \\ x_1 + x_2 + x_3 \leq 2 & （东区） \\ x_4 + x_5 \geq 1 & （西区） \\ x_6 + x_7 \geq 1 & （南区） \\ x_i = 0 \text{ 或 } 1 \end{cases}$$

解决方案 求解结果 $x_3 = x_5 = x_6 = x_7 = 1$，其余变量为 0，使利润最大（158 万元）。

决策建议 选择 A_3、A_5、A_6、A_7 这 4 个地点设立门市部。

案例 4-3 集合覆盖问题

阅读案例 4-3

消防站设置

某区有 6 个街道，现决定修建几个消防站，无论任何地方发生火警，确保至少一个消防站所派出的消防车在 15min 到达。问：如何以最少的消防站数量达到上述要求？各街道间行驶时间见表 4-4。

表 4-4 街道之间行驶时间/min

从\到	街道1	街道2	街道3	街道4	街道5	街道6
街道1	0	10	20	30	30	20
街道2	10	0	25	35	20	10
街道3	20	25	0	15	30	20
街道4	30	35	15	0	15	25
街道5	30	20	30	15	0	14
街道6	20	10	20	25	14	0

分析 设：$x_i = \begin{cases} 1, & （第 i 街道设消防站） \\ 0, & （第 i 街道不设消防站） \end{cases} i = 1, \cdots, 6$

则目标为消防站数量最小：min $z = x_1 + x_2 + x_3 + x_4 + x_5 + x_6$
有如下约束：
15min 到达街道 1 的可以是从街道 1 和街道 2，至少要设一个，即有：
$$x_1 + x_2 \geq 1$$
同理，设置到达街道 2～6 的约束，并综合成数学模型如下：
$$\min z = x_1 + x_2 + x_3 + x_4 + x_5 + x_6$$
$$s.t. \begin{cases} x_1 + x_2 \geq 1 \\ x_1 + x_2 + x_6 \geq 1 \\ x_3 + x_4 \geq 1 \\ x_3 + x_4 + x_5 \geq 1 \\ x_4 + x_5 + x_6 \geq 1 \\ x_2 + x_5 + x_6 \geq 1 \\ x_{1 \sim 6} = 0 \text{ 或 } 1 \end{cases}$$

解决方案 运用求解工具求得最优解 $x_2 = x_4 = 1$，其余 $= 0$。

决策建议 在街道 2 设一个消防站，负责街道 1、2、6 的消防任务；在街道 4 设一个消防站负责街道 3、4、5 的消防任务。

4.3 分配问题

■ **导入案例**

运动项目分配问题

某游泳队有 4 名运动员，其平时训练成绩（50m/s）见表 4-5，欲参加一项混合接力赛。问如何安排可使总成绩最好？

表 4-5 平时训练成绩

项目	张	王	李	赵
仰泳	37	33	38	37
蛙泳	43	33	42	34
蝶泳	33	29	39	30
自由泳	30	26	29	29

在管理活动中，人们会经常遇到这样的问题，某单位有 $n(n>1)$ 项工作任务，需要 m($m>1$) 个人去完成，并且每个人只干一件工作，每项工作都必须有人干，通过权衡，合理分派任务，使总的消耗（或收益）达到最小（或最大）的 0-1 规划问题，称为分配问题（Assignment Problem，AP）。派活或分配任务要讲求效率和效益，如果派活分配合理，能够做到人尽其才，物尽其用，使现有的有限资源得到充分利用。因此研究分配问题有重要意义。

4.3.1 分配问题数学模型

1. 平衡分配问题数学模型($m=n$)

所谓平衡的分配问题，是指任务数 n 与执行任务的人数 m 相等，即 $m=n$。对不平衡情况，若用匈牙利法求解，必须化成平衡的模型。

在引例中：

设 $x_{ij} = \begin{cases} 1 & \text{第 } i \text{ 个项目交给第 } j \text{ 个运动员} \\ 0 & \text{第 } i \text{ 个项目不交给第 } j \text{ 个运动员} \end{cases}$

$$C = (c_{ij})_{4 \times 4} = \begin{bmatrix} 37 & 33 & 38 & 37 \\ 43 & 33 & 42 & 34 \\ 33 & 29 & 39 & 30 \\ 30 & 26 & 29 & 29 \end{bmatrix}$$ 为效率矩阵，则有：

目标函数：比赛所用总的时间最小，即：

$$\min z = \sum_{i=1}^{4} \sum_{j=1}^{4} c_{ij} x_{ij}$$

每项任务只交给一个人，即：$\sum_{j=1}^{4} x_{ij} = 1 \quad (i=1,2,3,4)$

每个人只承担一项任务，即：$\sum_{i=1}^{4} x_{ij} = 1 \quad (j=1,2,3,4)$

一般而言，m 项任务，n 个人员，对平衡情况，即 $m=n$，有：

$$\min(\text{或 max}) z = \sum_{i=1}^{m} \sum_{j=1}^{n} c_{ij} x_{ij} \quad (n=m)$$

$$s.t. \begin{cases} \sum_{j=1}^{n} x_{ij} = 1, i=1,2,\cdots,m \\ \sum_{i=1}^{m} x_{ij} = 1, j=1,2,\cdots,n \\ x_{ij} = 0 \text{ 或 } 1, i=1,2,\cdots,m; j=1,2,\cdots,n \end{cases}$$ 式 4.9

2. 人多任务少的分配问题数学模型($m>n$)

人多任务少时，有的人能分配到任务，有的人分配不到，m 中最多取 1，于是有：

$$\min(\text{或 max}) z = \sum_{i=1}^{m} \sum_{j=1}^{n} c_{ij} x_{ij} \quad (n>m)$$

$$s.t. \begin{cases} \sum_{j=1}^{n} x_{ij} = 1, i=1,2,\cdots,m \\ \sum_{i=1}^{m} x_{ij} \leq 1, j=1,2,\cdots,n \\ x_{ij} = 0 \text{ 或 } 1, i=1,2,\cdots,m; j=1,2,\cdots,n \end{cases}$$ 式 4.10

化为平衡问题的方法是添加 $k=n-m$ 项虚拟任务,其对应的效率矩阵为 0(现实人员完成虚拟任务是不需要时间的)。

3. 人少任务多的分配问题数学模型($m<n$)

人少任务多时,有的任务有人做,有的任务无人做,n 中最多取 1,于是有:

$$\min(\text{或} \max) z = \sum_{i=1}^{m}\sum_{j=1}^{n} c_{ij}x_{ij} \quad (n<m)$$

$$s.t. \begin{cases} \sum_{j=1}^{n} x_{ij} \leqslant 1, i=1,2,\cdots,m \\ \sum_{i=1}^{m} x_{ij} = 1, j=1,2,\cdots,n \\ x_{ij} = 0 \text{ 或 } 1, i=1,2,\cdots,m; j=1,2,\cdots,n \end{cases}$$

式 4.11

化为平衡问题的方法是添加 $k=m-n$ 个虚拟人员,理论上其效率矩阵中对应的元素为 M(虚拟人员完成现实任务是不可能的)。应用上效率矩阵中对应的元素可设为 0,优化过程将需要最多时间完成的任务分配给虚拟人员,结果是一致的。

4.3.2 分配问题的解题方法——匈牙利法

匈牙利法是 1955 年库恩(W. W. Kuhu) 引用匈牙利数学家考尼格(D. Konig) 关于"一个矩阵中独立 0 元素最多个数等于能够覆盖所有 0 元素的最少直线数"的定理而提出的分配问题的解题方法。虽然在此以后方法不断改进,但仍沿用这个名称。

匈牙利法解题首先要将模型标准化(人员任务平衡、目标极小)。

(1) 若人员数(n)>任务数(m),则添加($n-m=k$)个虚拟任务,效率矩阵中对应的元素为 0;

(2) 若人员数(n)<任务数(m),则添加($m-n=s$)个虚拟人员,效率矩阵中对应的元素为 0;

(3) 若目标函数为极大,则令 $b_{ij}=c_M-c_{ij}$,式中 $c_M=\max(c_{ij})_{n\times n}$,构成新的效率矩阵 $(b_{ij})_{n\times n}$。此时的目标值:

$$z = \sum_{i=1}^{n}\sum_{j=1}^{n} c_{ij}x_{ij} = \sum_{i=1}^{n}\sum_{j=1}^{n}(c_M-b_{ij})x_{ij} = \sum_{i=1}^{n}\sum_{j=1}^{n} c_M x_{ij} - \sum_{i=1}^{n}\sum_{j=1}^{n} b_{ij}x_{ij}$$

由于 x_{ij} 中恰有 n 个为 1,故 $\sum_{i=1}^{n}\sum_{j=1}^{n} c_M x_{ij} = nc_M$,为常数。因此 $\max \sum_{i=1}^{n}\sum_{j=1}^{n} c_{ij}x_{ij}$ 等价于 $\min \sum_{i=1}^{n}\sum_{j=1}^{n} b_{ij}x_{ij}$。

匈牙利法求解步骤如图 4.7 所示。

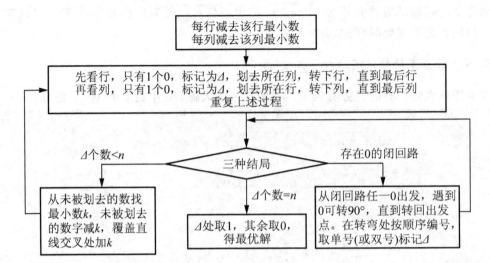

图 4.7 匈牙利法流程图

下面用实例介绍极小化分配问题的解法。

【例 4.7】 用匈牙利法求引例中的分配问题。

解 该问题为标准化的分配问题,可直接用匈牙利法求解。

(1) 从系数矩阵的每个行(列)元素中减去该行(列)的最小元素。

(2) 再从所得系数矩阵的每个列(行)减去该列(行)的最小元素。

$$C = \begin{bmatrix} 37 & 33 & 38 & 37 \\ 43 & 33 & 42 & 34 \\ 33 & 29 & 39 & 30 \\ 30 & 26 & 29 & 29 \end{bmatrix} \begin{matrix} \min \\ 33 \\ 33 \\ 29 \\ 26 \end{matrix} \rightarrow \begin{bmatrix} 4 & 0 & 5 & 4 \\ 10 & 0 & 9 & 1 \\ 4 & 0 & 10 & 1 \\ 4 & 0 & 3 & 3 \end{bmatrix} \rightarrow \begin{bmatrix} 0 & 0 & 2 & 4 \\ 6 & 0 & 6 & 0 \\ 0 & 0 & 7 & 0 \\ 0 & 0 & 0 & 2 \end{bmatrix}$$
$$\min\quad 4\quad 0\quad 3\quad 1$$

(3) 先看行,各行均两个以上"0"。

(4) 再看列,第 3 列只有一个"0",对其标记"Δ",并划去所在行。

$$\begin{bmatrix} 0 & 0 & 2 & 4 \\ 6 & 0 & 6 & 0 \\ 0 & 0 & 7 & 0 \\ 0 & 0 & \Delta & 2 \end{bmatrix} \rightarrow \begin{bmatrix} (4) & (5) & 2 & 4 \\ 6 & (6) & 6 & (1) \\ (3) & 0 & 7 & (2) \\ 0 & 0 & \Delta & 2 \end{bmatrix}$$

(5) 存在"0"的闭回路,从任一"0"开始,遇到"0"可以转 90°,直接转回出发点为止,对转角处顶点标号。

(6) 取单号或双号标记 Δ,正好有 4 个打"Δ"的"0",令对应 Δ 号的 $x_{ij} = 1$,即为最优解。于是有两个最优解:

$x_{11} = x_{22} = x_{34} = x_{43} = 1$,其他 $= 0$;或 $x_{12} = x_{24} = x_{31} = x_{43} = 1$,其他 $= 0$。最优值 $z^* = 129$

第4章 整数规划及分配问题

【例 4.8】 用匈牙利法求解极小化分配问题。

$$C = \begin{bmatrix} 12 & 7 & 9 & 9 & 9 \\ 8 & 9 & 7 & 7 & 7 \\ 7 & 11 & 12 & 12 & 9 \\ 15 & 14 & 14 & 7 & 10 \\ 4 & 10 & 10 & 7 & 9 \end{bmatrix}$$

解

$$C = \begin{bmatrix} 12 & 7 & 9 & 9 & 9 \\ 8 & 9 & 7 & 7 & 7 \\ 7 & 11 & 12 & 12 & 9 \\ 15 & 14 & 14 & 7 & 10 \\ 4 & 10 & 10 & 7 & 9 \end{bmatrix} \begin{array}{c} \min \\ 7 \\ 7 \\ 7 \\ 7 \\ 4 \end{array} \rightarrow \begin{bmatrix} 5 & 0 & 2 & 2 & 2 \\ 1 & 2 & 0 & 0 & 0 \\ 0 & 4 & 5 & 5 & 2 \\ 8 & 7 & 7 & 0 & 3 \\ 0 & 6 & 6 & 3 & 5 \end{bmatrix} \rightarrow \begin{bmatrix} 5 & \Delta & 2 & 2 & 2 \\ 1 & 2 & \Delta & 0 & 0 \\ \Delta & 4 & 5 & 5 & 2 \\ 8 & 7 & 7 & \Delta & 3 \\ 0 & 6 & 6 & 3 & 5 \end{bmatrix}$$

由于 Δ 的个数 $=4<5$,从未被划去的数字中找出最小数字"2",未被划去的数字减去"2",覆盖直线的交叉处加上"2",得:

$$\rightarrow \begin{bmatrix} 5 & 0 & 0 & 2 & 0 \\ 3 & 4 & 0 & 2 & 0 \\ 0 & 4 & 3 & 5 & 0 \\ 8 & 7 & 5 & 0 & 1 \\ 0 & 6 & 1 & 3 & 3 \end{bmatrix} \rightarrow \begin{bmatrix} 5 & \Delta & 0 & 2 & 0 \\ 3 & 4 & \Delta & 2 & 0 \\ 0 & 4 & 3 & 5 & \Delta \\ 8 & 7 & 5 & \Delta & 1 \\ \Delta & 6 & 1 & 3 & 3 \end{bmatrix}$$

Δ 的个数 $=5=n$,最优方案:$x_{12}=x_{23}=x_{35}=x_{44}=x_{51}=1$,其余 $=0$,最优值 $z=34$。

案例 4-4 任务分派

阅读案例 4-4

任务分派

分配甲、乙、丙、丁四个人去完成 A、B、C、D、E 5 项任务,每个人完成各项任务的时间如表 4-6 所示。

表 4-6 完成任务所用时间

人员＼任务	A	B	C	D	E
甲	25	29	31	42	37
乙	39	38	26	20	33
丙	34	27	28	40	32
丁	24	42	36	23	45

由于任务数多于人数，故考虑：

(1) 任务 E 必须完成，其他 4 项中可任选 3 项完成。
(2) 其中有一个人完成两项，其他每人完成一项。
(3) 任务 A 由甲或丙完成，任务 C 由丙或丁完成，任务 E 由甲、乙或丁完成，且规定 4 人中丙或丁可完成两项任务，其他每人完成一项。

试分别确定最优分配方案，使完成任务的总时间为最小。

(资料来源：胡运权. 运筹学基础及应用. 5 版. 北京：高等教育出版社，2008. 第 127 页.)

分析 这是一个任务数与人员数不相等的分配问题。

解决方案

(1) 增加一个虚拟人员，任务 E 必须完成，不能交给他，于是效率矩阵中对应的元素 $c_{55} = M$，其他为 0，即：

$$C = \begin{bmatrix} 25 & 29 & 31 & 42 & 37 \\ 39 & 38 & 26 & 20 & 33 \\ 34 & 27 & 28 & 40 & 32 \\ 24 & 42 & 36 & 23 & 45 \\ 0 & 0 & 0 & 0 & M \end{bmatrix}$$

最优方案：甲—B；乙—D；丙—E；丁—A；最优值为 105。

(2) 使用表 4-6 所示能效率矩阵，建立如下数学模型：

$$\min z = \sum_{i=1}^{4} \sum_{j=1}^{5} c_{ij} x_{ij}$$

$$s.t. \begin{cases} 1 \leqslant \sum_{j=1}^{5} x_{ij} \leqslant 2, i = 1,2,3,4 \\ \sum_{i=1}^{4} x_{ij} = 1, j = 1,2,\cdots,5 \\ x_{ij} = 0 \text{ 或 } 1 \end{cases}$$

最优方案：甲—B；乙—C 和 D；丙—E；丁—A。最优值为 131。

(3) 由甲或丙完成 A 任务，即任务 A 不交给乙和丁，对应的 $c_{21} = c_{41} = M$；由丙或丁完成 C 任务，即任务 C 不交给甲和乙，对应的 $c_{13} = c_{23} = M$；任务 E 由甲、乙或丁完成，即任务 E 不交给丙，对应的：$c_{35} = M$；丙或丁完成两项，其他人完成一项：

$$\begin{cases} x_{11} + x_{12} + x_{13} + x_{14} + x_{15} = 1 \\ x_{21} + x_{22} + x_{23} + x_{24} + x_{25} = 1 \\ x_{31} + x_{32} + x_{33} + x_{34} + x_{35} \leqslant 2 \\ x_{41} + x_{42} + x_{43} + x_{44} + x_{45} \leqslant 2 \end{cases}$$

另外，还要添加每项任务都得有人做：$\sum_{i=1}^{4} x_{ij} = 1, j = 1,2,\cdots,5$

于是有线性规划模型：

$$\min z = \sum_{i=1}^{4} \sum_{j=1}^{5} c_{ij} x_{ij}$$

$$s.t. \begin{cases} x_{11}+x_{12}+x_{13}+x_{14}+x_{15}=1 \\ x_{21}+x_{22}+x_{23}+x_{24}+x_{25}=1 \\ x_{31}+x_{32}+x_{33}+x_{34}+x_{35}\leqslant 2 \\ x_{41}+x_{42}+x_{43}+x_{44}+x_{45}\leqslant 2, \text{式中} C = \begin{bmatrix} 25 & 29 & M & 42 & 37 \\ M & 38 & M & 20 & 33 \\ 34 & 27 & 28 & 40 & M \\ M & 42 & 36 & 23 & 45 \end{bmatrix} \\ \sum_{i=1}^{4} x_{ij}=1, j=1,2,\cdots,5 \\ x_{ij}=0 \text{ 或 } 1 \end{cases}$$

求得最优解：甲—A，乙—E，丙—B 和 C，丁—D，目标值为 136。
决策如下 3 种情况：
第 1 种情况：　　甲—B；乙—D；丙—E；丁—A；
第 2 种情况：　　甲—B；乙—C 和 D；丙—E；丁—A；
第 3 种情况：　　甲—A，乙—E，丙—B 和 C，丁—D。

本章小结

1. 变量取整数的规划问题称为整数规划。当变量全部取整数，称为纯整数规划；变量部分取整数，称为混合整数规划；变量取二进制称为 0—1 规划。

整数规划可用分枝定界法或割平面法求解，0—1 规划可用隐枚举法。若用计算机求解，只是在线性规划的基础上添加整数约束即可。其方法：

Excel 添加方法："设置规划求解参数"对话框执行如下操作：添加/左端选择可变单元格所在区域，整型变量约束符选择"int"，二进制变量约束符选择"bin"；

Lingo 添加方法：整型@gin(变量)；二进制@bin(变量)；

WinQSB 在生成模型时直接选择非负整型或二进制。

2. 0—1 变量在数学建模中的应用，掌握 4.2.3 节给出的 8 种情况。

3. 指派问题与匈牙利法。

使用匈牙利法的前提是要把模型标准化(即人员数与任务数相等，目标函数取极小)，匈牙利法的操作步骤见图 4.7。

关键术语

整数规划(Integer Programming，IP)
纯整数规划(Pure Integer Programming，PIP)
混合整数规划(Mixed Integer Programming，MIP)
0—1 规划(Binary Integer Programming，BIP)
分枝定界法(Branch and Bound Method)
隐枚举法(Implicit Enumeration)
分配问题(Assignment Problem，AP)
匈牙利法(Hungarian Method)

知识链接

割平面法(Cutting-plane Method)可阅读胡运权等编著.《运筹学基础及应用》(第五版)高等教育出版社.2008.2：第117~120页。

 习　题

1. 先用图解法求解整数规划对应的非整数规划问题，再用分枝定界法求整数规划或混合整数规划问题。

(1) max $z = 3x_1 + 2x_2$
$$s.t. \begin{cases} 2x_1 + 3x_2 \leqslant 14 \\ 2x_1 + x_2 \leqslant 9 \\ x_1, x_2 \geqslant 0 \text{ 且为整数} \end{cases}$$

(2) max $z = 5x_1 + 6x_2$
$$s.t. \begin{cases} 3x_1 + 8x_2 \leqslant 40 \\ 4x_1 + 3x_2 \leqslant 24 \end{cases}$$
(a) $x_1 \geqslant 0$ 且为整数，$x_2 \geqslant 0$
(b) $x_1 \geqslant 0$，$x_2 \geqslant 0$ 且为整数
(c) x_1，$x_2 \geqslant 0$ 且均为整数

(3) min $z = 10x_1 + 9x_2$
$$s.t. \begin{cases} 5x_1 + 3x_2 \geqslant 45 \\ x_1 \leqslant 8 \\ x_2 \leqslant 10 \end{cases}$$
(a) $x_1 \geqslant 0$ 且为整数，$x_2 \geqslant 0$
(b) x_1，$x_2 \geqslant 0$ 且均为整数

2. 试利用 0—1 变量对下列各题分别表示成一般线性约束条件。
(1) $x_1 + x_2 \leqslant 2$ 或 $2x_1 + 3x_2 \geqslant 8$。
(2) 变量 x 只能取 0、5、9、12。
(3) 若 $x_2 \leqslant 4$，则 $x_5 \geqslant 0$，否则 $x_5 \leqslant 3$。
(4) 以下四个约束条件中至少满足两个。
$$\begin{cases} x_6 + x_7 \leqslant 2 \\ x_6 \leqslant 1 \\ x_7 \leqslant 5 \\ x_6 + x_7 \geqslant 3 \end{cases}$$

3. 用隐枚举法求解下列问题。

(1) min $z = 4x_1 + 3x_2 + 2x_3$
$$s.t. \begin{cases} 2x_1 - 5x_2 + 3x_3 \leqslant 4 \\ 4x_1 + x_2 + 3x_3 \geqslant 3 \\ x_2 + x_3 \geqslant 1 \\ x_1, x_2, x_3 = 0, 1 \end{cases}$$

(2) max $z = 2x_1 + 5x_2 + 3x_3 + 4x_4$
$$s.t. \begin{cases} -4x_1 + x_3 + x_4 \geqslant 0 \\ -2x_1 + 4x_2 + 2x_3 + 4x_4 \geqslant 4 \\ x_1 + x_2 - x_3 + x_4 \leqslant 3 \\ x_1, x_2, x_3, x_4 = 0, 1 \end{cases}$$

4. 用匈牙利法求解下列最小化分配问题。

(1) $C = \begin{bmatrix} 4 & 6 & 8 & 10 \\ 7 & 3 & 5 & 7 \\ 2 & 3 & 2 & 6 \\ 8 & 6 & 7 & 7 \end{bmatrix}$ (2) $C = \begin{bmatrix} 18 & 16 & M & 19 \\ M & 21 & 18 & 20 \\ 19 & 18 & 17 & 21 \\ 10 & 20 & 19 & M \end{bmatrix}$

5. 某钻井队要从以下 10 个可供选择的井位(代号及费用见表 4-7)中确定 5 个钻井探油，使总的钻探费用最小。

表 4-7 钻井费用/万元

井位代号	S_1	S_2	S_3	S_4	S_5	S_6	S_7	S_8	S_9	S_{10}
钻井费用	1.1	2	1.3	1.2	1.5	1.1	1.2	1.4	1.2	1.3

要求满足下列限制条件：
(1) 或选择 S_1 和 S_7，或选择钻探 S_8。
(2) 选择了 S_3 或 S_4 就不能选 S_5，或反过来也一样。
(3) 在 S_5、S_6、S_7、S_8 中最多只能选两个。

6. 某企业接受某项产品订货，需求量为每日 3 500 千克，现在有 3 种生产过程供选择，各生产过程所需固定投资(成本)，生产成本，最大日产量见表 4-8。

表 4-8 产品生产成本及日产量

生产过程的种类	固定投资/元	生产成本/(元/千克)	最大日产量/千克
甲	1 000	5	2 000
乙	2 000	4	3 000
丙	3 000	3	4 000

企业需要决定采用哪种(一种或多种)生产过程和日产量多少千克，才能既保证按合同交货又使总成本最小？试列出该问题的整数规划数学模型。

7. 某旅馆从周一至周日每天所需值班人员见表 4-9。

表 4-9 每天所需值班人员数

星期	星期一	星期二	星期三	星期四	星期五	星期六	星期日
需值班人员	15	17	14	14	15	19	20

(1) 采取每周 5 天工作制，并保证每名职工至少有一个休息日安排在星期六或星期日。
(2) 该旅馆有两名领班，要求每班至少有一名领班，并且领班的休息日也至少有一个星期六或星期日。试建立该问题的数学模型。

8. 案例一　阅读案例 4-5，并按要求选择最佳位置。

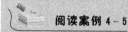

阅读案例 4-5

便民超市地址选择

某连锁店准备在一城市新建设两个便民超市，该城市有 17 个街区，各街区居民人数分布如图 4.8 所示。图中数据表示：代号(居民人数)。根据就近方便的原则，每个便民让可对其相邻的街区服务，试帮助确定便民超市的位置，使周围的居民人数最多。

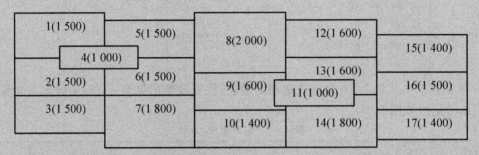

图 4.8 街区人居民人数分布图

（提示：①计算各点相邻的街区人数之和，即为设在该点的可服务人数；②为避免居民人数重复计算，各相邻的街区服务设施最多取1）

9. 案例二　帮助确定最佳招租方案。

阅读案例 4-8

Supermarket 招租决策

某城市新建综合超市，营业面积 $4\,000\,m^2$，准备吸引 4 类商店入租。有关资料信息见表 4-10。若租金为 100 元$/$月$\cdot m^2$，并按利润额 8% 收取管理费，试确定最优招租计划。
（提示：设 $x_{ij}=1$ 表示第 i 种商店设 j 个店铺；$x_{ij}=0$ 表示第 i 种商店不设 j 个店铺。目标是利润最大，约束是不超过总面积）。

表 4-10

编号	商店类别	每店铺面积/m^2	开设数		开设不同数一个店铺利润/万元		
			最少	最多	1	2	3
1	服装鞋帽	300	2	3	—	8	6
2	日用百货	400	1	3	8	6	4
3	蔬菜果品	400	1	3	9	7	5
4	风味快餐	500	1	2	18	15	—

10. 实验一

【实验目的】掌握 Excel 或 Lingo 求解 0-1 规划的方法。

【实验内容】用 Excel 或 Lingo 求解习题第 9 题。

【实验要求】(1)简述操作过程；(2)分析实验结果。

11. 实验二

【实验目的】掌握 Excel、Lingo 或 WinQSB 求解整数规划的方法。

【实验内容】用 Excel、Lingo 或 WinQSB 求解习题1(2)。

【实验要求】(1)简述操作过程；(2)分析实验结果。

第 5 章

运输问题

教学目标

知识目标	技能目标	应用方向
1. 掌握运输问题数学模型建模方法 (1) 理解运输问题的数学模型的特点 (2) 掌握将产销不平衡的运输问题转化为产销平衡运输问题的方法 (3) 会对一些简单的管理问题转化为运输问题后并建立模型 2. 掌握表上作业法 (1) 会用"最小元素法"和"Vogel法"求运输问题的初始基本可行解 (2) 会用"位势法"求检验数 (3) 会用"闭回路法"对非最优方案进行改进 (4) 掌握多重最优解的特点	1. 理解运输问题建模的两个关键点："产销平衡表"和"单位运价表" 2. 能将一些管理问题(如转运问题、生产计划问题、空车调度问题等)转化为运输问题 3. 对一些简单的运输问题能用表上作业法求解 4. 了解 WinQSB、Lingo 及 Excel 求解运输问题的方法以及各自的特点,并至少熟练掌握其中一种求解运输问题	合理组织人、财、物力的单目标优化。主要应用范围包括配送问题、转运问题、生产计划问题、空车调度问题等

知识结构

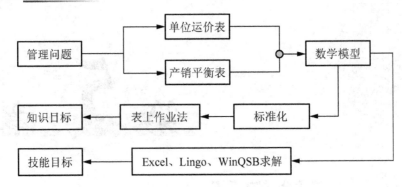

导入案例

配送问题

某零售企业有 A_1、A_2、A_3 3个配送中心,它们为4个城市 B_1、B_2、B_3、B_4 的门店配送货物,每个配送中心可以分别配送16吨、10吨、22吨的货物,各城市门店的需求量分别为8吨、14吨、12吨、14吨,各配送中心到各城市的运价(百元/吨)见表5-1。问应如何组织配送才能使总运费最少?

表 5-1 配送运价表

城市 配送中心	B_1	B_2	B_3	B_4	供应量
A_1	4	12	4	11	16
A_2	2	10	3	9	10
A_3	8	5	11	6	22
需求量	8	14	12	14	

设 x_{ij} 为从配送中心 A_i 运往城市 B_j 的货物数量(吨),z 为总运费(百元),则由表 5-1 可知这个运输问题的数学模型如下:

目标函数:
$$\min z = 4x_{11} + 12x_{12} + 4x_{13} + 11x_{14} + \\ 2x_{21} + 10x_{22} + 3x_{23} + 9x_{24} + \\ 8x_{31} + 5x_{32} + 11x_{33} + 6x_{34}$$

约束条件:
$$s.t \begin{cases} \left.\begin{matrix} x_{11}+x_{12}+x_{13}+x_{14}=16 \\ x_{21}+x_{22}+x_{23}+x_{24}=10 \\ x_{31}+x_{32}+x_{33}+x_{34}=22 \end{matrix}\right\} 产量约束 \\ \left.\begin{matrix} x_{11}+x_{21}+x_{31}=8 \\ x_{12}+x_{22}+x_{32}=14 \\ x_{13}+x_{23}+x_{33}=12 \\ x_{14}+x_{24}+x_{34}=14 \end{matrix}\right\} 销量约束 \\ x_{ij} \geq 0 (i=1,2,3; j=1,2,3,4) \end{cases}$$

在导入案例中这类线性规划问题可以用单纯形法求解，但当产地和销地增加时，其决策变量会迅速增加（如当有10个产地20个销地时，决策变量将增加到200个），使得单纯形法的计算非常复杂。由于其模型结构上的特点以及实际应用的广泛性而引起人们的关注和重视，同时促使人们讨论并研究相关的理论及特别的求解方法。于是这类特殊的线形规划问题—运输问题便应运而生，并产生了"表上作业法"。

5.1 运输问题的数学模型

在经济建设中，经常出现各种运输活动。如粮食、煤、钢铁等物资从全国各生产基地运到各个消费地区；又如，某厂的原材料从各生产基地运往各生产车间等。这些运输活动一般都有若干发货地点，简称产地；有若干个收货地点，简称销地；各产地有一定的可供货量，简称产量；各销地有一定的需求量，简称销量。

一般的运输问题就是要解决把某种产品从若干个产地调运到若干个销地，在每个产地的供应量与每个销地的需求量已知，并知道各地之间的运输单价的前提下，如何确定一个使得总的运输费用最小的方案。

运输问题的一般提法是：已知有 m 个产地 A_i，$i=1, 2, \cdots, m$，各个产地的产量分别为 a_i，$i=1, 2, \cdots, m$；有 n 个销地 B_j，$j=1, 2, \cdots, n$，其需求量分别为 b_j，$j=1, 2, \cdots, n$。从 A_i 到 B_j 运输单位物资的运输单价为 c_{ij}，这些数据可以汇总于表 5-2 中。

表 5-2 运输问题有关信息

产地＼销地	B_1	B_2	$\cdots$	B_n	产量
A_1	c_{11}	c_{12}	$\cdots$	c_{1n}	a_1
A_2	c_{21}	c_{22}	$\cdots$	c_{2n}	a_2
$\vdots$	$\vdots$	$\vdots$	$\vdots$	$\vdots$	$\vdots$
A_m	c_{m1}	c_{m2}	$\cdots$	c_{mn}	a_m
销量	b_1	b_2	$\cdots$	b_n	

5.1.1 产销平衡的数学模型

如果运输问题的总产量等于总销量，即有 $\sum_{i=1}^{m} a_i = \sum_{j=1}^{n} b_j$，则称该问题为产销平衡的运输问题；反之，称为产销不平衡运输问题。

设 x_{ij} 为从产地 A_i 运往销地 B_j 的物资数量（$i=1, 2, \cdots, m$；$j=1, 2, \cdots, n$），产销平衡运输问题的数学模型可表示如下：

$$\min z = \sum_{i=1}^{m}\sum_{j=1}^{n} c_{ij}x_{ij}$$

$$s.t. \begin{cases} \sum_{j=1}^{n} x_{ij} = a_i & (i=1,2,\cdots,m) \\ \sum_{i=1}^{m} x_{ij} = b_j & (j=1,2,\cdots,n) \\ x_{ij} \geqslant 0 & (i=1,2,\cdots,m; j=1,2,\cdots,n) \end{cases}$$ 式 5.1

容易看出，产销平衡运输模型具有以下特点：

(1) 它包含 $m \times n$ 个变量，$m+n$ 个约束条件。

(2) 因为有 $\sum_{i=1}^{m} a_i = \sum_{j=1}^{n} b_j$，所以系数矩阵中线性独立的列向量的最大个数为 $(m+n-1)$ 个，即产销平衡运输问题的解中基变量的个数为 $(m+n-1)$ 个。

式 5.1 称为运输问题的标准形式，对于 5.1.2 小节所介绍的非标准形式，若采取表上作业法求解均要化成式 5.1 形式。

5.1.2 产销不平衡的数学模型

产销不平衡的模型包括产大于销、销大于产、产量有弹性和销量有弹性四种。

1. 产量大于销量的运输问题数学模型

因为 $\sum_{i=1}^{m} a_i > \sum_{j=1}^{n} b_j$，所以从各产地调运量不大于各产地产量，其数学模型为：

$$\min z = \sum_{i=1}^{m}\sum_{j=1}^{n} c_{ij}x_{ij}$$

$$s.t. \begin{cases} \sum_{j=1}^{n} x_{ij} \leqslant a_i & (i=1,2,\cdots,m) \\ \sum_{i=1}^{m} x_{ij} = b_j & (j=1,2,\cdots,n) \\ x_{ij} \geqslant 0 & (i=1,2,\cdots,m; j=1,2,\cdots,n) \end{cases}$$ 式 5.2

2. 产量小于销量运输问题的数学模型

因为 $\sum_{i=1}^{m} a_i < \sum_{j=1}^{n} b_j$，所以调往各销地的调运量不大于各销地需求量，其数学模型为：

$$\min z = \sum_{i=1}^{m}\sum_{j=1}^{n} c_{ij}x_{ij}$$

$$s.t. \begin{cases} \sum_{j=1}^{n} x_{ij} = a_i & (i=1,2,\cdots,m) \\ \sum_{i=1}^{m} x_{ij} \leqslant b_j & (j=1,2,\cdots,n) \\ x_{ij} \geqslant 0 & (i=1,2,\cdots,m;j=1,2,\cdots,n) \end{cases}$$

式5.3

3. 产量有弹性的运输问题数学模型

这时 $La_i \leqslant \sum_{j=1}^{n} x_{ij} \leqslant Ua_i$，其数学模型为：

$$\min z = \sum_{i=1}^{m}\sum_{j=1}^{n} c_{ij}x_{ij}$$

$$s.t. \begin{cases} La_i \leqslant \sum_{j=1}^{n} x_{ij} \leqslant Ua_i & (i=1,2,\cdots,m) \\ \sum_{i=1}^{m} x_{ij} = b_j & (j=1,2,\cdots,n) \\ x_{ij} \geqslant 0 \end{cases}$$

式5.4

其前提要求是销量在最低产量与最高产量之间，否则将无可行解。

4. 销量有弹性的运输问题数学模型

这时 $Lb_j \leqslant \sum_{i=1}^{m} x_{ij} \leqslant Ub_j$，其数学模型如式5.5。前提条件为产量在最低需求与最高需求之间，否则将无可行解。

$$\min z = \sum_{i=1}^{m}\sum_{j=1}^{n} c_{ij}x_{ij}$$

$$s.t. \begin{cases} \sum_{j=1}^{n} x_{ij} = a_i & (i=1,2,\cdots,m) \\ Lb_j \leqslant \sum_{i=1}^{m} x_{ij} \leqslant Ub_j & (j=1,2,\cdots,n) \\ x_{ij} \geqslant 0 \end{cases}$$

式5.5

5.1.3 非标准形式数学模型的标准化

运输问题数学模型的标准形式是：目标函数 min，产销平衡。

对于目标函数为 $\max z = \sum_{i=1}^{m}\sum_{j=1}^{n} c_{ij}x_{ij}$，可由 $c'_{ij} = c_M - c_{ij}$（式中 $c_M = \max_{i,j}\{c_{ij}\}$）构成一个新的单位运价表。目标函数变为 $\min z' = \sum_{i=1}^{m}\sum_{j=1}^{n} c'_{ij}x_{ij}$

因为此时：

$$z = \sum_{i=1}^{m}\sum_{j=1}^{n} c_{ij}x_{ij} = \sum_{i=1}^{m}\sum_{j=1}^{n}(c_M - c'_{ij})x_{ij} = c_M\sum_{i=1}^{m}\sum_{j=1}^{n} x_{ij} - \sum_{i=1}^{m}\sum_{j=1}^{n} c'_{ij}x_{ij}$$

式中：$c_M \sum_{i=1}^{m}\sum_{j=1}^{n} x_{ij} = c_M \min\left\{\sum_{i=1}^{m} a_i, \sum_{j=1}^{n} b_j\right\}$ 为常数。

若产>销，则添加一假想销地 $n+1$，其销量 $b_{n+1} = \sum_{i=1}^{m} a_i - \sum_{j=1}^{n} b_j$，实际上没有运输，其对应的单位运价为 0。

若产<销，则添加一假想产地 $m+1$，其产量 $a_{m+1} = \sum_{j=1}^{n} b_j - \sum_{i=1}^{m} a_i$，实际上也没有运输，其对应的单位运价也为 0。

若产量有弹性（$La_i \leqslant a_i \leqslant Ua_i$）则进行如下处理：

(1) 添加一假想销地 $n+1$，其销量 $b_{n+1} = \sum_{i=1}^{m} Ua_i - \sum_{j=1}^{n} b_j$。

(2) 凡满足 $0 < La_i < Ua_i$，均拆分成两个产地，其产量分别为 La_i 和 $Ua_i - La_i$。对应于 La_i 与假想销地的单位运价 $c_{i,n+1} = M$，因为最低产量不能供应给假想销地；对应于 $Ua_i - La_i$ 与假想销地的单位运价为 0，其余不变。

(3) 凡满足 $0 = La_i < Ua_i$ 的产地，对应的单位运价 $c_{i,n+1} = 0$。

(4) 凡满足 $La_i = Ua_i$ 的产地，对应的单位运价 $c_{i,n+1} = M$。

【例 5.1】 将表 5-3 最大化运输问题标准化。

表 5-3 产销平衡表与单位运价表

产地＼销地	B_1	B_2	B_3	最低产量	最高产量
A_1	5	2	4	2	5
A_2	3	4	4	0	不限
A_3	6	3	3	3	3
销量	4	3	4		

解 (1) 令 $c'_{ij} = 6 - c_{ij}$ 将目标函数变为极小化。

$$C' = \begin{bmatrix} 1 & 4 & 2 \\ 3 & 2 & 2 \\ 0 & 3 & 3 \end{bmatrix}$$

(2) 产地 A_2 最高产量不限,但实际供应量不会超过 6,因为产地 A_1 和 A_3 最低产量之和为 5,必须供应,而销地总需求为 11,故产地 A_2 的最高产量可定为 6。

(3) 由于最高产量之和 $=5+6+3=14$,而销量之和 $=11$,添加的假想销地 B_4,销量为 3,变成产销平衡。

(4) 将产地 A_1 拆分成两个产地 A_1' 和 A_1'' 其产量分别为 2 和 $5-2=3$;单位运价 $c_{14}'=M$,$c_{14}''=0$;产地 A_2 最低产量为 0,$c_{24}=0$;产地 A_3 最低产量与最高产量相同,$c_{34}=M$。于是得标准化后的产销平衡表与单位运价表,见表 5-4。

表 5-4 标准化后的产销平衡表与单位运价表

销地 产地	B_1	B_2	B_3	B_4	产量
A_1'	1	4	2	M	2
A_1''	1	4	2	0	3
A_2	3	2	2	0	6
A_3	0	3	3	M	3
销量	4	3	4	3	

若销量有弹性 ($Lb_j \leqslant b_j \leqslant Ub_j$) 则进行如下处理:

(1) 添加一假想产地 $m+1$,其产量 $a_{m+1}=\sum_{j=1}^{n} Ub_j - \sum_{i=1}^{m} a_i$。

(2) 凡满足 $0 < Lb_j < Ub_j$ 均拆分成两个销地,其销量分别为 Lb_j 和 $Ub_j - Lb_j$。对应于 Lb_j 与假想产地的单位运价 $c_{m+1,j}=M$,因为最低需求不能由假想产地供应;对应于 $Ub_j - Lb_j$ 与假想产地的单位运价为 0,其余不变。

(3) 凡满足 $0 = Lb_j < Ub_j$ 的产地,对应的单位运价 $c_{m+1,j}=0$。

(4) 凡满足 $La_i = Ua_i$ 的产地,对应的单位运价 $c_{m+1,j}=M$。

【例 5.2】 将表 5-5 最小化运输问题标准化。

表 5-5 产销平衡表与单位运价表

销地 产地	B_1	B_2	B_3	产量
A_1	5	2	4	6
A_2	3	4	4	5
最低销量	2	4	0	
最高销量	4	4	不限	

解 (1) B_3 的最高销量不限,但最高可供应数量为 5。因为各产地的 11 个单位的产量,满足 B_1 和 B_2 的最低需求 6 个单位后,剩余只有 5 个单位,故 B_3 的最高需求为 5。

(2) 添加一假想产地 A_3,其产量为 $(4+4+5)-(6+5)=2$。

(3)将销地 B_1 拆分成两个销地 B_1' 和 B_1''，其销量分别为 2 和 $4-2=2$；单位运价分别为 M 和 0（因为最低需求不能由假想产地供应）；B_2 的需求均为最低需求，不能由假想产地供应；B_3 的需求供否均可，可由假想产地供应。于是得单位运价表与产销平衡表见表 5-6。

表 5-6 标准化后的产销平衡表与单位运价表

产地＼销地	B_1'	B_1''	B_2	B_3	产量
A_1	5	5	2	4	6
A_2	3	3	4	4	5
A_3	M	0	M	0	2
销量	2	2	4	5	

5.2 表上作业法

表上作业法是求解运输问题的一种简便而有效的方法，实质是单纯形法。其求解工作在运输表上进行，适应于产销平衡且目标为极小化的运输问题。

> 表上作业法计算过程如下。
> （1）找出初始基本可行解。即在 $(m \times n)$ 产销平衡表上给出 $(m+n-1)$ 个数字格，其相应的调运量就是基变量，格子中所填写的值即为基变量的解。
> （2）求各非基变量的检验数，即在表上计算除了 $(m+n-1)$ 个数字格以外的空格的检验数，判别是否已得到最优解。如已是最优解，则停止计算，否则转到下一步。
> （3）确定入基变量与出基变量，找出新的基本可行解，在表上用闭回路上进行调整。
> （4）重复（2）、（3）直到得到最优解为止。

上述过程可用图 5.1 表上作业法流程图表示。

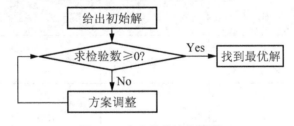

图 5.1 表上作业法流程图

下面通过对导入案例的求解说明表上作业法的计算步骤。

5.2.1 确定初始基可行解

确定初始基可行解的方法有西北角法、最小元素法、Vogel 法等。由于 Vogel 法所给的初始方案最佳，最小元素法次之，西北角法最差，故在这里仅介绍后两种方法。无论采取哪一种方法，数字填充都要遵循以下原则。

> 初始方案数字填充原则：
> (1) 当需求量已满足，则划去该销地列，产地行的可供量＝原可供量－填充数字。
> (2) 若产量已供应完毕，则划去该产地行，销地列的需求量＝原需求量－填充数字。
> (3) 若需求量与可供量刚好相等，则任选行（或列）划去，未被划去的 b_j 或 a_i 剩余量为 0，此 0 视为可填充的数字，以保证原则（4）的满足。
> (4) 初始方案的有数字的格子数＝行数＋列数－1。

1. 最小元素法

> 最小元素法的基本思想是就近供应，即从单位运价表中最小的运价处开始确定供销关系，依此类推，一直到给出全部方案为止。

【例 5.3】 对导入案例利用最小元素法给出初始方案。

解 表 5－7 带圆圈数字为单位运价，不带圆圈数字为供应量。

(1) 表中最小运价为 2，由于 $\min\{a_2, b_1\} = \min\{10, 8\} = 8$，将 (A_2, B_1) 格中填入数字 8，B_1 需求也已满足，划去所在列；A_2 剩余供应量 $10-8=2$（见表 5－7）。

(2) 余下运价最小的为 3，$\min\{a_2, b_3\} = \min\{2, 12\} = 2$，将 (A_2, B_3) 格中填入数字 2，A_2 产量供应完毕，划去所在行；B_3 需求量 $12-2=10$（见表 5－8）。

表 5－7 最小元素法确定初始方案

销地 产地	B_1	B_2	B_3	B_4	产量
A_1	④	⑫	④	⑪	16
A_2	8 ②	⑩	③	⑨	10/2
A_3	⑧	⑤	⑪	⑥	22
销量	8/0	14	12	14	

表 5－8 最小元素法确定初始方案

销地 产地	B_1	B_2	B_3	B_4	产量
A_1	④	⑫	④	⑪	16
A_2	8 ②	⑩	2 ③	⑨	10/2/0
A_3	⑧	⑤	⑪	⑥	22
销量	8/0	14	12/10	14	

(3) 余下运价最小的为 4，$\min\{a_1, b_3\} = \min\{16, 10\} = 10$，将 (A_1, B_3) 格中填入数字 10，B_3 需求已满足，划去所在列；A_1 供应量 $16-10=6$（见表 5－9）。

(4) 余下运价最小的为 5，$\min\{a_3, b_2\} = \min\{14, 22\} = 14$，将 (A_3, B_2) 格中填入数字 14，B_2 需求已满足，划去所在列；A_3 供应量 $22-14=8$（见表 5－10）。

表 5-9 最小元素法确定初始方案

产地\销地	B_1	B_2	B_3	B_4	产量
A_1	④	⑫	10 ④	⑪	16/6
A_2	8 ②	⑩	2 ③	⑨	10/2/0
A_3	⑧	⑤	⑪	⑥	22
销量	8/0	14	12/10	14	

表 5-10 最小元素法确定初始方案

产地\销地	B_1	B_2	B_3	B_4	产量
A_1	④	⑫	10 ④	⑪	16/6
A_2	8 ②	⑩	2 ③	⑨	10/2/0
A_3	⑧	14 ⑤	⑪	⑥	22/8
销量	8/0	14/0	12/10	14	

(5) 余下运价最小的为 6，$\min \{a_3, b_4\} = \min \{14, 8\} = 8$，将 (A_3, B_4) 格中填入数字 8，A_3 产量已供应完毕，划去所在行；A_4 需求量 $14-8=6$（见表 5-11）。

(6) 余下运价只有 11，$\min \{a_1, b_4\} = \min \{6, 6\} = 6$，将 (A_1, B_4) 格中填入数字 6，A_1 和 B_4 均为 0，任选行或列（这里选了列）划去，得初始方案（表 5-12）。

总运费 $= 4 \times 10 + 11 \times 6 + 2 \times 8 + 3 \times 2 + 5 \times 14 + 6 \times 8 = 246$。

表 5-11 最小元素法确定初始方案

产地\销地	B_1	B_2	B_3	B_4	产量
A_1	④	⑫	10 ④	⑪	16/6
A_2	8 ②	⑩	2 ③	⑨	10/2/0
A_3	⑧	14 ⑤	⑪	8 ⑥	22/8/0
销量	8/0	14/0	12/10	14/6	

表 5-12 最小元素法确定初始方案

产地\销地	B_1	B_2	B_3	B_4	产量
A_1	④	⑫	10 ④	6 ⑪	16/6/0
A_2	8 ②	⑩	2 ③	⑨	10/2/0
A_3	⑧	14 ⑤	⑪	8 ⑥	22/8/0
销量	8/0	14/0	12/10	14/6/0	

2. Vogel 法

用最小元素确定的初始方案只从局部观点考虑就近供应，可能造成总体的不合理。Vogel 法的步骤是从运价表上分别找出每行与每列的最小元素和次小元素，求其差值，再从差值最大的行或列中找出最小运价确定供需关系和供应数量。

(1) 求得最小元素差额，其中最大的是 5，该列的最小元素是 5，对应的是 (A_3, B_2)。由于 $\min \{a_3, b_2\} = \min \{22, 14\} = 14$，将 (A_3, B_2) 格中填入数字 14，B_2 需求已满足，划去所在列；A_3 剩余供应量 $22-14=8$（见表 5-13）。

(2) 第 3 行最小元素差额变为 2，其余未变。差额最大的是 3，对应的是 B_4 列，该列的最小元素是 6，对应的是 (A_3, B_4)。由于 $\min \{a_3, b_4\} = \min \{8, 14\} = 8$，将 (A_3, B_4) 格中填入数字 8，A_3 产量供应完毕，划去所在行；B_4 需求量 $14-8=6$（见表 5-14）。

表 5-13 Vogel 法确定初始方案

产地\销地	B_1	B_2	B_3	B_4	产量	最小元素之差
A_1	④	⑫	④	⑪	16	0
A_2	②	⑩	③	⑨	10	1
A_3	⑧	14 ⑤	⑪	⑥	22/8	1
销量	8	14/0	12	14		
最小元素之差	2	5	1	3		

表 5-14 Vogel 法确定初始方案

产地\销地	B_1	B_2	B_3	B_4	产量	最小元素之差
A_1	④	⑫	④	⑪	16	0
A_2	②	⑩	③	⑨	10	1
A_3	⑧	14 ⑤	8 ⑪	⑥	22/8/0	1/2
销量	8	14/0	12	14/6		
最小元素之差	2	5	1	3		

(3) 第 4 列最小元素差额变为 2，其余未变。差额最大的是 2，对应为第 1 列和第 4 列，选第 1 列，该列的最小元素是 2，对应的是 (A_2, B_1)。由于 $\min\{a_2, b_1\} = \min\{10, 8\} = 8$，将 (A_2, B_1) 格中填入数字 8，B_1 需求也已满足，划去所在列；A_2 供应量 $10-8=2$（表 5-15）。

(4) 第 1 行最小元素差额变为 7，第 2 行最小元素差额变为 6，其余未变。最大的是 7，对应第 1 行，该行的最小元素是 4，对应的是 (A_1, B_3)。$\min\{a_1, b_3\} = \min\{12, 16\} = 12$，将 (A_1, B_3) 格中填入数字 12，B_3 需求已满足，划去所在列；A_1 供应量 $16-12=4$（见表 5-16）。

表 5-15 Vogel 法确定初始方案

产地\销地	B_1	B_2	B_3	B_4	产量
A_1	④	⑫	④	⑪	16
A_2	8 ②	⑩	③	⑨	10/2
A_3		⑤	⑪	⑥	22
销量	8/0	14	12	14	

表 5-16 Vogel 法确定初始方案

产地\销地	B_1	B_2	B_3	B_4	产量
A_1	④	⑫	④	⑪	16
A_2	8 ②	⑩	2 ③	⑨	10/2/0
A_3		⑤	⑪	⑥	22
销量	8/0	14	12/10	14	

(5) 余下的只有第 4 列了，由于产销平衡，剩余供应量全部供应给销地 B_4，有数字的格子 $=6=m+n-1$。于是得初始方案，总运费 $=4\times 12+11\times 4+2\times 8+9\times 2+5\times 14+6\times 8=244$（见表 5-16）。

5.2.2 解的最优性检验

得到了运输问题的初始基本可行解之后，要对这个解进行最优性检验，判别是否是最优解。这里介绍一种简便的检验方法——位势法。

所谓位势法，是对运输表上的每一行赋予一个数值 u_i，对每一列赋予一个数值 v_j，它们的数值由基变量的检验数 $\sigma_{ij}=0$ 所决定的，则非基变量 x_{ij} 的检验数 σ_{ij} 就可以用公式 $\sigma_{ij}=c_{ij}-(u_i+v_j)$ 求出。

> 位势法检验步骤：
> (1) 将方案中有数字的格子用单位运价 c_{ij} 替代，制作位势表。
> (2) 令 $u_1=0$（也可选其他），由 $c_{ij}=u_i+v_j$ 确定其他行、列位势。
> (3) 求空格处的检验数：$\sigma_{ij}=c_{ij}-(u_i+v_j)$。
> 结论：当所有检验数均大于 0，则找到唯一最优方案；当所有检验数均非负，但存在检验数为 0 的，则找出了最优方案，但不唯一；当存在负的检验数，则方案不是最优，需要调整。

【例 5.4】 分别求出上例中最小元素法和 Vogel 法给出初始方案的检验数，并比较。

解 对最小元素法给出的初始方案进行检验。

第 1 步：制作位势计算表。

将表 5-12 初始方案中有数字格子用单位运价表中对应的运价代替，然后在表的下面和右面增加一行 v_j 和一列 u_i，并计算 u_i 和 v_j，见表 5-17。

表 5-17 位势计算表

	B_1	B_2	B_3	B_4	u_i
A_1	1	2	④	⑪	0
A_2	②	1	③	-1	-1
A_3	10	⑤	12	⑥	-5
v_j	3	10	4	11	

第 2 步：计算行、列位势。

先给 u_1 赋予任意数，不妨令 $u_1=0$，由 $c_{ij}=u_i+v_j$ 计算其他行列位势；

$v_3=c_{13}-u_1=4-0=4$；

$v_4=c_{14}-u_1=11-0=11$；

$u_2=c_{23}-v_3=3-4=-1$；

$v_1=c_{21}-u_2=2-(-1)=3$；

$u_3=c_{34}-v_4=6-11=-5$；

$v_2=c_{32}-u_3=5-(-5)=10$。

第 3 步：计算检验数。

$\sigma_{11}=c_{11}-u_1-v_1=4-0-3=1$；

$\sigma_{12}=c_{12}-u_1-v_2=12-0-10=2$；

$\sigma_{22}=c_{22}-u_2-v_2=10-(-1)-10=1$；

$\sigma_{24}=c_{24}-u_2-v_4=9-(-1)-11=-1$；

$\sigma_{31}=c_{31}-u_3-v_1=8-(-5)-3=10$；

$\sigma_{33}=c_{33}-u_3-v_3=11-(-5)-4=12$。

可见 $\sigma_{24}=-1$ 所给方案并非最优方案。

用同样的方法，求 Vogel 法所给方案的检验数，见表 5-18 中的不带圈数字。可见所给方案为最优方案。

表 5-18 位势计算表

	B_1	B_2	B_3	B_4	u_i
A_1	0	2	④	⑪	0
A_2	②	2	1	⑨	-2
A_3	9	⑤	12	⑥	-5
v_j	4	10	4	11	

5.2.3 改进运输方案的办法

对运输问题的一个基本可行解来说，若最优性检验时某个非基变量的检验数 σ_{ij} 为负，说明将这个非基变量变为基变量时运费会更小，表明未得最优解，要进行改进。

闭回路法改进方案：

(1) 确定入基变量：在所有的检验数中，找出最小的负检验数 σ_{ij}，其对应的非基变量 x_{ij} 为入基变量。

(2) 找闭回路：以入基变量为起点，遇到有数字的格子可以转 $90°$，直到转回出发点，形成闭回路，并从入基变量格子开始，按顺序给转角处顶点编号。

(3) 确定最大调整量：最大调整量 $t=$ 偶数次顶点的运量的最小值。

(4) 方案调整：在闭回路上，奇数次顶点的调运量减去 t，偶数次顶点(包括起始顶点)的调运量加上 t，闭回路之外的变量的调运量不变(注意：若调整后的方案中有两个以上的 0，则只能去掉一个 0，其余的 0 按数字处理，否则不满足 $m+n-1$ 个有数字的格子，下次检验数无法求得)。

【例 5.5】 对例 5.3 中最小元素法给出的初始方案进行调整。

解 由表 5-17 可知，$\min\{\sigma_{ij}\}=\sigma_{24}=-1$，$x_{24}$ 为入基变量；

从 x_{24} 出发找到闭回路(见表 5-19)并编号(带圆圈的数字)；最大调整量为偶数标号的最小数，即 $t=\min(2,6)=2$，x_{23} 为出基变量。偶数标号顶点减去 2，奇数标号顶点加上 2，得新的调运方案。

表 5-19 调整后的调运表

产地\销地	B_1	B_2	B_3	B_4	产量/吨
A_1			10+2=12③	6-2=4 ④	16
A_2	8		2-2=0 ②	0+2=2 ①	10
A_3		14		8	22
销量	8	14	12	14	48

其最小运费为 $z=12\times4+4\times11+8\times2+2\times9+14\times5+8\times6=244$。

再用位势法求这个新解各非基变量的检验数同表 5-18，由于所有非基变量的检验数都非负，故这个解为最优解。

5.2.4 如何找多个最优方案

当迭代到运输问题的最优解时，如果有某非基变量的检验数等于零，则说明该运输问题有多个最优解。如在本例表 5-18 给出的检验数 $\sigma_{11}=0$，可知此运输问题最优解不唯一。为求得另一个最优解，只要把 x_{11} 作为入基变量，调整运输方案，就可得到另一个最优方案，如表 5-20 所示。其最小运费为 $z=4\times4+4\times2+12\times4+6\times9+14\times5+8\times6=244$。

表 5-20 新最优方案

产地\销地	B_1	B_2	B_3	B_4	产量/吨
A_1	0+4=4 ①		12	② 4−4=0	16
A_2	8−4=4 ④			③ 2+4=6	10
A_3		14		8	22
销量	8	14	12	14	48

5.3 运输问题的计算机求解

5.3.1 利用 WinQSB 求解运输问题

【例 5.6】 对导入案例用 WinQSB 求得最优调运方案。

解 第 1 步：执行"程序/WinQSB/Network Modeling/File/New Problem"弹出如图 5.2 所示的对话框。

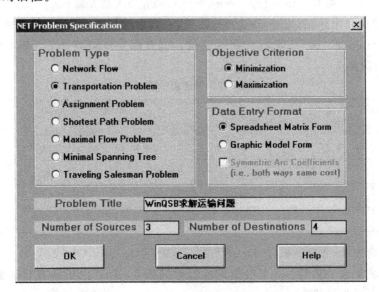

图 5.2 运输问题参数设置对话框

类型(Problem Type)选择运输问题(Transporttion Problem)；

目标要求(Objective Criterion)选择最小(Minimization)(默认项)；

数据输入形式(Data Entry Format)选择表格形式(Spreadsheet Matrix Form)(默认项)；

标题(Problem Title)可以省略，也可以根据实际填写；

产地数(发点数)(Number of Sources)输入 3，销地数(收点数)(Number of Destinatins)输入 4。

第 2 步：单击 OK 按钮，生成电子表模型(见图 5.3)。

From \ To	Destination 1	Destination 2	Destination 3	Destination 4	Supply
Source 1					0
Source 2					0
Source 3					0
Demand	0	0	0	0	

图 5.3 运输问题数据编辑窗口

模型中的产销地名称可以修改，其操作方法：执行菜单命令 Edit/Node names，将节点名称修改成如图 5.4 所示。

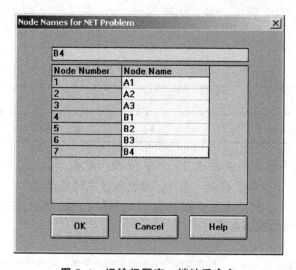

图 5.4 运输问题产、销地重命名

单击 OK 按钮，返回数据编辑窗口，并输入单位运价和各产地产量及各销地销量，如图 5.5 所示。

From \ To	B1	B2	B3	B4	Supply
A1	4	12	4	11	16
A2	2	10	3	9	10
A3	8	5	11	6	22
Demand	8	14	12	14	

图 5.5 运输问题数据输入

第 3 步：执行菜单命令 Solve and Analyze/Solve the Problem 得运行结果(见图 5.6)。

05-31-2010	From	To	Shipment	Unit Cost	Total Cost	Reduced Cost
1	A1	B1	4	4	16	0
2	A1	B3	12	4	48	0
3	A2	B1	4	2	8	0
4	A2	B4	6	9	54	0
5	A3	B2	14	5	70	0
6	A3	B4	8	6	48	0
Total	Objective	Function	Value =		244	

图 5.6 运输问题运行结果

5.3.2 利用 Lingo 求解运输问题

WinQSB 求解运输问题操作虽然简单，但灵活性差，对于销量有弹性或产量有弹性的运输问题，需要按 5.1.3 方法调整单位运价表和产销平衡表，而使用 Lingo 求解，只需将销量的约束拆分成上、下限即可。

【例 5.7】 对表 5-21 利用 Lingo 进行优化。

表 5-21 产销平衡表与单位运价表

产地＼销地	B_1	B_2	B_3	产量
A_1	5	2	4	6
A_2	3	4	4	5
最低销量	2	4	0	
最高销量	4	4	不限	

解 B_3 最高需求不限，但实际上 11 个单位的产量在满足 B_1 和 B_2 的最低需求（2＋4＝6）后，最多只能供给 B_3 5 个单位，故 B_3 的最高需求确定为 5。

执行"程序/Lingo"，打开 Lingo 编辑窗口，编写 Lingo 程序如下：

```
Model:! 销量有弹性的运输问题;
    Sets:
        col/1..3/:BL,BH;        ! 定义维数为销地数的向量集，同时定义最低、最高销量2个成员;
        row/1..2/:a;            ! 定义维数为产地数的向量集，同时定义产量成员;
        link(row,col):x,c;      ! 定义行为产地数、列为销地数矩阵集，同时定义决策变量和运价;
    Endsets
    min=@sum(link:c*x);                        ! 目标函数;
    @for(row(i):@sum(col(j):x(i,j))=a(i));     ! 从各产地运出量=产量;
    @for(col(j):@sum(row(i):x(i,j))>=BL(j));   ! 运至各销地运量>=最低销量;
    @for(col(j):@sum(row(i):x(i,j))<=BH(j));   ! 运至各销地运量<=最高销量;
    data:                       ! 给常量赋值;
        a=  6   5;
        BL= 2   4   0;
        BH= 4   4   5;
        c=  5   2   4
            3   4   4;
    Enddata
End
```

执行菜单命令"LINGO/SOLVE"，得优化结果：

```
Global optimal solution found.
Objective value:                    32.00000
Total solver iterations:            3
```

Variable	Value	Reduced Cost
X(1, 2)	4.000000	0.000000
X(1, 3)	2.000000	0.000000
X(2, 1)	4.000000	0.000000
X(2, 2)	0.000000	2.000000
X(2, 3)	1.000000	0.000000

5.3.3 利用 Excel 求解运输问题

自编软件 ExcelORM 对运输问题能自动生成 Excel 模型,调用"规划求解"工具求得最优解,同时还生成了 Lingo 模型。操作如下:

执行"程序/ExcelORM/规划论/运输问题",弹出如图 5.7 所示的对话框。

图 5.7 ExcelORM 运输问题参数对话框

设置参数如图 5.7 所示,单击"确定"按钮,生成一个工作簿,包含两张工作表,一是"Excel 模型",可用"规划求解"工具求得最优解;二是"Lingo 模型",将其复制粘贴到 Lingo 编辑窗口,运行 Lingo/Solve,立即得结果。

打开 Excel 模型,并输入数据如图 5.8 所示。

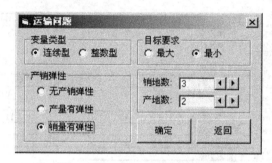

图 5.8 运输问题 Excel 模型

执行菜单命令"工具/规划求解",设置规划求解参数对话框如图 5.9 所示,并在"选项"中选择"假定非负",单击"求解",得最优解(如图 5.10 所示)。

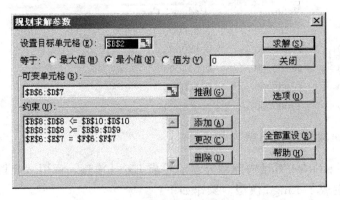

图 5.9 ExcelORM 运输问题参数对话框

	A	B	C	D	E	F
1	目标要求:	Min				
2	目标单元格:	32				
3						
4	产销平衡表:					
5	Xij	B1	B2	B3	∑运量	供应量ai
6	A1	0	4	2	6	6
7	A2	4	0	1	5	5
8	∑运量	4	4	3		11
9	最低销量BL	2	4	0	6	
10	最高销量BH	4	4	5	13	
11	单位运价表:					
12	Cij	B1	B2	B3		
13	A1	5	2	4		
14	A2	3	4	4		

图 5.10 ExcelORM 运输问题求解结果

5.4 运输问题应用举例

由于在变量个数相等的情况下，表上作业法的计算远比单纯形法简单得多。所以在解决实际问题时，人们常常尽可能把某些线性规划的问题化为运输问题的数学模型。下面介绍几个典型的例子。

案例 5-1　生产计划问题

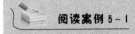

生产计划问题

某化肥公司根据现有订单及对市场的预测，估计下一年度每个季度对化肥的需求量分别为 10 万吨、25 万吨、25 万吨、10 万吨，其每季度的生产能力和生产成本如表 5—22 所示，假设在每个季度内产销都是平稳的，又若产品当季不销售，每季度存储费用为 10 万元/万吨，要求在满足需求量的前提下，如何制订生产计划，才能使全年总成本（包括生产成本和存储费用）最低？

表 5-22　生产能力及生产成本表

季度	生产能力(万吨)	生产成本(万元/万吨)
Ⅰ	20	250
Ⅱ	25	280
Ⅲ	25	300
Ⅳ	20	250

分析　此问题不是地理意义上的运输问题，但是如果我们把每个季度的产出看作产地，每个季度的需求看作销地，它就是一个运输问题。从第 i 个产地到第 j 个销地的运输价格如下：

当 $i<j$ 时，其运输价格为生产成本加上存储费用；

当 $i=j$ 时，其运输价格为当季度生产成本；

当 $i>j$ 时，表示未来生产的产品现在交货，这在实际中是不可能的，其运输价格用 M 来表示（M 是一个任意大的正数），这样就能保证在最优方案中其运输量肯定为零。

由于其产量 90 大于销量 70，因此增加一个虚拟的销地 Ⅴ，其销量为 20 万吨，经过以上分析，我们可以得到这个问题的运输表 5-23。

表 5-23　产销平衡与单位运价表

生产＼需求	Ⅰ	Ⅱ	Ⅲ	Ⅳ	Ⅴ	产量
Ⅰ	250	260	270	280	0	20
Ⅱ	M	280	290	300	0	25
Ⅲ	M	M	300	310	0	25
Ⅳ	M	M	M	250	0	20
销量	10	25	25	10	20	90

解决方案　用表上作业法或求解工具得最优调运表如表 5-24 所示。

表 5-24　最优生产方案

生产＼需求	Ⅰ	Ⅱ	Ⅲ	Ⅳ	Ⅴ	产量
Ⅰ	10		10			20
Ⅱ		25				25
Ⅲ			15		10	25
Ⅳ				10	10	20
销量	10	25	25	10	20	90

最小总费用＝250×10＋270×10＋280×25＋300×15＋250×10＝19 200(万元)。

决策建议 其最优生产计划为第一季度生产 20 万吨,当季销售 10 万吨,第三季度销售 10 万吨;第二季度生产 25 万吨,当季销售完;第三季度生产 15 万吨,当季销售完;第四季度生产 10 万吨,当季销售完。

案例 5-2 空车调度问题

空车调度问题

某物流公司承担六个仓库(A、B、C、D、E、F)间的物资运输。已知各仓库的起点、终点及所需车次数见表 5-25。又知仓库间的汽车行驶时数见表 5-26。试求最佳调运方案。

表 5-25 仓库汽车需求表

线路	从仓库	到仓库	需车次数
1	E	D	8
2	B	C	6
3	A	F	3
4	D	B	4

表 5-26 汽车行驶时间表(小时)

始发＼终到	A	B	C	D	E	F
A	0	1	2	2.5	2	3
B	1	0	1.5	1.2	1.5	3
C	2	1.5	0	2.5	2	2
D	2.5	1.2	2.5	0	2.5	3
E	2	1.5	2	2.5	0	1.5
F	3	3	2	3	1.5	0

分析 有些仓库到达汽车数多于需要汽车数,例如 D 仓库到达 8 辆,需要 4 辆,余 4 量;而有些仓库到达数少于需求数,又如 B 仓库到达 4 辆,需要 6 辆,缺 2 辆。各仓库余缺车次的计算见表 5-27。将有"余"车次的仓库视为产地,将"缺"车次的仓库视为销地,建立产销平衡见表 5-28。

表 5-27 各仓库余缺车次表

仓库	到达	需求	余缺数
A	0	3	-3
B	4	6	-2

续表

仓库	到达	需求	余缺数
C	6	0	6
D	8	4	4
E	0	8	−8
F	3	0	3

表 5-28 产销平衡及运价表

仓库	A	B	E	多余车次
C	2	1.5	2	6
D	2.5	1.2	2.5	4
F	3	3	1.5	3
缺少车次	3	2	8	

表中单位运价为相应各仓库之间的汽车行驶小时数。

解决方案 用表上作业法或求解工具求出最优方案见表 5-29。

表 5-29 最优空车调度方案表

仓库	A	B	E	多余车次
C	3		3	6
D		2	2	4
F			3	3
缺少车次	3	2	8	

决策建议 C 工地的 6 辆空车调往 A 和 E 工地各 3 辆；D 工地的 4 辆空车调往 B 和 E 工地各 2 辆；F 工地的 3 辆空车全部调往 E 工地。

案例 5-3 转运问题

阅读案例 5-3

转运问题

某公司有两个工厂、两个仓库、两个销地。工厂生产的产品可以直接运往销地，也可通过其他工厂或仓库中转运往销地，还可以在销地之间转运。工厂 1 的产量为 7t，工厂 2 的产量为 3t；销地 1 和销地 2 的需求均为 5t。工厂、仓库、销地之间的单位运价见表 5-30，试确定运费最小的调运计划。

表 5-30 最优空车调度方案表

		工厂		仓库		销地	
		A_1	A_2	B_1	B_2	C_1	C_2
工厂	A_1	0	5	3	6	8	9
	A_2	5	0	—	4	11	10
仓库	B_1	3	—	0	5	4	6
	B_2	6	4	5	0	5	3
销地	C_1	8	11	4	5	0	9
	C_2	9	10	6	3	9	0

分析 转运问题的求解通常是设法将其转换为一个等价的产销平衡运输问题,然后用表上作业法求出最优调运方案,因此其重点在于"如何转化"的问题,一般按下面步骤进行。

(1) 将产地、仓库、销地既作为产地又作为销地。两工厂产量之和为 10,即最大转运量,作为转运点的产量和销量;作为产地的工厂,除作为转运点外,还承担生产任务,其产量为最大转运量加上各自的产量;作为销地的销地,除作为转运点外,还有销售需求,其销量等于最大转运量加上各自的销量。

(2) 各地之间的运距(或运价):从一地运往自身的单位运距(运价)记为零,不存在的运输路线则记为 M(一个足够大的正数)。

通过上述过程即可以实现问题的转化(见表 5-31)。

表 5-31 产销平衡与单位运价表

产地	销地	工厂		仓库		销地		产量
		A_1	A_2	B_1	B_2	C_1	C_2	
工厂	A_1	0	5	3	6	8	9	17
	A_2	5	0	M	4	11	10	13
仓库	B_1	3	M	0	5	4	6	10
	B_2	6	4	5	0	5	3	10
销地	C_1	8	11	4	5	0	9	10
	C_2	9	10	6	3	9	0	10
销量		10	10	10	10	15	15	

解决方案 利用表上作业法或求解工具求得最优解(见表 5-32)。

表 5-32 最优运输方案

产地	销地	工厂 A$_1$	工厂 A$_2$	仓库 B$_1$	仓库 B$_2$	销地 C$_1$	销地 C$_2$	产量
工厂	A$_1$	10		5			2	17
工厂	A$_2$		10		3			13
仓库	B$_1$			5		5		10
仓库	B$_2$				7		3	10
销地	C$_1$					10		10
销地	C$_2$						10	10
销量		10	10	10	10	15	15	

决策建议　工厂 1 生产的 7t 产品，直接运往第 2 个销地 2t，其余 5t 存于仓库 1；工厂 2 生产的 3t 产品全部存放于仓库 2；仓库 1 的 5t 运往销地 1，仓库 2 的 3t 运往销地 2。

本章小结

本章介绍了一种特殊类型的线性规划——运输问题。运输问题 LP 建模的关键是建立一个产销平衡表和一个单位运价表。

利用表上作业法求解运输问题时，需要标准化为：目标 min，产量＝销量。

表上作业法有 3 个关键环节：给初始方案、求检验数、调整方案。

西北角法最为简单，但给出的初始方案最差，故不建议采用；最小元素法相对简单，给出的初始方案相对较好，建议使用；Vogel 法较复杂，但给出的初始方案是三者中最好的，建议使用。本章介绍了后两种方法。求检验数用位势法，调整方案用闭回路法。

利用 Lingo 软件求解时，需要数学模型，但不需要标准化。

利用 WinQSB 软件求解时，不需要数学模型，但对于产量有弹性和销量有弹性情况需要按 5.1.2 方法进行简化；

利用 ExcelORM 生成的模型，可直接设置"规划求解参数"，既不需要数学模型，也不需要标准化，而且可以自动生成 Lingo 模型。

运输问题不但可以解决货物配送方案优化问题，也可以解决管理中的一些其他问题，如转运问题、空车调度问题、生产计划问题等。

关键术语

运输问题（Transportation Problem）
单位运价表（Balance of Freight Unit price）
产销平衡表（balance of production and Sales）
表上作业法（Hitchock Method）
最小元素法（Matrix Minimum Method，MM）
Vogel 法（Vogel's Approximation Method，VAM）

位势法(Potential Method)　　　　　闭回路法(Close Loop Method)

知识链接

运输问题 Excel 求解方法请阅读自编软件 ExcelORM 帮助文件。

习　题

1. 简述表上作业法的求解步骤。
2. 简述如何把产销不平衡的运输问题化为产销平衡。
3. 表 5-33 给出了各产地和各销地的产量和销量，以及各产地至各销地的单位运价。要求：(1)用表上作业法求最优解；(2)单位运价 c_{11} 在什么范围变动，最优基不变？

表 5-33　产量销量及单位运价表

销地 产地	B_1	B_2	B_3	产量
A_1	5	1	7	10
A_2	6	4	6	80
A_3	3	2	5	15
销量	75	20	80	

4. 表 5-34 给出了各产地和各销地的产量和销量，以及各产地至各销地的单位运价，试用表上作业法求最优解。最优解唯一吗？

表 5-34　产量销量及单位运价表

销地 产地	B_1	B_2	B_3	B_4	产量
A_1	2	1	3	5	50
A_2	2	2	4	1	30
A_3	1	4	3	2	70
销量	40	50	25	35	

5. 已知某最小化运输问题的单位运价表与产销平衡表见表 5-35，请将其转化为标准形式，并求最优解。

表 5-35　产量销量及单位运价表

销地 产地	B_1	B_2	B_3	最低产量	最高产量
A_1	5	1	7	0	50
A_2	6	4	6	80	不限
A_3	3	2	M	15	15
销量	75	20	85		

6. 某造船厂根据合同从当年起连续3年末各提供5条规格型号相同的大型客货轮。已知该厂这3年内生产大型客货轮的能力及每艘客货轮的成本见表5-36。

表5-36 生产能力及每艘客货轮的成本表

年度	正常生产时间内可完成的客货轮数	加班生产时间内可完成的客货轮数	正常生产时每艘客货轮的成本(万元)
1	2	3	500
2	4	2	600
3	1	3	550

已知加班生产时,每艘客货轮成本比正常高出10%,又知造出来的客货轮如当年不交货,每艘客货轮每积压一年所造成的积压损失为60万元。在签合同时,该厂已积压了两艘未交货的客货轮,而该厂希望在第3年完成合同后还能储存一艘备用。问该厂应如何安排每年客货轮的生产量,使在满足上述各项要求的情况下,总的生产费用为最少?

7. 某化学公司有甲、乙、丙、丁4个化工厂生产某种产品,产量分别为200、300、400、100(t),供应A、B、C、D、E、F 6个地区的需要,需要量分别为200、150、400、100、150、150(t)。由于工艺、技术等条件差别,各厂产品成本分别为1.2、1.4、1.1、1.5(元/kg)。又由于行情不同,各地区销售价分别2.0、2.4、1.8、2.2、1.6、2.2(元/kg)。如果地区C至少供应100t,地区D的需要必须全部得到满足,试确定使该公司获利最大的产品调运方案。

8. 某公司生产一种农药,它在第1季度到第4季度的生产成本、生产量及订货量如表5-37所示。如果农药在当季不交货,每瓶农药每季度要1元的仓库保管费用。

(1) 公司希望制订一个成本最低的生产计划,问各季度应生产多少?

(2) 其他条件不变,不允许延期交货,公司考虑让工人加班,但加班生产出来的产品的成本比原来的成本高20%,且每季度加班最多生产2万瓶。问在这种情况下,如何安排生产使总成本最低?

表5-37 公司的生产成本、生产量及订货量

季度	生产成本(瓶/元)	订货量(万瓶)	生产量(万瓶)
1	5	10	14
2	5	14	15
3	6	20	15
4	6	8	13

9. **案例一** 阅读案例5-4后,建立该问题运输模型并帮助该公司进行决策。

阅读案例 5-4

木材运送问题

某木材公司有3个木材产地和5个销售市场。木材产地1、木材产地2、木材产地3每年的产量分别为15百万单位、20百万单位、15百万单位。5个市场每年能卖出的木材量分别为11百万单位、12百万单位、9百万单位、10百万单位、8百万单位。

过去这个公司是用火车来运送木材，后来随着火车运费的增加，公司正在考虑用船来运输木材。采用这种运输方式需要公司在使用船只上进行一些投资。除了投资成本以外，在不同线路上用火车运输和用船运输每百万单位的费用如表5-38所示。

表5-38 单位运价(千元/百万单位)

产地＼市场	用火车运载木材					用船运载木材				
	1	2	3	4	5	1	2	3	4	5
1	61	72	45	55	66	31	38	24	—	35
2	69	78	60	49	56	36	43	28	24	31
3	59	66	63	61	47	—	33	36	32	26

每年在每条线路上用船运送百万单位木材在船只上的主要投资见表5-39。

表5-39 对船只的投资/千美元

产地＼市场	1	2	3	4	5
1	275	303	238	—	285
2	293	318	270	250	265
3	—	283	275	268	240

考虑到船的使用期限以及金钱的时间价值，这些投资每年的使用成本相当于表中的1/10。该问题的目标是如何制定运输计划可以使总费用最少(包含运输费用)。

假设你是运输团队的经理，现在由你来决定运输计划。有3个选项：

选项1：继续仅用火车运输；

选项2：仅用船只运输(除了有些地方只能用火车以外)；

选项3：或者船只运输或者火车运输，由哪个运费少的来决定。

10. **案例二** 阅读案例5-5，并对案例如提问题分别建立单位运价表和产销平衡表。

阅读案例 5-5

菜篮子工程

A 光明市是一个人口不到15万人的小城市，根据该市的蔬菜种植情况，分别在花市(A)、城乡路口(B)和下塘街(C)设三个收购点。清晨5点前菜农将蔬菜送至各收购点，再收各收购点分送到全市的

8个菜市场。该市道路情况、各路段距离(单位:100m)如图5.11所示,A、B、C三个收购点的收购能力依次为200、170和160(单位:100kg)。各菜市场的每天需求量及发生供应短缺时带来的损失(元/100kg)见表5-40。从收购点至各菜市场运费为1元/(100kg·1 000m)。

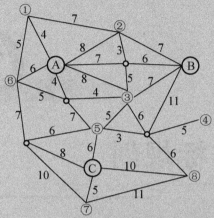

图5.11 该市道路情况及种路段距离图

(1)设计一个从各收购点至各菜市场的定点供应方案,使运输费用及短缺损失最小。
(2)设计一个各菜市场短缺量不超过20%,并且不大于需求的调运方案。
(3)为满足城市居民蔬菜供应,光明市领导规划增加蔬菜种植面积,试问增产的蔬菜每天应分别向A、B、C 3个采购点各供应多少最经济合理。

表5-40 各菜市场的每天需求量和发生供应短缺时带来损失表

菜市场	每天需求(100kg)	短缺损失(元/100)
①	75	10
②	60	8
③	80	5
④	70	10
⑤	100	10
⑥	55	8
⑦	90	5
⑧	80	8

(资料来源:胡运权等.运筹学基础与应用.5版.北京:清华大学出版社,2008.第105页.)

(提示:3个收购点为产地,8个菜市场为销地,建立产销平衡表与单位运价表。)

11. 实验

【实验项目】菜篮子工程。

【实验目的】掌握 Excel,Lingo 或 WinQSB 求解运输问题的方法。

【实验内容】用 ExcelORM+规划求解(也可使用 WinQSB 或 Lingo)求解习题10所建立的模型。

【实验要求】(1)简述操作过程;(2)分析实验结果;(3)提出决策建议。

第 6 章

目标规划

教学目标

知识目标	技能目标	应用方向
1. 理解下列基本概念 　偏差变量、目标约束、系统约束、优先因子、权系数 2. 理解目标规划解决问题的流程 3. 掌握目标规划建模步骤 4. 算法要求 (1) 熟悉图解法及应用范围 (2) 掌握单纯形法 (3) 熟悉序贯算法	1. 会建立目标规划数学模型 2. 掌握 WinQSB/Goal Programming 求解目标规划 3. 会根据目标规划求解结果分析目标完成的满意程度，并调整优先因子及权系数	合理组织人力、物力、财力的多目标优化问题

知识结构

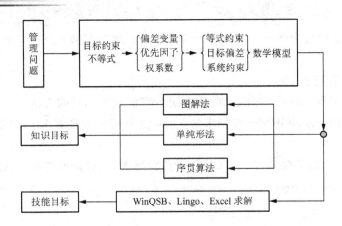

第6章 目标规划

导入案例

产品组合问题

常山机器厂计划生产Ⅰ、Ⅱ两种产品,这些产品分别要在 A、B、C 3种不同的设备上加工。按工艺文件规定,每生产一件产品Ⅰ占用以上3种设备台分别为2,4,0小时;每生产一件产品Ⅱ分别占用以上3种设备台时2,0,5小时。已知3种设备在计划期内分别有12,16,15台可用,产品Ⅰ和产品Ⅱ的单位利润分别为2元、3元。如果企业的经营目标不仅仅是利润,而是表现在多个方面,如下所述。

(1) 力求使利润指标不低于15元。
(2) 据市场预测,Ⅰ、Ⅱ两种产品需求量的比例大致是1:2。
(3) 设备 A 为贵重设备,严格禁止超时使用。
(4) 设备 C 可以适当加班,但要控制;设备 B 既要求充分利用,又尽可能不加班,在重要性上设备 B 是 C 的3倍。

在考虑以上目标时,企业应如何决策?

资料来源:胡运权等.运筹学基础及应用(第五版).北京:高等教育出版社,2008.第133页.

假设:x_1 为产品Ⅰ计划产量,x_2 为产品Ⅱ计划产量,若只考虑利润目标,可表示为一般LP,其数学模型如下:

$$\max z = 2x_1 + 3x_2$$

$$s.t \begin{cases} 2x_1 + 2x_2 \leqslant 12 \\ 4x_1 \leqslant 16 \\ 5x_2 \leqslant 15 \\ x_1, x_2 \geqslant 0 \end{cases}$$

求解最优解:$x_1 = 3$,$x_2 = 3$,$z = 15$。

但我们所讨论的不仅仅是利润问题的单一目标,而是综合考虑利润、产品比例、设备加班及利用等多个目标,这就是本章所要讨论的多目标规划问题。

多目标最优化问题最早是由意大利经济学家 L·帕雷托在1896年提出来的,他把许多本质上是不可比较的目标化成一个单一的最优化目标。1944年 J. von. 诺伊曼和 O·莫根施特恩又从对策论角度提出具有多个决策者并相互矛盾的多目标决策问题。1951年 T. C. 考普曼从生产和分配活动分析中提出多目标最优化问题,并引入了帕雷托优化的概念。1961年美国学者查纳斯(A. Charnes)和库伯(W. W. Cooper)在他们合著的《管理模型和线性规划的工业应用》一书中正式提出目标规划,以后这种模型经 U·杰斯基莱恩和 Sang·李不断完善改进,并给出了求解目标规划的一般方法——单纯形法。

A·查纳斯

6.1 目标规划的数学模型

目标规划(Goal Programming)是线性规划的一种特殊应用,能够处理单个主目标与多个目标并存，以及多个主目标与多个次目标并存的问题。目标规划有着极大的灵活性，表现在它可以模拟系统的约束和目标优先等级变化的各种模型，为管理决策提供众多的信息。解决目标规划问题首先要根据目标的重要性分清主次先后、轻重缓急，引入偏差变量，将目标按等级转化为目标约束，最终形成可用线性规划方法解决的问题。现引入目标规划的几个基本概念。

6.1.1 基本概念

1. 偏差变量

偏差变量：用以表明实际值与超出或未达到目标值的差距，用下列符号表示。

d^+——超出目标的差距，称正偏差变量。

d^-——未达到目标的差距，称负偏差变量。

d^+ 与 d^- 两者必有一个为零，有以下 3 种情况：

第一，当实际值超出规定目标时，$d^-=0$，$d^+>0$；

第二，当实际值未达到规定目标时，$d^+=0$，$d^->0$；

第三，实际值与目标值刚好一致时，$d^+=d^-=0$。

故恒有：$d^+ \cdot d^- = 0$

2. 系统约束

系统约束指某种资源的使用上受到严格限制。如导入案例中目标(3)——设备 A 严禁超负荷，不允许加班。这种限制如同在线性规划中的约束一样，不允许有丝毫超差，故称为刚性约束。

3. 目标约束与目标要求

目标规划处理多目标问题的方法是将多目标转化为多个目标约束，使偏差最小。如导入案例中所要考虑的因素中：

(1) 目标利润的约束：产品Ⅰ单位利润 2 元，产品Ⅱ单位利润 3 元，目标要求利润不小于 15 元，即有目标约束不等式：$2x_1+3x_2 \geqslant 15$。

通过添加正负偏差变量，将其变为等式：$2x_1+3x_2+d_1^--d_1^+=15$。

当 $d_1^-=0$，$d_1^+ \geqslant 0$ 时，表明 $2x_1+3x_2 \geqslant 15$，达到了目标。

当 $d_1^->0$，$d_1^+=0$ 时，表明 $2x_1+3x_2<15$，未达到目标，此种情况一但发生，希望越小越好，即目标要求为：$\min d_1^-$。

可见目标约束是目标规划中一种特有的约束，它把要追求的目标值作为右端常数项，在追求此目标值时允许发生正偏差或负偏差，目标约束不会不满足，只不过是偏差大小而已，故称为软约束。

(2) 两种产品尽量保持 1∶2 的比例。即希望 $2x_1-x_2=0$，但两种产品比例也可能发生偏差，引入正、负偏差偏差变量变成如下等式约束：

$$2x_1-x_2+d_2^--d_2^+=0$$

当 $d_2^- = d_2^+ = 0$ 时，表明 $2x_1 - x_2 = 0$，则是我们所希望的。

当 $d_2^- > 0$, $d_2^+ = 0$ 时，表明 $2x_1 - x_2 < 0$；当 $d_2^- = 0$, $d_2^+ > 0$ 时，表明 $2x_1 - x_2 > 0$。这两种情况都是我们所不希望的，故目标要求为：$\min(d_2^- + d_2^+)$。

(3) 严格禁止超时，即不允许有丝毫的超差，称为系统约束，即 $2x_1 + 2x_2 \leqslant 12$。

(4) 设备 B：希望满负荷且不加班，即 $4x_1 = 16$；引入正、负偏差变量，变为等式约束：

$$4x_1 + d_3^- - d_3^+ = 16$$

当 $d_3^- = d_3^+ = 0$ 时，表明 $4x_1 = 16$（即满负荷又无加班），是我们所希望的。

当 $d_3^- > 0$, $d_3^+ = 0$ 时，表明 $4x_1 < 16$（未满负荷）；当 $d_3^- = 0$, $d_3^+ > 0$，表明 $4x_1 > 16$（有加班）。这两种情况都是我们所不希望的，故目标要求为：$\min(d_3^- + d_3^+)$。

设备 C：希望不加班，而对是否满负荷未作要求，故目标约束不等式为：$5x_2 \leqslant 15$，引入正、负偏差变量变成等式约束：

$$5x_2 + d_4^- - d_4^+ = 15$$

当 $d_4^- \geqslant 0$, $d_4^+ = 0$ 时，表明 $5x_2 \leqslant 15$，达到了目标要求；当 $d_4^- = 0$, $d_4^+ > 0$ 时，表明 $5x_2 > 15$ 是我们所不希望的，故目标要求为：$\min d_4^+$。

综上所述：

当目标约束不等式的约束符为"="时，$\min f(d) = d^- + d^+$；

当目标约束不等式的约束符为"$\geqslant$"时，$\min f(d) = d^-$；

当目标约束不等式的约束符为"$\leqslant$"时，$\min f(d) = d^+$。

4. 目标规划中的目标函数

通过上述方法处理后，目标规划中的目标要求仍然是多个，如何合并成一个目标呢？其方法是按轻重缓急划分优先级和冠以不同的权系数。对两个不同目标，如果其重要程度相差悬殊，为达到一个目标甚至可牺牲另一目标，则将它们划分属不同优先级。优先级是一个定性概念，规定 $P_k \gg P_{k+1}$。

在同一优先级内，根据重要程度不同，用权系数确定其优先顺序。权系数是一个具体的数字，通常以"罚款额"、"损失额"等作为权系数，也可通过主观判断进行确定，对重大的战略性问题，应采取"专家意见法"进行综合评价，以克服主观片面性。

在导入案例中假定把目标利润列为第一优先级；第二优先级是两种产品产量尽量达到 1∶2；第三优先级是设备 B 满负荷运转且两种设备尽量不加班；在第三优先级中设备 B 的重要性是设备 C 的重要性的 3 倍，则在设备 B 的偏差变量前冠以权系数 3。于是得目标规划的数学模型如下：

$$\min z = P_1 d_1^- + P_2(d_2^- + d_2^+) + 3P_3(d_3^- + d_3^+) + P_3 d_4^+$$

$$s.t. \begin{cases} 2x_1 + 2x_2 \leqslant 12 & \text{系统约束} \\ 2x_1 + 3x_2 + d_1^- - d_1^+ = 15 \\ 2x_1 - x_2 + d_2^- - d_2^+ = 0 \\ 4x_1 + d_3^- - d_3^+ = 16 \\ 5x_2 + d_4^- - d_4^+ = 15 \end{cases} \text{目标约束}$$

$$x_1, x_2, d_j^-, d_j^+ \geqslant 0 \quad (j = 1, 2, 3, 4) \quad \text{变量非负约束}$$

6.1.2 目标规划的数学模型

设 P_i——优先因子；w_i^-，w_i^+——权系数。

目标规划数学模型的一般形式如下：

$$\min f(d) = \sum P_i(w_i^- d_i^- + w_i^+ d_i^+)$$

$$s.t. \begin{cases} \sum_{j=1}^{n} c_{ij}x_j + d_i^- - d_i^+ = g_i & (i=1,\cdots,m) \quad \text{目标约束} \\ \sum_{j=1}^{n} a_{ij}x_j \leqslant (=\geqslant) b_i & (i=1,\cdots,l) \quad \text{系统约束} \\ x_j \geqslant 0 (j=1,\cdots,n), d_i^\pm \geqslant 0 (i=1,\cdots,m) \end{cases}$$

【知识要点提醒】

目标规划建模步骤：

(1) 根据背景材料找出全部约束条件，列出约束不等式。

(2) 把目标约束不等式左端加负偏差变量，再减正偏差变量后，化为目标约束等式。

(3) 明确目标要求。

当目标约束不等式的约束符为"="时，$\min f(d) = d^- + d^+$；

当目标约束不等式的约束符为"$\geqslant$"时，$\min f(d) = d^-$；

当目标约束不等式的约束符为"$\leqslant$"时，$\min f(d) = d^+$。

(4) 对目标赋予相应的优先因子。

(5) 对同一组优先因子中的各偏差变量，根据重要程度不同，赋予不同的权系数。

(6) 构造一个按优先因子及权系数和对应的目标偏差量所要实现最小化的目标函数。

(7) 由目标约束、系统约束及变量非负构成全部约束。

【例 6.1】 已知某实际问题的线性规划模型为：

$$\max \quad z = 100x_1 + 50x_2$$

$$s.t. \begin{cases} 10x_1 + 16x_2 \leqslant 200 & \text{资源 1} \\ 11x_1 + 3x_2 \geqslant 25 & \text{资源 2} \\ x_1, x_2 \geqslant 0 \end{cases}$$

假定重新确定这个问题的目标为：

P_1：z 值不低于 1 900；

P_2：资源 1 尽可能全部利用。

将此问题转换为目标规划问题，列出数学模型。

解 依题意，该问题系统约束为：

$$\begin{cases} 10x_1 + 16x_2 \leqslant 200 \\ 11x_1 + 3x_2 \geqslant 25 \end{cases}$$

目标约束为：

$$P_1: 100x_1+50x_2 \geqslant 1\,900 \Rightarrow \begin{cases} 100x_1+50x_2+d_1^- - d_1^+ = 1\,900 \\ \min P_1 d_1^- \end{cases}$$

$$P_2: 10x_1+16x_2=200 \Rightarrow \begin{cases} 10x_1+16x_2+d_2^- - d_2^+ = 200 \\ \min P_2(d_2^- + d_2^+) \end{cases}$$

于是该问题的目标规划数学模型为：

$$\min \ z = P_1 d_1^- + P_2(d_2^- + d_2^+)$$

$$s.t. \begin{cases} 100x_1+50x_2+d_1^- - d_1^+ = 1\,900 \\ 10x_1+16x_2+d_2^- - d_2^+ = 200 \\ 10x_1+16x_2 \leqslant 200 \\ 11x_1+3x_2 \geqslant 25 \\ x_1, x_2, d_1^-, d_1^+, d_2^-, d_2^+ \geqslant 0 \end{cases}$$

【例 6.2】 已知 3 个工厂生产的产品供应 4 个用户，技术数据见表 6-1。

表 6-1 产销平衡及单位运价表

工厂＼用户	1	2	3	4	生产量
1	5	2	6	7	300
2	3	5	4	6	200
3	4	5	2	3	400
需求量	200	100	450	250	

若仅考虑运费目标，可用运输问题线性规划求得最优方案，其运输费用为 2 950 元。经研究认为要同时考虑以下 4 项目标，并规定其重要性依次为：

目标 1：第 4 用户为重要部门，需求量应全部满足；
目标 2：为兼顾一般，每个用户满足率不低于 80%；
目标 3：新方案总运费不超过原方案的 110%；
目标 4：因道路限制，从工厂 2 到用户 4 的路线应尽量避免分配运输任务。
试建立该问题的目标规划数学模型。

解 设 x_{ij} 表示第 i 工厂供应第 j 用户的产品数量：

(1) 系统约束——产量约束，由于销大于产，故产品应全部供应。

$$\begin{cases} x_{11}+x_{12}+x_{13}+x_{14}=300 \\ x_{21}+x_{22}+x_{23}+x_{24}=200 \\ x_{31}+x_{32}+x_{33}+x_{34}=400 \end{cases}$$

(2) 目标约束。

① 用户 4 必须全部满足（允许超出）：

$$x_{14}+x_{24}+x_{34} \geqslant 250 \Rightarrow \begin{cases} x_{14}+x_{24}+x_{34}+d_1^- - d_1^+ = 250 \\ \min \ P_1 d_1^- \end{cases}$$

② 各用户满足率不低于80%：

$$\begin{cases} x_{11}+x_{21}+x_{31} \geqslant 160 \\ x_{12}+x_{22}+x_{32} \geqslant 80 \\ x_{13}+x_{23}+x_{33} \geqslant 360 \end{cases} \Rightarrow \begin{cases} x_{11}+x_{21}+x_{31}+d_2^- - d_2^+ = 160 \\ x_{12}+x_{22}+x_{32}+d_3^- - d_3^+ = 80 \\ x_{13}+x_{23}+x_{33}+d_4^- - d_4^+ = 360 \\ \min\ P_2(d_2^- + d_3^- + d_4^-) \end{cases}$$

③ 运费在2950的基础上不超过10%（3245）：

$$\begin{cases} 5x_{11}+2x_{12}+6x_{13}+7x_{14}+ \\ 3x_{21}+5x_{22}+4x_{23}+6x_{24}+ \\ 4x_{31}+5x_{32}+2x_{33}+3x_{34} \leqslant 3\ 245 \end{cases} \Rightarrow \begin{cases} 5x_{11}+2x_{12}+6x_{13}+7x_{14}+ \\ 3x_{21}+5x_{22}+4x_{23}+6x_{24}+ \\ 4x_{31}+5x_{32}+2x_{33}+3x_{34}+d_5^- - d_5^+ = 3\ 245 \\ \min\ P_3 d_5^+ \end{cases}$$

④ 因道路限制，从工厂2到用户4的路线应尽量避免分配运输任务：

$$x_{24}=0 \Rightarrow \begin{cases} x_{24}+d_6^- - d_6^+ = 0 \\ \min\ P_4(d_6^- + d_6^+) \end{cases}$$

综上所述，该问题的目标规划数学模型为：

目标函数：

$$\min\ z = P_1 d_1^- + P_2(d_2^- + d_3^- + d_4^-) + P_3 d_5^+ + P_4 d_6^+$$

约束条件：

$$s.t.\begin{cases} \left.\begin{array}{l} x_{11}+x_{12}+x_{13}+x_{14}=300 \\ x_{21}+x_{22}+x_{23}+x_{24}=200 \\ x_{31}+x_{32}+x_{33}+x_{34}=400 \end{array}\right\}\text{系统约束} \\ \left.\begin{array}{l} x_{14}+x_{24}+x_{34}+d_1^- - d_1^+ = 250 \\ x_{11}+x_{21}+x_{31}+d_2^- - d_2^+ = 160 \\ x_{12}+x_{22}+x_{32}+d_3^- - d_3^+ = 80 \\ x_{13}+x_{23}+x_{33}+d_4^- - d_4^+ = 360 \\ 5x_{11}+2x_{12}+6x_{13}+7x_{14}+ \\ 3x_{21}+5x_{22}+4x_{23}+6x_{24}+ \\ 4x_{31}+5x_{32}+2x_{33}+3x_{34}+d_5^- - d_5^+ = 3\ 245 \\ x_{24}+d_6^- - d_6^+ = 0 \end{array}\right\}\text{目标约束} \\ x_{ij},\ d_j^-,\ d_j^+ \geqslant 0 \qquad \text{变量非负约束} \end{cases}$$

6.2 目标规划的基本解法

用目标规划处理问题的难点在于构造模型时需要事先确定优先级和权系数。而这些信息往往来自人们的主观判断，很难给出一个绝对的数值。通常根据求解结果的各项目标满意程度来修改优先级和权系数，直至满意为止。其流程如图6.1所示。

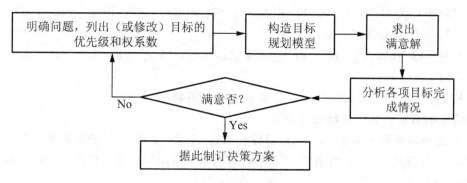

图 6.1 目标规划解决问题流程

6.2.1 图解法

对模型中只含两个决策变量的目标规划问题,可用图解法找出满意解。

图解法步骤:
(1) 绘制直角坐标系和系统约束,确定可行域。
(2) 按优先级顺序图示目标约束,根据目标要求,逐步缩小满意解区域。
(3) 确定满意解,分析目标完成情况。

【例 6.3】 用图解法求导入案例所建立的目标规划数学模型的满意解。

$$\min\ z = P_1 d_1^- + P_2(d_2^- + d_2^+) + 3P_3(d_3^- + d_3^+) + P_3 d_4^+$$

$$s.t. \begin{cases} 2x_1 + 2x_2 \leqslant 12 & \text{系统约束} \\ 2x_1 + 3x_2 + d_1^- - d_1^+ = 15 \\ 2x_1 - x_2 + d_2^- - d_2^+ = 0 \\ 4x_1 + d_3^- - d_3^+ = 16 \\ 5x_2 + d_4^- - d_4^+ = 15 \end{cases} \text{目标约束}$$

$$x_1,\ x_2,\ d_j^-,\ d_j^+ \geqslant 0 \quad (j=1,2,3,4)$$

解 (1) 绘制直角坐标系和系统约束,确定可行域(如图 6.2 所示阴影部分)。

(2) 图示目标约束,根据目标要求,逐步缩小满意解区域。

① 先考虑 P_1,图示 $2x_1 + 3x_2 = 15$,由 $\min d_1^-$,满意解应该在直线上方△ABC 内。

② 再考虑 P_2,图示 $2x_1 - x_2 = 0$,由 $\min (d_2^- + d_2^+)$,满意解应该在线段 DE 上。

③ 最后考虑 P_3,有两个约束:$4x_1 = 16$ 和 $5x_2 = 15$,目标 $\min [3(d_3^- + d_3^+) + d_4^+]$。DE 段可使 $d_3^+ = 0$,

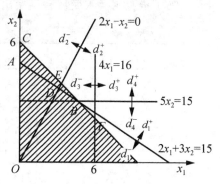

图 6.2 图解法求目标规划

但不可能使偏差变量 d_3^-,d_4^+ 取零。若考虑约束 $4x_1 = 16$,应选在 E 点;若考虑 $5x_2 = 15$,应选在 D 点,现比较 D、E 两点的目标值。

D 点的坐标为 (1.875, 3.75)，代入 $4x_1 = 16$ 和 $5x_2 = 15$，得 $d_3^- = 8.5$, $d_4^+ = 3.75$, $3(d_3^- + d_3^+) + d_4^+ = 3 \times 8.5 + 3.75 = 29.25$

E 点的坐标为 (2, 4)，代入 $4x_1 = 16$ 和 $5x_2 = 15$，得 $d_3^- = 8$, $d_4^+ = 5$, $3(d_3^- + d_3^+) + d_4^+ = 3 \times 8 + 5 = 29$

比较 D、E 点，E 点目标值小，应取 E 点为满意解。

3) 确定满意解，分析目标完成情况。

取 E 点为满意解 $x_1 = 2$, $x_2 = 4$；目标利润达 16 元，产生 1 元的正偏差；产品比例正好 1∶2，正负偏差均为 0；设备 A 有 8 个台时剩余，可用于安排其他产品生产；设备 B 有 5 个台时加班。

6.2.2 用单纯形法求解目标规划

目标规划的数学模型与线性规划的基本相同，所以用单纯形法求解时的方法步骤也基本相同。

单纯形法步骤：

第 1 步，列出初始单纯形表。

(1) 由于目标函数均为极小，为方便起见，不转换为极大。

(2) 以系统约束的松弛变量、人工变量、目标约束的负偏差变量为初始基变量。

(3) 检验数行按优先因子分别列出。

第 2 步，计算检验数，确定换入变量。

(1) 从第一级优级开始，若检验数存在负数，最小检验数所对应的变量为换入变量。当高级优先级得到优化，转向下一级。

(2) 在第 k 优先级优化过程中，如果破坏了上级优化结果，则迭代停止，$k-1$ 以上级目标得到优化，k 级以下未得到优化，所得结果为满意解。

(3) 若所有检验数均非负，所有目标均得到优化，所得结果可称为最优解。

第 3 步，用最小比值原则确定换出变量。

第 4 步，用换入变量替换换出变量，用行初等变换方法列出新的单纯形表，返回第 2 步。

【例 6.4】 用单纯形法求下述目标规划满意解。

$$\min z = P_1(d_1^- + d_2^+) + P_2 d_3^-$$

$$s.t. \begin{cases} x_1 + 2x_2 + d_1^- - d_1^+ = 50 \\ 2x_1 + x_2 + d_2^- - d_2^+ = 40 \\ 2x_1 + 2x_2 + d_3^- - d_3^+ = 80 \\ x_1, x_2, d_i^+, d_i^- \geqslant 0 \ (i=1, 2, 3) \end{cases}$$

解 第 1 步，列出初始单纯形表，见表 6-2。

第6章 目标规划

表6-2 初始单纯形表

基	c_i	x_1	x_2	d_1^-	d_1^+	d_2^-	d_2^+	d_3^-	d_3^+	b_i	比值
		0	0	P_1	0	0	P_1	P_2	0		
d_1^-	P_1	1	[2]	1	−1					50	25
d_2^-	0	2	1			1	−1			40	40
d_3^-	P_2	2	2					1	−1	80	40
$c_j - z_j$	* P_1	−1	−2		1		1				
	* P_2										

第2步，计算检验数，确定换入变量。由于第1优先级检验数存在负数，未得到优化，第2级检验数可先不计算。最小检验数−2，x_2 为换入变量。

第3步，计算比值，确定换出变量。min{50/2，40/1，80/2} = 25，d_1^- 为换出变量。

第4步，用换入变量替换换出变量，列出新的单纯形表，并进行迭代，见表6-3。

表6-3 第1步迭代

基	c_i	x_1	x_2	d_1^-	d_1^+	d_2^-	d_2^+	d_3^-	d_3^+	b_i	比值
		0	0	P_1	0	0	P_1	P_2	0		
x_2	0	1/2	1	1/2	−1/2					25	50
d_2^-	0	[3/2]	0	−1/2	1/2	1	−1			15	10
d_3^-	P_2	1	0	−1	1			1	−1	30	30
$c_j - z_j$	* P_1			1			1				
	* P_2	−1		1	−1				1		

第1优先级检验数均非负，得到了优化，计算第2优先级检验数，有2个−1，按顺序取 x_1 为换入变量，d_2^- 为换出变量，继续迭代见表6-4。

表6-4 第2步迭代

基	c_i	x_1	x_2	d_1^-	d_1^+	d_2^-	d_2^+	d_3^-	d_3^+	b_i	比值
		0	0	P_1	0	0	P_1	P_2	0		
x_2	0		1	2/3	−2/3	−1/3	1/3			20	
x_1	0	1		−1/3	1/3	2/3	−2/3			10	30
d_3^-	P_2			−2/3	[2/3]	−2/3	2/3	1	−1	20	30
$c_j - z_j$	* P_1			1			1				
	* P_2			2/3	−2/3	2/3	−2/3		1		

第2优先级有2个−2/3，按顺序取 d_1^+ 为换入变量。由于两个比值均为30，可任选一个为离去变量，考虑 d_3^- 离去后，C_B 全部为0，所有检验数均会非负，故选取 d_3^- 离去。

迭代见表6-5。

表6-5 第3步迭代

基	c_i	x_1	x_2	d_1^-	d_1^+	d_2^-	d_2^+	d_3^-	d_3^+	b_i	比值
		0	0	P_1	0	0	P_1	P_2	0		
x_2	0		1	0		−1	1	1	−1	40	
x_1	0	1		0		1	−1	−1/2	1/2	0	
d_1^+	0			−1	1	−1	1	3/2	−3/2	30	
$c_j - z_j$	*P_1			1		1					
	*P_2							1			

于是得满意解：$x_1=0$，$x_2=40$，目标1产生30个正偏差，其余偏差均为0。

6.2.3 序贯算法及Lingo操作

序贯是数理统计学的一个分支，源于A·瓦尔德在1947年发表的一本同名著作，研究的对象是所谓"序贯抽样方案"，其基本思想是：先抽少量样本，根据结果再决定继续抽样，直到决定停止为止。依据这一思想，先考虑只有系统约束和最高优先级的目标约束，目标函数中的优先因子取"1"，求得其目标函数中偏差变量的值，将其固定，再按优先次序逐级添加目标约束并进行优化，直到全部目标优化完毕为止。

【例6.5】 承导入案例，用序贯算法求解目标规划问题：

$$\min z = P_1 d_1^- + P_2(d_2^- + d_2^+) + 3P_3(d_3^- + d_3^+) + P_3 d_4^+$$

$$s.t. \begin{cases} 2x_1 + 2x_2 \leqslant 12 & \text{系统约束} \\ 2x_1 + 3x_2 + d_1^- - d_1^+ = 15 \\ 2x_1 - x_2 + d_2^- - d_2^+ = 0 \\ 4x_1 + d_3^- - d_3^+ = 16 \\ 5x_2 + d_4^- - d_4^+ = 15 \end{cases} \text{目标约束}$$

$$x_1, x_2, d_j^-, d_j^+ \geqslant 0 \quad (j=1,2,3,4) \quad \text{变量非负约束}$$

解 执行："程序/Lingo/"命令，打开Lingo编辑窗口。

第1步，先考虑只有第1优先级的目标约束，P_1取1，其余优先因子取0，建立Lingo模型LP1：

```
min =d1_;
2*x1+2*x2<=12;
2*x1+3*x2+d1_-d1=15;
```

执行"Lingo/Solve"菜单命令，得优化结果：

```
Global optimal solution found.
Objective value:            0.000000
Total solver iterations:    2
    Variable      Value       Reduced Cost
    D1_           0.000000    1.000000
```

X1	3.000000	0.000000
X2	3.000000	0.000000
D1	0.000000	0.000000

由结果可见，d1_=0（注：在添加全部目标约束之前，优化结果中只考虑目标函数中偏差变量的值，其他变量的值在对下级目标优化时有可能发生变化）

第 2 步，对第 2 优先级目标进行优化。

将 LP1 添加第 2 优先级目标约束，并将刚刚求得的 d1_=0 添加为系统约束，同时将目标函数中 P_2 取 1，其余优先因子取 0。于是模型变成 LP2：

min = d2_+d2;
2*x1+2*x2<=12;
2*x1+3*x2+d1_−d1=15;
2*x1−x2+d2_−d2=0;
d1_=0;

优化结果：d2_=d2=0。将其添加到系统约束，并添加第 3 优先级目标约束，同时将目标函数中 P_3 取 1，其余取优先因子取 0。于是模型变成 LP3：

min = 3*d3_+3*d3+d4;
2*x1+2*x2<=12;
2*x1+3*x2+d1_−d1=15;
2*x1−x2+d2_−d2=0;
4*x1+d3_−d3=16;
5*x2+d4_−d4=15;
D1_=0; D2_=0; D2=0;

优化结果：

Global optimal solution found.
Objective value: 29.00000
Total solver iterations: 0

Variable	Value	Reduced Cost
D3_	8.000000	0.000000
D4	5.000000	0.000000
X1	2.000000	0.000000
X2	4.000000	0.000000
D1	1.000000	0.000000

（注意：只列出了非零变量的值）

结果显示，满意解为产品Ⅰ生产 2 个、产品Ⅱ生产 4 个，利润目标产生 1 个正偏差；产品比例正好 1∶2；设备 B 有 8 个台时剩余，可用于安排其他产品生产；设备 C 加班 5 个台时。

6.2.4 利用 WinQSB 求解目标规划

【例 6.6】 利用 WinQSB 求解有层次差异的目标规划：

$$\min\ z = P_1 d_1^- + P_2(d_2^- + d_2^+) + 3P_3(d_3^- + d_3^+) + P_3 d_4^+$$

$$s.t. \begin{cases} 2x_1 + 2x_2 \leqslant 12 & \text{系统约束} \\ 2x_1 + 3x_2 + d_1^- - d_1^+ = 15 \\ 2x_1 - x_2 + d_2^- - d_2^+ = 0 \\ 4x_1 + d_3^- - d_3^+ = 16 \\ 5x_2 + d_4^- - d_4^+ = 15 \end{cases} \text{目标约束}$$

$$x_1,\ x_2,\ d_j^-,\ d_j^+ \geqslant 0 \quad (j=1,2,3,4) \quad \text{变量非负约束}$$

解 第1步，执行"程序/WinQSB/Goal Programming/File/New Problem"，打开如图6.3所示的对话框。

Number of Goals(目标数，指优先级数)输入"3"；

Number of Varialbes(变量数，包括决策变量和偏差变量)输入"10"；

Number of Constraints(约束条件数，包括系统约束和目标约束)输入"5"；

Default Goal Criteria(目标要求，选取"Minimization"最小)；

Data Entry Format(数据输入方式，选取表格形式 Spreadsheet Matrix Form)；

Default Variable Type(数据类型，选择非负连续型 Nonegative continuous)。

第2步，单击OK按钮生成表格，生成类似于图6.5的数据编辑窗口，但包括偏差变量均为 x 的下标变量。

第3步，执行菜单命令 File/Variable Names，修改偏差变量名(注意：负偏差变量用下划线而不能用负号)(如图6.4所示)。

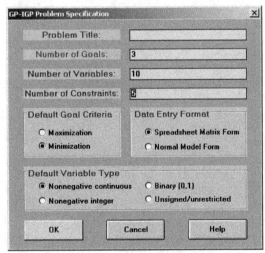

图6.3 WinQSB目标规划对话框

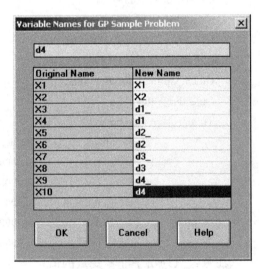

图6.4 修改变量名对话框

第4步，单击OK按钮，返回数据窗口并按数学模型输入数据(G_1 所在行为目标函数中优先因子 P_1 所对应的偏差变量的系数，以此类推)(如图6.5所示)。

第5步，执行菜单命令：Solve and Analyze/Solve the Problem 得运行结果(注意：输出结果中给出了从最高优先级目标G1到最低优先级目标G3优化结果，应看G3，它是最终的优化结果，如图6.6所示)。

Variable -->	X1	X2	d1_	d1	d2_	d2	d3_	d3	d4_	d4	Direction	R. H. S.
Min:G1				1								
Min:G2					1	1						
Min:G3							3	3	1			
C1	2	2									<=	12
C2	2	3	1	-1							=	15
C3	2	-1			1	-1					=	0
C4	4						1	-1			=	16
C5		5							1	-1	=	15
LowerBound	0	0	0	0	0	0	0	0	0	0		
UpperBound	M	M	M	M	M	M	M	M	M	M		
VariableType	uous	uous	uous	uous	uous	uous	uous	uous	uous	uous		

图 6.5 数据输入窗口

12:01:23			Thursday	April	15	2010		
	Goal Level	Decision Variable	Solution Value	Unit Cost or Profit c(j)	Total Contribution	Reduced Cost	Allowable Min. c(j)	Allowable Max. c(j)
21	G3	X1	2.00	0	0	0	-M	0
22	G3	X2	4.00	0	0	0	-M	0
23	G3	d1_	0	0	0	6.00	-M	M
24	G3	d1	1.00	0	0	0	-M	0
25	G3	d2_	0	0	0	7.67	-M	M
26	G3	d2	0	0	0	-1.92	-M	M
27	G3	d3_	8.00	3.00	24.00	0	3.00	M
28	G3	d3	0	3.00	0	6.00	-3.00	M
29	G3	d4_	0	0	0	1.00	-1.00	M
30	G3	d4	5.00	1.00	5.00	0	0.00	1.00

图 6.6 运行结果

6.3 目标规划应用举例

案例 6-1 广告策划

阅读案例 6-1

广告策划

某汽车公司委托华隆广告代理公司确定电视广告时间。汽车公司有以下 3 个目标：

目标 1：它的广告至少应当由 4 000 万 HIM(高收入男士)看到。
目标 2：它的广告至少应当由 6 000 万 LIP(低收入人群)看到。
目标 3：它的广告至少应当由 3 500 万 HIW(高收入女士)看到。

目前有两个时段广告可以购买：一是体育节目，二是电视剧节目。广告投资最多为 60 万元。表 6-6 给出了每种广告 1 分钟的广告费和潜在观众数量。华隆广告公司应为汽车公司确定多少时间体育和电视剧广告？

假设汽车公司认为看到广告的观众数量对销售情况的影响如下：

HIM 观众数量每减少 1 百万，汽车公司将由于滞销而损失 20 万元；
LIP 观众数量每减少 1 百万，汽车公司将由于滞销而损失 10 万元；
HIW 观众数量每减少 1 百万，汽车公司将由于滞销而损失 5 万元。

表 6-6 广告费和潜在观众数量

广告	预期观众数量(百万)			费用(万元)
	HIM	LIP	HIW	
体育节目	7	10	5	10
电视剧节目	3	5	4	6

分析 这是一个无层次差异的多目标规划问题，首先建立该问题的数学模型。

设 x_1 =足球比赛期间播放广告的时间，x_2 =电视剧期间播放广告的时间。

则有系统约束——广告投资限制：$10x_1+6x_2\leqslant 60$

3 个目标表示为 3 个目标约束：

HIM 约束：$7x_1+3x_2\geqslant 40 \Rightarrow \begin{cases} 7x_1+3x_2+d_1^--d_1^+=40 \\ \min\ d_1^- \end{cases}$

LIP 约束：$10x_1+5x_2\geqslant 60 \Rightarrow \begin{cases} 10x_1+5x_2+d_2^--d_2^+=60 \\ \min\ d_2^- \end{cases}$

HIW 约束：$5x_1+4x_2\geqslant 35 \Rightarrow \begin{cases} 5x_1+4x_2+d_3^--d_3^+=35 \\ \min\ d_3^- \end{cases}$

公司的目标应该是因观众数量的减少而造成的滞销损失最小，因此以单位观众数量减少而造成的损失数为权系数，目标函数可以表示为：$\min z=20d_1^-+10d_2^-+5d_3^-$。于是得该问题的目标规划模型：

$$\min z=20d_1^-+10d_2^-+5d_3^-$$

$$s.t. \begin{cases} 10x_1+6x_2\leqslant 60 & \text{系统约束} \\ 7x_1+3x_2+d_1^--d_1^+=40 \\ 10x_1+5x_2+d_2^--d_2^+=60 \\ 5x_1+4x_2+d_3^--d_3^+=35 \\ x_1,x_2,d_{1\sim 3}^-,d_{1\sim 3}^+\geqslant 0 \end{cases} \text{目标约束}$$

解决方案 利用求解工具求得结果：$x_1=6$，$d_1^+=2$，$d_3^-=5$，其余 =0。即选择 6 分钟的体育节目期间插播的广告，高收入男士观众数量可超过 2 百万，低收入人群正好达到 60 百万，高收入女士观众数量与目标差 5 百万。

决策建议 在现有广告费支出情况下，这是满意的方案，选择体育节目期间插播 6 分钟的广告。

案例 6-2 产品决策问题

产品决策问题

背景描述

某公司在近十几年的发展历史中,一直都保持着市场领导者的地位,但在刚刚过去的一年中,公司销量少于历年水平,从而收入也有所下降。这一点已经引起了许多股东的不满。

公司准备将目前生产的三种产品都升级为新一代产品,从而使经营有一线转机。管理层希望能够通过这一举措改变目前的现状,争取在今后1~2年内保持较高的销量。由于资金有限,管理层不得不在三种新产品间做出取舍决策。目前已有竞争者在开发类似的新产品,因此必须尽快地做出决策。

数据准备

管理层认为,在经历了过去一年的销量连续下降之后,必须提高公司的收入,这也正是董事会给出的指示。为了实现收入目标,这三种新产品在淘汰之前必须创造出至少1.25亿元的利润。

制造部门认为最重要的资产就是公司员工,这也是公司成功的主要原因。若增加员工,必须考虑新增员工的培训支出,而在生产规模缩小时,又不得不将他们裁掉,而这样会影响员工的士气。因此保持现在大约4 000名员工的水平是最佳的。

财务部门依据通常使用的方法计算了在新产品上的最小投资,大概需要投入5 500万元。若过度扩展,公司债券可能会降级为垃圾债券,并且必须在债务上支付高额的利息。因此,投资最好限制在此范围之内。

总结以上会议讨论,初步确定将利润目标放在第一位,即新产品产生的总利润不少于1.25亿,先给利润目标分配权数5;第二目标是保持现有4 000人的员工水平,并将其分成两部分:一是避免裁员;二是避免增加工员。前一种的危害性比后一种要严重得多,若以利润的权数5作为参照,则给这两部分的权数分别为4和2;第三目标是将投资资金限制在5 500万元以内,仍以利润的权数5作为参照,投资目标的权数可设为3。

至此,可以得到目标规划数据表(见表6-7)。

表6-7 目标规划数据表

因素	产品的单位贡献及消耗/万件			目标	权数
	Ⅰ	Ⅱ	Ⅲ		
长期利润/百万元	12	9	15	≥125	5(−)
雇佣水平/百人	5	3	4	=40	2(+),4(−)
资本投资/百万人	5	7	8	≤55	3(+)

分析 该问题的目标有3个,分别是长期利润、员工水平和投资限制,是一个多目标规划问题。首先建立该问题的数学模型。

设x_1,x_2,x_3分别表示产品Ⅰ、Ⅱ、Ⅲ的产量,3个目标可表示为如下3个目标约束:

长期利润：$12x_1+9x_2+15x_3 \geqslant 125 \Rightarrow \begin{cases} 12x_1+9x_2+15x_3+d_1^- -d_1^+ =125 \\ \min 5d_1^- \end{cases}$

员工水平：$5x_1+3x_2+4x_3 = 40 \Rightarrow \begin{cases} 5x_1+3x_2+4x_3+d_2^- -d_2^+ =40 \\ \min 4d_2^- + 2d_2^+ \end{cases}$

投资资金：$5x_1+7x_2+8x_3 \leqslant 55 \Rightarrow \begin{cases} 5x_1+7x_2+8x_3+d_3^- -d_3^+ =55 \\ \min 3d_3^+ \end{cases}$

数学模型为：

$$\min z = 5d_1^- + 4d_2^- + 2d_2^+ + 3d_3^+$$

$$s.t. \begin{cases} 12x_1+9x_2+15x_3+d_1^- -d_1^+ =125 \\ 5x_1+3x_2+4x_3+d_2^- -d_2^+ =40 \\ 5x_1+7x_2+8x_3+d_3^- -d_3^+ =55 \\ x_1,x_2,d_i^\pm \geqslant 0 \quad (i=1,2,3) \end{cases}$$

解决方案 对模型优化结果：产品Ⅰ生产8.333万个，产品Ⅱ不生产，产品Ⅲ生产1.667万个。利润目标和投资限制目标均已达到，需要新雇佣833名员工。

对于优化结果，人事部门认为员工数量的增加应该是一个临时效应，将来员工的解雇会产生极坏的社会影响，人事部门认为一个优先权应该用来避免超额员工情形的出现，财务部门认为超过5 500万元的投资是非常困难的，一个非常高的优先权也应该用来避免出现超额投资情形。于是调整为有层次差异的模型：

$$\min z = P_1(2d_2^+ + 3d_3^+) + P_2(5d_1^- + 4d_2^-)$$

$$s.t. \begin{cases} 12x_1+9x_2+15x_3+d_1^- -d_1^+ =125 \\ 5x_1+3x_2+4x_3+d_2^- -d_2^+ =40 \\ 5x_1+7x_2+8x_3+d_3^- -d_3^+ =55 \\ x_1,x_2,d_i^\pm \geqslant 0 \quad (i=1,2,3) \end{cases}$$

优化结果为：产品Ⅰ生产5万件，产品Ⅱ不生产，产品Ⅲ生产3.75万件。除利润少875万元外，其余目标全部满足。经讨论认为这一方案是可接受的满意方案。

决策建议 建议产品Ⅰ大量生产，产品Ⅲ少量生产，产品Ⅱ暂推迟生产，待进一步调研后再定。

案例6-3 Fruit公司芯片购买决策

阅读案例6-3，并按下列要求提出决策建议：

(1) 表述并求解一个LP，帮助Fruit公司使与达到年度芯片要求的，有关的罚款最小的购买方案。

(2) 使用优先目标规划确定采购策略，设预算约束条件具有最高优先级，依次是对优等、良好级和中等芯片的限制条件。

阅读案例 6-3

芯片购买决策

某计算机组装厂准备购买全年生产用的计算机芯片。公司可以向3个供应商购买芯片(100个芯片为一套)。芯片的质量被分为优等、良好级和中等。在下一年,该公司需要5 000个优等芯片、3 000个良好级芯片和1 000个中等芯片。3个公司芯片特性及价格如表6-8所示。

表6-8 芯片供应情况

供应商	一套(100个)芯片的特性			每套芯片的价格(美元)
	优等	良好级	中等	
1	60	20	20	400
2	50	35	15	300
3	40	20	40	250

该公司每年花在芯片上的预算资金为28 000美元。如果公司不能购买到足够给定质量的芯片,那么该公司就要另外特别订购芯片,每个芯片单价分别是:优等芯片10美元;良好级芯片6美元;中等芯片4美元。对于超过年度预算支付给供应商的每1美元,公司将被处以1美元的罚款。试帮助该公司制订满意的购买计划。

分析 根据要求(1),以最小罚款额为目标,该问题是无层次差异模型。要求(2),采用优先目标规划则是有层次差异模型。

解决方案 设:x_1,x_2,x_3表示向3个供应商购买芯片数量(套),x_4,x_5,x_6表示特别订购优等、良好级和中等芯片的数量(个)。

(1) 求罚款最小的方案为无层次差异的模型。

芯片需求限制(系统约束):

$60x_1+50x_2+40x_3+x_4 \geq 5\ 000$ 优等

$20x_1+35x_2+20x_3+x_5 \geq 3\ 000$ 良好级

$20x_1+15x_2+40x_3+x_6 \geq 1\ 000$ 中等

预算限制(目标约束):

$400x_1+300x_2+250x_3+10x_4+6x_5+4x_6 \leq 28\ 000$

$\Rightarrow \begin{cases} 400x_1+300x_2+250x_3+10x_4+6x_5+4x_6+d_1^--d_1^+=28\ 000 \\ \min z=d_1^+ \end{cases}$

于是有LP模型:

$\min z=d_1^+$

$s.t \begin{cases} 60x_1+50x_2+40x_3+x_4 \geq 5\ 000 \\ 20x_1+35x_2+20x_3+x_5 \geq 3\ 000 \\ 20x_1+15x_2+40x_3+x_6 \geq 1\ 000 \\ 400x_1+300x_2+250x_3+10x_4+6x_5+4x_6+d_1^--d_1^+=28\ 000 \\ x_{1\sim 6},d_1^\pm \geq 0 \end{cases}$

优化结果：向供应商 2 购买 100 套芯片，满足全部质量芯片的需求。但良好级和中级芯片各多了 500 个，超预算 2 000 美元。为此，应采用一个很高的优先级对预算进行限制。

（2）有层次差异模型。依题意，考虑预算、优等、良好级和中等芯片 4 个优先层次，模型可改写为：

$$\min z = P_1 d_1^+ + P_2 d_2^- + P_3 d_3^- + P_4 d_4^-$$

$$s.t \begin{cases} 400x_1 + 300x_2 + 250x_3 + 10x_4 + 6x_5 + 4x_6 + d_1^- - d_1^+ = 28\ 000 \\ 60x_1 + 50x_2 + 40x_3 + x_4 + d_2^- - d_2^+ = 5\ 000 \\ 20x_1 + 35x_2 + 20x_3 + x_5 + d_3^- - d_3^+ = 3\ 000 \\ 20x_1 + 15x_2 + 40x_3 + x_6 + d_4^- - d_4^+ = 1\ 000 \\ x_{1\sim 6},\ d_{1\sim 4}^{\pm} \geqslant 0 \end{cases}$$

优化结果：向供应商 2 购买 93 套芯片，再特别定购优等芯片 10 个，预算正好 28 000 美元，优等芯片少 340 个，良好级多 255 个，中等多 395 个。

决策建议　若以罚款额为目标，会因良好级和中级芯片的剩余而产生更多的损失，故有层次差异模型更合适一些。应向供应商 2 购买 93 套芯片，再特别定购优等芯片 10 个。

本章小结

本章介绍了目标规划的概念、建模方法和基本解法。
目标规划建模是目标规划应用的关键环节，其步骤如下：
第一步：根据背景材料列出所有约束不等式（包括系统约束和目标约束）；
第二步：对目标约束不等式（或等式）左端加负偏差变量减正偏差变量，转换为等式约束；
第三步：确定每个目标的目标要求：目标约束符为"≥"，负偏差最小；目标约束符为"≤"正偏差最小；目标约束符为"＝"，正负偏差之和最小；
第四步：将各目标的目标要求用优先因子及权系数组合成一个目标，求其最小值。
目标规划的求解方法介绍了图解法（只适用于两个变量）、单纯形法和序贯算法。

关键术语

目标规划(Goal Programming)　　偏差变量(Deviation Variable)
目标约束(Goal Constraint)　　系统约束(System Constraint)
优先级(Priority)　　权系数(Weight Coefficient)
图解法(Graphical Method)　　单纯形法(Simplex Method)
序贯算法(Sequential Method)

知识链接

对于重大问题，权系数的确定可采取专家意见法，操作方法见自编软件 ExcelORM 的帮助文件。

习 题

1. 简答下列问题。
(1) 与一般问题线性规划相比,目标规划的突出特点是什么?
(2) 简述目标规划的建模步骤。
(3) 简述序贯算法的步骤。
(4) 说明用下列方式表达目标规划中的目标函数,在逻辑上是否合理?
① $\max z = d^- + d^+$;② $\max z = d^- - d^+$;③ $\min z = d^- + d^+$;④ $\min z = d^- - d^+$。

2. 某工厂生产两种产品,各产品每件的制造时间及机器每天最多运转时间如表6-9所示。

表6-9 设备台时需求表

产品	A 机器(小时)	B 机器(小时)	利润(元)
甲产品	2	1	300
乙产品	1	2	200
最多运转时间	6	8	

如果该厂要求每日达到1 200元利润,是否可能?如果要求达到这个目标,哪一部机器应加班工作?试列出该问题的目标规划数学模型,并分别用图解法和单纯形法求得满意解。

3. 某彩色电视机厂生产 A、B、C 3 种规格的电视机,装配工作在同一生产线上完成,3 种产品装配时的工时消耗分别为 6、8、10 小时,生产线每月正常台时为 200 小时;3 种电视机销售后,每台可获利分别为 500 元、650 元和 800 元;每月销售量预计为 12 台、10 台和 6 台(如表6-10所示)。

表6-10 目标规划数据表

	A 产品	B 产品	C 产品	机器正常台时
所需要台时	6	8	10	200
单位产品利润	500	650	800	
预计销售量	12	10	6	

该厂经营目标如下:
P1——利润目标为每月 16 000 元,争取超额完成;
P2——充分利用现有生产能力;
P3——可以适当加班,但加班时间不得超过 24 小时;
P4——产量以预计销售量为标准。
试建立该问题的目标规划模型。

4. 已知有 4 个产地 3 个销地的运输问题。有关供需数量及单位运费如表 6-11 所示,经营决策中要求所有产地的产量必须全部运出,希望达到目标以及优先等级如下:

P1：销地 B_1、B_3 至少得到它需求量的 50%；

P2：必须满足销地 B_2 全部需求量；

P3：由于客观原因，要尽量减少 A_4 调运到 B_2 的货物量；

P4：若期望运费 122 元，并尽可能减少运输费。

试列出该问题的目标规划数学模型，并利用计算机求得满意解。若将运费目标放在第一位，结果又是怎样？

表 6-11　单位运价及供需数据表

产地＼销地	B_1	B_2	B_3	供应量/kg
A_1	5	8	3	10
A_2	7	4	5	4
A_3	2	6	9	4
A_4	4	6	6	12
需求量/kg	12	14	14	

5. 某种品牌酒系由三种等级的酒兑制而成。各种等级酒的供应为：等级Ⅰ供应量为 1 500 单位/天，成本为 6 元/单位；等级Ⅱ供应量为 2 000 单位/天，成本为 4.5 元/单位；等级Ⅲ供应量为 1 000 单位/天，成本为 3 元/单位。该种品牌的酒有三种商标（红、黄、蓝），各种商标酒的混合比及售价如 6-12 所示。为保持声誉，确定经营目标为：P1——兑制要求严格满足；P2——企业每天获取 2 400 元利润并尽可能超过；P3——红色商标酒每天产量不低于 2 000 单位。试建立此问题的目标规划模型，并用工具软件求解。

表 6-12　配比要求及单位售价

商标	兑制配比要求	单位售价(元)
红	等级Ⅲ少于 10%，等级Ⅰ多于 50%	5.5
黄	等级Ⅲ少于 70%，等级Ⅰ多于 20%	5.0
蓝	等级Ⅲ少于 50%，等级Ⅰ多于 10%	4.8

6. 某公司通过混合牛肉、猪肉、羊肉和水淀粉生产香肠。表 6-13 给出了这些成分每公斤的成本及所含脂肪和蛋白质。

表 6-13　生产香肠的各种成分

	牛肉	猪肉	羊肉	水淀粉
蛋白质(每公斤)	0.20	0.26	0.08	0
脂肪(每公斤)	0.05	0.24	0.11	0
成本(元/公斤)	24	20	22	1

该公司需要生产 200 公斤香肠，并且按照优先级顺序制定下列目标。

目标 1：香肠所含的蛋白质至少应当达到 15%。
目标 2：香肠所含的脂肪最多只能有 8%。
目标 3：每公斤香肠的成本不能超过 22 元。
请为该公司表述一个有层次差异的目标规划模型，并用工具软件求解。

7. 请先阅读案例 6-4，要求如下。
（1）建立目标规划数学模型。
（2）利用软件求其满意解。
（3）对求解结果进行分析，并提出建议。

阅读案例 6-4

彩虹集团的人员招聘与工作分配

彩虹集团是一家集生产与外贸于一体的大型公司，它在沪市与深市均设有自己的生产与营销机构，拟在下一年度招聘 3 个专业的职工 170 名，具体招聘计划见表 6-14。

表 6-14 招聘员工需求表

招聘专业	生产管理		营销管理		财务管理	
招聘人数	20	25	30	20	40	35
工作城市	沪市	深市	沪市	深市	沪市	深市

应聘并经审查合格的人员共 180 人，按适合从事专业、本人志向从事专业及希望工作的城市可分成 6 类，具体情况见表 6-15。

表 6-15 通过审查的人员

类别	人数	适合从事的专业	本人志向从事的专业	希望工作的城市
1	25	生产、营销	生产	沪市
2	35	营销、财务	营销	沪市
3	20	生产、财务	生产	深市
4	40	生产、财务	财务	深市
5	34	营销、财务	财务	沪市
6	26	财务	财务	深市

集团确定人员录用与分配的优先级顺序：
P_1：集团按计划录用各城市适合专业的职员；
P_2：80% 以上录用人员能从事本人志向专业；
P_3：80% 以上录用人员能去本人希望工作的城市。
资料来源：胡运权等. 运筹学基础及应用（第 5 版）. 北京：高等教育出版社，2008. 第 146 页。

8. 请先阅读案例 6-5，然后案例中所确定的目标进行决策。

员工工作时间规划

某音像店现在雇用了 5 名专职员工和 3 名兼职员工。专职员工每周的正常工作时间是 40 小时，兼职员工为 20 小时。每名专职员工每周工作时间达到 40 小时的工资是每小时 6 元，他们每小时可以销售 5 张唱片。专职员工的加班工资是每小时 10 元。每名兼职员的工资是每小时 3 元，他们每小时可以销售 3 张唱片。唱片进价是 6 元，售价是 9 元。Ricky 每周有 500 元的固定开支。他按照优先级顺序制定了下列周目标。

目标 1：每周至少销售 1 600 张唱片。

目标 2：每周的利润至少达到 2 200 元。

目标 3：专职员工的加班时间最多 100 个小时。

目标 4：为了增加专职员工的工作安全感，应当使每名专职员工没达到 40 小时的工作时间最少。

表述一个优先目标规划模型，确定每名员工每周应当工作多少个小时。

9. 有层次差异的目标规划。

【实验项目】员工工作时间安排。

【实验目的】掌握 WinQSB 求解目标规划的方法。

【实验内容】用 WinQSB(也可使用 Excel 或 Lingo)求解案例 6-5。

【实验要求】(1)建立数学模型；(2)简述操作过程；(3)分析实验结果。

10. 无层次差异的目标规划。

【实验项目】产品组合问题。

【实验目的】掌握 WinQSB、Excel 或 Lingo 求解目标规划的方法。

【实验内容】用 WinQSB、Excel 或 Lingo 求解下列内容：

某公司有员工 100 人，每人可生产两种产品，生产 1 件甲产品需要劳动时间 4 小时，单位利润 100 元；生产 1 件乙产品需要劳动时间 2 小时，单位利润 50 元。公司目标是获得 48 000 元利润总额，如果减少 1 元将遭受 1 元的损失；每人可用的劳动时间是 32 小时，如果超过 32 小时，每小时将多支出 2 元的加班费；产品乙市场需求 1 000 件，如果缺货 1 件，将产生 5 元的损失。试表述并求解一个总损失最小的无层次差异的目标规划模型并求解。

【实验要求】(1)建立数学模型；(2)简述操作过程；(3)分析实验结果。

第 7 章

图与网络模型

教学目标

知识目标	技能目标	应用方向
1. 理解图的基本概念 图、有向图、无向图、赋权图、环、链、圈、路、回路、次、树图、支撑树、容量网络、可行流、增广链、割、割的容量 2. 算法要求 (1)熟练掌握最小支撑树的避圈法和破圈法 (2)熟练掌握最短路 Dijkstra 标号算法 (3)熟练掌握网络最大流的 Ford Fulkerson 标号算法 (4)掌握中国邮路问题的求解方法 (5)了解最小费用流的模型	1. 会利用避圈法或破圈法，并掌握 WinQSB/Netork Modeling/Minimal Splanning tree 求解最小支撑树问题 2. 会利用 Dijkstra 标号算法，并掌握 WinQSB/Netork Modeling/Shortest path Problem 求解两点间最短路问题 3. 会利用 Ford—Fulkerson 标号算法求解网络最大流问题 4. 会利用 Excel 求解各点间最短路问题，并进行单服务设施布点 5. 会利用奇点判断并选择最短路线 6. 了解最小费用流的求法 7. 了解多服务设施布点的 Excel 求法	合理组织人力、物力、财力的单目标优化问题 如各种通信网络的合理架设、交通网络的合理分布、服务设施的合理布局、供排水网络规划、最佳邮递员路线、排课问题等

知识结构

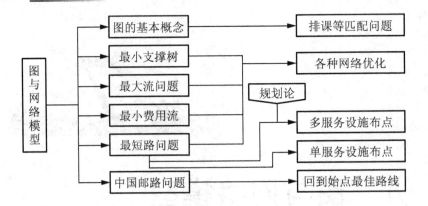

导入案例

七桥问题

欧拉(1707—1783)

18世纪时，欧洲有一个风景秀丽的小城哥尼斯堡，那里有七座桥。如图7.1(a)所示。河中的小岛C与河岸A、对岸B各有两座桥相连接，河中两支流之间的陆地D与A、B、C各有一座桥相连接。当时哥尼斯堡的居民中流传着一道难题：一个人怎样才能一次走遍七座桥，每座桥只走过一次，最后回到出发点？大家都试图找出问题的答案，但是谁也解决不了这个问题。这就是著名的七桥问题。

七桥问题引起了著名数学家欧拉的关注。他把具体七桥布局化为图7.1(b)所示的简单图形，于是，七桥问题就变成一个一笔画问题：怎样才能从A、B、C、D中的某一点出发，一笔画出这个简单图形(即笔不离开纸)，并且最后返回起点？欧拉经过研究得出的结论是：图7.1(b)是不能一笔画出的图形。这就是说，七桥问题是无解的。1736年，欧拉在圣彼得堡科学院作了一次学术报告。在报告中，他证明了鉴别任一图形能否一笔画出的准则，即欧拉定理。

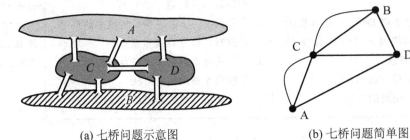

(a) 七桥问题示意图　　　　　　　　(b) 七桥问题简单图

图7.1　七桥问题

运筹学中把一些研究对象用节点表示，对象之间的关系用连线(边)表示(如图7.1(b)所示)。用点、边的集合构成图。图论是研究有节点和边所组成图形的数学理论和方法。图是网络分析的基础，根据具体研究的网络对象(如铁路网、电力网、通信网等)，赋予图中各边某个具体的参数，如时间、流量、费用、距离等，规定图中各节点代表具体网络中任何一种流动的起点、中转点或终点,然后利用图论方法来研究各类网络结构和流量的优化分析。图论广泛地应用于物理学、化学、信息论、科学管理、电子计算机等各个领域,如在管理中网络合理架设、网络承载能力分析、服务设施布点、匹配问题等。

7.1 图的若干示例和基本概念

7.1.1 图的若干示例

在实际生活中,人们经常遇到各种各样的图,如公路和铁路交通图、航空线图、管道运输图、通信联络图等。运筹学中研究的图是上述各类图的抽象概括,用以表明一些研究对象和这些对象之间的相互联系。为了反映一些对象之间的关系,常常在纸上用点和线画出各种各样示意图。

【例 7.1】 有 A、B、C、D、E 5 个球队,它们之间比赛的情况也可以用图表示出来。已知 A 队和其他各队都比赛过一次,B 队和 A 队比赛过,C 队和 B 队、D 队比赛过,D 队和 C 队、E 队比赛过,E 队和 A 队、C 队比赛过。为了反映这个情况,可以用点 A、B、C、D、E 分别代表这 5 个队,若两个队之间比赛过,就在这两队相应的点之间连一条线,这条线不过其他的点,如图 7.2 所示。

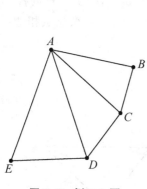

图 7.2 例 7.1 图

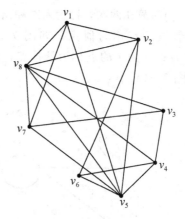

图 7.3 例 7.2 图

【例 7.2】 某单位储存 8 种化学药品,其中某些药品是不能存放在同一个库房里的。为了反映这个情况要以点 v_1、v_2、$\cdots$、v_8 分别代表这 8 种药品,若药品 v_i 和药品 v_j 不能存放在同一个库房,则在 v_i 和 v_j 之间连一条线,如图 7.3 所示。

前面几个例子中涉及的对象之间的"关系"具有"对称性"。如甲药品不能和乙药品放在一起,乙药品不能和甲药品放在一起,二者意义相同。在实际生活中,有许多关系不具有这种对称性。如甲认识乙并不意味着乙也认识甲。比赛中的胜负关系也是这样,甲胜乙和乙胜甲是不同的。反映这种非对称的关系,只用一条连线就不行了。

【例 7.3】 若在五支球队比赛中,甲胜乙表示为"甲→乙",则图 7.4 表明 A 三胜一负,B 和 E 一胜一负,C 和 D 一胜两负。

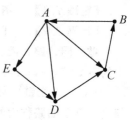

图 7.4 例 7.3 图

7.1.2 图的基本概念

图(Graph)是由点(Vertex)和点之间的连线所构成的集合。不带箭头的连线称为边(Edge);带前头的连线称为弧(Arc)。点和边的集合称为**无向图**(Undirected graph),如图7.5(a),简称图,用$G=\{V,E\}$表示;点和弧的集合称为**有向图**(Directed graph),如图7.5(b),用$D=\{V,A\}$表示。有向图去掉箭头所形成的无向图称为该有向图的基础图(underlying graph)。

端点,关联边,相邻。若边$e=[u,v]\in E$,则称u,v是e的端点,称e是点u或v的关联边。如图7.5(a)中v_2和v_3是e_3的端点;v_2的关联边有e_1,e_2,e_3,e_4;有公共关联边的点称为点相邻,如v_2和v_3有公共关联边e_3,v_2和v_3相邻;有公共端点的边称为边相邻,如e_1,e_2,e_3,e_4有公共端点v_2,故这四条边相邻。

环,多重边,简单图,多重图。两个端点重合的边称为环(如图7.5(a)中的$e_6=[v_4,v_4]$);若两个点之间有多于一条的边,称为多重边,如图7.5(a)中的e_1,e_2;一个无环、无多重边的图称为简单图;一个无环,但允许有多重边的图称为多重图。

次,奇点,偶点,孤立点,悬挂点,悬挂边。点v的关联边的数目称为v的次(也称度或线度),记为$d(v)$,如图7.5(a)中,$d(v_1)=3$,$d(v_2)=4$,$d(v_3)=1$,$d(v_4)=4$(环e_6在计算$d(v_4)$时看作两次,称为入次和出次);次为奇数的点称为奇点,如图7.5(a)中v_1和v_3;次为偶数的点称为偶点,如图7.5(a)中v_2和v_4;次为0的点称为孤立点,如图7.5(a)中v_5;次为1的点称为悬挂点,如图7.5(a)中v_3;与悬挂点相边关联的边称为悬挂边,如图7.5(a)中e_3。

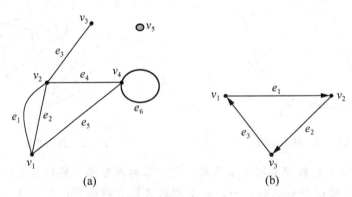

图7.5 无向图与有向图

【定理7.1】 图$G=(V,E)$中,所有顶点的次之和是边数的2倍。

【定理7.2】 任一个图中,奇点的个数为偶数。

链,圈,路,回路,连通图。点和边的交错序列中,若边各不相同称为链,如图7.5(a)中的v_1,e_5,v_4,e_6,v_4就是一条链;封闭的链称为圈,如图7.5(a)中的v_1,e_2,v_2,e_4,v_4,e_5,v_1;在链中如果点也各不相同称为路,如图7.5(a)中的v_1,e_2,v_2,e_3,v_3;起点与终点重合的路称为回路;任意两点之间至少能找到一条链的图称为连通图,如图7.5(b)是连通的,图7.5(a)是不连通的。

完全图,子图,支撑图(部分图)。一个简单图中若任意两点之间均有边相连,称这样的图为完全图，如图 7.5(b)为完全图，而图 7.5(a)则不是完全图；图 $G=(V, E)$ 和 $G'=(V', E')$，如果满足 $V' \subseteq V$ 及 $E' \subseteq E$，则称 G' 是 G 的子图；如果满足 $V'=V$ 及 $E' \subseteq E$ 则称 G' 是 G 的一个支撑图(或称为部分图)。如图 7.6(b)是图(a)的子图，并不是支撑图，图(c)是图(a)的支撑图。

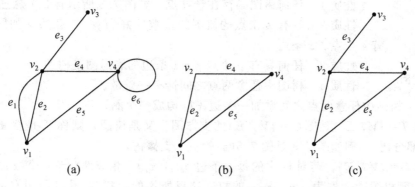

图 7.6　图、子图、支撑图

了解图的基本概念之后，再回顾例 7.2 中 8 种化学药品存放的问题，如图 7.7(a)。要求有连线的药品不能放在一起，只要找出一个点的序列，使放在一起的点互相不相邻。先看 v_1，包括 v_1 的互不相邻的有 3 个 v_1，v_3，v_6，将其放在一起，并将点 v_1，v_3，v_6 及其关联边在图中去掉，问题简化为子图(b)；在子图(b)中看 v_2，包含 v_2 的互不相邻的有 v_2，v_4，v_7，将其放在一起，并将点 v_2，v_4，v_7 及其关联边从图中去掉，问题又简化为子图(c)；子图(c)中两种药品 v_5，v_8 单独存放。于是共需 4 个库房 $\{v_1, v_3, v_6\}$，$\{v_2, v_4, v_7\}$，$\{v_5\}$，$\{v_8\}$。

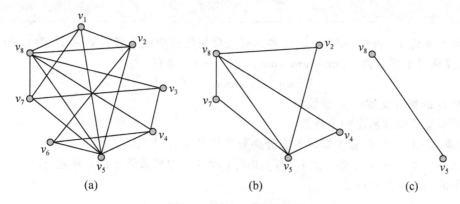

图 7.7　例 7.2 求解过程

7.2　树图及图的最小支撑树

7.2.1　树图的概念和性质

树图，简称树，记作 $T(V, E)$，是一类简单而十分有用的图，其定义是无圈的联通图。现实生活中树图随处可见，如管理组织机构图、决策树图、聚类分析的"龙骨图"、磁盘文件存放路径图、家族族谱图、经济管理中的因果分析图（鱼刺图）等，因其与大自然中的树的形体特征相似而得名。如将图 7.6(a) 的边 e_1，e_5，e_6 去掉后，就构成了一个树（如图 7.8 所示）。

下面给出树的一些重要性质。

性质 1　任何树图必存在悬挂点。如图 7.8 所示有 3 个悬挂点。

性质 2　具有 p 个点的树图的边数恰好为 $p-1$ 条边。如图 7.8 所示有 4 个点、3 条边。

性质 3　任何具有 p 个点 $p-1$ 条边的联通图是树图。

性质 4　树图中任意两点之间恰有一条链。

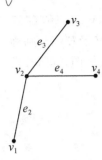

图 7.8　树图

性质 5　树图中任意两点之间添加一条边正好构成一个圈。

如果图 $T=(V,E')$ 是图 $G=(V,E)$ 的支撑图，又是树图，则称 T 是 G 的一个**支撑树**（或称为**部分树**）。例如图 7.8 是图 7.6(a) 的一个支撑树。

给定图 $G=(V,E)$，若对 G 中的每一条边 $[v_i,v_j]$，相应地赋予一个数 ω_{ij}，则称这样的图 G 为赋权图，ω_{ij} 称为 $[v_i,v_j]$ 的权。这里所说的"权"，是指与边有关的数量指标。根据实际问题的需要，可以赋予它不同的含义，例如表示距离、时间、费用等。赋权图在图的理论及其应用方面占据着重要的地位。赋权图不仅指出各个点之间的邻接关系，而且同时表示出各点之间的数量关系。所以，赋权图被广泛地应用于解决工程技术及科学生产管理等领域中的最优化问题。最小支撑树问题就是赋权图上的最优化问题之一。

如果 $T=(V,E')$ 是 G 的一个支撑树，称 E' 有所有边的权之和为支撑树 T 的权，记为 $w(T)$。即

$$w(T)=\sum_{[v_i,v_j]\in E'}w_{ij} \qquad 式7.1$$

如果支撑树 T^* 的权 $w(T^*)$ 是 G 的所有支撑树的权中最小者，则称 T^* 为 G 的最小支撑树图（或称最小部分树，minimum spanning tree）。即有

$$w(T^*)=\min w(T)$$

其中，对 G 的所有支撑树 T 取最小。

下面不加证明地给出如下性质：

【定理 7.3】　图 G 有支撑树的充分必要条件是图 G 连通的。

【定理 7.4】　图中任意一点 i，若 j 是与 i 相邻点中树数最小的，则边 $[i,j]$ 一定包含在该图的最小支撑树内。

推论　把图的所有点分成 V 和 $\overline{V}$ 两个集合，则两集合之间具有最小权的边一定包含在最小支撑树内。

7.2.2　最小支撑树的求法——避圈法和破圈法

(1) 避圈法。

由定理 7.4 及其推论，求最小支撑树的避圈法的步骤如下：

第 1 步，任选一点 v_i，让 $v_i\in V$，图中其余的点均在 $\overline{V}$ 中；

第7章 图与网络模型

第2步，从V与$\bar{V}$的连线中找出最小边，这条边一定包括在最小支撑树中，不妨设这条边为$[v_i, v_j]$，将$[v_i, v_j]$加粗，以标记是最小支撑树内的边；

第3步，令$V \cup v_i \Rightarrow V$，$\bar{V} \setminus v_i \Rightarrow \bar{V}$重复2、3步直到所有点均包含在$V$中为止。

【**例7.4**】 某工厂内联结6个车间的道路网如图7.9(a)所示，已知每条道路的长，要求沿道路架设联结六个车间的电话线网，使电话线的总长最小。

解 用避圈法求解：

1) $V = \{A\}$，$\bar{V} = \{B, C, D, E, F\}$

$\min \begin{Bmatrix} w[A, B] \\ w[A, C] \end{Bmatrix} = \min \begin{Bmatrix} 8 \\ 7 \end{Bmatrix} = 7$，边$[A, C]$包含在最小支撑树中，如图7.9(b)。

2) $V = \{A, C\}$，$\bar{V} = \{B, D, E, F\}$

$\min \begin{Bmatrix} w[A, B] \\ w[B, C] \\ w[C, E] \end{Bmatrix} = \min \begin{Bmatrix} 8 \\ 3 \\ 4 \end{Bmatrix} = 3$，边$[B, C]$包含在最小支撑树中，如图7.9(c)。

3) $V = \{A, B, C\}$，$\bar{V} = \{D, E, F\}$

$\min \begin{Bmatrix} w[B, D] \\ w[B, E] \\ w[C, E] \end{Bmatrix} = \min \begin{Bmatrix} 5 \\ 9 \\ 4 \end{Bmatrix} = 4$，边$[C, E]$包含在最小支撑树中，如图7.9(d)。

4) $V = \{A, B, C, E\}$，$\bar{V} = \{D, F\}$

$\min \begin{Bmatrix} w[B, D] \\ w[D, E] \\ w[E, F] \end{Bmatrix} = \min \begin{Bmatrix} 5 \\ 6 \\ 1 \end{Bmatrix} = 1$，边$[E, F]$包含在最小支撑树中，如图7.9(e)。

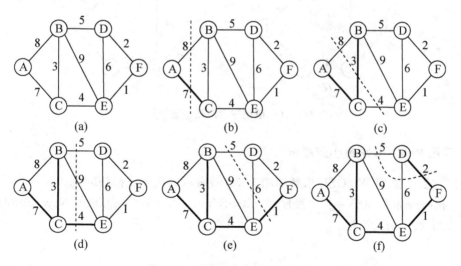

图7.9 避圈法求解最小支撑树

5) $V = \{A, B, C, E, F\}$, $\bar{V} = \{D\}$

$$\min \left\{ \begin{array}{l} w[B, D] \\ w[D, E] \\ w[D, F] \end{array} \right\} = \min \left\{ \begin{array}{l} 5 \\ 6 \\ 2 \end{array} \right\} = 2,\ \text{边}\ [D, F]\ \text{包含在最小支撑树中,如图 7.9(f)。}$$

于是有 $V = \{A, B, C, D, E, F\}$, $\bar{V} = \Phi$ 得到最小支撑树。

$w(T^*) = 7 + 3 + 4 + 1 + 2 = 17$,即电话线总长为 17 单位。

(2) 破圈法。

任取一个圈,从圈中去掉一条权最大的边(如果有两条或两条以上的边都是权最大的边,则任意去掉其中一条)。在余下的图中,重复这个步骤,一直得到一个不含圈的图为止,这时的图便是最小树。

取回路 ABC,去掉最大边 [A, B](如图 7.10(b) 所示);取回路 BCE,去掉最大边 [B, E](图 7.10(c));取回路 BCED,去掉最大边 [D, E](图 7.10(d));取回路 BCEFD,去掉最大边 [B, D](图 7.10(e))。

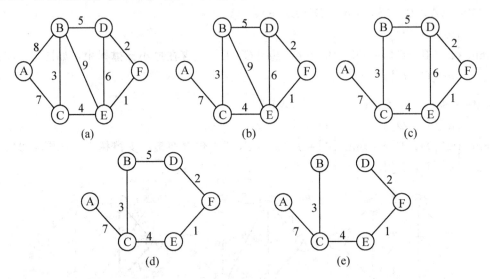

图 7.10 破圈法求解最小支撑树

7.2.3 应用 WinQSB 求最小支撑树

【例 7.5】 某用 WinQSB 求解如图 7.10(a) 所示的最小支撑树问题。

解 执行开始菜单命令:"程序/WinQSB/nework modeling/File/New problem" 弹出如图 7.11 所示的对话框。

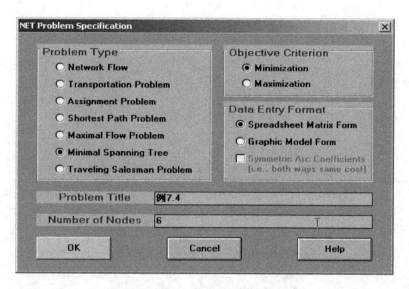

图7.11 WinQSB最小支撑树对话框

选择 Minimal Spanning Tree，节点数输入"6"，其他采取默认，单击 OK 按钮，弹出数据编辑窗口。

（1）执行 Edit/node names 更改节点名称如图 7.12 所示。

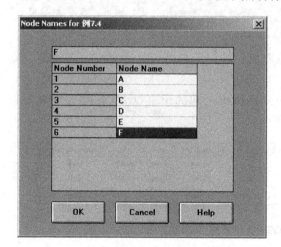

From	A	B	C	D	E	F
A		8	7			
B	8		3	5	9	
C	7	3			4	
D		5			6	2
E		9	4	6		1
F				2	1	

图7.12 节点名称更改对话框　　　　图7.13 WinQSB数据编辑窗口

（2）单击 OK 按钮，返回数据编辑窗口并输入数据如图 7.13 所示。
（3）执行菜单命令 Solve and Analyze/Solve the problem 得运行结果如图 7.14 所示。

06-17-2010	From Node	Connect To	Distance/Cost		From Node	Connect To	Distance/Cost
1	C	B	3	4	C	E	4
2	A	C	7	5	E	F	1
3	F	D	2				
	Total	Minimal	Connected	Distance	or Cost	=	17

图7.14 WinQSB优化结果

案例 7-1 印第安纳州公路规划问题

印第安纳州公路规划问题

印第安纳州的 5 个城市之间的距离见表 7-1。

表 7-1 印第安纳州五个城市之间的距离　　　　　　　单位：km

	Gary	Fort Wayne	Evansville	Terre Haute	South Hend
Gary	—	132	217	164	58
Gfort Wayne	132	—	290	201	79
Evansville	217	290	—	113	303
Terre Haute	164	201	113	—	196
South Hend	58	79	303	196	—

现必须建造连接所有这些城市的州公路系统。假设由于政治原因，不能建造连接 *Gary* 和 *Fort Wayne* 的公路以及连接 *Evansville* 和 *South Bend* 的公路。所需公路的最短长度是多少？
（资料来源：*Wayne L.Winston* 著，杨振凯等译．运筹学应用范例与解法．北京：清华大学出版社，2006．第 510 页．）

分析　若不考虑运输费用，而只考虑建造费用，即任何两城市之间存在一条通路，则该问题为最小支撑树问题。

解决方案　将两对因政治原因不能连接的公路城市之间的距离以 M（任意大的有界正数）表示，应用 WinQSB 优化结果如图 7.15 所示。

06-19-2010	From Node	Connect To	Distance/Cost		From Node	Connect To	Distance/Cost
1	South Hend	Fort Wayne	79	3	Gary	Terre Haute	164
2	Terre Haute	Evansville	113	4	Gary	South Hend	58
	Total	Minimal	Connected	Distance	or Cost	=	414

图 7.15 WinQSB 优化结果

决策建议　公路连接如下：Fort Wayne—South Hend—Gary—Terre Haoute—Evansville，最短长度：414km。

7.3 最短路问题

最短路问题是重要的最优化问题之一，它不仅可以直接应用于解决生产实际的许多问题，如管道铺设、线路安排、厂区布局、设备更新等，而且经常被作为一个基本工具，用于解决其他的优化问题。下面讨论求最短路的两种算法：一是求某两点之间最短路的 Dijkstra 标号算法；二是求网络图上所有各点之间最短路的矩阵算法。

7.3.1 求两点间最短路的 Dijkstra 标号算法

Dijkstra 算法的基本思想：

假定 $v_1 \rightarrow v_2 \rightarrow v_3 \rightarrow v_4$ 是 $v_1 \rightarrow v_4$ 的最短路，则 $v_1 \rightarrow v_2 \rightarrow v_3$ 是 $v_1 \rightarrow v_3$ 的最短路，$v_2 \rightarrow v_3 \rightarrow v_4$ 是 $v_2 \rightarrow v_4$ 的最短路（如 7.16 所示）。

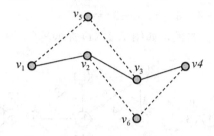

图 7.16 Dijkstra 算法的基本思想图

Dijkstra 算法的方法步骤如下：

设 L_{ij} 为 i 到 j 的最短距离；d_{ij} 为 i 到 j 的连线距离。发点为 s，收点为 t。

(1) 先给发点标号 $L_{ss}=0$，记为 $(s, 0)$。

(2) 将标号点与未标号点分成两个集合 $V, \bar{V}$，$r \in V$，$p \in \bar{V}$，在与 V 有直接连线的各点中找出 $\min \{L_{sr}+d_{rp}\}$，则对于 p 点标号，$L_{sp}=L_{sr}+d_{rp}$，并将边 $[r, p]$ 加粗。

(3) $V \Leftarrow V \cup p$，$\bar{V} \Leftarrow \bar{V} \setminus p$，回到第(2)步，重复进行一直到目的地标号为止。

【例 7.6】 用 Dijkstra 方法求图 7.17 点 S 到点 T 的最短路及路长。

解 (1)首先给 S 点标号 0，如图 7.18(a)所示。

(2) 取 $\mathbf{V}=\{S\}$，$\bar{\mathbf{V}}=\{A, B, C, D, E, F, T\}$
$\min \{L_{SS}+d_{SA}, L_{SS}+d_{SC}\}=\min \{0+2, 0+3\}=2$
给 A 标号 2，将边 [S, A] 加粗，如图 7.18(b)所示。

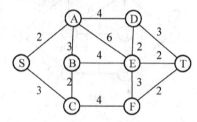

图 7.17 例 7.6 图

(3) $\mathbf{V}=\{S, A\}$，$\bar{\mathbf{V}}=\{B, C, D, E, F, T\}$
  $\min \{L_{SS}+d_{SC}, L_{SA}+d_{AB}, L_{SA}+d_{AD}, L_{SA}+d_{AE}\}$
$=\min \{0+3, 2+3, 2+4, 2+6\}=3$
给 C 标号 3，将边 [S, C] 加粗，如图 7.18(c)所示。

(4) $\mathbf{V}=\{S, A, C\}$，$\bar{\mathbf{V}}=\{B, D, E, F, T\}$
  $\min \{L_{SA}+d_{AB}, L_{SA}+d_{AD}, L_{SA}+d_{AE}, L_{SC}+d_{CB}, L_{SC}+d_{CF}\}$
$=\min \{2+3, 2+4, 2+6, 3+2, 3+4\}=5$
给 B 标号，因从 A 标号和从 C 标号值相等，对 C 标号，任选一边 [A, B]，如图 7.18(d)所示。

(5) $\mathbf{V}=\{S, A, B, C\}$，$\bar{\mathbf{V}}=\{D, E, F, T\}$

$$\min \{L_{SA}+d_{AD}, L_{SA}+d_{AE}, L_{SB}+d_{BE}, L_{SC}+d_{CF}\}$$
$$=\min \{2+4, 2+6, 3+4, 3+4\}=6$$

给 D 标号 6，并将边 [A, D] 加粗，如图 7.18(e)所示。

(6) $\mathbf{V}=\{S, A, B, C, D\}$, $\overline{\mathbf{V}}=\{E, F, T\}$

$$\min \{L_{SA}+d_{AE}, L_{SB}+d_{BE}, L_{SC}+d_{CF}, L_{SD}+d_{DE}, L_{SD}+d_{DT}\}$$
$$=\min \{2+6, 5+4, 3+4, 6+2, 6+3\}=7$$

给 F 标号 7，并将边 [C, F] 加粗，如图 7.18(f)所示。

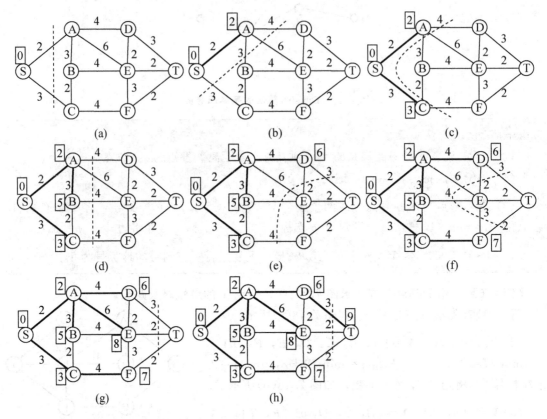

图 7.18　Dijkstra 计算过程

(7) $\mathbf{V}=\{S, A, B, C, D, F\}$, $\overline{\mathbf{V}}=\{E, T\}$

$$\min \{L_{SA}+d_{AE}, L_{SB}+d_{BE}, L_{SD}+d_{DE}, L_{SD}+d_{DT}, L_{SF}+d_{FE}, L_{SF}+d_{FT}\}$$
$$=\min \{2+6, 5+4, 6+2, 6+3, 7+3, 7+2\}=8$$

给 E 标号 8，从 A 标号和从 D 标号值一样，任选一个，给边 [D, E] 加粗，如图7.18(g)所示。

(8) $\mathbf{V}=\{S, A, B, C, D, E, F\}$, $\overline{\mathbf{V}}=\{T\}$

$$\min \{L_{SD}+d_{DT}, L_{SE}+d_{ET}, L_{SF}+d_{FT}\}$$
$$=\min \{6+3, 8+2, 7+2\}=9$$

T 得到标号值 9，从 D 标号和从 F 标号值一样，任选一个，给边 [D, T] 加粗，如

图 7.18(h)所示。

结论:最短路径 S→A→D→T,或 S→C→F→T;最短路长:9。

【例 7.7】 用 Dijkstra 方法求图 7.19 中的点 S 到点 T 的最短路及路长。

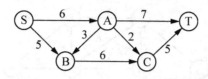

图 7.19 例 7.6 图

解 该问题是单线程最短路问题。与无向图的不同之处是,要沿着箭头方向标号。

(1)首先给 S 点标号 0,如图 7.20(a)所示。

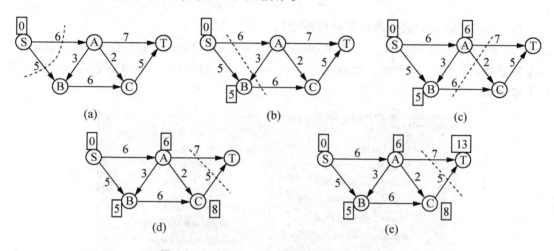

图 7.20 Dijkstra 标号算法求解有向图最短路

(2)取 $V=\{S\}$,$\bar{V}=\{A,B,C,T\}$

min $\{L_{SS}+d_{SA}, L_{SS}+d_{SB}\}$ = min $\{0+6, 0+5\}=5$,给 B 标号 5,如图 7.20(b)所示。

(3) $V=\{S,B\}$,$\bar{V}=\{A,C,T\}$

min $\{L_{SS}+d_{SA}, L_{SC}+d_{BC}\}$ = min $\{0+6, 5+6\}=6$,给 A 标号 6,如图 7.20(c)所示。

(4) $V=\{S,A,B\}$,$\bar{V}=\{C,T\}$

min $\{L_{SA}+d_{AC}, L_{SA}+d_{AT}, L_{SB}+d_{BC}\}$ = min $\{6+2, 6+7, 5+6\}=8$,给 C 标号 8,如图 7.20(d)所示。

(5) $V=\{S,A,B,C\}$,$\bar{V}=\{T\}$

min $\{L_{SA}+d_{AT}, L_{SC}+d_{CT}\}$ = min $\{6+7, 8+5\}=13$,T 得到标号,从 A 和从 C 标号值相同都为 13,如图 7.20(d)所示。

7.3.2 利用 WinQSB 求解两点间最短路

【例 7.8】 用 WinQSB 求图 7.21 中发点 S 到收点 T 的最短距离。

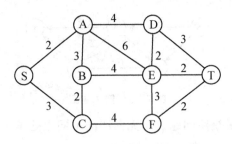

图 7.21 例 7.8 图

解 WinQSB 求解最短路问题操作步骤如下：

（1）执行开始菜单命令："程序/WinQSB/Network Modeling/File/New problem"，弹出对话框，如图 7.22 所示。类型选择"Shortest path Problem"，节点数输入"8"，其他采取默认。

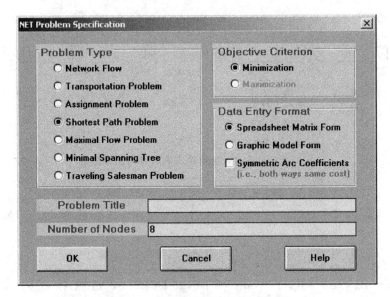

图 7.22 WinQSB 网络模型对话框

（2）单击 OK 按钮，打开数据编辑窗口，执行 Edit/Node Names 修改节点名称，单击 OK 按钮返回数据编辑窗口，并输入邻接矩阵，如图 7.23 所示。

（3）执行菜单命令 Solve and Analyze/Solve the problem，选择发点（Click to select a start node）"S"，选择收点（Click to select an end node）"T"，如图 7.24 所示，单击 Solve 得优化结果（见图 7.25）。

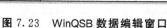

图 7.23 WinQSB 数据编辑窗口　　　　图 7.24 WinQSB 最短路求解对话框图

06-19-2010	From	To	Distance/Cost	Cumulative Distance/Cost
1	S	A	2	2
2	A	D	4	6
3	D	T	3	9
	From S	To T	Distance/Cost	= 9

图 7.25 WinQSB 最短路求解结果

7.3.3 求网络各点之间最短路的矩阵计算法*

Dijkstra 算法提供了从网络图中某一点到各点的最短距离。但实际问题中往往要求网络所有各点之间的最短距离，如果仍采用 Dijkstra 算法一点一点分别计算，就显得很麻烦。下面介绍求网络各点间最短路的矩阵计算法。

【例 7.9】 求图 7.26 各点间最短路矩阵。

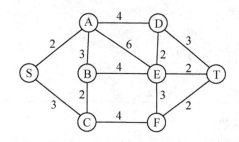

图 7.26 例 7.9 图

解 d_{ij} 为图中相邻两点的距离，若 i 点与 j 点不相邻时，令 $d_{ij}=\infty$，则有邻接矩阵：

$$\mathbf{D}^{(0)} = \begin{bmatrix} d_{SS} & d_{SA} & d_{SB} & d_{SC} & d_{SD} & d_{SE} & d_{SF} & d_{ST} \\ d_{AS} & d_{AA} & d_{AB} & d_{AC} & d_{AD} & d_{AE} & d_{AF} & d_{AT} \\ d_{BS} & d_{BA} & d_{BB} & d_{BC} & d_{BD} & d_{BE} & d_{BF} & d_{BT} \\ d_{CS} & d_{CA} & d_{CB} & d_{CC} & d_{CD} & d_{CE} & d_{CF} & d_{CT} \\ d_{DS} & d_{DA} & d_{DB} & d_{DC} & d_{DD} & d_{DE} & d_{DF} & d_{DT} \\ d_{ES} & d_{EA} & d_{EB} & d_{EC} & d_{ED} & d_{EE} & d_{EF} & d_{ET} \\ d_{FS} & d_{FA} & d_{FB} & d_{FC} & d_{FD} & d_{FE} & d_{FF} & d_{FT} \\ d_{TS} & d_{TA} & d_{TB} & d_{TC} & d_{TD} & d_{TE} & d_{TF} & d_{TT} \end{bmatrix} = \begin{bmatrix} 0 & 2 & \infty & 3 & \infty & \infty & \infty & \infty \\ 2 & 0 & 3 & \infty & 4 & 6 & \infty & \infty \\ \infty & 3 & 0 & 2 & \infty & 4 & \infty & \infty \\ 3 & \infty & 2 & 0 & \infty & \infty & 4 & \infty \\ \infty & 4 & \infty & \infty & 0 & 2 & \infty & 3 \\ \infty & 6 & 4 & \infty & 2 & 0 & 3 & 2 \\ \infty & \infty & \infty & 4 & \infty & 3 & 0 & 2 \\ \infty & \infty & \infty & \infty & 3 & 2 & 2 & 0 \end{bmatrix}$$

上面的矩阵表明从 i 点到 j 点直接最短距离。由于 $d_{ij} = d_{ji}$，$d_{ii} = 0$，故是一个对称矩阵。

因为从 i 到 j 的最短路不一定是 $i \to j$，可能是 $i \to l \to j$，$i \to l \to k \to j$。先考虑 $i \to j$ 之间有一个中间点的情况。

$$d_{SB}^{(1)} = \min \{d_{SS}^{(0)} + d_{SB}^{(0)}, d_{SA}^{(0)} + d_{AB}^{(0)}, d_{SB}^{(0)} + d_{BB}^{(0)}, d_{SC}^{(0)} + d_{CB}^{(0)},$$
$$d_{SD}^{(0)} + d_{DB}^{(0)}, d_{SE}^{(0)} + d_{EB}^{(0)}, d_{SF}^{(0)} + d_{FB}^{(0)}, d_{ST}^{(0)} + d_{TB}^{(0)}\}$$
$$= \{0+\infty, 2+3, \infty+0, 3+2, \infty+\infty, \infty+4, \infty+\infty, \infty+\infty\} = 3$$

一般地有 $d_{ij}^{(1)} = \min \{d_{ir}^{(0)} + d_{rj}^{(0)}\}$

$$\mathbf{D}^{(1)} = \begin{bmatrix} 0 & 2 & 5 & 3 & 6 & 8 & 7 & \infty \\ 2 & 0 & 3 & 5 & 4 & 6 & 9 & 7 \\ 5 & 3 & 0 & 2 & 6 & 4 & 6 & 6 \\ 3 & 5 & 2 & 0 & \infty & 6 & 4 & 6 \\ 6 & 4 & 6 & \infty & 0 & 2 & 5 & 3 \\ 8 & 6 & 4 & 6 & 2 & 0 & 3 & 2 \\ 7 & 9 & 6 & 4 & 5 & 3 & 0 & 2 \\ \infty & 7 & 6 & 6 & 3 & 2 & 2 & 0 \end{bmatrix}$$

再构造由两个中间点的矩阵：$d_{ij}^{(2)} = \min \{d_{ir}^{(1)} + d_{rj}^{(1)}\} \cdots$；

k 个中间点矩阵的递推公式：
$$d_{ij}^{(k)} = \min \{d_{ir}^{(k-1)} + d_{rj}^{(k-1)}\} \qquad \text{式 7.2}$$

一般不超过 $\mathbf{D}^{(k)}$，k 的计算公式为
$$k-1 < \log_2(p-1) < k \qquad \text{式 7.3}$$

式中，p 为网络图中的节点数。

本例中计算到 $\mathbf{D}^{(2)}$ 即得到最短路矩阵，再计算则有 $\mathbf{D}^{(3)} = \mathbf{D}^{(2)}$。

$$D^{(2)}=\begin{bmatrix}0&2&5&3&6&8&7&9\\2&0&3&5&4&6&9&7\\5&3&0&2&6&4&6&6\\3&5&2&0&8&6&4&6\\6&4&6&8&0&2&5&3\\8&6&4&6&3&0&3&2\\7&9&6&4&5&3&0&2\\9&7&6&6&3&2&2&0\end{bmatrix}$$

该矩阵即为 i 到 j 点的最短距离。

7.3.4 求网络各点之间最短路的 Excel 操作

运用自编软件 ExcelORM，可自动生成表格，输入数据后，最短路矩阵所见即所得。

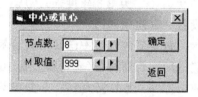

图 7.27 ExcelORM 中心与重心参数

执行开始菜单命令“程序/ExcelORM/图论/中心与重心”，弹出对话框(见图 7.27 所示)，输入节点数“8”；对不相邻点，因计算机不识别“∞”，故用一个较大的数字取代，只要该值远大于 max $\{d_{ij}\}$ 即可，采取默认值“999”。单击“确定”，生成电子表格(见图 7.28(a)所示)。

在图 7.28(a)中输入上三角中的数字，即得图 7.28(b)最短路矩阵。最小值＝31 表示各点到 E 的距离之和，为网络图的几何中心。若在权重列输入数据，则得节点加权重心。

	A	B	C	D	E	F	G	H	I	J
1	中心或重心									
2										
3	在上三角区域输入邻接矩阵									
4	$D_{ij}^{(0)}$	S	A	B	C	D	E	F	T	权重W_i
5	S	0	2	999	3	999	999	999	999	1
6	A	2	0	3	999	4	6	999	999	1
7	B	999	3	0	2	999	4	999	999	1
8	C	3	999	2	0	999	999	4	999	1
9	D	999	4	999	999	0	2	999	3	1
10	E	999	6	4	999	2	0	3	2	1
11	F	999	999	999	4	999	3	0	2	1
12	T	999	999	999	999	3	2	2	0	1

(a)

	A	B	C	D	E	F	G	H	I
14	中心或重心								
15	$W_iD_{ij}^{(5)}$	S	A	B	C	D	E	F	T
16	S	0	2	5	3	6	8	7	9
17	A	2	0	3	5	4	6	9	7
18	B	5	3	0	2	6	4	6	6
19	C	3	5	2	0	8	6	4	6
20	D	6	4	6	8	0	2	5	3
21	E	8	6	4	6	2	0	3	2
22	F	7	9	6	4	5	3	0	2
23	T	9	7	6	6	3	2	2	0
24	合计	40	36	32	34	34	31	36	35
25	最小值	31							

(b)

图 7.28 ExcelORM 数据输入与结果

案例 7－2 设备更新问题

阅读案例 7－2

设备更新问题

设备更新问题。某企业使用一台设备，在每年年初，企业领导部门就要决定是购置新的，还是继续使用旧的。若购置新设备,就要支付一定的购置费用;若继续使用旧设备,则需支付一定的维修费用。若已知该种设备在各年年初的价格和使用不同年数的设备所需要的维修费用见表7-2。

表7-2 设备重置费与维修费用

购置时间	第1年	第2年	第3年	第4年	第5年
购置时间	10	12	13	14	15
使用年数	0～1	1～2	2～3	3～4	4～5
维修费用	4	6	9	12	19

要求:制订设备更新计划,使得总的支付费用最少。

分析 该问题可用最短路问题求解。用点 v_i 代表"第 i 年年初购进的一台新设备"这种状态(v_6 为第5年度末)。从 v_i 到 v_6 各画一条弧。弧(v_i,v_j)表示在第 v_i 年年初购进的设备一直使用到第 j 年年初。

每条弧的权可按已知资料计算出来(如图7.29所示)。例如,(v_1,v_4) 是第1年年初购进的一台新设备(支付购置费10),一直使用到第3年年底(支付维修费 $4+6+9=19$),故(v_1,v_4) 上的权为29。于是制订一个最优的设备更新计划的问题就等于寻求从 v_1 到 v_6 的最短路的问题。

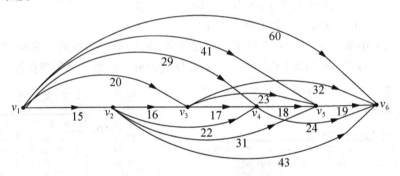

图7.29 设备更新问题的有向图表示

解决方案 应用 WinQSB/Network Modeling/Shortest path Problem 求得最优解,见图7.30所示。

06-19-2010	From	To	Distance/Cost	Cumulative Distance/Cost
1	第1年初	第3年初	20	20
2	第3年初	第5年末	32	52
	From 第1年初	To 第5年末	Distance/Cost	= 52

图7.30 WinQSB 优化结果

决策建议 第1年初购置,使用2年,第3年初更新,使用到第5年末,总费用为52万元。

7.4 中国邮递员问题

邮递员问题，若把它抽象为图的语言，就是给定一个连通图，在每边 e_i 上赋予一个非负的权 $w(e_i)$，要求一个圈（未必是简单的），过每边至少一次，并使圈的总权最小。这个问题是我国管梅谷教授在 1962 年首先提出的，因此在国际上通称为中国邮递员问题。

求解这个问题的方法被称为奇偶点图上作业法。下面结合例 7.10 介绍这种方法。

【例 7.10】 设某邮政所位于 v_1 处，邮递员负责投递的街道如图 7.31 所示，要求找出该邮递员的最短投递路线。

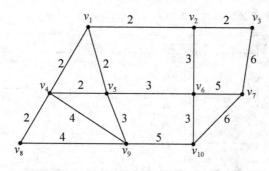

图 7.31 例 7.10 邮递员问题图

解 如果邮递员恰好走遍每条街道，而且每条街道都只走一次，当然就是最短路线。问题是为了走遍每一条街道，往往要在某些区段上重复走。下面不加证明地引用两个结论。

结论 1：若网络图上的所有点均为偶点，则邮递员可以走遍所有街道，做到每条街道只走一次而不重复。

结论 2：最短的投递路线具有这样的性质：①有奇点连线的边最多重复一次；②在该网络图的每个回路上，有重复的边的长度不超过回路总长的一半。

根据结论 1，先检查图 7.31 中有无奇点。若无奇点，则立即可以找出一条使邮递员走遍所有街道而又不重复的投递路线。但该图上有 4 个奇点 v_1、v_2、v_7、v_{10}（用 × 表示，如图 7.32 所示）。

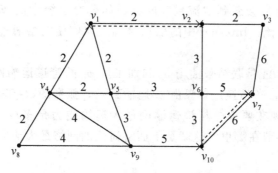

图 7.32 奇点间重复边添加法

于是找到了有奇点连线的边(虚线所示)是邮递员重复走的线路，而根据结论 2，该边长不应超过回路的一半，而 $v_7 \to v_6 \to v_{10}$ 超过回路长的一半，因此应重复 $v_7 \to v_{10}$。

案例 7-3 货场巡视路线

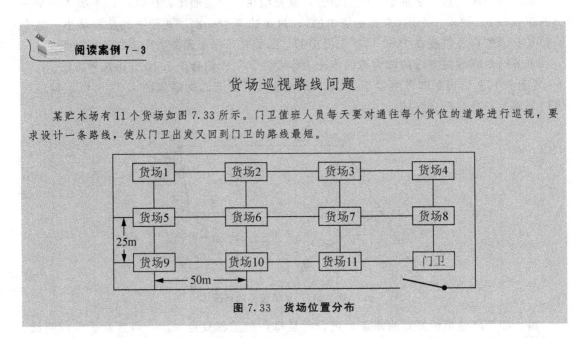

阅读案例 7-3

货场巡视路线问题

某贮木场有 11 个货场如图 7.33 所示。门卫值班人员每天要对通往每个货位的道路进行巡视，要求设计一条路线，使从门卫出发又回到门卫的路线最短。

图 7.33 货场位置分布

分析 将货场用点表示，货场之间的道路用边表示，可用中国邮递员问题方法解决。

解决方案 找出奇点有 6 个，分别为货场 2、3、5、8、10、11。可组成 3 对。最优方案之一是下述路线重复一次：货场 5→货场 1→货场 2；货场 3→货场 4→货场 8；货场 10→货场 11。

决策建议 门卫→11→10→6→7→11→10→9→5→1→2→6→5→1→2→3→4→8→7→3→4→8→门卫。巡视总路长为 750m。

7.5 网络最大流问题

在许多系统中，经常会遇到"流量"问题，如公交系统中的车辆流、乘客流、物资流；金融系统中的资金流；Internet 中的信息流等。如何使网络通过的流量最大，就是网络最大流问题。

【例 7.11】 图 7.34 是联结采油场 v_1 和加工厂 v_7 的管道运输网，每一弧 (v_i, v_j) 代表从 v_i 到 v_j 的运输线，产品经这条弧由 v_i 运输到 v_j，弧旁的数字表示这条运输线的最大通过能力 $c(v_i, v_j)$。现在要求分析该运输网最大运输能力是多少？若要扩大运输能力，制约运输能力的关键环节在哪里？这就是下面将讨论的网络最大流问题。

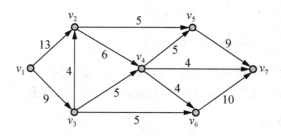

图7.34 管道运输网

7.5.1 基本概念

1. 容量网络、弧的容量与流量

对网络流的研究是在容量网络上进行的。所谓**容量网络**是指对网络上的每条弧都给定一个最大通过能力。从 v_i 到 v_j 的最大通过能力,记为 $c(v_i, v_j)$ 或 c_{ij},称为弧的**容量**。在容量网络中规定一个**发点**(或称源点,记为 s)和一个**收点**(或称汇点,记为 t),其余点称为中间点。在网络中给弧 (v_i, v_j) 加载的负载量称为弧的**流量**,记为 $f(v_i, v_j)$ 或 f_{ij}。网络的最大流是指网络中从发点到收点之间允许通过的最大流量。图 7.35 给出了图 7.34 的最大流,v_1 为发点,v_7 为收点,其他为中间点,图中各弧旁边的数字表示为"容量(流量)"。

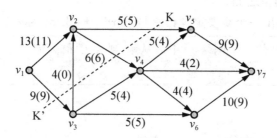

图7.35 管道运输网最大流量图

【知识要点提醒】 容量和流量是有方向的,如 $c(v_i, v_j)$ 与 $c(v_j, v_i)$ 不同。在图中弧的容量和流量的方向与箭线方向相同,逆箭线方向的容量和流量为"0"。

2. 流与可行流

给网络各个弧加载的一组负载量称为**流**。

满足下述条件的流 f 称为可行流:
(1) 容量限制条件:对所有弧 $(v_i, v_j) \in A$,有
$$0 \leqslant f(v_i, v_j) \leqslant c(v_i, v_j)$$ 式7.4
(2) 中间点平衡条件:流出量等于流入量,即对每个 $i(i \neq s, t)$ 有
$$\sum_k f(v_i, v_k) - \sum_j c(v_j, v_i) = 0$$ 式7.5

对于发点 v_s，有 $\sum_j f_{sj} - \sum_i f_{is} = v(f)$

对于收点 v_t，有 $\sum_i f_{it} - \sum_j f_{jt} = -v(f)$

其中，$v(f)$ 称为这个可行流的流量，即发点的净输出量。

可行流总是存在的，当所有弧的流量 $f(v_i, v_j)=0$，就得到一个可行流（称为零流）。

3. 最大流最小割定理

割是指将容量网络的发点和收点分割开，使 $s \to t$ 的流中断的一组弧的集合。如图 7.35 中的虚线 KK' 将网络上的点分割成 V 和 $\bar{V}$ 两个集合，并有 $s \in V$, $t \in \bar{V}$，称弧的集合 $(V, \bar{V}) = \{(v_1, v_3), (v_2, v_4), (v_2, v_5)\}$ 为一个割。割的容量是组成它的集合中的各弧的容量之和，用 $c(V, \bar{V})$ 表示。即

割的容量 $\qquad c(V, \bar{V}) = \sum_{(i,j) \in (V, \bar{V})} c(v_i, v_j) \qquad$ 式 7.6

在图 7.35 中，割的容量 $(V, \bar{V}) = c(v_1, v_3) + c(v_2, v_4) + c(v_2, v_5) = 9 + 6 + 5 = 20$。

【知识要点提醒】 割的容量也是有方向的，割的容量是包括发点的集合 V 指向包括收点的集合 $\bar{V}$ 的弧的容量之和。

下面不加证明地给出一个重要定理，它是 Ford-Fulkson 标号算法的理论依据。

最大流最小割量定理 任一个网络 D 中，从 v_s 到 v_t 的最大流的流量等于分离 v_s, v_t 的最小割集的容量。

4. 增广链

在网络中满足 $f_{ij} = c_{ij}$ 的弧称为**饱和弧**，使 $f_{ij} < c_{ij}$ 的弧称为**非饱和弧**。使 $f_{ij} = 0$ 的弧称为**零流弧**，使 $f_{ij} > 0$ 的弧称为**非零流弧**。

若网络的发点和收点之间能找出一条链，则在这条链上所有指向收点的弧称为**向前弧**，记作 μ^+；所有指向发点的弧称为**后向弧**，记作 μ^-。

若从发点至收点的一条链上所有前向弧均为非饱和弧，所有后向弧均为非零流弧，则这条链称为增广链。

例如图 7.36 从发点 v_1 至收点 v_7 找到一条链 $v_1 \to v_2 \to v_3 \to v_4 \to v_6 \to v_7$，在这条链上 (v_1, v_2)、(v_3, v_4)、(v_6, v_7) 为前向弧且为非饱和弧；(v_2, v_3) 为后向弧且为零流弧；(v_4, v_6) 为前向弧且为饱和弧。可见不满足增广链的条件，不是一条增广链。

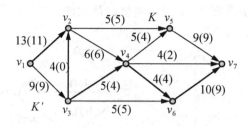

图 7.36 管道运输网

若 $f=\{f_{ij}\}$ 是可行流,且存在增广链 μ,

令
$$\theta = \min \begin{cases} c_{ij} - f_{ij} & \text{对 } \mu^+ \\ f_{ij} & \text{对 } \mu^- \end{cases} \quad \theta > 0 \quad \text{式 7.7}$$

再令
$$f'_{ij} = \begin{cases} f_{ij} + \theta & (v_i, v_j) \in \mu^+ \\ f_{ij} - \theta & (v_i, v_j) \in \mu^- \\ f_{ij} & (v_i, v_j) \notin \mu \end{cases} \quad \text{式 7.8}$$

则 $f' = \{f'_{ij}\}$ 仍是可行流。

7.5.2 最大流问题 Ford — Fulkerson 标号算法

这种算法由 Ford 和 Fulkerson 于 1956 年提出,其实质是判断有否增广链存在,并设法把增广链找出来,调整流量。在使用标号算法之前,先给网络一个初始可行流(通常为零流),然后按如下步骤:

第 1 步 先给发点 s 标号 $(0, +\infty)$,标号的含义是"(标号来源,可调整流量)"。对于发点,来源就是本身,故标记 0,可调整流量不限,标记 $+\infty$。

第 2 步 列出所有与已标号点相邻的未标号点。

(1) 若在弧 (v_i, v_j) 上,$f_{ij} < c_{ij}$,则给 j 标号 $(v_i, \varepsilon(v_j))$,$\varepsilon(v_j) = \min\{\varepsilon(v_i), c_{ij} - f_{ij}\}$,此时 j 点成为新的检查点。

(2) 若在弧 (v_j, v_i) 上,$f_{ji} > 0$,则给 v_j 标号 $(v_i, \varepsilon(v_j))$,这里 $\varepsilon(v_j) = \min\{\varepsilon(v_i), f_{ji}\}$,此时 j 点成为新的检查点。

(3) 若未标号点 k 有两个以上相邻的已标号点,为减少迭代次数,按(1)、(2)规则分别计算出 $\varepsilon(k)$,选取最大的进行标记。

第 3 步 重复第 2 步,可能出现两种结局:

(1) 标号过程中断,t 得不到标号,说明该网络中不存在增广链,给定的流量即为最大流。记已标号点集合为 V,未标号点集合为 V',(V, V') 为网络的最小割。

(2) t 点得到标号,标号值为 $\varepsilon(t)$。用反向追踪法在网络中找出一条增广链,在这条增广链上,所有的前向弧流量加上 $\varepsilon(t)$,所有的后向弧流量减去 $\varepsilon(t)$,非增广链上流量不变。擦去标号,返回第 1 步。

【例 7.12】 用标号法求图 7.37 所示网络的最大流。

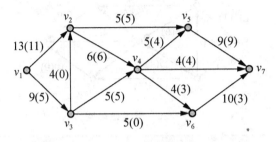

图 7.37 例 7.12 图

解 先给发点 v_1 标上 $(0, +\infty)$，即 $\varepsilon(v_1) = +\infty$，如图 7.38(a)所示。

检查 v_1，弧(v_1, v_3)是正向弧，$f_{13} = 5 < c_{13} = 9$，满足标号条件，则给 v_3 标号为 $(v_1, \varepsilon(v_3))$。其中，$\varepsilon(v_3) = \min\{\varepsilon(v_1), c_{13} - f_{13}\} = \min\{+\infty, 9-5\} = 4$，即 v_3 标号为 $(v_1, 4)$，如图 7.38(b)所示。

检查 v_3，在弧(v_3, v_6)上，$f_{36} = 0 < c_{36} = 5$，满足标号条件，则给 v_6 标号为$(v_3, \varepsilon(v_6))$。其中，$\varepsilon(v_6) = \min\{\varepsilon(v_3), c_{36} - f_{36}\} = \min\{4, 5\} = 4$，即 v_6 标号为$(v_3, 4)$，如图 7.38(c)所示。

检查 v_6，在弧(v_3, v_4)上，$f_{67} = 3 < c_{67} = 10$，满足标号条件，则给收点 v_7 标号为$(v_6, \varepsilon(v_7))$。其中，$\varepsilon(v_7) = \min[\varepsilon(v_6), c_{67} - f_{67}] = \min[4, 7] = 4$，即 v_7 标号为$(v_6, 4)$。终点 v_t 即 v_7 得到标号，用反向追踪法到一条增广链，如图 7.38(d)所示。即 $\mu = \{(v_1, v_3), (v_3, v_6), (v_6, v_7)\}$，均为前向弧。

调整流量 f：$\theta = \varepsilon(v_7) = 4$，在增广链 μ 上所有前向弧加上 4，即
$f'_{13} = f_{13} + \theta = 5 + 4 = 9$，$f'_{36} = f_{32} + \theta = 0 + 4 = 4$，$f'_{67} = 3 + 4 = 7$。其余 f_{ij} 不变，于是得到一个新的可行流 f'，如图 7.38(e)所示。

擦去所有标号，对新的可行流 f' 重新进行标号，寻找增广链：

先给 v_1 标上$(0, +\infty)$，如图 7.38(e)所示；

检查 v_1，在弧(v_1, v_3)上，$f_{12} = 11 < c_{12} = 13$，满足标号条件，则给 v_2 标号为$(v_1, \varepsilon(v_2))$。其中，$\varepsilon(v_2) = \min\{\varepsilon(v_1), c_{12} - f_{12}\} = \min\{+\infty, 13-11\} = 2$，即 v_2 标号为$(v_1, 2)$。

检查 v_2，在弧(v_2, v_5)上，$f_{25} = 5 = c_{25}$，不满足标号条件；在弧(v_2, v_4)上，$f_{24} = 6 = c_{24}$，不满足标号条件；在弧(v_3, v_2)上，$f_{32} = 4 \neq 0$，不满足标号条件，于是标号中断。

令 $V_1 = \{v_1, v_2\}$，$\overline{V_1} = \{v_3, v_4, v_5, v_6, v_7\}$，得到最小割集 $(V, \overline{V}) = \{(v_2, v_5), (v_2, v_4), (v_1, v_3)\}$，如图 7.38(f)所示。

最小割容量 $c^*(V, \overline{V}) = 5 + 6 + 9 = 20$，为网络最大流流量。

由此可见，网络最大流流量由最小割集容量所决定，最小割所包含的弧为网络图的关键弧。要想提高整个网络的最大流量，首先必须设法改善这些关键弧的承载能力。另外，在容量网络中，最大流的流量是唯一的，但最大流却并不唯一。

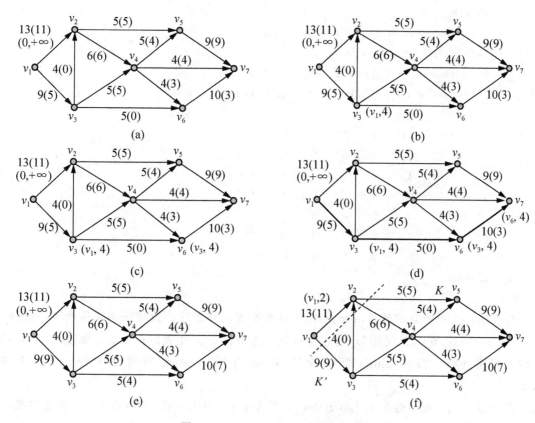

图 7.38　Ford—Fulkerson 标号过程

7.5.3　利用 Lingo 求解最大流问题

【例 7.13】　用 Lingo 求图 7.39 所示网络的最大流。

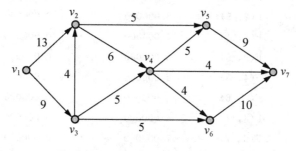

图 7.39　管道运输网

解　第 1 步　执行开始菜单命令"程序/Lingo",弹出数据编辑窗口,输入如下模型:

Model:

　　Sets:

　　　　Point/1..7/;

　　　　Dis(point, point): f, c;

```
Endsets
max=@sum(point(j) | j #ne# 1: f(1, j));
@for(Dis: f<=c);
@for(Point(i) | i #ne# 1 #and# i #ne#7:
    @sum(Dis(i, j): f(i, j)) = @sum(Dis(j, i): f(j, i)););
Data:
    C=0   13   9   0   0   0   0
       0    0   0   6   5   0   0
       0    4   0   5   0   5   0
       0    0   0   0   5   4   4
       0    0   0   0   0   0   9
       0    0   0   0   0   0   10
       0    0   0   0   0   0   0;
Enddata
End
```

注：该模型可由自编软件 ExcelORM 自动生成，其方法：执行开始菜单命令"程序/ExcelORM/图论/最大流问题"，输入节点数，生成两张工作表，在 Excel 模型的 $c(i, j)$ 中输入容量矩阵，打开 Lingo 模型/全选/复制/打开 Lingo 编辑窗口/粘贴，即得上述模型。

第 2 步 执行菜单命令 Lingo/Solve and Analyze/Solve the Problem，得优化结果：

Objective value: 20.00000

Variable	Value	Reduced Cost
F(1, 2)	11.00000	0.000000
F(1, 3)	9.000000	0.000000
F(2, 4)	6.000000	0.000000
F(2, 5)	5.000000	0.000000
F(3, 4)	4.000000	0.000000
F(3, 6)	5.000000	0.000000
F(4, 5)	2.000000	0.000000
F(4, 6)	4.000000	0.000000
F(4, 7)	4.000000	0.000000
F(5, 7)	7.000000	0.000000
F(6, 7)	9.000000	0.000000

注：运行结果中只列出了非零流弧的流量。

案例7-4 航空公司的最大流量

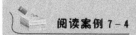

航空公司的最大流量

某航空公司要确定每天可以在阿拉斯加州的朱诺和得克萨斯州的达拉斯之间转接班机。转接班机必须在西雅图停留,然后在洛杉矶或丹佛停留。由于着陆空间有限,所以该航空公司每天在一对城市之间安排的航班数量将受到限制,如表7-3所示。问每天从朱诺到达拉斯航班数量最多可达多少?

表7-3 可着陆数量限制/次·天

城市	可着陆航班数	城市	可着陆航班数
朱诺—西雅图(J, S)	3	洛杉矶—达拉斯	1
西雅图—洛杉矶(S, L)	2	丹佛—达拉斯(De, D)	2
西雅图—丹佛(S, De)	3		

分析 用节点表示城市,城市之间弧的容量表示每天航班最大数量,则可表示成如下容量网络问题(见图7.40所示)。

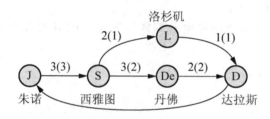

图7.40 可着陆航班示意图

解决方案 若从达拉斯返回朱诺降落不受限制,将朱诺视为发点,达拉斯视为收点,另三个城市为中间点,则有各弧流量(见图7.40所示括号内数字),网络最大流为3。

决策建议 目前最大流为3个航班,从朱诺起飞经西雅图后,2个航班经丹佛到达拉斯,1个航班经洛杉矶到达拉斯。若不能满足运输任务的需要,则应对西雅图和达拉斯的着陆空间进行扩容。

7.6 最小费用流问题*

7.6.1 最小费用流的数学模型

在运输问题中提出了转运问题时,研究了若干产地和销地,在产销总量平衡条件下,使费用最小的物资调配方案。但该章所讨论的是任意两点间物资调运无上界限制。本章网络最大流问题讨论了两点间的容量限制,但未考虑流量通过各条弧时发生的费用。实际的物流问题中,即要考虑物流量的需求,也要考虑运输费用最小化。

【例7.14】 图7.41为运输网络图，节点1为发点，节点5为收点，弧旁边的数字是容量，费用。现有8个单位的物资要从1运往5，试安排费用最小的运输方案。

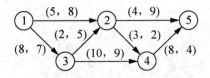

图7.41 例7.14图

解 设f_{ij}表示弧(i,j)的物流量，可建立该问题的LP模型，其目标是费用最小，即

$$\min z = 8f_{12} + 7f_{13} + 2f_{24} + 9f_{25} + 5f_{32} + 9f_{34} + 4f_{45}$$

约束条件包括：

(1) 容量限制，即 $f_{12} \leq 5$，$f_{13} \leq 8$，$f_{24} \leq 3$，$f_{25} \leq 4$，$f_{32} \leq 2$，$f_{34} \leq 10$，$f_{45} \leq 8$。

(2) 节点供求平衡限制。

$$\begin{cases} f_{12} + f_{13} = 8 \\ f_{12} + f_{32} - f_{24} - f_{25} = 0 \\ f_{13} - f_{32} - f_{34} = 0 \\ f_{24} + f_{34} - f_{45} = 0 \\ f_{25} + f_{45} = 8 \end{cases}$$

(3) 流量非负限制 $f_{ij} \geq 0$。

编制Lingo程序如下（该程序可由自编软件ExcelORM自动生成，方法见ExcelORM帮助文件）：

```
Model:
    Sets:
        Point/1..5/: d;
        Dis(point, point): f, c, b;
    Endsets
    min=@sum(dis: b*f);
    @for(Dis: f<=c);
    @for(Point(j): @sum(Dis(i, j): f(i, j))-@sum(Dis(j, i): f(j, i))=d(j););
    Data:
        D=-8  0  0  0  8;
        C=  0  5  8  0  0
            0  0  0  3  4
            0  2  0  10 0
            0  0  0  0  8
            0  0  0  0  0;
        b=  0  8  7  0  0
            0  0  0  2  9
            0  5  0  9  0
            0  0  0  0  4
```

```
             0  0  0  0  0  0;
        Enddata
End
```

求解得最优解如下(只列出了非零流)：

```
Global optimal solution found.
Objective value:                136.0000
Total solver iterations:             2
        Variable          Value        Reduced Cost
         F( 1, 2)        5.000000       0.000000
         F( 1, 3)        3.000000       0.000000
         F( 2, 4)        3.000000       0.000000
         F( 2, 5)        2.000000       0.000000
         F( 3, 4)        3.000000       0.000000
         F( 4, 5)        6.000000       0.000000
```

一般情况，设 c_{ij} 表示弧 (i, j) 的运输能力（容量）；b_{ij} 表示弧 (i, j) 的单位运输费用；s_i 表示节点 i 的供应或需求量；f_{ij} 表示弧 (i, j) 的流量。则有

供求平衡最小费用流的 LP 模型：

$$\min z = \sum_{i=1}^{n}\sum_{j=1}^{n} b_{ij} f_{ij}$$

$$s.t. \begin{cases} \sum_{j=1}^{n} f_{ij} - \sum_{k=1}^{n} f_{ki} = s_i (i=1, 2, \cdots, n) \\ 0 \leq f_{ij} \leq c_{ij} (\text{对所有弧}(i, j)) \end{cases}$$

式 7.9

7.6.2 最小费用最大流的标号算法

在 7.6.1 节中所讨论的最小费用流问题是在给定的调运量，并且供求平衡条件下的最小费用调运方案。本小节所讨论的是从发点到收点的最小费用最大流问题。解决问题的基本思路：一是通过寻找增广链来调整流量，并判别是否达到最大流；二是保证每步调整的流量花的费用最少。采取的方法：以费用为权重对弧加权，再求发点与收点之间的最短路。

最小费用最大流的标号算法：

第 1 步 赋初始可行流为零流 f_0。

第 2 步 对最大流 f_0 构造加权网络 $W(f_i)$。

(1) 对零流弧 (i, j) 以 b_{ij} 加权。

(2) 对饱和弧 (i, j) 更改为反向弧 (j, i)，以 $b_{ji} = -b_{ij}$ 进行加权。

(3) 对 $0 < f_{ij} < c_{ij}$ 弧 (i, j) 以 b_{ij} 加权，同时添加反向弧 (j, i)，以 $b_{ji} = -b_{ij}$ 进行加权。

第 3 步 在加权网络 $W(f_k)$ 中，用 Dijkstra 标号算法找 $s \to t$ 的最短路，若 t 能得到标号，将最短路线作为增广链，调整到允许调整的最大值 $f_{k+1}(>f_k)$。

第 4 步 重复第 2、3 步，直到找不到增广链，所得结果即为最小费用最大流。

【例7.15】 用标号算法求从节点1到节点5的最小费用最大流。

解 第1步：赋初始流为零流，见图7.42(a)所示；

第2步：构造加权网络，并用Dijkstra标号法标号，找出一条增广链1→2→4→5，如图7.42(b)所示；

第3步 增广链全部为前向弧，最大可调整流量为3，调整流量，如图7.42(c)所示。

重复第2、3步，得结果如图7.42(d)~(j)所示。最大流为12，最小费用为218。

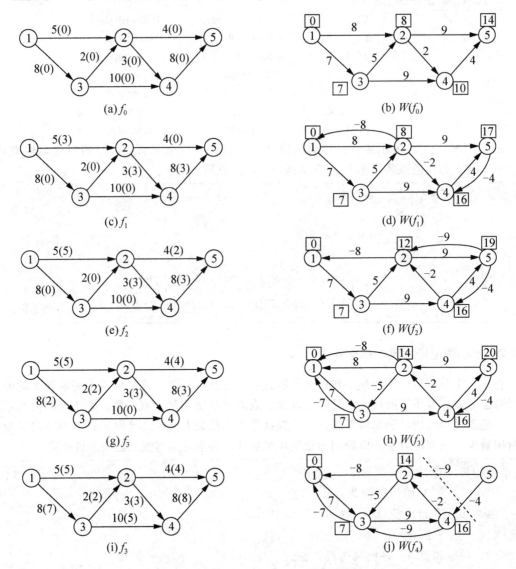

图7.42 最小费用最大流迭代过程

最小费用最大流的另一解法是：先用Ford－Fulkerson标号算法求解最大流，再将最大流作为发点的供应量和收点的需求量，按7.6.1的数学模型求得最优配送方案。

案例 7-5　货物配送问题

阅读案例 7-5

华声公司的订购与运送决策

华声公司决定将所生产的音响系统内的扬声器外包生产，有 3 家供应商可供应这种扬声器。表 7-4 给出了各供应商每集装箱扬声器(1 000 个)的价格，货物将运往公司两个仓库中的一个。表 7-5 为各供应商至两个仓库的运送路程(km)。

表 7-4　价格

供应商	价格/元
1	22 500
2	22 700
3	22 300

表 7-5　运送路程/km

供应商	仓库 1	仓库 2
1	160	40
2	50	60
3	00	100

供应商将集装箱运往仓库运费的计算公式见表 7-6；仓库到工厂之间的运费及工厂的需求见表 7-7。

表 7-6　费用计算公式

供应商	价格/元
1	300＋4×运送路程
2	200＋5×运送路程
3	500＋2×运送路程

表 7-7　单位运价/元

供应商	仓库 1	仓库 2
仓库 1	200	700
仓库 2	400	500
月需求量	10	6

每个供应商每月最多能提供 10 个集装箱，由于运输限制，每个供应商运到每个仓库的数量每月分别不超过 6 个集装箱，从每个仓库运到各工厂运量也均分别不超过 6 个集装箱。公司需决策：每月从每个供应商处应酬订购多少集装箱扬声器，分别给两个仓库运去多少，又分别从两个仓库到两个工厂各运送多少，才使总的费用(购买费加运输费)支出为最小。

(a)画出配送网络图；(b)将此问题归结为一个最小费用流问题。

(资料来源：胡运权等著. 运筹学基础及应用. 高等教育出版社, 2008. 第 5 版. 第 177 页.)

分析　供应商(v_1，v_2，v_3)、仓库(v_4，v_5)、工厂(v_6，v_7)用点表示，各点之间的运送关系用弧表示，弧的容量表示最大允许运送量，弧的费用表示购货成本与运输成本，则此问题可以表示成最小费用流问题(如图 7.43 所示)。图中供应商向仓库运送的费用包括价格和运价，如供应商 1 向仓库 1 运送的总费用为：22 500＋300＋4×160＝23 440 元/箱。

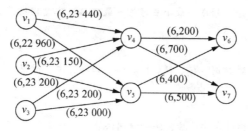

图 7.43　货物配送问题示意图

设 f_{ij} 为从节点 i 到 j 的运输量；c_{ij} 为从节点 i 到 j 的运输能力；b_{ij} 表示从节点 i 到 j 购货成本与运输成本，则有如下 Lingo 模型：

min＝23440 * f14＋22960 * f15＋23150 * f24＋23200 * f25＋23200 * f34＋23000 * f35＋200 * f46＋700 * f47＋400 * f56＋500 * f57;　！总费用最小;

f14＋f15＜=10;　　　　　　！产大于销，运出货物不超过各供货商供应能力;

f24＋f25＜=10;

f34＋f35＜=10;

f46＋f56=10;　　　　　　！运达货物等于工厂需求;

f47＋f57=6;

f14＋f24＋f34=f46＋f47;　！中间点平衡;

f15＋f25＋f35=f56＋f57;

f14＜=6；f15＜=6；f24＜=6；f25＜=6；f34＜=6；f35＜=6；f46＜=6；f47＜=6；f56＜=6；f57＜=6;！运量限制;

解决方案　Lingo 模型运行结果。

Global optimal solution found.
Objective value: 374460.0
Total solver iterations: 2

Variable	Value	Reduced Cost
F14	0.000000	40.00000
F15	6.000000	0.000000
F24	6.000000	0.000000
F25	0.000000	0.000000
F34	0.000000	200.0000
F35	4.000000	0.000000
F46	6.000000	0.000000
F47	0.000000	0.000000
F56	4.000000	0.000000
F57	6.000000	0.000000

决策建议　供应商 1 向仓库 2 运送 6 个集装箱；供应商 2 向仓库 1 运送 6 个集装箱；供应商 3 向仓库 2 运送 4 个集装箱；工厂 1 所需的 10 个分别由仓库 1 和仓库 2 配送 6 个和 4 个集装箱；工厂 2 所需的 6 个集装箱由仓库 2 配送。总费用达 374 460 元。

本章小结

本章介绍了图的基本概念、树图、最小支撑树、最短路、容量网络最大流、最小费用流及中国邮递员问题。

1. 理解如下基本概念

图、有向图、无向图、赋权图、环、链、圈、路、回路、次、树图、支撑树、容量网络、可行流、增广链、割、割的容量。

2. 基本算法要求

(1) 熟练掌握最小支撑树的求法：破圈法和避圈法。

(2) 熟练掌握两点间最短路的 Dijkstra 标号算法。

(3) 熟练掌握网络最大流的 Ford—Fulkerson 标号算法。
(4) 会根据奇点判断中国邮递员问题的重复路线。
(5) 了解最小费用流的数学模型、最小费用最大流与网络最大流、最短路之间的联系。
3. 基本技能与工具的使用
要求能将实际问题(如配对问题、网络布局问题、服务设施布点问题等)转化为网络模型,并能用优化工具进行优化。

  关键术语

无向图(Non-oriented Graph)　　　　有向图(Oriented Graph)
连通图(Connected Graph)　　　　　赋权图(Weighted Graph)
链(Chain)　　　　　　　　　　　　路(Route)
次(Degree)　　　　　　　　　　　　树(Tree)
最小支撑树(Shortest Spanning Tree)　破圈法(Tear Cycle Method)
避圈法(Avoid Cycle Method)　　　　最短路(Shortest Path)
Dijkstra 标号算法　　　　　　　　　最大流(Maximal Flow)
增广链(Augment Chan)　　　　　　容量(Capacity)
流量(Flow)　 Ford—Fulkerson 标号算法

  知识链接

优化工具 WinQSB 操作简便,可求最小支撑树、两点间最短路、网络最大流,但灵活性弱;自编软件 ExcelORM 求解中心或重心只要输入数据所见即所得,还能自动生成最小支撑树、两点间最短路、网络最大流、最小费用流的 Excel 模型和 Lingo 模型;Lingo 功能强大,但需学会编程,详见《运筹学实验指导书》。

  习　题

1. 解释下列概念。
(1) 图;(2)赋权图;(3)奇点;(4)次;(5)支撑树;(6)可行流;(7)增广链。
2. 简答下列问题。
(1) 什么叫链?什么叫路?链与路有何不同?
(2) 什么叫子图?什么叫支撑图?子图与支撑图有何不同?
3. 选择下列整数列中哪些是图的次数序列。
(1) (1, 2, 3, 3, 5, 5, 6, 7)。
(2) (1, 1, 2, 2, 3, 3, 5, 5)。
(3) (2, 2, 2, 3, 4, 3, 5)。
(4) (7, 5, 5, 4, 3, 2, 1)。
4. 有 8 种物资 A、B、C、、D、P、R、S、T 要放在仓库中进行储存。出于安全原因,下列各组物资不能放在同一仓库：A—P、A—C、A—T、B—D、B—R、B—T、C—D、C—S、D—P、D—S、R—P、R—S、S—T，问至少需要多少个仓库用来储存这 8 种物资？

5. 用避圈法和破圈法求如图 7.44 所示的最小支撑树图。

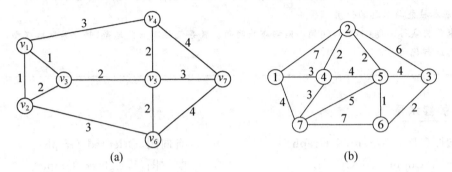

图 7.44　题 5 图

6. 用 Dijkstra 方法求图 7.45 中 s 到 t 点的最短路和路长。

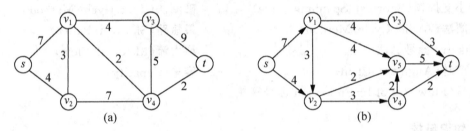

图 7.45　题 6 图

7. 用 Dijkstra 方法求图 7.46 中 v_1 到各点的最短路和路长，并指出 v_1 到哪些顶点是不可达的。

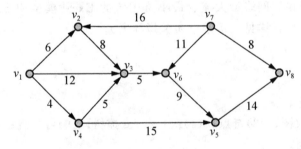

图 7.46　题 7 图

8. 在如图 7.47 所示的网络中，每条弧所标的数字为 (c_{ij}, f_{ij})。
   (1) 试确定所有的割集。
   (2) 求最小割集的容量。
   (3) 说明最小割集的容量为最大流。

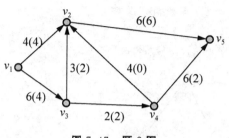
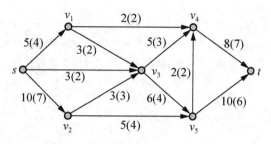

图 7.47 题 8 图　　　　　　图 7.48 题 9 图

9. 求图 7.48 所示的网络从 s 到 t 的最大流。

10. 求解如图 7.49 所示的中国邮递员问题。

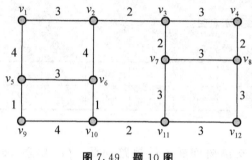
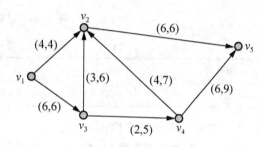

图 7.49 题 10 图　　　　　　图 7.50 题 11 图

11. 如图 7.50 所示的弧旁边的数字表示弧的容量,单位为运费。要求:

(1) 求从 v_1 到 v_5 最小费用最大流。

(2) 若有 8 单位货物从 v_1 到运往 v_5,求最小费用的调运方案。

12. 布点问题综合案例。

阅读案例 7-6,并对案例提出的问题进行决策,要求:

(1) 阐明决策所依据的基本原理。

(2) 对案例中问题(a)、(b)问题用加粗的线条标识所选择的路线。

(3) 对案例中问题(c)、(d)、(e)可采用 Excel 操作求得各点间的最短路。

(4) 对案例中问题(e)可采用 ExcelORM 生成的模型进行优化。

阅读案例 7-6

布点问题综合案例

某城区有 10 个街道办事处,地点分布如图 7.51 所示(各边的权数表示交通距离/km),各街道人数见表 7-8。试对下列问题进行决策:

(a)政府部门拟架设电子政务专用线,以连接各街道办事处,应如何架设,可使总长度最短?

(b)政府拟设一行政中心,使之处于各街道的中心位置,应设在何处?

(c)政府准备建一套医疗中心、商业中心,以为全区居民服务,设在何处比较方便?

(d) 一个考察小组从①出发,经⑦到⑨,请设计一条最短的考察路线。

(e) 若汽车每公里行驶需要1分钟,消防部门拟建消防站,并保证一旦发生火情,至少有一个消防站在10分钟之内可以赶到,问应如何设置方能以最少数量的消防站满足消防要求?

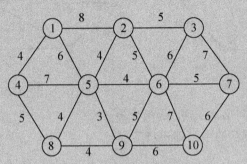

图 7.51　区街位置示意图

表 7-8　各街道人数分布

街代号	1	2	3	4	5	6	7	8	9	10
人数/万人	6	5	7	4	8	6	4	5	5	3

13. 实验　图与网络模型实验。

【实验目的】(1)熟悉用 WinQSB 求解最小支撑树问题、最短路问题;(2)熟悉 Excel ORM 求解中心与重心,并结合线性规划求解多服务设施布点。

【实验内容】用计算机求解案例分析1。

【实验环境】(1)Excel 2003 或以上版本;(2)WinQSB;(3)自编软件 ExcelORM;(4)Lingo。

【实验要求】

(1) 用 WinQSB/Network Modeling/Minimumal Spanning Tree 求解第12题(a)。

(2) 用 WinQSB/Network Modeling/Shortest path problem 求解图 7.51 从①到⑩的最短路。

(3) 用自编软件 ExcelORM 中的图论/中心与重心求解问题(b)和(c)。

(4) 用 ExcelORM 中的图论/布点问题,并利用 ExcelORM 生成的 Lingo 模型,求解问题(e)。

第 8 章

计划评审技术与关键路线法

教学目标

知识目标	技能目标	应用方向
1. 绘制网络图 (1)理解网络图的基本概念：工序、事件、路线 (2)了解网络图绘制的基本规则 (3)掌握网络图时间参数的概念及计算公式 (4)掌握关键路线的概念及判别方法 2. 了解网络优化 (1)时间优化；(2)费用优化；(3)人力拉平	1. 能对管理中遇到的实际问题，正确建立项目工序一览表(要点：工序名称或代号、工序时间、紧前工序) 2. 掌握 Excel 计算时间参数的方法 3. 掌握 WinQSB 进行项目优化的方法 4. 对专业从事项目管理的应学习并掌握 MS Project 的使用	项目管理计划的优化

知识结构

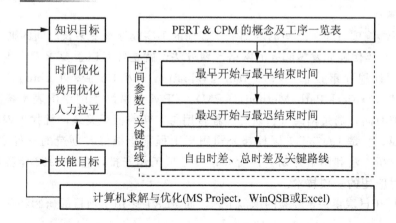

导入案例

教学楼建设工程优化

某建筑公司从一所大学那里成功中标了一个新教学大楼建设项目,学校要求这个新教学大楼必须在一年内能够投入使用。合同包括下面列出的一些条款:①若建筑公司在 49 周之内不能完成此建设任务,就要赔偿 25 万元。②若此项目能在 41 周内完工,建筑公司就会获得 18 万元的额外奖金奖励。完成这个建筑项目所需工序及各工序所需的时间(周)据三点时间估计法估计如表 8-1 所示。

建筑公司希望能够按时完成该建设项目,以可能取得进度上的提前。试问:如何对该项目进行管理?

表 8-1 建筑工程的工序一览表

工序	工序说明	紧前工序	工序时间	工序	工序说明	紧前工序	工序时间
A	挖掘	—	2	H	外部上漆	E, G	9
B	打地基	A	4	I	电路铺板	C	7
C	承重墙施工	B	10	J	竖墙板	F, I	8
D	封顶	C	6	K	铺地板	J	4
E	安装外部管道	C	4	L	内部上漆	J	5
F	安装内部管道	E	5	M	安装外部设备	H	2
G	外墙施工	D	7	N	安装内部设备	K, L	6

背景知识

由导入案例可知,建筑公司的管理层要想按合同完成这个任务,至少需要解决以下问题:

(1) 若没有延误工期,完成此项目总共需要多少时间?

(2) 各个工序最迟什么时候必须开始,以及到什么时候必须完成,才能赶上工程的完工时期?

(3) 若没有延误,每一单项工序最早什么时候可以开始,最早什么时候可以完成?

(4) 为了不耽误工程的完工时期,任何延误都必须加以避免的关键"瓶颈"工序是什么?

(5) 在不影响项目完工时间的基础上,其他的工序能够承受多长时间的推迟?

20 世纪 50 年代晚期发展起来的网络计划方法,就是针对以上要求而产生的。其代表性方法就是"计划评审技术"(Program Evaluation and Review Technique,PERT)和"关键路线法"(Critical Path Method,CPM)。CPM 是借助于网络图表示各项工作间相互关系和所需时间,通过网络分析研究工程费用与工期的相互关系,且找出编制和执行计划的关键路线。它是 1957 年美国杜邦公司用于工程紧急维修时创造的一种方法。PERT 是应用网络分析方法和网络计划去评价和审查各项工作安排,它是 1958 年美国研制北极星导弹计划时应用的一项技术。

CPM 多用于已取得一定经验的承包工程,而 PERT 多用于项目的研制和开发。CPM 和

PERT 都是建立在网络模型基础上,称为网络计划技术。20 世纪 60 年代著名数学家华罗庚教授从国外引进的"统筹法"是中国项目管理发展的第一个里程碑。20 世纪 80 年代初,中国在鲁布革水电站工程首次进行的项目管理实践被称为中国项目管理发展的第二个里程碑。2002 年 4 月,北京召开了中国首届项目管理国际会议,中国科学院、联合国工业发展组织发布了《中国项目管理知识体系纲要》,从此中国的项目管理进入了科学的蓬勃发展的第三个里程碑。之后又开发了"现代项目管理能力水平认证(Project Management & Microsoft Project,PM&MP)"。

微软公司开发的 Microsoft Project 将可用性、功能性和灵活性完美地融合在一起,提供了可靠的项目管理工具,以便可以更加经济有效地管理项目。目前,这些方法被广泛应用于工业、农业、国防、科研等计划管理中,对缩短工期,节约人力、物力和财力,提高经济效益发挥了重要作用。

8.1 PERT 网络图

8.1.1 PERT 网络图的一些基本概念

网络图是一种有向图,它是用图解形式表示一项任务或工程项目各组成要素之间逻辑关系及完成时间的流程图。在网络图中,主要的组成要素包括工序、事件及路线三大部分。

1. 工序

工序泛指一切消耗时间或资源的行动,又称活动、任务、工作或作业。

2. 事件

事件标志一个或若干个工序的开始或结束,它不消耗时间或资源,或相对于工序讲,消耗量可以忽略不计。某个事件的实现标志着在它前面各项工序(紧前工序)的结束,又标志着它之后的各项工序(紧后工序)的开始。

PERT 网络图中,事件通常用圆圈表示,工序用箭线表示,如图 8.1 所示,图中事件①是开始进行工序 A 的标志,称为该项工序的起点事件;事件②是工序 A 的结束标志,称为该工序的终点事件。将 A 这个工序标记为(1,2)。一般某个工序若起点事件为 i,终点事件为 j,将该工序记为 (i,j)。作为整个网络图开始的事件称为起点事件,整个网络图结束的事件成为终点事件。箭线下面的数字 6 为完成本工序所需的时间。

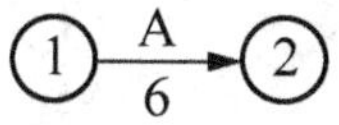

图 8.1 工序与事件表示

3. 路线

路线是指在 PERT 网络图中,从起点事件到终点事件的由各项工序连贯组成的一条通路。路线的总长度就是这条路线中各项工序所需时间的总和。在一个网络图中可能有很多条路线,其中总长度最长的路线称为关键路线,其他路线为非关键路线。关键路线上的各工序称为关键工序。

关键路线决定着整个计划(工程)的完工周期,如果在这条路线上的工作有所耽误,则整个计划工期就推迟;相反,如果能采取一定的技术组织措施缩短这条路线的持续时间,工期就可能提前完成。所以说,从能不能尽快完成任务这一点来看,这条路线是整个计划的关键。

8.1.2 绘制 PERT 网络图的规则

在绘制网络图时,要注意以下规则:

(1) 对任一工序(i, j),终点事件编号大于起点事件编号,即$j > i$。

(2) 不允许出现循环回路,否则组成回路的工序永远不能结束,工程永远无法完工。如果出现如图 8.2 所示的情况,则显然是错误的。

(3) 相邻的两个节点之间只允许有一条箭线,对具有相同开始和结束节点的两项以上工序,要引进虚节点和虚工序。图 8.3 中(a)是错误的,应采用如图 8.3(b)所示的网络图。

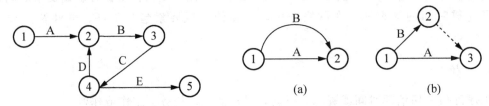

图 8.2　循环回路错误图　　　　图 8.3　虚节点与虚工序表示

图 8.3(b)②→③称为虚工序,节点②称为虚事件。虚工序是指不消耗资源也不消耗时间的工序,虚事件是因虚工序的引入而引入的虚工序起始事件。

(4) 网络图一般只有一个始点和一个终点。若工程开始时有几道工序同时开工,或有几道工序同时完工,而这些工序不能用一个始点和一个终点表示时,可以增加虚工序。如图 8.4(a)是错误的,图 8.4(b)是正确的。

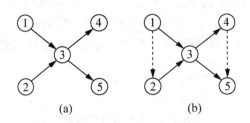

图 8.4　多个始点和终点通过虚工序表示成一个始点和一个终点

(5) 平行工序和交叉工序的表示方法。为缩短工程的完工时间,在工艺流程和生产组织允许的情况下,某些工序可以同时进行,即采取平行作业的方式。

一般情况下，有几道平行工序结束后转入下一道工序，考虑便于计算网络事件与关键路线，选择在平行作业的几道工序中所需时间最长的一道工序，直接与紧后工序衔接，而其他工序则通过虚工序与其紧后工序衔接。

对需较长时间才能完成的一些工序，在工艺流程与生产组织条件允许的情况下，可以不必等待工序全部结束后再转入其紧后工序，而是分期分批地转入。这种方式称为交叉工序(作业)，交叉作业可以缩短工程完工期。

例如，修建某段铁路时，有三道工序：修路基(A)、铺路碴(B)、铺钢轨(C)。显然不会等一项工序全部完成之后再开始另一项工序。例如，可以将每道工序为两段交叉作业，设 $A=A_1+A_2$，$B=B_1+B_2$，$C=C_1+C_2$ 可以绘制如图8.5所示的网络图。

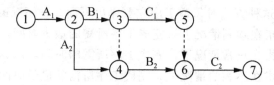

图 8.5　交叉工序表示方法

(6) 网络图的布局。网络图应该清晰醒目，布局突出重点，尽可能将关键路线布置在中心位置，一般从左到右，并尽量避免箭线的交叉。

【例 8.1】　绘制引例的网络图（绘制结果如图8.6所示）。

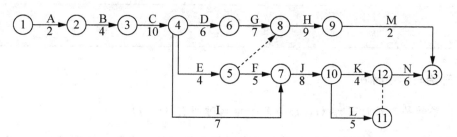

图 8.6　PERT 网络图

8.2　PERT 网络图时间参数的计算

计算网络图中有关的时间参数，主要目的是找出关键路线，为网络计划的优化、调整和执行提供明确的时间概念。

网络图的时间参数包括：工序所需时间、事件最早、最迟时间，工序的最早、最迟时间及时差等。进行时间参数计算不仅可以得到关键路线，确定和控制整个任务在正常进度下的最短工期，而且在掌握非关键工作基础上可进行人、财、物等资源的合理安排，进行网络计划的优化。

8.2.1 工序时间 t(i, j)的确定

完成一道工序(i, j)所需时间记为$t(i, j)$，有以下2种确定方法。

1. 确定型

在具备工时定额和劳动定额的任务中，工序的工时$t(i, j)$可以用这些定额资料来确定；对无定额可查任务，其工序时间可利用统计资料通过分析来确定。

2. 概率型

对于开发试制型的任务，或对工序所需工时难以准确估计时，可以采用三点时间估计法来确定工序的工时。这种方法对每道工序先要作出下面3种情况的时间估计。

（1）最乐观时间：指在顺利情况下，完成工序所需的最少时间，用a表示。
（2）最可能时间：指在正常情况下，完成工序所需的时间，用m表示。
（3）最悲观时间：指在不利的情况下，完成工序所需的最长时间，用b表示。

利用这三个时间，每道工序的期望工时可估计为

$$t(i, j) = \frac{a + 4m + b}{6} \quad \text{式 8.1}$$

方差为

$$\sigma^2 = \left(\frac{b-a}{6}\right)^2 \quad \text{式 8.2}$$

8.2.2 开始与结束时间

1. 工序最早开始时间$t_{ES}(i, j)$与最早结束时间$t_{EF}(i, j)$

最早开始时间：各项紧前作业最早结束时间中最大的一个值，表明只有各紧前作业全部完成后才能开始；最早结束时间则为最早开始时间加上作业时间。即：

$$\begin{cases} t_{ES}(1, j) = 0 \;(1：始点标号) \\ t_{ES}(i, j) = \max_k \{t_{EF}(k, i)\} \\ t_{EF}(i, j) = t_{ES}(i, j) + t(i, j) \end{cases} \quad \text{式 8.3}$$

【例8.2】 承例8.1，求图8.6中各工序的最早开始时间与最早结束时间。

解 利用Excel计算结果如图8.7所示。其输入公式方法：

（1）在F2单元格输入如图8.7所示公式后，向下复制到F3：F16单元格区域。
（2）E列起始节点开始时间为0，其他节点看紧前作业，依公式8.3输入。

第8章　计划评审技术与关键路线法

	A	B	C	D	E	F
1	工序	紧前工序	t(i,j)	紧后工序	t_E(i,j)	t_{EF}(i,j)
2	A	—	2	B	0	=E2+C2
3	B	A	4	C	=F2	=E3+C3
4	C	B	10	D,E,I	=F3	=E4+C4
5	D	C	6	G	=F4	=E5+C5
6	E	C	4	F,H	=F4	=E6+C6
7	F	E	5	J	=F6	=E7+C7
8	G	D	7	H	=F5	=E8+C8
9	H	E,G	9	M	=MAX(F6,F8)	=E9+C9
10	I	C	7	J	=F4	=E10+C10
11	J	F,I	8	K,L	=MAX(F7,F10)	=E11+C11
12	K	J	4	N	=F11	=E12+C12
13	L	J	5	N	=F11	=E13+C13
14	M	H	2	虚	=F9	=E14+C14
15	N	K,L	6	虚	=MAX(F12,F13)	=E15+C15
16	虚	M,N	0	—	=MAX(F14,F15)	=E16+C16

图 8.7　最早开始时间与最早结束时间公式审核模式

2. 工序最迟结束时间 $t_{EF}(i,j)$ 与最早结束时间 $t_{LS}(i,j)$

最迟结束时间：各项紧后作业最迟开始时间中最小的一个值，表明在不影响紧后工序开始的最迟结束的时刻。最迟开始时间：最迟结束时间减作业时间。即：

$$\begin{cases} t_{LF}(i,n) = t_{EF}(i,n) \quad (n：终点标号) \\ t_{LF}(i,j) = \min_k \{t_{LS}(j,k)\} \\ t_{LS}(i,j) = t_{LF}(i,j) - t(i,j) \end{cases} \quad 式8.4$$

【例 8.3】 承例 8.2，求图 8.6 中各工序的最迟结束时间与最迟开始时间。

解 利用 Excel 计算结果如图 8.8 所示。其输入公式方法：

(1) H2 单元格输入如图 8.8 所示公式，向下复制至 H3：H16 单元格区域。

(2) G 列结束节点最迟结束时间=最早结束时间，其他节点看紧后作业，依公式 8.4 输入。

	A	B	C	D	E	F	G	H	I
1	工序	紧前工序	t(i,j)	紧后工序	t_E(i,j)	t_{EF}(i,j)	t_{LF}(i,j)	t_{LS}(i,j)	R(i,j)
2	A	—	2	B	0	2	=H3	=G2-C2	=H2-E2
3	B	A	4	C	2	6	=H4	=G3-C3	=H3-E3
4	C	B	10	D,E,I	6	16	=MIN(H5,H6,H10)	=G4-C4	=H4-E4
5	D	C	6	G	16	22	=H8	=G5-C5	=H5-E5
6	E	C	4	F,H	16	20	=MIN(H7,H9)	=G6-C6	=H6-E6
7	F	E	5	J	20	25	=H11	=G7-C7	=H7-E7
8	G	D	7	H	22	29	=H9	=G8-C8	=H8-E8
9	H	E,G	9	M	29	38	=H14	=G9-C9	=H9-E9
10	I	C	7	J	16	23	=H11	=G10-C10	=H10-E10
11	J	F,I	8	K,L	25	33	=MIN(H12,H13)	=G11-C11	=H11-E11
12	K	J	4	N	33	37	=H15	=G12-C12	=H12-E12
13	L	J	5	N	33	38	=H15	=G13-C13	=H13-E13
14	M	H	2	虚	38	40	=H16	=G14-C14	=H14-E14
15	N	K,L	6	虚	38	44	=H16	=G15-C15	=H15-E15
16	虚	M,N	0	—	44	44	=H16	=F16	—

图 8.8　最迟结束时间与最迟开始时间公式审核模式

8.2.3　工序时差与关键路线

工序时差又称作业时差，是用来表示该工序(作业)有多大的机动时间可以利用。时差越大,机动时间越多,工作的潜力就越大,说明计划安排不紧凑。所以时差也称为"机动时间"。工序时差又分为工序总时差和工序单时差。

1. 总时差 $R(i, j)$

总时差:表示在不影响工程总工期的条件下,工序最早开始(或结束)时间可以推迟的时间。它是网络上多于一项作业共同拥有的机动时间,并非为某项作业单独拥有。其计算公式:

$$R(i, j) = t_{LF}(i, j) - t_{EF}(i, j) = t_{LS}(i, j) - t_{ES}(i, j) \qquad 式8.5$$

2. 自由时差 $F(i, j)$

自由时差:不影响它的各项紧后作业最早开工时间条件下,该项作业可以推迟的开工的最大时间限度。它是一项作业独自拥有的机动时间。其公式:

$$F(i, j) = \min_k t_{ES}(j, k) - t_{EF}(i, j) \qquad 式8.6$$

其中,$t_{ES}(j, k)$ 为工序 $i \rightarrow j$ 的紧后工序的最早开始时间。

3. 关键路线

关键路线是指总时差为零的路线,其意义:
第一,这条路线的持续时间决定了完成全盘计划所必需的最少时间;
第二,关键路线上的各项作业对影响计划进度起关键作用,是整个工程的控制性环节。

【例 8.4】 承例 8.3,求图 8.6 中各工序的总时差与自由时差。

解 (1)I2 输入如图 8.9 所示公式,向下复制到 I3:I16,求得总时差;(2)J 列为自由时差,依公式 8.6 计算(如图 8.9 所示)。

	A	B	C	D	E	F	G	H	I	J
1	工序	紧前工序	t(i,j)	紧后工序	$t_{ES}(i,j)$	$t_{EF}(i,j)$	$t_{LF}(i,j)$	$t_{LS}(i,j)$	R(i,j)	F(i,j)
2	A	—	2	B	0	2	2	0	=H2-E2	=E3-F2
3	B	A	4	C	2	6	6	2	=H3-E3	=E4-F3
4	C	B	10	D,E,I	6	16	16	6	=H4-E4	=MIN(E5,E6,E10)-F4
5	D	C	6	G	16	22	26	20	=H5-E5	=E8-F5
6	E	C	4	F,H	16	20	20	16	=H6-E6	=MIN(E7,E9)-F6
7	F	E	5	J	20	25	25	20	=H7-E7	=E11-F7
8	G	D	7	H	22	29	33	26	=H8-E8	=E9-F8
9	H	E,G	9	M	29	38	42	33	=H9-E9	=E14-F9
10	I	C	7	J	16	23	25	18	=H10-E10	=E11-F10
11	J	F,I	8	K,L	25	33	33	25	=H11-E11	=MIN(E12:E13)-F11
12	K	J	4	N	33	37	38	34	=H12-E12	=E15-F12
13	L	J	5	N	33	38	38	33	=H13-E13	=E15-F13
14	M	H	2	虚	38	40	44	42	=H14-E14	=E16-F14
15	N	K,L	6	虚	38	44	44	38	=H15-E15	=E16-F15
16	虚	M,N	0	—	44	44	44	44	—	—

图 8.9 总时差、自由时差公式审核模式

第8章 计划评审技术与关键路线法

在 K2 单元格中输入公式"＝IF(I2＝0," Yes"," No")",向下复制到 K3：K15 单元格区域,便找到关键路线(如图 8.10 所示)。

工序	紧前工序	t(i,j)	紧后工序	$t_{ES}(i,j)$	$t_{EF}(i,j)$	$t_{LS}(i,j)$	$t_{LF}(i,j)$	R(i,j)	F(i,j)	关键路线
A	—	2	B	0	2	2	0	0	0	Yes
B	A	4	C	2	6	6	2	0	0	Yes
C	B	10	D,E,I	6	16	16	6	0	0	Yes
D	C	6	G	16	22	26	20	4	0	No
E	C	4	F,H	16	20	20	16	0	0	Yes
F	E	5	J	20	25	25	20	0	0	Yes
G	D	7	H	22	29	33	26	4	0	No
H	E,G	9	M	29	38	42	33	4	0	No
I	C	7	J	16	23	25	18	2	2	No
J	F,I	8	K,L	25	33	33	25	0	0	Yes
K	J	5	N	33	38	38	34	1	1	No
L	J	5	N	33	38	38	33	0	0	Yes
M	H	2	虚	38	40	44	42	4	4	No
N	K,L	6	虚	38	44	44	38	0	0	Yes
虚	M,N	0	—	44	44	44	44			

图 8.10　各种时间参数及关键路线

将工序最早开始时间计算结果计入□内,将工序最迟结束时间计算结果计入△内,将关键路线用双线标识,得图 8.11。

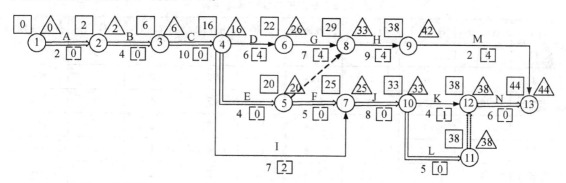

图 8.11　网络图关键路线

8.3　网络计划的优化

通过绘制网络图,计算时间参数和确定关键路线后,就得到了一个初始的计划方案。初始计划方案中,某些环节的工作安排以及资源的配置还不尽合理,还需要对这些环节加以调整和改善。所谓网络计划的优化就是综合考虑进度安排、资源配置、成本耗费等因素,找出现有网络计划中存在的问题,合理利用工序时差以及调配资源等手段,以使计划的执行效果最优的改善的过程。

衡量网络计划是否达到最优,应综合评定工期、成本、资源消耗等技术经济指标,但目前还没有一个能全面反映这些指标的数学模型,因此,只能根据不同的既定条件,按某一期望实现的目标来衡量是否达到最优的计划方案。下面就介绍几种优化方法。

8.3.1 时间优化

时间是一种特殊的资源,对工期要求紧迫的工程项目,应千方百计地采取措施,调整修改初始网络计划,以达到时间最短的目的,或者满足指令的时间要求。这种以工期为目标,调整初始网络计划的过程称为网络计划的时间优化。

时间优化的主要途径有如下几种。

(1) 采取技术措施,缩短关键工序的作业时间。

(2) 采取组织措施,将连续施工的工序调整为平行施工。

(3) 充分利用非关键工序总时差,合理调配技术力量及人财物等资源,缩短关键工序的作业时间。

【例 8.5】 在引例中正常组织施工会在 44 周完成,要严格控制防止拖延到 49 周,以免受到 25 万元的罚款。为获得 18 万元的资金奖励,能否把项目工期缩短为 41 周?如何对项目进行管理?

解 由图 8.11 可知,该工程的关键路线为 A→B→C→E→F→J→L→N,总工期为 44 周。为使工期缩短为 41 周,必须缩短关键工序的时间。将图 8.10 中的关键路线和非关键路线按作业时间降序排列,如表 8-2 所示。

表 8-2 各工序作业时间排序表

工序	$t(i,j)$	$R(i,j)$	$F(i,j)$	关键路线	工序	$t(i,j)$	$R(i,j)$	$F(i,j)$	关键路线
C	10	0	0	Yes	H	9	4	0	No
J	8	0	0	Yes	I	7	2	2	No
N	6	0	0	Yes	G	7	4	0	No
L	5	0	0	Yes	D	6	4	0	No
F	5	0	0	Yes	K	4	1	1	No
E	4	0	0	Yes	M	2	4	4	No
B	4	0	0	Yes					
A	2	0	0	Yes					

解决方案

(1) 按关键路线上作业时间由大到小顺序考虑缩短作业时间。

(2) 对作业时间较大的(如 C、J)考虑平行作业。

(3) 总时差并非独占,自由时差为独占。自由时差最大的是 M 可能推迟 4 周,其次是 I 可能推迟 2 周,K 可能推迟 1 周。可考虑从这些部门抽调力量,充实到关键路线上。

8.3.2 费用优化

在编制网络计划过程中,研究如何使得工程在既定的完工时间条件下,所需要的费用最少,或者在限制费用的条件下,工程完工时间最短,这就是网络计划费用优化所要研究和解决的问题。

按照会计核算的分类，工程总费用主要包括两方面的内容。

1. 直接费用

直接费用是指直接用于工程建设工作的耗费，包括直接生产工人的工资及附加费，设备、能源、工具及材料消耗等直接与完成工作有关的费用。

为缩短工序的作业时间，需要采取一定的技术组织措施，相应的要增加一部分直接费用。在一定条件和一定范围内，工序的作业时间越短，直接费用越多。缩短工序单位时间所增加的费用称为直接费用。

2. 间接费用

间接费用是指为组织和管理工程的生产经营活动所发生的费用。包括管理人员的工资、办公费、采购费用、设备租金及固定资产折旧等。

间接费用通常按施工时间的长短分摊，在一定的生产规模内，工序的作业时间越短，分摊的间接费用越少。大部分情况下，间接费用有一个间接费率，直接与完工时间相乘计算间接费用。

完成工程项目(由各工序组成)的直接费用、间接费用、总费用与工程完工时间即工期的关系如图8.12所示。从图中可以看出，工程总费用有一个最低点，工程费用最低的工程完工时间称为"最低成本日程"。

最低成本日程提供了时间和费用方面最优的配置状况，在工期和投资限制都较少的情况下，选择最低成本日程制订工期和投资计划，无疑会获得较高的收益。但现实中，往往时间和投资都会受到不同程度的限制约束，因此关于工程的费用优化，常分为两种情况：一是在工期受到限制的情况下，使工程的总费用最低；二是在投资费用一定的情况下，使工期最短。但不管是哪种，最低成本日程都是重要的参考数据。

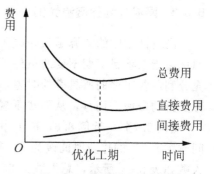

图8.12 最低成本日程

【例8.6】 承例8.5，假设8道工序正常时间、正常费用、最短时间、最大费用见表8-3(前5列)，工程间接费率为0.5万元/周。试调整网络计划，降低工程总费用。

表8-3 各工序作业时间排序表

工序	正常时间/周	正常费用/万元	最短时间/周	最大费用/万元	直接费用率万元/周	可缩短的时间/周
C	10	10	7	14	4/3	3
J	8	10	6	14	2	2
N	6	8	5	10	2	1
L	5	6	4	10	4	1

续表

工序	正常时间/周	正常费用/万元	最短时间/周	最大费用/万元	直接费用率 万元/周	可缩短的时间/周
F	5	7	4	10	3	1
E	4	6	3	7	1	1
B	4	6	3	8	2	1
A	2	4	1	6	2	1

解 计算直接费用率

$$\text{直接费用率} = \frac{\text{最大费用} - \text{正常费用}}{\text{正常时间} - \text{最短时间}}$$

直接费用最少的是工序 E，可缩短 1 周，其次是 C，可缩短 3 周，缩短 2 周即可。由于赶工，直接费用增加额为 $1\times1+2\times4/3=3.67$ 万元；由于时间缩短，间接费用减少 $3\times0.5=1.5$ 万元；总费用增加 2.17 万元，获得奖金 18 万元，增加 15.83 万元收益。

8.3.3 网络计划的资源优化

网络计划中的资源是为完成工序任务所需要的人力材料机械设备和资金等的统称。资源优化指在项目工期不变的条件下，均衡地利用资源，采用的是"削峰填谷"的原理，即充分利用各工序的所具有的时差，调整工序的开始和完成时间，使调整后的资源用量小于原安排的资源需用量，从而实现规定工期条件下的资源均衡。

【例 8.7】 承例 8.6，E 工序缩短 1 周，C 工序缩短 2 周后，将图 8.10 中 C 的作业时间改为 8，E 的作业时间改为 3，得新的时间参数并找出关键路线，并假设各工序所需工人数如表 8-4 所示，总人数为 65 人，并假设这些工人可以完成工序中的任一工序。试对该工程的人力资源进行优化。

表 8-4 工序及资源表

工序	紧前工序	$t(i,j)$	紧后工序	需员工数	$t_{ES}(i,j)$	$t_{EF}(i,j)$	$t_{LF}(i,j)$	$t_{LS}(i,j)$	$R(i,j)$	$F(i,j)$	关键路线
A	—	2	B	20	0	2	2	0	0	0	Yes
B	A	4	C	40	2	6	6	2	0	0	Yes
C	B	8	D, E, I	45	6	14	14	6	0	0	Yes
D	C	6	G	40	14	20	23	17	3	0	No
E	C	3	F, H	25	14	17	17	14	0	0	Yes
F	E	5	J	25	17	22	22	17	0	0	Yes
G	D	7	H	45	20	27	30	23	3	0	No
H	E, G	9	M	20	27	36	39	30	3	0	No
I	C	7	J	15	14	21	22	15	1	1	No
J	F, I	8	K, L	20	22	30	30	22	0	0	Yes

续表

工序	紧前工序	$t(i,j)$	紧后工序	需员工数	$t_{ES}(i,j)$	$t_{EF}(i,j)$	$t_{LF}(i,j)$	$t_{LS}(i,j)$	$R(i,j)$	$F(i,j)$	关键路线
K	J	4	N	25	30	34	35	31	1	1	No
L	J	5	N	20	30	35	35	30	0	0	Yes
M	H	2	虚	18	36	38	41	39	3	3	No
N	K,L	6	虚	20	35	41	41	35	0	0	Yes
虚	M,N	0	—	—	41	41	41	41	—	—	—

解 由"工序"、"最早开始时间 $t_{ES}(i,j)$"、"作业时间 $t(i,j)$"绘制 Excel 甘特图（图表类型：自定义类型/条图）如图 8.13 所示。图中红色条为关键路线（手工修改的数据点填充色）。

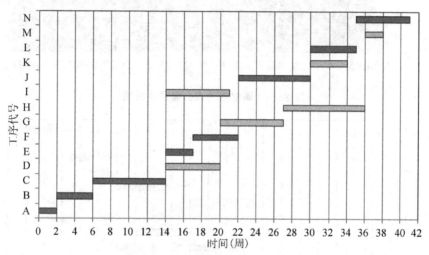

图 8.13 甘特图（Excel 悬浮条图）

根据图 8.13，按相同时间段汇总人数，绘制人力需求条图（见图 8.14）。由图 8.13 可见，从第 14 周开始至第 21 周，人数需求超过公司总人数。此间作业的工序有 D、E、F、G、I，其中 E、F 工序为关键路线，没有后延的余地。考虑如下方案：

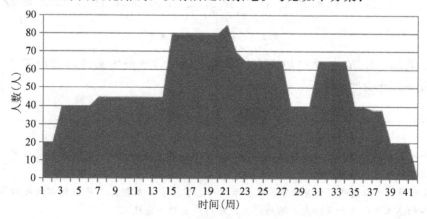

图 8.14 各时间段人力需求分布图

第一，将 G、H、M 有 3 周总时差，依次向后延迟 3 周，避开第 21 周用工 85 人的高峰和第 22 周 70 人的超员时间。工序 I 有 1 周的自由时差，向后延迟 1 周，得员工需求人数如图 8.15 所示。调整后的甘特图如图 8.16 所示。由图 8.15 可见，从第 15 周至第 19 周仍有 5 周产生员工需求 80 人，超员 15 人。由图 8.16 可见，此时，用人高峰的作业 D、E、F、I 均无后延的可能性。

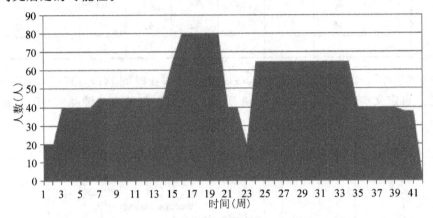

图 8.15　调整后的人力需求分布图

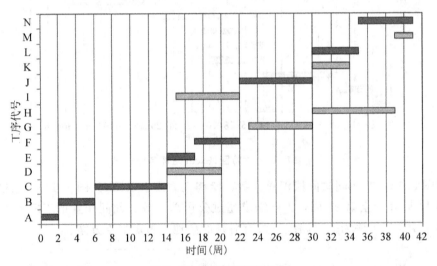

图 8.16　调整后的甘特图

第二，将 A、B、C 工序增加人力，缩短工期，将节余出来的时间用于 D、E、F、I 工序提前开始，作业时间延长，减少施工人员。

本章小结

本章介绍了计划评审技术与关键路线法的基本概念，网络图的绘制、时间参数的计算、关键路线的确定及项目的优化。要求掌握：

（1）网络图。网络图是一个有向图，弧表示工序，节点表示事件。工序指任何消耗时间或资源的行动；事件标志工序的开始或结束；路线：从始点到终点的一条链。

(2) 当工序较多时，手工绘制网络图很困难，而实际运用中并不需要绘制网络图，因此要求一般了解。

(3) 时间参数的计算。时间参数包括工序时间、开始与结束时间、时差。其中工序时间的确定对确定有一点估计法和三点估计法。其计算次序依次为：

最早开始时间→最早结束时间→最迟结束时间→最迟开始时间→总时差，其计算公式为：

$$\begin{cases} t_{ES}(1,j)=0(1: 始点标号) \\ t_{ES}(i,j)=\max_k \{t_{EF}(k,i)\} \\ t_{EF}(i,j)=t_{ES}(i,j)+t(i,j) \end{cases}, \begin{cases} t_{LF}(i,n)=t_{EF}(i,n)(n: 终点标号) \\ t_{LF}(i,j)=\min_k \{t_{LS}(j,k)\} \\ t_{LS}(i,j)=t_{LF}(i,j)-t(i,j) \end{cases}$$

总时差 $R(i,j)=t_{EF}(i,j)-t_{ES}(i,j)=t_{LF}(i,j)-t_{LS}(i,j)$

自由时差 $F(i,j)=\min_j t_{ES}(j,k)-t_{EF}(i,j)$

(4) 关键路线。

关键路线是指总时差为零的路线，其意义：

第一，这条路线的持续时间决定了完成全盘计划所必需的最少时间；

第二，关键路线上的各项工序对影响计划进度起关键作用，是整个工程的控制性环节。

(5) 网络优化。

时间优化：

采取组织措施，充分利用非关键工序的总时差，合理调配技术力量及人、财、物等资源，缩短关键工序的工序时间。

时间—资源优化：

第一，利用非关键工序的总时差，错开各工序的开始时间，拉平资源需要量的高峰；

第二，在资源受到限制或考虑综合经济效益的条件下，也可以适当推迟工程完工时间。

时间—费用优化：

第一，在关键路线上从赶工成本最低的工序开始进行赶工；

第二，综合考虑为缩短工期而产生的赶工成本与缩短工期所产生的效益。

关键术语

计划评审技术(Program Evaluation and Review Technique，PERT)
关键路线法(Critical Path Method，CPM)　　紧前工序(Preceding Activity)
工序时间(Working Procedure Time)　　最早开始时间(Earliest Start Time)
最早结束时间(Earliest Finish Time)　　最迟开始时间(Late Start Time)
最迟结束时间(Late Finish Time)　　总时差(Total Float)
关键路线(Critical Path)　　时间优化(Optimize Ombination)
费用优化(Cost Optimization)　　资源优化(Resource Optimization)

知识链接

WinQSB 在项目管理中的应用见本书课程网站《运筹学实验导书》，MS Project 使用见相关教材或 Project 帮助文件。

习 题

1. 根据表8-5的紧前工序、工序时间 $t(i,j)$/天，将其他项填写完整，并指出关键路线。

表8-5 工序明细表

工序	紧前工序	$t(i,j)$	紧后工序	$t_{ES}(i,j)$	$t_{EF}(i,j)$	$t_{LS}(i,j)$	$t_{LF}(i,j)$	$R(i,j)$	关键路线
A	—	2							
B	—	3							
C	—	2							
D	A, B	4							
E	B	6							
F	B	5							
G	F, C	2							
H	B	3							
I	E, H	1							
J	E, H	5							
K	C, D, F, G	4							
L	K	3							
M	L, I, J	2							

2. 根据表8-6给出的条件绘制网络图。

表8-6 工序明细表

工序	A	B	C	D	E	F	G	H	I	J
紧前工序	—	A	A	A	B	C	D	E, F	F, G	H, I

3. 已知资料如表8-7所示，试求赶工1天费用最小的方案。

表8-7 工序明细表

工序	工序时间/天	紧前工序	正常完成进度的直接费用/百元	赶进度一天所需费用/百元
A	4	—	20	5
B	8	—	30	4
C	6	B	15	3
D	3	A	5	2
E	5	A	18	4
F	7	A	40	7

续表

工序	工序时间/天	紧前工序	正常完成进度的直接费用/百元	赶进度一天所需费用/百元
G	4	B，D	10	3
H	3	E，F，G	15	6
合计			153	
工程的间接费用			5/（百元/天）	

4. 某工程各工序的时间及所需要的人数如表 8-8 所示，现有人数为 10 人，试确定工程各工序的进度计划。

表 8-8 工序明细表

工序	紧前工序	工序时间/天	需要人员数
A	—	4	9
B	—	2	3
C	—	2	6
D	—	2	4
E	B	3	8
F	C	2	7
G	F，D	3	2
H	E，G	4	1

5. 实验一

【实验项目】 项目关键路线的确定。
【实验目的】 熟悉运用 WinQSB 的 PERT-CPM 模块求解关键路线。
【实验内容】 根据表 8-9 给出的条件，确定关键路线。

表 8-9 工序明细表

工序	紧前工序	工序时间	工序	紧前工序	工序时间	工序	紧前工序	工序时间
A	—	60	G	B，C	7	M	J，K	5
B	A	14	H	E，F	12	N	I，L	15
C	A	20	I	F	60	O	N	2
D	A	30	J	D，G	10	P	M	7
E	A	21	K	H	25	Q	O，P	5
F	A	10	L	J，K	10			

【实验要求】
（1）建立 WinQSB 数据编辑文件并输入数据。

（2）查看各工序的最早开始时间、最早结束时间、最迟开始时间、最迟结束时间、总时差与自由时差。

（3）指出关键路线，并求在正常情况下，全部完成需要多长时间。

（4）查看甘特图。

6．实验二

【实验项目】 项目费用优化。

【实验目的】 熟悉运用 WinQSB 的 PERT - CPM 模块进行费用优化。

【实验内容】 对表 8 - 10 进行费用优化。

表 8 - 10 工序明细表

工序	紧前工序	正常时间	赶工时间	正常成本/百元	赶工成本/百元
A	—	4	3	20	25
B	—	8	6	30	40
C	B	6	5	15	20
D	A	3	2	5	8
E	A	5	4	18	22
F	A	7	5	40	45
G	B，D	4	3	10	12
H	E，F，G	3	2	15	18

【实验要求】

（1）建立 WinQSB 数据文件。

（2）查看正常时间总成本。

（3）最短完成时间总成本。

（4）赶工 2 天的总成本。

第 9 章 动态规划

教学目标

知识目标	技能目标	应用方向
1. 理解下列基本概念 状态变量，决策变量，策略，状态转移方程，指标函数和最优值函数 2. 理解动态规划的基本方程和最优化原理 3. 理解动态规划模型建立过程 4. 掌握顺序算法与逆序算法解题方法	1. 能对管理中遇到的一些典型问题（最短路问题、资源分配问题、设备负载问题、生产存储问题）建立动态规划模型 2. 掌握求解上述问题软件的用法（WinQSB 或 Excel）	合理组织人、财、物力的单目标多阶段最优化问题

知识结构

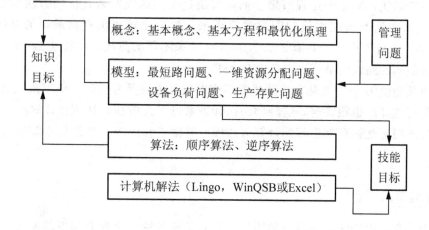

导入案例

马车驿站问题

一驾马车从 A 地到城市 E 地，途中经过 3 个中间驿站，且每个中间驿站有几个不同的地点可供选择，选择不同的驿站的距离是不同的，两点之间的连线上的数字表示两点间的距离，如图 9.1 所示。试求一条从 A 到 E 的线路，使总距离最短。

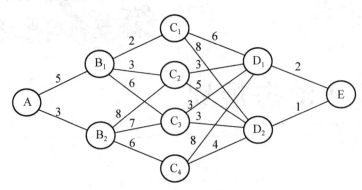

图 9.1 城市间的线路网络

如图 9.1 所示的线路网络，求 A 到 E 的最短路线问题是动态规划中一个较为直观的典型例子。由图可知，从 A 点到 E 点可分为四个阶段：$A \rightarrow B \rightarrow C \rightarrow D \rightarrow E$。在第一阶段，$A$ 为起点，终点有 B_1、B_2 两个，因而这时走的路线有两个选择：一是选择 B_1；二是选择 B_2。若选择 B_1 的决策，则 B_1 就是第一阶段决策之下的结果。它既是第一阶段路线的终点，又是第二阶段路线的起点。在第二个阶段，再从 B_1 点出发，对应于 B_1 点就有一个可供选择的终点集合 $\{C_1，C_2，C_3\}$；若选择由 B_1 走到 C_1 为第二阶段的决策，则 C_1 就是第二段的终点，同时又是第三阶段的起点。同理递推下去，可看到，各个阶段决策不同，途径的城市路线就不同。很明显，当某阶段的起点给定时，它直接影响着后面各阶段的行进路线和整个路线的长度，而后面各阶段的路线的发展不受这点以前各阶段路线的影响。故此问题的要求是：在各个阶段选择一个恰当的决策，使由这些决策组成的一个决策序列所决定的一条路线，其总路程最短。如何解决这个问题呢？最直接的方法就是穷举法，即把由 A 到 E 的所有可能路线的距离都算出来，然后比较找出距离最短的路线。这样，从 A 到 E 的 4 个阶段中，一共有 $2 \times 3 \times 2 \times 1 = 12$ 条不同的路线，比较这 12 条不同路线的距离，最短距离的路线为 $A \rightarrow B_1 \rightarrow C_2 \rightarrow D_1 \rightarrow E$。

相应的最短值为 13。显然，当路线数不多时这种方法是有效的，但当阶段数增加，且各阶段的不同选择数也很多时，这种解法的计算量将大大增加，甚至在计算机上也无法实现。那么对该问题是否存在更好的计算方法呢？答案是肯定的，这就是本章所讨论的动态规划法。

背景知识

近几十年来，由于实际和理论的需要，运筹学的各种理论和方法蓬勃发展，在很多领域都取得了突出的成就。动态规划作为运筹学的一个分支，在工程技术、经济、工业生产及军事等部门都得到了广泛的应用，并获得了显著的效果。许多问题，利用动态规划处理，常比线性规划和非线性规划这样一些"静态"的优化方法更加有效。特别是对于离散性质的问题，传统的解析数学方法无法施展其技，动态规划就常常成为一种有用的工具。对于某些问题，利用动态规划方法处理，不仅能对问题作出定性的分析，而且也能给出利用计算机求其数值解的方法。

贝尔曼(1920—1984)

动态规划是解决多阶段决策过程最优化的一种方法，大约产生于 20 世纪 50 年代。1951 年，美国数学家贝尔曼等人，根据多阶段决策问题的特点，把多阶段决策问题表示为一系列单阶段问题而逐个加以解决，提出了解决这类问题的"最优化原理"，并将其应用于很多实际问题的研究，从而建立了运筹学的一个分支——动态规划。1957 年，这个领域的第一部著作《动态规划》问世。

多阶段决策问题，根据决策过程的时间参量是离散的还是连续的，过程分为离散决策过程和连续决策过程；根据决策过程的转移是确定性的还是随机性的，过程分为确定性决策过程和随机性决策过程。将其组合起来，可以得到离散确定性、离散随机性、连续确定性和连续随机性四种决策过程模型。本章主要讨论离散确定性决策过程，其中建立的概念、理论和方法，也是整个动态规划的基本内容。

 阅读材料

动态规划由贝尔曼建立。1957 年贝尔曼首次提出了系统的论述，接着贝尔曼和他的合作者发表了应用动态规划和动态规划在控制理论中的应用等其他书籍，学者们还对动态规划在马尔可夫过程中的应用进行了讨论。大量的书籍和文章都讲述了动态规划在化学工程、资源理论、变分法、最优控制理论和经济学中的应用。

动态规划求解的基本方法有两种：逆序解法和顺序解法。动态规划模型建立后，对基本方程的分段求解，不像线性规划那样有通用的解法，而是必须根据具体问题的特点，结合数学技巧灵活求解，大体有以下几种常用算法。

（1）离散变量的分段穷举算法。

（2）连续变量的解法。

（3）连续变量的离散化解法。

（4）高维问题的解法——疏密格子点法、逐次逼近法、拉格朗日乘子法。

美国诺贝尔经济学奖获得者哈里·马克维茨(Harry Markowitz)(1952)第一次从风险资产的收益率与风险之间的关系出发，讨论了不确定经济系统中最优资产组合的选择问题，获得了著名的基金分离定理，为资产定价理论奠定了坚实的基础。在马克维茨(Markowitz)的资产组合均值—方差理论的基础上，另一位美国诺贝尔经济学奖获得者威廉·夏普(William F. Sharpe)(1964)和其他两位学者约翰·林(John Lintner)(1965)及约翰·莫辛(John Moosin)(1966)，在比较强的市场和投资者行为假设下，各自独立地得出了马克维茨均值——方差的均衡版本，即著名的资本资产定价模型(CAPM)。虽然 CAPM 奠定了现代资本市场均衡定价理论的核心基础，但它却建立在一系列严格的假设基础上，从而使其对市场的实际指导作用受到较大限制。CAPM 的主要不足之一是：静态单阶段的研究方法使得 CAPM 要求的投资行为与实际有差异，并因此不能将消费与投资进行综合研究。于是，从 20 世纪 70～80 年代以来，以布里登（D. Breeden）、罗宾斯坦（M. Rubinstein）、爱德温·J·埃尔顿（Edwin J. Elton）以及格鲁布（M. J. Gruber）等人为代表的一大批金融经济学家致力于研究寻找更接近实际的资产定价均衡理论，并推出了一系列的 CAPM 衍生模型，如"消费导向 CAPM"（即 CCAPM）。此外，法玛（F. Fama）研究了多个持有期的 CAPM。默顿（R. C. Merton）研究了连续时间跨期 CAPM（即 ICAPM）。考克斯（John C. Cox）、乔纳佐恩·E·莫格索（Jonathon E. Ingersoll）和斯蒂芬·A·罗斯（Stephen A. Ross）的研究则将 ICAPM 作了一般性的推广。在动态多阶段情况下，投资者面临的环境不仅只有投资环境，还包括消费环境。默顿、考克斯等人通过一系列关于环境和可行集状态的假设，运用动态随机规划的理论和方法，同时考虑投资与消费最大化以求取最优投资组合。

近年来，动态规划不仅在自身的理论、方法和应用方面取得了许多新的进展，而且还广泛应用于最优控制、经济预测等问题。

本章将阐述动态规划的相关概念、数学模型的建立和求解方法。着重讨论实际问题的动态规划建模过程和求解方法。

9.1 动态规划的概念和原理

动态规划（Dynamic Programming）是求解多阶段决策过程（Multi-step Decision Process）最优化的一种数学方法，它将问题的整体按时间或空间的特征分成若干个前后衔接的时空阶段，把多阶段决策问题表示为前后有关的一系列单阶段决策问题，然后逐个求解，从而求出整个问题的最优决策序列。与传统的方法不同的是，它强调了问题的时间和空间的连续性。20 世纪 50 年代初美国数学家贝尔曼等人在研究多阶段决策过程的优化问题时，提出了著名的最优性原理，并研究和解决了其他实际问题，从而建立了解决最优化问题的一种新方法——动态规划方法。

动态规划方法在工程技术、经济管理、工业生产及军事部门中都有广泛的应用，并且获得了显著的效果。在经济管理方面，动态规划可以用来解决最优路径问题、资源分配问题、生产调度问题、库存问题、设备更新问题等，所以它是现代企业管理中的一种重要决策方法。许多问题用动态规划的方法去处理，常比线性规划或非线性规划更为有效，但动态规划不像线性规划那样有一个标准的数学表达式和明确定义的一组规则，而必须对具体问题进行具体分析处理。因此，在用动态规划方法解决实际问题时，不仅要对动态规划的基本概念和方法有深入的了解，还应该以丰富的想象力去建立数学模型，并用创造性的技巧去求解。

9.1.1 动态规划的基本概念

使用动态规划方法解决多阶段决策问题时，首先要写出实际问题的动态规划模型，然后求解。动态规划模型的建立依赖于下面的有关概念。

1. 阶段

把所给问题的过程,恰当地分为若干个相互联系的阶段,以便能按一定的次序去求解。描述阶段的变量称为阶段变量,常用 k 表示。阶段的划分,一般是根据时间和空间的自然特征来划分,但要便于把问题的过程转化为多阶段决策的过程,如引例中,可将问题分为四个阶段来求解,$k=1,2,3,4$。

2. 状态

状态表示每个阶段开始所处的自然状况或客观条件,它描述了研究问题过程的状况。在引例中,状态就是某阶段的出发位置。它既是该阶段某支路的起点,又是前一阶段某支路的终点。通常一个阶段有若干个状态,第一阶段有一个状态就是起点 A,第二阶段有两个状态,即点集 $\{B_1, B_2\}$,一般第 k 阶段的状态就是第 k 阶段所有始点的集合。

描述过程状态的变量称为状态变量。它可用一个数、一向量来表示,常用 s_k 表示第 k 阶段的状态变量。如在引例中第三阶段有 4 个状态,记 $s_3 = \{C_1, C_2, C_3, C_4\}$,有时为了方便,将该阶段的状态编上号码 1, 2, …,这时也可记为 $s_3 = \{1, 2, 3, 4\}$。

动态规划的状态应具有下面的性质:如果某阶段状态给定后,则在这阶段以后过程的发展不受这阶段以前各阶段状态的影响。换句话说,过程的过去历史只能通过当前的状态去影响它未来的发展,当前的状态是以往历史的一个总结,这个性质称为无后效性。如果状态的某种规定方式可能导致不满足无后效性,应适当地改变状态的规定方法,达到能使它满足无后效性的要求。

3. 决策

当过程处于某一阶段的某个状态时,可以作出不同的选择,从而确定下一阶段的状态,这种选择称为决策。描述决策的变量,称为决策变量,它可用一个数或向量来描述。常用 $x_k(s_k)$ 表示第 k 阶段当状态处于 s_k 时的决策变量。它是状态变量的函数。在实际问题中,决策变量的取值往往有其取值范围,此范围称为允许决策集合,常用 $D_k(s_k)$ 表示第 k 阶段从状态 s_k 出发的允许决策集合,显然有 $x_k(s_k) \in D_k(s_k)$。

如在引例第三阶段中,从状态 C_1 出发有两种不同的决策,其允许的决策集合 $D_3(C_1) = \{D_1, D_2\}$,若选择的点为 D_1,则 D_1 是状态 C_1 在决策 $x_3(C_1)$ 作用下的一个新状态,记为 $x_3(C_1) = D_1$。

4. 策略

策略是一个按顺序排列的决策组成的集合,由过程的第 k 阶段开始到终止状态为止的过程,称为问题的后部子过程(或 k 子过程)。由每段的决策按顺序排列组成的决策函数序列 $\{x_k(s_k), \cdots, x_n(s_n)\}$ 称为 k 子过程策略,简称子策略,记为 $p_{k,n}(s_k)$,即

$$p_{k,n}(s_k) = \{x_k(s_k), x_{k+1}(s_{k+1}), \cdots, x_n(s_n)\}$$

当 $k=1$ 时,此决策函数序列称为全过程的一个策略,简称策略,记为 $p_{1,n}(s_1)$。即

$$p_{1,n}(s_1) = \{x_1(s_1), x_2(s_2), \cdots, x_n(s_n)\}$$

在实际问题中，可供选择的策略有一定的范围，此范围称为允许策略集合，用 $P_{1,n}$ 表示。从允许策略集合中找出达到最优效果的策略称为最优策略。

5. 状态转移方程

状态转移方程是确定过程由一个状态到另一个状态的演变过程。若给定第 k 阶段状态变量 s_k 的值，如果该阶段的决策变量 x_k 确定后，第 $k+1$ 阶段的状态变量 s_{k+1} 的值就完全确定。这种确定的对应关系记为 $s_{k+1}=T_k(s_k, x_k)$。

上式描述了由 k 阶段到 $k+1$ 阶段的状态转移规律，称为状态转移方程。T_k 称为状态转移函数。如引例中，状态转移方程为 $s_{k+1}=x_k(s_k)$。

6. 指标函数和最优值函数

用来衡量所实现过程优劣的一种数量指标，称为指标函数。指数函数有两种：一是阶段指标函数 $V_k(S_k, x_k)$，表示对应于某阶段状态和从该状态出发的一个阶段的决策的某种效益的度量；二是过程指标函数，它是定义在全过程和所有后部子过程上确定的数量函数，常用 $V_{k,n}$ 表示，即

$$V_{k,n}=V_{k,n}(s_k, x_k, s_{k+1}, \cdots, s_{n+1}), \quad k=1, 2, \cdots, n$$

对于要构成动态规划模型的指标函数，应具有可分离性，并满足递推关系，即
$$V_{k,n}(s_k, x_k, s_{k+1}, \cdots, s_{n+1})=\psi_k[s_k, x_k, V_{k+1,n}(s_{k+1}, x_{k+1}, \cdots, s_{n+1})]$$

常见的指标函数有以下两种形式。

$$V_{k,n}(s_k, x_k, s_{k+1}, \cdots, s_{n+1})=\sum_{i=k}^{n}v_i(s_i, x_i) \text{ 或 } V_{k,n}(s_k, x_k, s_{k+1}, \cdots, s_{n+1})=\prod_{i=k}^{n}v_i(s_i, x_i)$$

式中，$v_i(s_i, x_i)$ 表示第 i 阶段的阶段指标。

指标函数的最优值，称为最优值函数，记为 $f_k(s_k)$，它表示从第 k 阶段的状态 s_k 开始到第 n 阶段的终止状态的过程，采取最优策略所得到的指标函数值，即

$$f_k(s_k) = \underset{\{x_k, \cdots, x_n\}}{\text{opt}} V_{k,n}$$

其中，"opt" 根据题意取 min 或 max。

在不同问题中，指标函数的含义是不同的，它可能是距离、利润、成本等。如在引例中，指标函数 $V_{k,n}$ 就表示在第 k 阶段由 s_k 至终点 E 的距离，用 $d_k(s_k, x_k)=v_k(s_k, x_k)$ 表示在第 k 阶段由点 s_k 到点 $s_{k+1}=x_k(s_k)$ 的距离，如 $d_3(C_1, D_1)=6$，就表示在第三阶段中由点 C_1 到 D_1 的距离为 6。$f_k(s_k)$ 表示从第 k 阶段点 s_k 到终点 E 的最短距离，如 $f_4(D_1)$ 表示从第四阶段中的点 D_1 到点 E 的最短距离，即 $f_4(D_1)=2$。

7. 边界条件

动态规划的边界条件是指已知的起始条件或终止条件。在求解中可根据边界条件的不同确定采用顺序法或逆序法。

9.1.2 动态规划的最优化原理

下面结合解决最短路线问题来介绍动态规划方法的基本思想和最优化原理。最短路线有一个重要特性：如果由起点 A 经过点 P 和点 H 而到达终点 E 是一条最短路线，则由点 P 出发经过点 H 到达终点 E 的这条子路线，对于从点 P 出发到达终点 E 的所有可能选择的不同路线来说，必定也是最短路线。例如，在最短路线问题中，若找到了 A→B_1→C_2→D_1→E 是由 A 到 E 的最短路线，则 C_2→D_1→E 应该是由 C_2 出发到 E 的所有可能路线的最短路线，这点不难验证。

根据最短路线这一特性，寻找最短路线的方法，就是从最后一段开始，利用由后向前逐步递推的方法，求出各点到 E 的最短路线，最后求得由 A 到 E 的最短路线，所以动态规划的方法是从终点逐段向始点方向寻找最短路线的一种方法。

下面按照动态规划的方法，将引例从最后一段开始计算，然后逐步推移至 A 点。

当 $k=4$ 时，由 D_1 到终点 E 只有一条路线，故 $f_4(D_1)=2$，同理 $f_4(D_2)=1$。

当 $k=3$ 时，出发点有 C_1、C_2、C_3 和 C_4 4 个，若从 C_1 出发，有两个选择，一个选择是至 D_1，另一个选择是至 D_2，则

$$f_3(C_1)=\min\{d_3(C_1,D_1)+f_4(D_1), d_3(C_1,D_2)+f_4(D_2)\}$$
$$=\min\{6+2, 8+1\}=8$$

其相应的决策为 $x_3(C_1)=D_1$，这说明由 C_1 至终点 E 的最短距离为 8，最短路线为 C_1→D_1→E。

同理，从 C_2、C_3 和 C_4 出发，有

$$f_3(C_2)=\min\{d_3(C_2,D_1)+f_4(D_1), d_3(C_2,D_2)+f_4(D_2)\}$$
$$=\min\{3+2, 5+1\}=5$$

其相应的决策为 $x_3(C_2)=D_1$

$$f_3(C_3)=\min\{d_3(C_3,D_1)+f_4(D_1), d_3(C_3,D_2)+f_4(D_2)\}$$
$$=\min\{3+2, 3+1\}=4$$

其相应的决策为 $x_3(C_3)=D_2$

$$f_3(C_4)=\min\{d_3(C_4,D_1)+f_4(D_1), d_3(C_4,D_2)+f_4(D_2)\}$$
$$=\min\{8+2, 4+1\}=5$$

其相应的决策为 $x_3(C_4)=D_2$

类似地，可算得

当 $k=2$ 时，有

$$f_2(B_1)=8 \qquad x_2(B_1)=C_2$$
$$f_2(B_2)=11 \qquad x_2(B_2)=C_3 \text{ 或 } x_2(B_2)=C_4$$

当 $k=1$ 时，出发点只有一个 A 点，则

$$f_1(A)=\min\begin{cases}d_1(A,B_1)+f_2(B_1)\\d_1(A,B_2)+f_2(B_2)\end{cases}=\min\begin{cases}5+8\\3+11\end{cases}=13$$

且 $x_1(A)=B_1$。于是得到从起点 A 到终点 E 的最短距离为 13。

为了找出最短路线，再按计算的顺序反推之，可求出最优决策函数序列 $\{x_k\}$，即由

$x_1(A)=B_1$，$x_2(B_1)=C_2$，$x_3(C_2)=D_1$，$x_4(D_1)=E$ 组成一个最优策略。因而最短路线为 $A \rightarrow B_1 \rightarrow C_2 \rightarrow D_1 \rightarrow E$。

从上面的计算过程中可以看出，在求解的各个阶段，利用了 k 阶段与 $k+1$ 阶段之间的递推关系

$$\begin{cases} f_k(s_k) = \min_{x_k \in D_k(s_k)} \{d_k(s_k, x_k) + f_{k+1}(x_k(s_k))\} & k=4,3,2,1 \\ f_5(s_5)=0 \end{cases}$$

一般情况，k 阶段与 $k+1$ 阶段的递推关系式可以写为

$$\begin{cases} f_k(s_k) = \underset{x_k \in D_k(s_k)}{\mathrm{opt}} \{v_k(s_k, x_k) + f_{k+1}(s_{k+1})\} & k=n, n-1, \cdots, 1 \\ f_{n+1}(s_{n+1})=0 \end{cases} \quad \text{式 9.1}$$

这种递推关系式 5.1 称为动态规划的基本方程，后一个等式称为边界条件。

现在把动态规划的基本思想总结如下。

（1）动态规划方法的关键在于正确写出基本的递推关系式和恰当的边界条件。要做到这点，必须先将问题的过程分成几个相互联系的阶段，恰当地选取状态变量和决策变量及定义最优指标函数，从而把一个大问题化为一族同类型的子问题，然后逐个求解。

（2）在多阶段决策过程中，动态规划方法是既把当前一个阶段和未来各阶段分开，又把当前效益和未来效益结合起来考虑的一种最优化方法。

（3）在求整个问题的最优策略时，由于初始状态是已知的，而每个阶段的决策都是该阶段状态的函数。故最优策略所经过的各阶段状态便可逐次变换得到，从而确定了最优路线。

动态规划方法是基于贝尔曼等人提出的最优化原理，这个最优化原理指出："作为整个过程的最优策略具有这样的性质，即无论过去的状态和决策如何，对前面的决策所形成的状态而言，余下的诸决策都必须构成最优策略。"简而言之，一个最优策略的子策略总是最优的。

引例正是根据这一原理求解的。利用这一原理，可以把多阶段决策问题的求解过程表示成一个连续的递推过程，由后向前逐步计算。在求解时，前面的各状态与决策，对后面的子过程来说，只相当于初始条件，并不影响后面子过程的最优决策。

9.2 动态规划的模型和求解

9.2.1 动态规划模型的建立

建立动态规划模型，就是分析问题并建立问题的动态规划基本方程。下面以资源分配问题为例介绍动态规划的建模过程。

【例 9.1】 设某公司有某种原料，其数量为 a，用于生产 n 种产品。若分配数量 x_i 用于生产第 i 种产品，其收益为 $g_i(x_i)$，问应该如何分配，才能使生产 n 种产品的总收入最大？

解 根据前面几章的知识，很容易写出该问题的数学模型：

$$\begin{cases} \max z = g_1(x_1) + g_2(x_2) + \cdots + g_n(x_n) \\ x_1 + x_2 + \cdots + x_n \leqslant a \\ x_i \geqslant 0, \ i=1, 2, \cdots, n \end{cases}$$

当 $g_i(x_i)$ 是线性函数时，它是一个线性规划问题；当 $g_i(x_i)$ 是非线性函数时，它是一个非线性规划问题。由于这类问题的特殊结构(目标函数可分)，可以将它看成一个多阶段决策问题，并利用动态规划的递推关系来求解。

在应用动态规划方法来处理这类问题时，通常把资源分配给一个或几个使用者的过程作为一个阶段，把问题中的变量 x_k 作为决策变量，将累计的量或随递推过程变化的量选为状态变量。这里把每阶段可供使用的资源定义为状态变量 s_k，初始状态 $s_1 = a$，x_1 为分配给第 1 种产品的原料数，则在第一阶段($k=1$)有 $s_1 = a$。

在第二阶段($k=2$)，s_2 为余下可投于其余产品生产的原料数，即 $s_2 = s_1 - x_1$。

一般地，在第 k 阶段有 $s_k = s_{k-1} - x_{k-1}$。

于是有：

> 阶段变量 $k(k=1, 2, \cdots, n)$；
> 状态变量 s_k 表示分配用于生产第 k 种产品至第 n 种产品的原料数量；
> 决策变量 x_k 表示分配给生产第 k 种产品的原料数；
> 状态转移方程 $s_{k+1} = s_k - x_k$；
> 允许决策集合 $D_k(s_k) = \{x_k | 0 \leqslant x_k \leqslant s_k\}$；
> 指标函数为 $V_{k,n} = \sum_{i=k}^{n} g_i(x_i)$；
>
> 最优值函数 $f_k(s_k)$ 表示以数量为 s_k 的原料分配给第 k 种产品至第 n 种产品所得到的最大总收入。因而可写出动态规划的基本方程：
>
> $$\begin{cases} f_k(s_k) = \max_{0 \leqslant x_k \leqslant s_k} \{g_k(x_k) + f_{k+1}(s_k - x_k)\} \quad k=n-1, \cdots, 1 \\ f_n(s_n) = \max_{x_n = s_n} g_n(x_n) \end{cases}$$

利用这个递推关系式进行逐段计算，最后求得 $f_1(a)$ 即为所求问题的最大总收入。

> 一般地，给一个实际问题建立动态规划模型时，必须做到下面 5 点。
> (1) 将问题的过程划分成适当的阶段。
> (2) 正确选择状态变量 s_k，使它既能描述过程的演变，又满足无后效性。
> (3) 确定决策变量 x_k 及每阶段的允许决策集合 $D_k(s_k)$。
> (4) 正确写出状态转移方程即 $s_{k+1} = T_k(s_k, x_k)$。
> (5) 正确写出指标函数 $V_{k,n}$ 的关系。

上面指出的是建立动态规划模型的一般步骤，有些问题由于具体情况不同，不可能或没有必要这样建模，关键是要灵活运用最优化原理。更多的建模过程参见 9.3 节。

9.2.2 动态规划问题的解法

动态规划模型建立后，就需对基本方程进行求解，而基本方程的递推关系式有顺序和逆序之分，所以动态规划问题的求解有顺序解法和逆序解法。一般来说，当初始状态给定时，用逆序法比较方便；当终止状态给定时，用顺序法比较方便。

1. 逆序解法

设已知初始状态为 s_1，并假定

指标函数为 $V_{k,n} = \sum_{i=k}^{n} g_i(x_i)$，最优值函数为

$$f_n(s_n) = \mathop{\text{opt}}_{x_n \in D_n(s_n)} v_n(s_n, x_n)$$

式中，$D_n(s_n)$ 是由状态 s_n 所确定的第 n 阶段的允许决策集合。解此极值问题，就得到最优解 $x_n = x_n(s_n)$ 和最优值 $f_n(s_n)$。

在第 $n-1$ 阶段，有状态转移函数

$$f_{n-1}(s_{n-1}) = \mathop{\text{opt}}_{x_{n-1} \in D_{n-1}(s_{n-1})} [v_{n-1}(s_{n-1}, x_{n-1}) + f_n(s_n)]$$

（当指标函数为 $V_{k,n} = \prod_{i=k}^{n} g_i(x_i)$ 时，有

$$f_{n-1}(s_{n-1}) = \mathop{\text{opt}}_{x_{n-1} \in D_{n-1}(S_{n-1})} [v_{n-1}(s_{n-1}, x_{n-1}) \times f_n(s_n)]，下同)$$

$s_n = T_{n-1}(s_{n-1}, x_{n-1})$

解此问题，得到最优解 $x_{n-1} = x_{n-1}(s_{n-1})$ 和最优值 $f_{n-1}(s_{n-1})$。

一般地，在第 k 阶段有

$$f_k(s_k) = \mathop{\text{opt}}_{x_k \in D_k(s_k)} [v_k(s_k, x_k) + f_{k+1}(s_{k+1})]$$

式中，$s_{k+1} = T_k(s_k, x_k)$，解得最优解 $x_k = x_k(s_k)$ 和最优值 $f_k(s_k)$。

以此类推，直到第一阶段有

$$f_1(s_1) = \mathop{\text{opt}}_{x_1 \in D_1(s_1)} [v_1(s_1, x_1) + f_2(s_2)]$$

式中，$s_2 = T_1(s_1, x_1)$，解得最优解 $x_1 = x_1(s_1)$ 和最优值 $f_1(s_1)$。

由于初始状态 s_1 已知，故 $x_1 = x_1(s_1)$ 和 $f_1(s_1)$ 是确定的，从而 $s_2 = T_1(s_1, x_1)$ 也就可确定，于是 $x_2 = x_2(s_2)$ 和 $f_2(s_2)$ 也可确定。这样，按照上述递推过程相反的顺序推算下去，就可逐步确定出每阶段的决策和效益。

引例和第 9.3 节的例 9.2 的求解就采用了逆序解法。

2. 顺序解法

设已知终止状态 s_{n+1}，并假定最优值函数 $f_k(s)$ 表示第 k 阶段末的结束状态为 s，从 1 阶段到 k 阶段所得到的最大收益。

从第一阶段开始，有 $f_1(s_2) = \underset{x_1 \in D_1(s_1)}{\mathrm{opt}} v_1(s_1, x_1)$

式中，$s_1 = T_1(s_2, x_1)$ 解得最优解 $x_1 = x_1(s_2)$ 和最优值 $f_1(s_2)$。

在第二阶段有 $f_2(s_3) = \underset{x_2 \in D_2(s_2)}{\mathrm{opt}} [v_2(s_2, x_2) + f_1(s_2)]$

式中，$s_2 = T_2(s_3, x_2)$ 解得最优解 $x_2 = x_2(s_3)$ 和最优值 $f_2(s_3)$。

以此类推，直到第 n 阶段有

$$f_n(s_{n+1}) = \underset{x_n \in D_n(s_n)}{\mathrm{opt}} [v_n(s_n, x_n) + f_{n-1}(s_n)]$$

式中，$s_n = T_n(s_{n+1}, x_n)$ 解得最优解 $x_n = x_n(s_{n+1})$ 和最优值 $f_n(s_{n+1})$。

由于终止状态 s_{n+1} 是已知的，故 $x_n = x_n(s_{n+1})$ 和 $f_n(s_{n+1})$ 是确定的，再按计算过程的相反顺序推算上去，就可逐步确定出每阶段的决策及效益。

具体例子参见9.3节的例9.4。

9.3 应用举例

案例 9-1 资源分配问题

所谓分配问题就是将数量一定的一种或者若干种资源（如原材料、资金、机器设备、劳力等），恰当地分配给若干个使用者，而且使目标函数为最优。

1. 案例·模型·逆序解法

资源分配问题

某公司拟将某种高效率的5台设备，分配给所属的甲、乙、丙3个工厂，各工厂若获得这种设备后，可以为公司提供的赢利见表9-1。

表9-1 设备分配赢利表/万元

工厂 \ 设备台数	0	1	2	3	4	5
甲	0	4	8	11	11	11
乙	0	5	9	11	12	12
丙	0	3	7	9	11	12

问这5台设备如何分配给各工厂，才能使公司得到最大的赢利。

分析 将问题按工厂分为3个阶段，甲、乙、丙3个工厂分别编号为1，2，3。设阶段变量 $k(k=1, 2, 3)$；

状态变量 s_k 表示为分配给第 k 个工厂至第 n 个工厂的设备台数；
决策变量 x_k 表示分配给第 k 个工厂的设备台数；
则 $s_{k+1}=s_k-x_k$ 为分配给第 $k+1$ 个工厂至第 n 个工厂的设备数；
$P_k(x_k)$ 表示为 x_k 台设备分配到第 k 个工厂所得赢利值；
$f_k(s_k)$ 表示为 s_k 台设备分配给第 k 个工厂至第 n 个工厂所得到的最大赢利值。
因而可写出递推关系式为

$$\begin{cases} f_k(s_k) = \max_{0 \leqslant x_k \leqslant s_k} [P_k(x_k) + f_{k+1}(s_k - x_k)] \quad k=3,2,1 \\ f_4(s_4) = 0 \end{cases}$$

解决方案 采用逆序算法，从最后一个阶段开始向前计算有

第三阶段($k=3$)：

设将 s_3 台设备($s_3=0,1,2,3,4,5$)全部分配给工厂丙，则最大赢利值为

$$f_3(s_3) = \max_{0 \leqslant x_3 \leqslant s_3} [P_3(x_3)]$$

因为这时只有一个工厂，有多少台设备就分配给工厂丙多少台设备，故它的赢利值就是该阶段的最大赢利值，其数值计算结果如表 9-2 所示。

表 9-2 $k=3$ 时的计算结果

s_3 \ x_3	$P_3(x_3)$						$f_3(s_3)$	x_3^*
	0	1	2	3	4	5		
0	0						0	0
1		3					3	1
2			7				7	2
3				9			9	3
4					11		11	4
5						12	12	5

注：表中 x_3^* 表示使 $f_3(s_3)$ 为最大值时的最优决策。

第二阶段($k=2$)：

设把 s_2 台设备($s_2=0,1,2,3,4,5$)分配给工厂乙和工厂丙，则对每个 s_2 值，都有一种最优分配方案，其最大赢利值为

$$f_2(s_2) = \max_{0 \leqslant x_2 \leqslant s_2} [P_2(x_2) + f_3(s_2 - x_2)]$$

因为给乙工厂 x_2 台，其赢利为 $p_2(x_2)$，余下的 s_2-x_2 台给丙工厂，则它的最大赢利值为 $f_3(s_2-x_2)$，现要选择 x_2 的值，使 $p_2(x_2)+f_3(s_2-x_2)$ 取最大值，其数值计算结果如表 9-3 所示。

表 9-3 k=2 时的计算结果

s_2 \ x_2	$P_2(x_2)+f_3(s_2-x_2)$						$f_2(s_2)$	x_2^*
	0	1	2	3	4	5		
0	0						0	0
1	0+3	5+0					5	1
2	0+7	5+3	9+0				9	2
3	0+9	5+7	9+3	11+0			12	1, 2
4	0+11	5+9	9+7	11+3	12+0		16	2
5	0+12	5+11	9+9	11+9	12+3	12+0	18	2, 3

第一阶段（$k=1$）：

设把 s_1 台设备（$s_1=5$）分配给甲、乙、丙 3 个工厂，则最大赢利值为

$$f_1(5)=\max_{0\leqslant x_1\leqslant s_1}[P_1(x_1)+f_2(5-x_1)]$$

式中，$x_1=0,1,2,3,4,5$。

因为给甲工厂 x_1 台，其赢利为 $p_1(x_1)$，余下的 $5-x_1$ 台分给乙和丙工厂，则它的最大赢利值为 $f_2(5-x_1)$，现要选择 x_1 的值，使 $p_1(x_1)+f_2(5-x_1)$ 取最大值，它就是所求的最大赢利值，其数值计算结果如表 9-4 所示。

表 9-4 k=1 时的计算结果

s_1 \ x_1	$p_1(x_1)+f_2(5-x_1)$						$f_1(5)$	x_1^*
	0	1	2	3	4	5		
5	0+18	4+16	8+12	11+9	11+5	11+0	20	1, 2, 3

然后按计算表格的顺序反向推算，可知最优分配方案有 4 个。

(1) 由于 $x_1^*=1$，根据 $s_2=s_1-x_1^*=5-1=4$，查表 9-3 知 $x_2^*=2$，由 $s_3=s_2-x_2^*=4-2=2$，查表 9-2 知 $x_3^*=s_3=2$，即得甲工厂分配 1 台，乙工厂分配 2 台，丙工厂分配 2 台时获利最大，最大值为 20 万元。

(2) 由于 $x_1^*=2$，根据 $s_2=s_1-x_1^*=5-2=3$，查表 9-3 知 $x_2^*=1$，由 $s_3=s_2-x_2^*=3-1=2$，查表 9-2 知 $x_3^*=s_3=2$，即得甲工厂分配 2 台，乙工厂分配 1 台，丙工厂分配 2 台时获利最大，最大值为 20 万元。

(3) 由于 $x_1^*=2$，根据 $s_2=s_1-x_1^*=5-2=3$，查表 9-3 知 $x_2^*=2$，由 $s_3=s_2-x_2^*=3-2=1$，查表 9-2 知 $x_3^*=s_3=1$，即得甲工厂分配 2 台，乙工厂分配 2 台，丙工厂分配 1 台时获利最大，最大值为 20 万元。

(4) 由于 $x_1^*=3$，根据 $s_2=s_1-x_1^*=5-3=2$，查表 9-3 知 $x_2^*=2$，由 $s_3=s_2-x_2^*=2-2=0$，查表 9-2 知 $x_3^*=s_3=0$，即得甲工厂分配 3 台，乙工厂分配 2 台，丙工厂分配 0 台时获利最大，最大值为 20 万元。

决策建议 对甲、乙、丙 3 个工厂可按下列方案之一分配设备：(1, 2, 2)或(2, 1,

2)或(2，2，1)或(3，2，0)，利润最大值为20万元。

案例 9-2 设备负荷问题

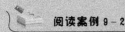

设备负荷问题

100 台某种机器可在高低两种不同的负荷下进行生产，设机器在高负荷下生产的产量函数为 $g=9x$，其中 x 为投入生产的机器数量，季度完好率为 $a=0.65$，在低负荷下生产的产量函数为 $h=4y$，其中 y 为投入生产的机器数量，季度完好率为 $b=0.95$。

分析 将4个季度看成是4个阶段，每个季度初设备完好情况看作是状态，于是可用动态规划方法解决。

解决方案 设阶段数 k 表示季度；

状态变量 s_k 为第 k 季度初拥有的完好机器数量，同时也是第 $k-1$ 季度末时的完好机器数量；

决策变量 x_k 为第 k 季度中分配高负荷下生产的机器数量，于是 s_k-x_k 为该季度中分配在低负荷下生产的机器数量；

这里 s_k 和 x_k 均为连续变量，它们的非整数值可以这样理解，如 $s_k=0.6$，就表示一台机器在 k 季度中正常工作的时间占 6/10，x_k 作同样解释。

状态转移方程为
$$s_{k+1}=ax_k+b(s_k-x_k)=0.65x_k+0.95(s_k-x_k) \quad k=1,2,3,4$$

k 段允许决策集合为 $D_k(s_k)=\{x_k\mid 0\leqslant x_k\leqslant s_k\}$

设 $v_k(s_k,x_k)$ 为第 k 季度的产量，则 $v_k=9x_k+4(s_k-x_k)$

故指标函数为 $V_{k,4}=\sum_{i=k}^{4}v_i(s_i,x_i)$

令最优值函数 $f_k(s_k)$ 表示由资源量 s_k 出发，从第 k 季度开始到第4季度结束时所生产的产品的总产量最大值。因而有逆推关系式

$$\begin{cases} f_k(s_k)=\max_{x_k\in D_k(s_k)}\{9x_k+4(s_k-x_k)+f_{k+1}[0.65x_k+0.95(s_k-x_k)]\} \quad k=1,2,3,4 \\ f_5(s_5)=0 \end{cases}$$

从第4季度开始，向前逆推计算。

当 $k=4$ 时，有
$$f_4(s_4)=\max_{0\leqslant x_4\leqslant s_4}\{9x_4+4(s_4-x_4)+f_5[0.65x_4+0.95(s_4-x_4)]\}$$
$$=\max_{0\leqslant x_4\leqslant s_4}\{9x_4+4(s_4-x_4)\}$$
$$=\max_{0\leqslant x_4\leqslant s_4}\{5x_4+4s_4\}$$

因为 f_4 是 x_4 的单增函数，故有最大值解 $x_4^*=s_4$，相应地有 $f_4(s_4)=9s_4$。

当 $k=3$ 时，有

$$f_3(s_3) = \max_{0 \leq x_3 \leq s_3} \{9x_3 + 4(s_3 - x_3) + f_4[0.65x_3 + 0.95(s_3 - x_3)]\}$$

$$= \max_{0 \leq x_3 \leq s_3} \{9x_3 + 4(s_3 - x_3) + 9[0.65x_3 + 0.95(s_3 - x_3)]\}$$

$$= \max_{0 \leq x_3 \leq s_3} \{2.3x_3 + 12.55s_3\}$$

因为 f_3 是 x_3 的单增函数，故有最大值解 $x_3^* = s_3$，相应的有 $f_3(s_3) = 14.85s_3$。

依次类推，可求得

$$x_2^* = s_2, \text{相应地 } f_2(s_2) = 18.65s_2$$

$$x_1^* = 0, \text{相应地 } f_1(s_1) = 21.72s_1$$

因 $s_1 = 100$，故 $f_1(s_1) = 2172$。

反向推算，由 $s_1 = 100$，$x_1^* = 0$，知 $s_2 = 95$，$x_2^* = 95$，$s_3 = 61.75$，$x_3^* = 61.75$，$s_4 = 40.14$，$x_4^* = 40.14$，$s_5 = 26.09$。

决策建议 最优策略为 $x_1^* = 0$，$x_2^* = s_2$，$x_3^* = s_3$，$x_4^* = s_4$，即这一年中，第 1 季度初把 100 台机器全都投入到低负荷生产，其余季度应把完好的机器全都投入到高负荷生产，这样所得的产量最高，其值为 2 172。

【该问题 Lingo 程序】

```
model:
    sets:
        JD/1..4/: s, x, v;        ! 定义状态变量、决策变量和指标函数;
        ZB/1..5/: f;              ! 定义最优值函数;
    endsets
    f(5)=0;                       ! 初始化最优值函数;
    s(1)=100;                     ! 初始化状态变量;
    @for(jd: x<=s);               ! 决策变量取值限制;
    @for(jd(k)|k#lt#4: s(k+1)=0.65*x(k)+0.95*(s(k)-x(k)););
                                  ! 状态转移方程;
    @for(jd(k): v(k)=9*x(k)+4*(s(k)-x(k)));  ! 指标函数表达式;
    @for(zb(k)|k#lt#5: f(k)=v(k)+f(k+1););   ! 基本方程;
    max=f(1);                     ! 目标;
end
```

案例 9-3 生产库存问题

1. 案例·模型·顺序解法

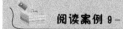

生产库存问题

某工厂要对一种产品制定今后五个时期的生产计划，根据经验已知今后五个时期的产品需求量如表 9-5 所示，假定该工厂生产每批产品的固定成本为 3（千元），不生产就为 0；产品的单位成本为 1（千元）；每时期生产能力不超过 6 个单位；每个时期末未销售的产品需存储，最大存储能力 4 个单位，单位存储费为0.5(千元)。还假设在第一时期的初始库存和第五时期末的库存量都为0。试问该工厂如何安排各时期的生产，才能在满足市场需求的条件下，使总成本最小。

表9-5 五个时期的需求表

时期/k	1	2	3	4	5
需求量/d	2	3	2	4	3

分析 将5个时间视为5个阶段，每阶段最大生产能力 $m=6$。采用顺序算法求解。

解决方案 设 d_k 为第 k 时期对该产品的需求量；

x_k 为决策变量，表示第 k 时期该产品的生产量(最大生产能力=6)；

s_k 为状态变量，表示第 k 时期结束时的产品库存量，第 k 期状态变量最大取值为

$$\min\left\{\sum_{j=k+1}^{5} d_j, 4\right\}, s_0 = s_5 = 0;$$

状态转移方程为 $s_k = s_{k-1} + x_k - d_k \quad k=1, 2, \ldots, 5$

$c_k(x_k)$ 表示第 k 时期生产产品 x_k 时的生产成本，即

$$c_k(x_k) = \begin{cases} 0 & x_k = 0 \\ 3 + x_k & 0 < x_k \leqslant 6 \end{cases}$$

$h_k(s_k)$ 表示在第 k 阶段结束时有库存量 s_k 所需的存储费用；

$$h_k(s_k) = 0.5 s_k$$

$f_k(s_k)$ 表示第1期至第 k 期最小总成本，边界条件 $f_0(s_0) = 0$；

指标值函数 $V_{1,k}(s_k) = c_k(x_k) + h_k(s_k) + f_{k-1}(s_{k-1})$ 表示从第1期到第 k 期各种状态总成本。

顺序递推关系式为

$$\begin{cases} f_k(s_k) = \min_{x_k \in D_k}\{c_k(x_k) + 0.5 s_k + f_{k-1}(s_{k-1})\} & k=1, 2, \cdots, 5 \\ f_0(s_0) = 0 \end{cases}$$

式中，D_k 为允许决策集合。

第 k 阶段状态变量(期末库存)不超过最大允许库存和第 $k+1$ 期至第5期的总需求的最小值，即 $\min\left\{\sum_{j=k+1}^{5} d_j, \max s_k\right\}$。

第一阶段($k=1$)

最优值函数

$$f_1(s_1) = \min_{x_1 \in D_1}\{c_1(x_1) + h_1(s_1) + f_0(s_0)\} = \min_{x_1 \in D_1}\{c_1(x_1) + h_1(s_1)\}$$

s_1 在0至 $\min\left\{\sum_{j=2}^{5} d_j, 4\right\} = \min\{12, 4\} = 4$ 之间取整数值，由状态转移方程 $s_1 = s_0 + x_1 - d_1$ 及 $s_0 = 0$，$d_1 = 2$ 有 $x_1 = s_1 + 2$，当 s_1 取0，1，2，3，4时，x_1 取2，3，4，5，6。分别进行计算如下：

$s_1 = 0$ 时，$x_1 = 2$，$f_1(0) = 3 + 2 + 0.5 \times 0 = 5$；

$s_1 = 1$ 时，$x_1 = 3$，$f_1(1) = 3 + 3 + 0.5 \times 1 = 6.5$；

$s_1=2$ 时，$x_1=4$，$f_1(2)=3+4+0.5\times2=8$；
$s_1=3$ 时，$x_1=5$，$f_1(3)=3+5+0.5\times3=9.5$；
$s_1=4$ 时，$x_1=6$，$f_1(4)=3+6+0.5\times4=11$；

将上述计算结果列于表 9-6。

表 9-6 最优值计算表($k=1$)

s_1\x_1	\multicolumn{7}{c	}{$V_{1,1}=c(x_1)+0.5s_1$}	f_1	x_1^*
	0	1	2	3	4	5	6		
0			5+0=5					5	2
1				6+0.5=6.5				6.5	3
2					7+1=8			8	4
3						8+1.5=9.5		9.5	5
4							9+2=11	11	6

第二阶段($k=2$)

最优值函数 $f_2(s_2)=\min\limits_{x_2\in D_2}\{c_2(x_2)+h_2(s_2)+f_1(s_2+3-x_2)\}$

s_2 在 0 至 $\min\{\sum\limits_{j=3}^{5}d_j,4\}=\min\{9,4\}=4$ 之间取整数值，x_2 在 0~6 取值，且满足状态转移方程 $s_2=s_1+x_2-d_2$，或 $4\geqslant s_1=s_2-x_2+3\geqslant 0$。

例如，对 $s_2=0$ 计算过程如下：

当 $x_2=0$，$s_1=3$；$x_2=1$，$s_1=2$；$x_2=2$，$s_1=1$；$x_2=3$，$s_1=0$；当 $x_2>3$ 时，$s_2<0$ 时，故 x_2 只能取 0，1，2，3；生产成本计算公式 $c_2(x_2)=\begin{cases}0 & x_2=0\\3+x_2 & 0<x_2\leqslant 3\end{cases}$；储存成本计算公式 $h_k(s_k)=0.5s_k$；期初存货计算公式 $s_1=s_2-x_2+3$；$f_1(s_1)$ 可查前一个阶段计算结果(表 9-6)；指标函数计算公式 $V_{1,k}(s_k)=c_k(x_k)+h_k(s_k)+f_{k-1}(s_{k-1})$

s_2	x_2	s_1	$c_2(x_2)$	$h_k(s_k)$	$f_1(s_1)$	$V_{1,2}$
0	0	3	0	0	9.5	9.5
0	1	2	4	0	8	12
0	2	1	5	0	6.5	11.5
0	3	0	6	0	5	11

最优值函数 $f_2(s_2)=\min\{V_{1,2}\}=\min\{9.5,12,11.5,11\}=9.5$

类似地对 s_2 的其他取值计算见表 9-7。

表 9-7 最优值计算表($k=2$)

s_2\x_2	\multicolumn{7}{c	}{$V_{1,2}=c(x_2)+0.5s_2+f_1(s_2+3-x_2)$}	f_2	x_2^*
	0	1	2	3	4	5	6		
0	0+0+9.5 =9.5	4+0+8 =12	5+0+6.5 =11.5	6+0+5 =11				9.5	0

续表

x_2 \ s_2	\multicolumn{7}{c}{$V_{1,2}=c(x_2)+0.5s_2+f_1(s_2+3-x_2)$}	f_2	x_2^*
	0	1	2	3	4	5	6		
1	0+0.5+11 =11.5	4+0.5+9.5 =14	5+0.5+8 =13.5	6+0+6.5 =12.5	7+0.5+5 =12.5			11.5	0
2		4+1+11 =16	5+1+9.5 =15.5	6+1+8 =15	7+1+6.5 =14.5	8+1+5 =14		14	5
3			5+1.5+11 =17.5	6+1.5+9.5 =17	7+1.5+8 =16.5	8+1.5+6.5=16	9+1.5+5 =15.5	15.5	6
4				6+2+11 =19	7+2+9.5 =20.5	8+2+8 =18	9+2+6.5 =17.5	17.5	6

第三阶段 ($k=3$)

s_3 在 0 至 $\min\{\sum_{j=4}^{5}d_j, 4\}=\min[7,4]=4$ 之间的取整数值，按第二阶段计算方法分别进行计算有见表9-8。

表9-8 最优值计算表 ($k=3$)

x_3 \ s_3	\multicolumn{7}{c}{$V_{1,3}=c(x_3)+0.5s_3+f_2(s_3+2-x_3)$}	f_3	x_3^*
	0	1	2	3	4	5	6		
0	0+0+14 =14	4+0+11.5 =15.5	5+0+9.5 =14.5					14	0
1	0+0.5+ 15.5=16	4+0.5+ 14=18.5	5+0.5+ 11.5=17	6+0.5+ 9.5=16				16	0,3
2	0+1+17.5 =18.5	4+1+15.5 =20.5	5+1+14 =20	6+1+11.5 =18.5	7+1+9.5 =17.5			17.5	4
3		4+1.5+ 17.5=23	5+1.5+ 15.5=22	6+1.5+ 14=21.5	7+1.5+ 11.5=20	8+1.5+9.5 =19		19	5
4			5+2+17.5 =24.5	6+2+15.5 =23.5	7+2+14 =23	8+2+11.5 =21.5	9+2+9.5 =20.5	20.5	6

第四阶段 ($k=4$)

对 s_4 在 0 至 $\min\{\sum_{j=5}^{5}d_j, 4\}=\min\{3,4\}=3$ 之间的值分别进行计算见表9-9。

表9-9 最优值计算表 ($k=4$)

x_4 \ s_4	\multicolumn{7}{c}{$V_{1,4}=c(x_4)+0.5s_4+f_3(s_4+4-x_4)$}	f_4	x_4^*
	0	1	2	3	4	5	6		
0	0+0+20.5 =20.5	4+0+19 =23	5+0+17.5 =22.5	6+0+16 =22	7+0+14 =21			20.5	0

续表

x_4 \ s_4	\multicolumn{7}{c}{$V_{1,4}=c(x_4)+0.5s_4+f_3(s_4+4-x_4)$}	f_4	x_4^*
	0	1	2	3	4	5	6		
1		4+0.5+ 20.5=25	5+0.5+ 19=24.5	6+0.5+ 17.5=24	7+0.5+ 16=23.5	8+0.5+ 14=22.5		22.5	5
2			5+1+20.5 =26.5	6+1+19 =26	7+1+17.5 =25.5	8+1+16 =25	9+1+14 =24	24	6
3				6+1.5+ 20.5=28	7+1.5+ 19=27.5	8+1.5+ 17.5=27	9+1.5+16 =26.5	26.5	6

第五阶段($k=5$)

因为要求 5 时期末库存量为 0,所以 $s_5=0$ 计算结果见表 9-10。

表 9-10 第 5 时期最优值计算表

x_5 \ s_5	\multicolumn{7}{c}{$V_{1,5}=c(x_5)+0.5s_5+f_4(s_5+3-x_5)$}	f_5	x_5^*
	0	1	2	3	4	5	6		
0	0+26.5 =26.5	4+24 =28	5+22.5 =27.5	6+20.5 =26.5				26.5	0,3

再按计算的顺序反推算,可找出每个时期的最优生产决策为:

$$方案一:x_1=5,x_2=0,x_3=6,x_4=0,x_5=3$$
$$方案二:x_1=5,x_2=0,x_3=3,x_4=6,x_5=0$$
$$方案三:x_1=2,x_2=6,x_3=0,x_4=6,x_5=0$$

其相应的最小成本为 26.5 千元。

决策建议 可在上述方案中任选其一,总成本 26.5 千元。

2. 利用 WinQSB 求解生产存储问题

执行:"程序/WinQSB/Dynamic Programming/New/New Problem"弹出如图 9.2 所示对话框。

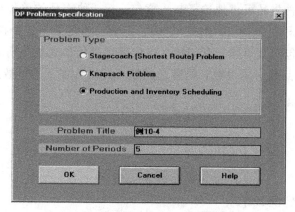

图 9.2 生产存储问题 WinQSB 参数对话框

选择存储问题(Production and Inventory Scheduling)，时期数(Number of Periods)输入 5，单击 OK 按钮，弹出数据输入窗口(图 9.3)。

Period (Stage)	Period Identification	Demand	Production Capacity	Storage Capacity	Production Setup Cost	Variable Cost Function (P,H,B: Variables) (e.g. 5P+2H+10B, 3(P-5)^2+100H)
1	Period1	2	6	4	3	p+0.5h
2	Period2	3	6	4	3	p+0.5h
3	Period3	2	6	4	3	p+0.5h
4	Period4	4	6	4	3	p+0.5h
5	Period5	3	6	4	3	p+0.5h

图 9.3　生产存储问题 WinQSB 数据输入窗口

输入各期需求量(Demand)、生产能力(Production Capacity)、存储能力(Storage Capacity)、调整费用(Production Setup Cost)、变动成本计算公式(Variable Cost Function)(p+0.5h)。在输入计算公式中 p 为产量，h 为平均存储量，I 为期末存储量，B 为缺货成本，D 为需求量。

单击 Solve 得运行结果(见图 9.4)，即 5 个时期依次生产 2、6、0、6、0，同 Excel 求解结果的方案 I。

05-20-2010 Stage	Period Description	Demand	Starting Inventory	Production Quantity	Ending Inventory	Setup Cost	Variable Cost Function (P,H,B)	Variable Cost	Total Cost
1	Period1	2	0	2	0	¥3.00	p+0.5h	¥2.00	¥5.00
2	Period2	3	0	6	3	¥3.00	p+0.5h	¥7.50	¥10.50
3	Period3	2	3	0	1	0	p+0.5h	¥0.50	¥0.50
4	Period4	4	1	6	3	¥3.00	p+0.5h	¥7.50	¥10.50
5	Period5	3	3	0	0	0	p+0.5h	0	0
Total		14	7	14	7	¥9.00		¥17.50	¥26.50

图 9.4　生产存储问题 WinQSB 求解结果

案例 9-4　背包问题

1. 案例·模型·逆序求解

背包问题的一般提法是：一位旅行者携带背包去登山，已知他所能承受的背包质量最多为 a 千克。现有 n 种物品可供他选择装入背包，第 i 种物品的单件质量为 a_i 千克，其价值是携带量 x_i 的函数 $c_i(x_i)(i=1,2,\cdots,n)$。问旅行者应如何选择携带各种物品的件数，使得总价值最大？背包问题等同于车、船、飞机等工具的最优装载问题。

设 x_i 为第 i 种物品装入的件数，则背包问题可归结为如下的整数规划模型：

$$\max z = \sum_{i=1}^{n} c_i(x_i)$$

$$s.t. \begin{cases} \sum_{i=1}^{n} a_i x_i \leqslant a \\ x_i \geqslant 0 \text{ 且为整数} \end{cases} \quad (i=1,2,\cdots,n)$$

下面用动态规划建模求解：

阶段 k 表示将可装入物品按 $1,2,\cdots,n$ 排序，每段装一种物品，共划分为 n 阶段，

即 $k=1, 2, \cdots, n$；

状态变量 s_k 表示在第 k 阶段，背包中允许装入的从第 k 种物品到第 n 种物品的总质量；

决策变量 x_k 表示装入第 k 种物品的件数；

状态转移方程为

$$s_{k+1}=s_k-a_k x_k$$

允许决策集合为

$$D_k(s_k)=\{x_k \mid 0 \leqslant x_k \leqslant [s_k/a_k], x_k \text{ 为整数}\}$$

式中，$[s_k/a_k]$ 表示不超过 s_k/a_k 的最大整数。

最优指标函数 $f_k(s_k)$ 表示在背包中允许装入的第 k 种到第 n 种物品总质量不超过 s_k kg 所获得的最大价值。

则可得到动态规划的递推公式为：

$$\begin{cases} f_k(s_k)=\max\limits_{0 \leqslant x_k \leqslant [s_k/a_k]} \{c_k(x_k)+f_{k+1}(s_{k+1})\} & (k=n, n-1, \cdots, 1) \\ f_{n+1}(s_{n+1})=0 \end{cases}$$

利用上面这个递推关系式求解出 $f_1(a)$ 即为所求最大价值。

当 x_i 的取值仅为 0 或 1 时，则模型为 0—1 背包问题。

【例 9.2】 有一辆最大运货量为 10t 的货车，用以装载 3 种货物，每种货物的单位质量和相应单位价值如表 9-11 所示。问如何装载才能使总价值最大？

表 9-11 货物质量价值表

货物编号	1	2	3
单位重量/t	3	4	5
单位价值	4	5	6

解 设 x_i 表示第 i 种货物装载的件数，根据前面的线性规划知识，该问题可表示为如下线性规划模型：

$$\max z=4x_1+5x_2+6x_3$$

$$s.t. \begin{cases} 3x_1+4x_2+5x_3 \leqslant 10 \\ x_i \geqslant 0 \text{ 且为整数} \quad (i=1,2,3) \end{cases}$$

采用上述的方法建立动态规划模型求解有

$$\begin{cases} f_k(s_k)=\max\limits_{0 \leqslant x_k \leqslant [s_k/a_k]} \{c_k(x_k)+f_{k+1}(s_{k+1})\} & (k=3,2,1) \\ f_4(s_4)=0 \end{cases}$$

当 $k=3$ 时

$$f_3(s_3)=\max\limits_{0 \leqslant x_3 \leqslant [s_3/a_3]} \{6x_3+f_4(s_4)\}=\max\limits_{0 \leqslant x_3 \leqslant [s_3/5]} (6x_3)$$

式中，$s_3=0, 1, \cdots, 10$，计算结果如表 9-12 所示。

表 9-12 k=3 时计算结果

s_3	0	1	2	3	4	5	6	7	8	9	10
$f_3(s_3)$	0	0	0	0	0	6	6	6	6	6	12
x_3^*	0	0	0	0	0	1	1	1	1	1	2

当 $k=2$ 时

$$f_2(s_2)=\max_{0\leqslant x_2\leqslant [s_2/a_2]}\{5x_2+f_3(s_3)\}=\max_{0\leqslant x_2\leqslant [s_2/4]}\{5x_2+f_3(s_2-4x_2)\}$$

式中，$s_2=0,1,\cdots,10$，计算结果如表 9-13 所示。

表 9-13 k=2 时计算结果

s_2	0	1	2	3	4	5	6	7	8	9	10
x_2	0	0	0	0	0,1	0,1	0,1	0,1	0,1,2	0,1,2	0,1,2
$5x_2+f_3$	0	0	0	0	0,5	6,5	6,5	6,5	6,5,10	6,11,10	12,11,10
$f_2(s_2)$	0	0	0	0	5	6	6	6	10	11	12
x_2^*	0	0	0	0	1	0	0	0	2	1	0

当 $k=1$ 时，

$$f_1(s_1)=\max_{0\leqslant x_1\leqslant [s_1/a_1]}\{4x_1+f_2(s_2)\}=\max_{0\leqslant x_1\leqslant [s_1/3]}\{4x_1+f_2(s_1-3x_1)\}$$

式中，$s_1=10$，计算结果如表 9-14 所示。

表 9-14 k=1 时计算结果

x_1	0	1	2	3
$4x_1+f_2$	12	10	13	12
$f_1(s_1)$	13			

此时，$x_1^*=2$，顺推可得全部策略为

$x_1^*=2$，$x_2^*=1$，$x_3^*=0$，$\max z=13$

2. 背包问题的 Excel 求法

把 3 种物品填充看成 3 个阶段。B、C、D 列分别表示填充物品 1、2、3 后背包的价值，E 列为最大价值，当背包重<3 时，不能填充任何物品，价值为 0，当 n≥3 时，E 列为各种填充结果最大值，即在 E5 单元格输入："=MAX(B5：D5)"，复制到 E5：E12 单元格区域。

第 3 阶段：物品 3 重 5，价值 6，当背包重≥5 时，填充后的价值=6+$f(s_3-5)$，在 D7 单元格输入"=6+E2"，并复制到 D8：D12 单元格区域(见图 9.5)。

第 2 阶段：物品 2 重 4，价值 5，当背包重≥4 时，填充后的背包价值=5+$f(s_2-4)$，在 C6 单元格输入"5+E2"，并复制到 C7：C12 单元格区域(见图 9.6)。

第 1 阶段：物品 1 重 3，价值 4，当背包重≥3 时，填充后的背包价值=4+$f(s_1-3)$，在 B5 单元格输入"4+E2"，并复制到 B6：B12 单元格区域(见图 9.7)。

	A	B	C	D	E
1	背包重	物1	物2	物3	最大价值
2	0				0
3	1				0
4	2				0
5	3				0
6	4				0
7	5			6	6
8	6			6	6
9	7			6	6
10	8			6	6
11	9			6	6
12	10			12	12

图 9.5　第 3 阶段

	A	B	C	D	E
1	背包重	物1	物2	物3	最大价值
2	0				0
3	1				0
4	2				0
5	3			5	5
6	4		5		6
7	5		5	6	6
8	6		5	6	6
9	7		5	6	6
10	8		6	10	10
11	9		11	11	11
12	10		11	12	12

图 9.6　第 2 阶段

	A	B	C	D	E
1	背包重	物1	物2	物3	最大价值
2	0				0
3	1				0
4	2				0
5	3	4			4
6	4	4	5		5
7	5	4	5	6	6
8	6	8	5	6	8
9	7	8	5	6	9
10	8	10	10	10	10
11	9	12	11	11	12
12	10	13	12	12	13

图 9.7　第 1 阶段

逆推找出最优方案：背包重 10，最大价值 13，添加的物品 1，物品重 3→背包剩余重量 7，最大价值 9，添加物品 1，物品重 3→背包剩余重量 4，最大价值 5，添加物品 2。即物品 1 两件，物品 2 一件。

其他两种方案 1→2→1 和 2→1→1，也都是物品 1 两件，物品 2 一件。

利用 WinQSB 求解背包问题见《管理运筹学实验指导书》。

本章小结

本章介绍了动态规划的基本概念、基本原理和几种典型的应用问题。要求：

1. 理解动态规划的核心概念

状态与状态变量、决策与决策变量、策略、状态转移方程、指标函数和最优值函数。

2. 动态规划的最优化原理

动态规划的最优化原理：作为整个过程的最优策略具有这样的性质，即无论过去的状态和决策如何，对前面的决策所形成的状态而言，余下的诸决策必须构成最优策略。简而言之，一个最优策略的子策略总是最优的。

3. 动态规划模型的建立和求解

一般地，给一个实际问题建立动态规划模型时，必须做到下面 5 点。

(1) 将问题的过程划分成适当的阶段。

(2) 正确选择状态变量 S_k，使它既能描述过程的演变，又能满足无后效性。

(3) 确定决策变量 x_k 及每阶段的允许决策集合 $D_k(S_k)$。

(4) 正确写出状态转移方程即 $S_{k+1}=T_k(S_k, x_k)$。

(5) 正确写出指标函数 $V_{k,n}$ 的关系。

这是建立动态规划模型的一般步骤，有些问题是由于具体情况不同，不可能或没有必要这样建模，关键是要灵活运用最优化原理。

动态规划模型的求解有两种方法：逆序解法和顺序解法。

4. 动态规划的应用

掌握动态规划在最短路线问题、资源分配问题、生产库存问题、背包问题求法。

关键术语

动态规划(Dynamic Programming)　　状态变量(State Variable)
决策变量(Decision Variable)　　状态转移方程(State Transition Equation)
指标函数(Objective Function)　　最优值函数(Optimal Value Function)
最优化原理(Optimization Principle)　　逆序法(Hysteron－proteron)
顺序法(Sequential Method)

 知识链接

1. WinQSB 中的动态规划模块 Dynamic Programming 可求解下列 3 种类型动态规划问题。
 (1) 马车驿站(最短路)问题　　Stagecoach(Shortest Route)Problem
 (2) 背包问题　　Knapsack Problem
 (3) 生产存储问题　　Production and Inventory Scheduling

2. 自编软件 ExcelORM 的动态规划模块可求解简单的一维资源分配问题、背包问题、设备更新问题和生产存储问题。

以上 2 种软件求解动态规划的操作步骤请到本书课程网站下载《实验指导书》阅读。对一般问题，需要依据动态规划基本原理，建立动态规划模型，编写 Lingo 程序求解。

 习　题

1. 已知各段路线的长度，如图 9.8 所示，试计算从 A 到 B，C，D 的最短路线。

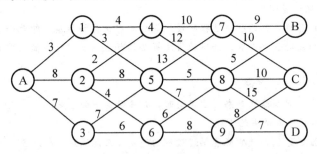

图 9.8　路线图

2. 某公司拟将刚引进的 6 台设备分配给所属的甲、乙、丙、丁 4 个子公司，各子公司获得设备后的赢利如表 9-15 所示，问如何分配这 6 台设备才使母公司的总赢利最大？

表 9-15　设备赢利表/千元

设备数 子公司	0	1	2	3	4	5	6
甲	0	20	42	60	75	85	90
乙	0	25	45	57	65	70	73
丙	0	18	39	61	78	90	95
丁	0	28	47	65	74	80	85

3. 某工厂有 100 台机器，拟分四个时期使用，在每一时期有两种生产任务。据经验，把机器 x_1 台投入第一种生产任务，则在一个生产周期中将有 $x_1/3$ 台机器作废；余下的机器全部投入第二种生产任务，则有 1/10 的机器作废。如果完成第一种生产任务，每台机器可获利 10，完成第二种生产任务每台机器可获利 7。问怎样分配机器，能使总获利最大？

4. 某造船厂根据合同，要在 1 至 4 月份的每月底供应货船 4，3，5，3 艘。该厂 1 月初无存货，到 4 月末也不准备留存。已知每批的生产准备费为 10 万元，每艘变动成本 10 万元；若当月生产的零件交运不出去，需要库存储，存储费为 1 万元/艘月。该厂每月的最大生产能力为 5 艘，最大库存能力 4 艘。问应如何安排生产，才能使费用总和最小？

5. 用动态规划解下列规划问题：

$$\max z = 4x_1 + 9x_2 + 2x_3^2$$

$$s.t. \begin{cases} x_1 + x_2 + x_3 = 10 \\ x_1, x_2, x_3 \geq 0 \end{cases}$$

6. 某人外出旅游，需要将 5 个物品装入背包，但装入背包的物品总质量不能超过 12 千克。物品质量及其价值如表 9-16 所示。问如何装入这些物品使背包的总价值最大？

表 9-16 物品质量价值表

物 品	A	B	C	D	E
质量/千克	7	5	4	3	1
价值/元	9	4	3	2	0.5

7. 实验一　最短路问题。

【实验项目】　铺管线路选择。

【实验目的】　熟悉运用 WinQSB 的动态规划模块求解最短路问题。

【实验内容】　现有天然气站 A，需铺设管道到用气单位 G，可以选择的设计路线如图 9.9 所示，中间各点表示加压站，各线段上的数字表示该段的铺管费用（单位：万元），试设计由 A 到 G 的最低铺管费用路线。

【实验要求】

（1）用 WinQSB 工具求解最优线路及路长。

（2）对求解结果进行解释。

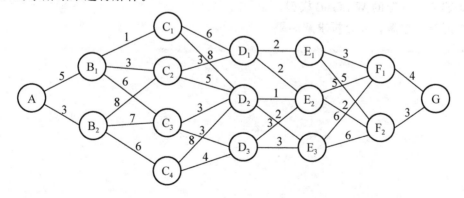

图 9.9　天然气路线图

8. 实验二　背包问题。

【实验项目】　用动态规划方法求解背包问题。

【实验目的】　熟悉运用 WinQSB 及 Excel 求解背包问题。

【实验内容】　有一辆最大货运量为 13 吨的货车，可以装载五种货物。每种货物的单位质量及相应的单位价格见表 9-17。问应如何装载货物才能使总的价值最大？

表 9-17　货物质量价值表

货　　物	1	2	3	4	5
单位质量/吨	1	3	4	5	7
单位价格/元	5	20	30	40	90

【实验要求】

(1) 建立该问题的 WinQSB 模型。

(2) 建立该问题的 Excel 模型。

(3) 对模型求解，并分析求解结果。

9. 实验三　生产库存问题。

【实验项目】　制衣计划的制订。

【实验目的】　熟悉运用 WinQSB 的动态规划模块求解生产库存问题。

【实验内容】　某针织品公司计划在今后 4 个月内经营一种高级成衣。根据预测该商品在 5 至 8 月份的每套进价和售价见表 9-18。已知库存能力为 600 套，5 月初有存货 200 套，并假定销售是在月初进行，至 8 月末全部售完。试对这 4 个月的购销做出安排，使总利润最大。

表 9-18　进价售价表

月　　份	5	6	7	8
进价/(元/套)	40	38	40	42
售价/(元/套)	45	42	39	44

【实验要求】

(1) 建立该问题的 WinQSB 模型。

(2) 对模型求解，并分析求解结果。

第 10 章

存储论

教学目标

知识目标	技能目标	应用方向
1. 理解存储问题的基本概念 存储系统及其基本要素构成，存储策略的类型，存储系统的费用构成 2. 掌握确定性存储模型的计算公式 模型Ⅰ：不允许缺货，及时补充的存储模型 模型Ⅱ：不允许缺货，在制品的存储模型 模型Ⅲ：允许缺货，及时补充的存储模型 模型Ⅳ：允许缺货、在制品存储模型 模型Ⅴ：有价格折扣的存储模型 3. 理解随机存储策略的几种类型 4. 掌握常见的随机模型的计算方法 模型Ⅵ：需求为离散型的模型；模型Ⅶ：需求为连续型的模型	1. 能将 7 种模型用于管理实际，建立存储模型并求得最优存储策略 2. 能利用 Excel 对相关的存储模型进行辅助决策，求得最优存储策略	制定最优存储策略

知识结构

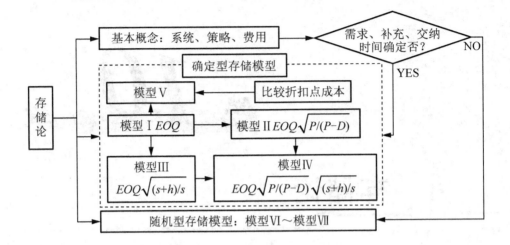

导入案例

复印纸进货策略选择问题

某文教用品商店(零售商)每年可销售10 000包光电复印纸,可从复印纸制品厂(供货商)进货。每次订货需发生订货费为100元,从下订单到货到需一周时间;零售商需租用库房存放复印纸,每月每包存储费为1元;复印纸购价为10元/包。

零售商:我们都是老熟人了,能否便宜点?

供货商:你如果多买就可以给你让利。

零售商:如何让利呢?

供货商:你一次订货300~600包,每包9.5元;一次订货超过600包(含600包),每包9元。

假设复印纸零售价为14元,平均毛利3元,如果缺货,年平均缺货每包将产生机会损失15元/年。

问题:

(1) 若不允许缺货,且无价格折扣情况下零售商应该订货多少次?每次订货多少?

(2) 若允许缺货,且无价格折扣情况下,零售商应订货多少次?每次订货多少?最大缺货量多少?

(3) 若不允许缺货,是否享受折扣?享受多少折扣?每次订货量多少?

人们在生产活动或日常生活中往往把所需要的物资暂时储存起来,以备将来使用或消费。这种储存物品的现象是为了解决供应(或生产)与需求(或消费)之间的不协调的一种手段。这种库存调节供需的现象随处可见,如举世瞩目的三峡工程,在夏季把雨水积存起来,以保证冬季枯水季节有足够的水量推动机器运转,同时调节了对长江中下游水量,起到防汛抗旱作用。

对于库存问题的研究称为存储论。存储论是运筹学中发展较早的分支。早在1915年,哈李斯(F. Harris)针对银行货币的储备问题进行了详细的研究,建立了一个确定性的存储费用模型,并求得了最佳批量公式。1934年威尔逊(R. H. Wilson)重新得出了这个公式,后来人们称这个公式为经济订购批量公式(简称为EOQ公式)。这是属于存储论的早期工作。存储论真正作为一门理论发展起来还是在20世纪50年代的事。1958年威汀

(T. M. Whitin)发表了《存储管理的理论》一书,随后阿罗(K. J. Arrow)等发表了《存储和生产的数学理论研究》,毛恩(P. A. Moran)在 1959 年写了《存储理论》。此后,存储论成为了运筹学中的一个独立的分支,并陆续对随机或非平稳需求的存储模型进行了广泛深入的研究。

10.1 基本概念

为了对存储问题有一个概括性的了解,下面说明存储论中常用的几个基本概念。

10.1.1 存储系统

在导入案例中,供货商提供商品,零售商需求商品,租用的仓库起到协调与缓和供需之间的矛盾,三者即构成了一个具有输入(供应)与输出(需求)的控制系统。如图 10.1 所示。

图 10.1 存储系统

存储问题包括的基本要素有:

(1) 需求与需求率。指单位时间对某种物品的需求量,以 R 表示。对于一个存储系统而言,需求率是它的输出,在生产过程中,上道工序的输出可以看作是下道工序的输入。需求率可能是均匀连续式的,也可能是间断瞬间式的。需求率可以是确定性的,也可以是随机性的。对于随机性需求,可以根据大量的统计资料,用某种随机分布来加以描述。

(2) 补充及订货批量。存储由于需求而不断减少,必须加以补充,否则最终将无法满足需求。补充就是存储系统的输入,补充可以通过向供货厂商订购或者自己组织生产来实现。一次订货中包含某种物品的数量称为批量,用 Q 表示。

(3) 订货间隔期。指两次订货之间的时间间隔,用 t 表示。

(4) 订货提前期。从订货到货物入库的时间间隔,用 L 表示。如导入案例中订货提前期为 7 天,若能在 5 月 27 日到货,应在 5 月 20 日提出订货。提前时间可以是确定性的,也可以是随机性的。

(5) 存储(订货)策略。指什么时间提出订货以及订货数量。

10.1.2 存储策略

常见的存储策略有以下几种。

1. t-循环策略

t-循环策略也称为定期订货法。指每隔 t 时间补充存储量为 Q,使库存水平达到 Q_0。决策思路是:每隔一个固定的时间周期检查库存项目的储备量。根据盘点结果与预定的目标库存水平的差额确定每次订购批量。这里假设需求为随机变化的,因此,每次盘点时的储备量都可能不相等,为达到目标库存水平 Q_0 而需要补充的数量也随着变化。这样,这类系统的决策变量应该是,检查时间周期 t、目标库存水平 Q_0,如图 10.2 所示。

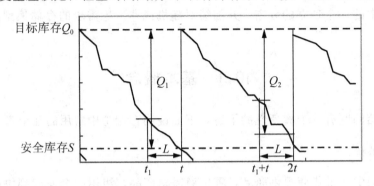

图 10.2　定期订货控制法

此种方法检查时刻和订货量的计算:根据平均需求率,测算下降到安全库存的时刻 t,再减去货物交纳周期(提前期)L,即把 $t_1(=t-L)$、t_1+t、… 作为检查时刻,设此时刻存货量为 Q_t,R 为平均需求率,在交纳周期内平均需求量 $=R \cdot L$,则订货量为:

$$Q = Q_0 - Q_t + R \cdot L$$

2. (s, S) 策略

(s, S) 策略也称为定量订货量。当存储量 $x>R$ 时不补充,当 $x \leqslant R$ 时补充存储,补充量 $Q=S-x+R$,使库存水平达到 S。其中,s 称为最低库存量。这种方法也称为定量订货法,如图 10.3 所示。

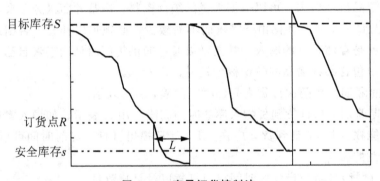

图 10.3　定量订货控制法

这种方法要求随时查看库存状态,当库存量下降到订货点 R 时,即按预先确定的订购量 Q 发出订货单,经交纳周期(或称提前期,即订货至到货间隔时间)L,库存量继续下降,到达安全库存量 S 时,收到订货 Q,库存水平上升。

在需求相对均匀时,订货点 R 与提前期 L、需求量 D 和安全库存量的关系:

$$R = L \times D / 365 + s$$

3. (t, s, S) 混合策略

每经过 t 时间检查存储量 x，当 $x > R$ 时不补充，当 $x \leq R$ 时补充存储，补充量为 $Q = S - x + R$，使库存水平达到 S。

确定存储策略时，首先把实际问题抽象为数学模型。在形成模型过程中，对一些复杂的条件尽量加以简化，只要模型能反映问题的本质即可。

10.1.3 存储系统的费用构成

存储策略的优劣如何衡量呢？最直接的衡量标准是计算该策略所耗用的平均费用多少。一般来说，一个存储系统主要包括下列一些费用。

(1) 订货费(ordering cost)或准备结束费。订货费是指为补充库存，办理一次订货所发生的有关费用，包括订货过程中发生的订货手续费、网络通信费、人工核对费、差旅费、货物检查费、入库验收费等。对于生产企业，订货费相当于组织一次生产所必需的工夹具安装、设备调试、材料安排等费用。订货费只与订货次数有关，而与订购或生产的数量无关，记每次的订货费为 k 元。

(2) 存储费(holding cost)。存储费包括存储物资所占用资金应付的利息、物资的存储损耗、陈旧和跌价损失、存储物资的保险费、仓库建筑物及设备的修理折旧费、保险费、存储物资的保养费、库内搬运费等，记每存储单位物资单位时间所花费的费用为 h(元／件·时间)。

(3) 缺货损失费(shortage penalty cost)。它一般是指由于存储供不应求时所引起的损失。如失去销售机会的损失、停工待料的损失以及不能履行合同而交纳的罚款等。衡量缺货损失费有两种方式，当缺货费与缺货数量的多少和缺货时间的长短成正比时，一般以缺货一件为期一年(付货时间延长一年)造成的损失赔偿费来表示；另一种是缺货费仅与缺货数量有关而与缺货时间长短无关，这时以缺货一件造成的损失赔偿费来表示。记单位物资缺货单位时间的损失费为 s(元／件·时间)。

由于缺货损失费涉及丧失信誉带来的损失，所以它比存储费、订货费更难以准确确定，对不同的部门、不同的物资，缺货损失费的确定有不同的标准，要根据具体要求分析计算，将缺货造成的损失数量化。

以上项目是存在问题中的主要费用项目，依所分析的实际问题的不同，所考虑的费用项目也有所不同。

在一个存储问题中主要考虑：供应(需求)量的多少，简称量的问题；何时供应(需求)，简称期的问题。按期与量这两个参数的确定性或随机性，将存储模型分为确定性存储模型与随机性存储模型两大类。

10.2 确定性存储模型

10.2.1 模型Ⅰ：不允许缺货，即时补充的 EOQ 模型

1. 假设前提

不允许缺货，即时补充的模型也称为基本 EOQ 模型，其假设前提如下。
(1) 不允许缺货(或缺货费用无穷大)。
(2) 当存储下降到零时，立即开始补充(当备货时间很短时，可近似看作为零)。
(3) 需求是连续的、均匀的，需求率为 R，则时间 T 的需求量为 $D=RT$。
(4) 每次订货量不变，订货费用不变，采购价格不变。
(5) 单位存储费为常数。

2. 经济订货量

基于上述假设，存储量变动如图 10.4 所示。因存储下降为零时可立即得到补充，因此不存在缺货损失；因采购价格不变，总需求量不变，总采购成本不变。因此与订货量有关的总成本只包括订货成本与存储成本。

设 Q 为每次订货量，k 为每次订货费，h 为单位存货年存储费，D 为全年需求量。

订货成本＝单位订货成本×订货次数，即：$TOC=k\dfrac{D}{Q}$

储存成本＝单位存储成本×平均存货量，即：$TCC=h\dfrac{Q}{2}$

总成本见式 10.1：

$$TC=TOC+TCC=k\dfrac{D}{Q}+h\dfrac{Q}{2} \qquad 式 10.1$$

由式 10.1 可见，订货成本与订货量成反比例变化，储存成本与订货量成正比例变化。TC 的最小值点 Q^* 为经济订货量，相应的总成本 TC^* 为最小总成本(如图 10.5 所示)。

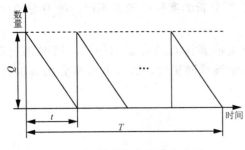

图 10.4　模型Ⅰ存储量变动图

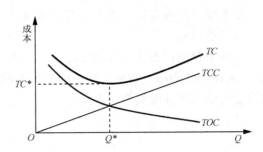

图 10.5　模型Ⅰ储存成本与订购成本的折中

令 $\dfrac{dTC}{dQ}=0$，得经济订货量(EOQ)如式 10.2，最小总成本如式 10.3，订货间隔期如式

10.4,订货次数如式 10.5。

经济订货量	$Q^* = \sqrt{\dfrac{2kD}{h}}$	式 10.2
最小总成本	$TC^* = \sqrt{2khD}$	式 10.3
订货间隔期	$t = \dfrac{TQ^*}{D} = T\sqrt{\dfrac{2k}{hD}}$	式 10.4
订货次数	$n = \dfrac{D}{Q^*} = \sqrt{\dfrac{hD}{2k}}$	式 10.5

【例 10.1】 在导入案例中,对问题(1)属于此种类型。若以年为时间单位,则 $D=10\,000$,$k=100$,$h=12$;

经济订货量 $\quad Q^* = \sqrt{\dfrac{2kD}{h}} = \sqrt{\dfrac{2\times 100\times 10\,000}{12}} \approx 408$

最小总成本 $\quad TC^* = \sqrt{2khD} = \sqrt{2\times 100\times 12\times 10\,000} \approx 4\,899$

订货间隔期 $\quad t = \dfrac{TQ^*}{D} = \dfrac{1\times 408}{10\,000} = 0.040\,8(年) = 365\times 0.040\,8 \approx 15(天)$

订货次数 $\quad n = \dfrac{D}{Q^*} = \dfrac{10\,000}{408} \approx 24.5$,向上取整 25 次。

3. 敏感性分析

敏感性分析是指某因素变动对某因变量变动的影响,常用弹性表示:

若 $f = f(x_1, x_2, \cdots)$,则有:$E_{x_i}^{f} = \dfrac{\partial f/f}{\partial x_i/x_i} = \dfrac{x_i}{f}\dfrac{\partial f}{\partial x_i}$

例如,$EOQ = \sqrt{\dfrac{2kD}{h}}$ 对单位存储费 h 的敏感性为:

$E_h^{EOQ} = \dfrac{h}{EOQ}\dfrac{\partial EOQ}{\partial h} = \dfrac{h}{\sqrt{2kD/h}}(-\dfrac{1}{2}\sqrt{2kD}h^{-3/2}) = -\dfrac{1}{2}$

此问题可借助 Excel 模拟运算表来进行。在例 10.1 中求 h 从 -4% 到 4% 变动时,EOQ 的变化曲线的操作方法如下:

(1) 在 B4 单元格输入 EOQ 的计算公式。
(2) 在 C 列输入增减比率,在 A5:A13 输入 h 按增减比率后的值。
(3) 选择 A4:B13 单元格区域,从菜单中选择"数据/模拟运算表/"光标置于"输入引用列的单元格"右端的文本框,选择 B4 单元格,单击确定,生成计算数据。
(4) 选择 A5:B13 单元格区域,从菜单中选择"插入/图表/散点图/选择无数据点平滑线散点图",分别选中横轴和纵轴,调整刻度大小,即得如图 10.6 所示图表。

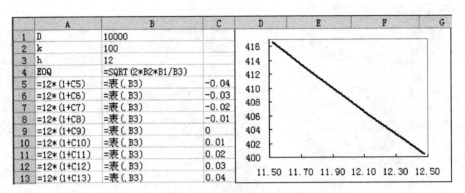

图 10.6 定量订货控制法

10.2.2 模型 Ⅱ：不允许缺货，生产需一定时间的 EOQ 模型

本模型除生产需一定时间外，其余条件同模型 Ⅰ。

设生产批量为 Q，所需时间为 t_1，生产速度为 P，则 $Q=Pt_1$，以年为时间单位（$T=1$）。

若需求速度为 $R(R=D<P)$，则生产的产品一部分满足需求，剩余部分才是存储。若生产间隔期为 t，则在 t_1 时间内以 $P-D$ 的速度增加库存，到 t_1 时刻，达到最大库存量 $M=(P-D)t_1$；在随后的 $t_2=t-t_1$ 时间内以 D 的速度减少库存（如图 10.7 所示）。

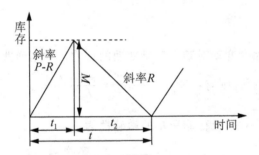

图 10.7 存储量变动图

平均存货 $=\dfrac{1}{2}M=\dfrac{1}{2}(P-D)t_1=\dfrac{1}{2}\left(1-\dfrac{D}{P}\right)Q$

年存储费 $TCC=\dfrac{1}{2}h\left(1-\dfrac{D}{P}\right)Q$

年装配费 $TOC=k\dfrac{D}{Q}$

年总成本 $TC=TOC+TCC=k\dfrac{D}{Q}+\dfrac{1}{2}h\left(1-\dfrac{D}{P}\right)Q$，令 $\dfrac{\mathrm{d}TC}{\mathrm{d}Q}=0$，得：

经济订货量 $\quad Q^*=\sqrt{\dfrac{2kD}{h(1-D/P)}}=EOQ\left(\dfrac{P}{P-D}\right)^{1/2}\quad$ 式 10.6

最大储存量 $\quad M^*=\sqrt{\dfrac{2kD(1-D/P)}{h}}=EOQ\left(\dfrac{P-D}{P}\right)^{1/2}\quad$ 式 10.7

最小总成本	$TC^* = \sqrt{2khD(1-D/P)}$	式 10.8
生产间隔期	$t^* = \dfrac{TQ^*}{D} = T\sqrt{\dfrac{2k}{hD(1-D/P)}}$	式 10.9
生产次数	$n^* = \dfrac{D}{Q^*} = \sqrt{\dfrac{hD(1-D/P)}{2k}}$	式 10.10
每期生产时间	$t_1^* = \dfrac{Q^*}{P} = \sqrt{\dfrac{2kD}{hP(P-D)}}$	式 10.11
每期间歇时间	$t_2^* = \dfrac{M^*}{D} = \sqrt{\dfrac{2k(1-D/P)}{hD}}$	式 10.12

【例 10.2】 某汽车制造公司底盘车间每年可生产 25 000 个底盘,每个底盘生产成本为 10 000 元;总装车间每年需要 10 000 个底盘,故生产要间歇进行;每次生产前要发生设备调整准备费 1 000 元;生产与需求之间通过库存调节,年库存费用按生产成本的 20%收取。试确定最优生产批量,每年应进行多少次生产?

解 已知 $P=25\,000$,$D=10\,000$,$k=1\,000$,$h=10\,000\times 20\% = 2\,000$,则有:

$$Q^* = \sqrt{\dfrac{2kD}{h(1-D/P)}} = \sqrt{\dfrac{2\times 1\,000 \times 10\,000}{2\,000(1-10\,000/25\,000)}} \approx 129 \text{ 个}$$

$$n^* = \dfrac{D}{Q^*} = \dfrac{10\,000}{129} \approx 78$$

答:每年组织 78 次生产,每次生产 129 个,可使总成本最低。

10.2.3 模型Ⅲ:允许缺货,即时补充的模型

模型Ⅰ和模型Ⅱ是在不允许缺货的情况下导出的,在许多实际情况中,需求不能按时得到满足,并且会发生缺货。发生缺货会导致额外的费用(由业务损失、进行特殊订购的费用、未来信誉的损失等所引起)。本节将对 10.2.1 小节进行修改,以允许发生缺货的可能性。在缺货情况下,有两种情况可能发生:一是允许延迟交货,但要发生特殊订购及信誉损失所引起的成本;二是不允许延迟交货,此时不仅受到信誉损失,而且损失了机会收益。

假设条件:在缺货时,允许延迟交货,其余条件同模型Ⅰ。

设 Q 表示每次订货量,k 表示每次订货成本;M 表示最大库存量,h 表示年单位储存成本;S 表示最大缺货量,s 表示年单位缺货成本;$R=D/T$ 表示需求率(由于时间单位为年,$T=1$,故 $R=D$);t 表示订货间隔期。

每次订货量为 Q,补足缺货 S 后,剩余部分 $M=Q-S$ 为最大库存。库存状态如图 10.8 所示。

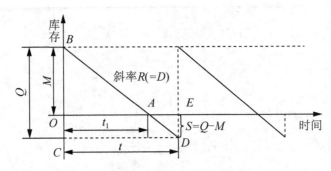

图 10.8　存储量变动图

因为斜率 $D=M/t_1=Q/t=S/(t-t_1)$，所以 $t_1=M/D$，　　$t=Q/D$，　　$t-t_1=S/D$

$$平均存货=\frac{M}{2}\frac{t_1}{t}=\frac{M}{2}\frac{M/D}{Q/D}=\frac{M^2}{2Q}，存储成本\ TCC=\frac{hM^2}{2Q} \qquad 式10.12$$

$$订货次数=\frac{D}{Q}，\qquad 订货成本\ TOC=\frac{kD}{Q} \qquad 式10.13$$

$$平均缺货=\frac{S}{2}\frac{t-t_1}{t}=\frac{S}{2}\frac{S/D}{Q/D}=\frac{S^2}{2Q}，缺货成本\ TSC=\frac{sS^2}{2Q}=\frac{s(Q-M)^2}{2Q} \qquad 式10.14$$

$$总成本\ TC=TOC+TCC+TSC=\frac{hM^2}{2Q}+\frac{kD}{Q}+\frac{s(Q-M)^2}{2Q} \qquad 式10.15$$

令 $\dfrac{\partial TC}{\partial Q}=0$，$\dfrac{\partial TC}{\partial M}=0$，得正则方程组，求解得：

$$Q^*=\sqrt{\frac{2kD(h+s)}{hs}}=EOQ\left(\frac{h+s}{s}\right)^{1/2} \qquad 式10.16$$

$$M^*=\sqrt{\frac{2kDs}{h(h+s)}}=EOQ\left(\frac{s}{h+s}\right)^{1/2} \qquad 式10.17$$

$$S^*=Q^*-M^* \qquad 式10.18$$

【例 10.3】　在导入案例中，问题(2)属于此种类型。

解　已知 $k=100$，$h=12$，$s=15$，$D=10\ 000$

$$Q^*=\sqrt{\frac{2kD(h+s)}{hs}}=\sqrt{\frac{2\times100\times10\ 000\times(12+15)}{12\times15}}\approx548$$

$$M^*=\sqrt{\frac{2kDs}{h(h+s)}}=\sqrt{\frac{2\times100\times10\ 000\times15}{12\times(12+15)}}\approx304$$

$S^*=Q^*-M^*=548-304=244$

年订货次数 $=D/Q^*=10\ 000/548=18.25$，向上取整，订货 18 次。

答：应订货 18 次，每次订货 548 包，最大库存量 304，最大缺货量 244。

10.2.4　模型Ⅳ：允许缺货，生产需一定时间的 EOQ 模型

假设条件：在缺货时，允许延迟交货，其余条件同模型Ⅱ。

仍以 P 表示生产速度，k 表示每次装配费；$R(R<P)$ 表示需求率（时间单位为年，$T=1$，$R=D/T=D$）；h 表示年单位储存成本；M 表示最大存储量，S 表示最大缺货量，s 表示年单位缺货成本。取 $[0, t]$ 为一个周期，其存储量变化如图 10.9 所示。

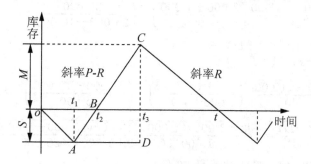

图 10.9　存储量变动图

$[0, t_2)$ 时间内存储为零，B 表示最大缺货量。

$[t_1, t_2]$ 时间内除满足需求外，补足 $[0, t_1]$ 时间内的缺货。

$(t_2, t_3]$ 时间内满足需求后的产品进入存储，存储量以 $(P-D)$ 的速度增加。

t_3 时刻存储量达到最大值 M，停止生产。

$(t_3, t]$ 时间内存储量以需求速度 D 减少。

由 10.2.3 可知，允许缺货 EOQ 模型最优值函数：

$$Q^* = EOQ \left(\frac{h+s}{s}\right)^{1/2}, \quad M^* = EOQ \left(\frac{s}{h+s}\right)^{1/2}$$

由 10.2.2 可知，不允许缺货在制品 EOQ 模型最优值函数：

$$Q^* = \sqrt{\frac{2kD}{h(1-D/P)}} = EOQ \left(\frac{P}{P-D}\right)^{1/2}$$

$$M^* = \sqrt{\frac{2kD(1-D/P)}{h}} = EOQ \left(\frac{P-D}{P}\right)^{1/2}$$

将其综合，有允许缺货在制品 EOQ 模型最优值函数：

$$Q^* = \sqrt{\frac{2kD(h+s)P}{hs(P-D)}} = EOQ \left(\frac{h+s}{s}\right)^{1/2} \left(\frac{P}{P-D}\right)^{1/2} \quad \text{式 10.19}$$

$$M^* = \sqrt{\frac{2kDs(P-D)}{h(h+s)P}} = EOQ \left(\frac{s}{h+s}\right)^{1/2} \left(\frac{P-D}{P}\right)^{1/2} \quad \text{式 10.20}$$

$$S^* = \sqrt{\frac{2hkD(P-D)}{s(h+S)P}} \quad \text{式 10.21}$$

式 10.19 和式 10.20 可通过解析方法加以证明，此处从略。

【例 10.4】　在例 10.2 中若其他条件不变，在允许缺货时，单位缺货成本为 1 000 元时，试确定最优生产批量，最大缺货为多少？

解 已知 $P=25\,000$ 件，$D=10\,000$ 件，$k=1\,000$ 元/次，$h=10\,000\times20\%=2\,000$ 元/件

$$Q^*=EOQ\left(\frac{h+s}{s}\right)^{1/2}\left(\frac{P}{P-D}\right)^{1/2}$$

$$=\sqrt{\frac{2\times1\,000\times10\,000}{2\,000}}\left(\frac{2\,000+1\,000}{1\,000}\right)^{1/2}\left(\frac{25\,000}{25\,000-10\,000}\right)^{1/2}\approx224\text{ 件}$$

$$M^*=EOQ\left(\frac{s}{h+s}\right)^{1/2}\left(\frac{P-D}{P}\right)^{1/2}$$

$$=\sqrt{\frac{2\times1\,000\times10\,000}{2\,000}}\left(\frac{1\,000}{2\,000+1\,000}\right)^{1/2}\left(\frac{25\,000-10\,000}{25\,000}\right)^{1/2}\approx45\text{ 件}$$

$$S^*=\sqrt{\frac{2hkD(P-D)}{S(h+s)P}}=\sqrt{\frac{2\times2\,000\times1\,000\times10\,000(25\,000-10\,000)}{1\,000\times(2\,000+1\,000)\times25\,000}}\approx89\text{ 件}$$

答：每批生产 224 件，最大缺货量 89 件。

10.2.5 模型 I～IV 的 WinQSB 求解

WinQSB 求解存储问题的模块名为 Inventory Theory and System，其第 1 个选项即为求解模型 I～IV 的程序。以例 10.4 为例，操作方法如下：

（1）从开始菜单选择"程序/WinQSB/Inventory Theory and System/File New Problem"，弹出类型选项对话框（图 10.10）。

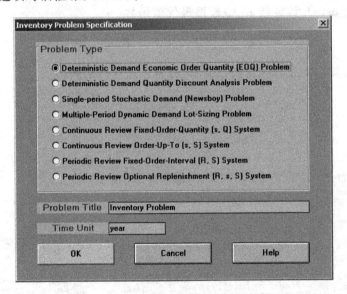

图 10.10 WinQSB 存储类型选项对话框

（2）选择第 1 个选项 Deterministic Demand Economic Order Quantity（EOQ）Problem，单击 OK 按钮，生成 EOQ 模型数据编辑窗口，并输入数据（见图 10.11）。其中"4/250"中的"4"表示拖后时间，"250"表示全年工作日数。

第10章 存储论

DATA ITEM	ENTRY
需求量/年→ Demand per year	10000
订货或生产准备费/次→ Order or setup cost per order	1000
单位存储或生产成本/年→ Unit holding cost per year	2000
单位缺货成本/年→ Unit shortage cost per year	1000
单位缺货成本/次→ Unit shortage cost independent of time	
生产能力/年→ Replenishment or production rate per year	25000
拖后时间/年工作日数→ Lead time for a new order in year	4/250
无折扣采购单价→ Unit acquisition cost without discount	
折扣点数→ Number of discount breaks (quantities)	
订货量Q→ Order quantity if you known	

图 10.11　WinQSB 经济批量模型输入编辑窗口

(3) 从菜单选择 Sove and Analyze/Solve the problem，得结果(图 10.12)。

07-14-2010	Input Data	Value	Economic Order Analysis	Value	
1	Demand per year	10000	Order quantity	223.6068	←EOQ
2	Order (setup) cost	¥1,000.00	Maximum inventory	44.7214	←最大存储量
3	Unit holding cost per year	¥2,000.00	Maximum backorder	89.4427	←最大缺货量
4	Unit shortage cost		Order interval in year	0.0224	←订货周期
5	per year	¥1,000.00	Reorder point	5.9675	←再订货点
6	Unit shortage cost				
7	independent of time	0	Total setup or ordering cost	¥44,721.36	←订货成本
8	Replenishment/production		Total holding cost	¥14,907.12	←储存成本
9	rate per year	25000	Total shortage cost	¥29,814.24	←缺货成本
10	Lead time in year	0.016	Subtotal of above	¥89,442.73	←以上3项
11	Unit acquisition cost	0			
12			Total material cost	0	←采购成本
13					
14			Grand total cost	¥89,442.73	←总成本

图 10.12　WinQSB 运行结果

运行结果的订货次数需用手工计算。

(4) 敏感性分析。

目前单位储存成本为 2 000，若考虑从 1 900 至 2 100，按步长 50 变动的敏感性分析，则执行菜单命令：Results/Parametric Analysis，设置对话框(图 10.13)，单击 OK 按钮得分析结果(图 10.14)。

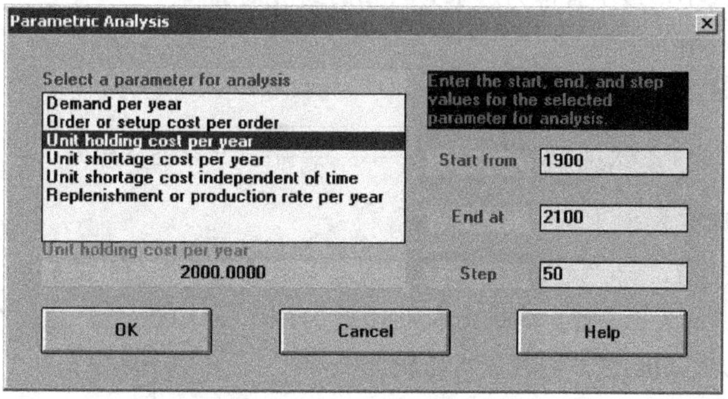

图 10.13　敏感性分析对话框

14-2	Unit holding cost per year	Economic Order	Inventory Related Cost	Grand Total Cost	Total Setup Cost	Total Holding Cost	Total Shortage	Maximum Inventory	Maximum Backorder	Reorder Point
1	1900	225.5597	¥88,668.31	¥88,668.31	¥44,334.15	¥15,287.64	¥29,046.52	46.6675	88.6683	9.6713
2	1950	224.5603	¥89,062.91	¥89,062.91	¥44,531.46	¥15,095.41	¥29,436.05	45.6733	89.0629	7.7776
3	2000	223.6068	¥89,442.73	¥89,442.73	¥44,721.36	¥14,907.12	¥29,814.24	44.7214	89.4427	5.9675
4	2050	222.6960	¥89,808.54	¥89,808.54	¥44,904.27	¥14,722.71	¥30,181.56	43.8090	89.8085	4.2354
5	2100	221.8250	¥90,161.15	¥90,161.15	¥45,080.57	¥14,542.12	¥30,538.45	42.9339	90.1611	2.5764

图 10.14　敏感性分析结果

10.2.6　模型 Ⅴ：价格有折扣的存储模型

以上模型所讨论的货物单价是常量，得出的存储策略都与货物单价无关。在现实中企业为了促销，一般都采取数量折扣优惠策略，购买数量越多，商品单价越低。如在导入案例中"一次订货 300～600 包，每包 9.5 元；一次订货超过 600 包（含 600 包），每包 9 元"。可用如下分段函数表示：

$$p(Q)=\begin{cases}10, & 0\leqslant Q<300\\ 9.5, & 300\leqslant Q<600\\ 9, & Q\geqslant 600\end{cases}$$

式中折扣点为 300 和 600。绘制成图形如图 10.15 所示。

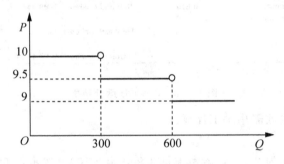

图 10.15　价格折扣策略

价格有折扣模型经济批量的计算方法是先计算无价格折扣的经济批量，再与各折扣点的批量比较成本大小，最小者即为所求有折扣的经济批量。

订货与储存成本为：

不考虑折扣情况下的经济批量：

$$EOQ=\sqrt{\frac{2kD}{h}}=\sqrt{\frac{2\times 100\times 10\,000}{12}}\approx 408（包）$$

订货与储存成本为：

$$TC=\sqrt{2khD}=\sqrt{2\times 100\times 12\times 10\,000}=2\,449.5\,元$$

该订货量的购价为 9.5 折，购货成本为 $10\,000\times 9.5=95\,000$ 元，总成本 $=97\,448.5$ 元。

与 9 折折扣点（600 包）进行成本比较。

$$订货成本=\frac{10\,000}{600}\times 100\approx 1\,667\,元$$

储存成本 $= \frac{600}{2} \times 12 \approx 3\,600$ 元

购货成本 $= 10\,000 \times 9 = 90\,000$ 元

总成本为 $= 95\,267$ 元

可见9折折扣点总成本低于经济订货量总成本，选择9折优惠，订货量600包。

10.3 随机性存储模型

上述各类模型都假定各时期的需求量是确定的，但实际问题中，需求量往往不是一个确定的值。在存储模型中，需求、补充、交纳间隔期（提前期）若存在随机变量，则称为随机性存储模型。为简化计算，仅考虑需求为随机变量的情形。当需求为离散型随机变量时，所建立的模型称为离散型随机存储模型，当需求为连续型随机变量时，所建立的模型称为连续型随机存储模型。

10.3.1 模型Ⅵ：需求是离散的随机存储模型

案例 10-1

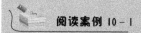

报童问题

报童问题是运筹学经典案例，可描述如下：报童每日早晨从报社以批发价购得当日的日报，然后在市场以零售价售出，每份订购价0.6元，零售价1元；若卖不完，则每份积压报纸退还给报社0.2元/每份。该报童对以往的销售量作了连续一个月的统计，其记录如表10-1所示。

表10-1 每日报纸需求量概率分布

日需求量 d	120	130	140	150	160
频率 P(d)	0.15	0.2	0.3	0.25	0.1

问题：他（或她）应订购多少份报纸为宜？

缺货损失视为存储问题中的单位缺货费用，再加上每次订货费用，则模型为"允许缺货、及时补充的存储模型"。在电子商务飞速发展的今天，网上订货成本可近似为0，而价格折扣则是企业普遍采用的促销手段。因此总成本可描述为以下3项：

总成本 = 存储成本 + 缺货成本 + 采购成本

对订货量 q，需求量 r，单位缺货成本 s，单位存货成本 h，单位采购成本 k，需求的概率分布 $P(d)$。

当 $d \leq q$ 时，因积压而产生损失 $h \sum\limits_{d=0}^{q}(q-d)P(d)$。

当 $d>q$ 时，因缺货产生缺货损失 $s\sum_{d=q+1}^{\infty}(d-p)P(d)$。

采购成本为 kq

总成本 $\quad C(q) = h\sum_{d=0}^{q}(q-d)P(d) + s\sum_{d=q+1}^{\infty}(d-q)P(d) + kq \qquad$ 式 10.22

由于 d 是整数，q 只能取离散值，假设 Q 是最佳的，则其成本应是最低的，即：
①$C(Q) \leqslant C(Q+1)$；②$C(Q) \leqslant C(Q-1)$

①式可写成：

$$h\sum_{d=0}^{Q}(Q-d)P(d) + s\sum_{d=Q+1}^{\infty}(d-Q)P(d) + kQ$$
$$\leqslant h\sum_{d=0}^{Q+1}(Q+1-d)P(d) + s\sum_{d=Q+2}^{\infty}(d-Q-1)P(d) + k(Q+1)$$

因为 $h\sum_{d=0}^{Q+1}(Q+1-d)P(d) = h\sum_{d=0}^{Q}(Q+1-d)P(d) = h\sum_{d=0}^{Q}(Q-d)P(d) + h\sum_{d=0}^{Q}P(d)$

$s\sum_{d=Q+2}^{\infty}(d-Q-1)P(d) = s\sum_{d=Q+1}^{\infty}(d-Q-1)P(d) = s\sum_{d=Q+1}^{\infty}(d-Q)P(d) - s\sum_{d=Q+1}^{\infty}P(d)$

所以 $\quad h\sum_{d=0}^{Q}P(d) - s\sum_{d=Q+1}^{\infty}P(d) + k \geqslant 0$

$h\sum_{d=0}^{Q}P(d) + s\sum_{d=0}^{Q}P(d) - s\sum_{d=0}^{Q}P(d) - s\sum_{d=Q+1}^{\infty}P(d) + k \geqslant 0$

$(h+s)\sum_{d=0}^{Q}P(d) - s + k \geqslant 0$

简化得： $\quad\sum_{d=0}^{Q}P(d) \geqslant \dfrac{s-k}{s+h}$

同理由②推导并简化得：$\sum_{d=0}^{Q-1}P(d) \leqslant \dfrac{s-k}{s+h}$

二者综合有：

最佳批量隐式表示 $\quad \sum_{d=0}^{Q-1}P(d) \leqslant \dfrac{s-k}{s+h} \leqslant \sum_{d=0}^{Q}P(d) \qquad$ 式 10.23

或 $\sum_{d=0}^{Q}P(d) \geqslant \dfrac{s-k}{s+h}$ 的 Q 的最小值（要求 $s>k$，若不考虑采购成本，则 $k=0$）。

式中 s 为单位缺货成本，k 为单位采购成本，h 为单位存储成本。

【例 10.5】 某商店出售 A 商品，单位成本 70 元，售价 100 元。若不能售出，必须减价为 60 元，减价后一定可以售出。已知需求量 d 服从泊松分布：

$$P(d)=\frac{e^{-\lambda}\lambda^d}{d!}(\lambda \text{ 为平均出售数})$$

根据以往的经验，平均出售数为 8。问商店应订货多少单位 A 商品？

解 本题未考虑采购成本，即 $k=0$。若缺货，每件将发生缺货损失 $100-70=30$ 元；若不能正常售出，降价出售将产生 $70-60$ 元的损失，即 $s=30$，$h=10$。

$$\frac{s}{s+h}=\frac{30}{30+10}=0.75$$

利用 Excel 统计函数：

POISSON(x, mean, cumulative)

可求得累积分布，式中 x 为事件数；mean 为期望值；cumulative 为逻辑值，取 1 为累积分布，取 0 为概率值。操作如下：

在 B2 单元格中输入："=poisson(B1，8，1)"，向右复制到 C2：L2，如图 10.16 所示。

	A	B	C	D	E	F	G	H	I	J	K	L
1	d	0	1	2	3	4	5	6	7	8	9	10
2	∑P(d)	0.000335	0.003019	0.013754	0.04238	0.099632	0.191236	0.313374	0.452961	0.592547	0.716624	0.815886

图 10.16 用 poisson 函数计算泊松累积分布

由图可见，0.75 介于需求量 9 和 10 的累积分布之间，故由式 10.23 得 $Q=10$。

10.3.2 模型Ⅶ：需求是连续的随机存储模型

当需求为连续型随机变量，其概率密度为 $p(d)$，则：

当 $r \leqslant q$ 时，因积压而产生的期望损失为

$$h\int_0^q (q-r)p(r)dr$$

当 $r>q$ 时，因缺货产生的期望损失为

$$s\int_q^\infty (r-q)p(r)dr$$

采购成本为 kq

总期望成本：

$$E[C(q)] = h\int_0^q (q-r)p(r)dr + s\int_q^\infty (r-q)p(r)dr + kq \qquad \text{式 10.24}$$

假设 Q 是经济订购批量，可由求导数的方法找到期望成本最小点，即：

令 $\dfrac{d}{dQ}E[C(Q)] = \dfrac{d}{dQ}\left[h\int_0^Q (Q-r)p(r)dr + s\int_Q^\infty (r-Q)p(r)dr + kQ\right] = 0$

即 $h\int_0^Q p(r)\mathrm{d}r - s\int_Q^\infty p(r)\mathrm{d}r + k = 0$

$h\int_0^Q p(r)\mathrm{d}r + s\int_0^Q p(r)\mathrm{d}r - s\int_0^Q p(r)\mathrm{d}r - s\int_Q^\infty p(r)\mathrm{d}r + k = 0$

$(h+s)\int_0^Q p(r)\mathrm{d}r - s + k = 0$

于是得连续型随机需求最佳订货量的隐函数表达式：

$$\int_0^Q p(r)\mathrm{d}r = \frac{s-k}{s+h} \qquad 式 10.25$$

式中，s 为单位缺货成本，k 为单位采购成本，h 为单位存储成本。

案例 10-2

ABA 房间预订

ABA（美国律师协会）将在拉斯维加斯举行年度会议，在会议开始 6 个月之前，ABA 必须确定应该在举行会议的宾馆预订多少间房间。此时，ABA 可以以每间 50 美元的价格进行预订，但是在会议开始 6 个月之前，ABA 不确定有多少人参加会议。不过 ABA 认为所需要房间的数量是正态分布的，平均值为 5 000 个房间，标准差为 2 000 个房间。如果所要求的房间数量超过在会议宾馆预订的房间数量，就必须在邻近的宾馆以每间 80 美元的价格来预订额外的房间。与会者在邻近宾馆不方便。对于在邻近宾馆获得的各间房间而言，通过评估 10 美元的额外费用来度量这种不便性。如果目标是最小化 ABA 及其成员的预期费用，那么 ABA 应该在会议宾馆预订多少间房间？

（资料来源：Wayne L. Winston 著．李乃文等译．运筹学概率模型应用范例与解法．北京：清华大学出版社，2006．第 1 版．第 148 页．）

分析 该问题是一个需求为正态分布的，设 q 为房间预订数，r 为房间需求数。其费用项目组成如下：

(1) 房间预订费 $50Q$，即 $k=50$。

(2) 当 $r \leqslant q$ 时，空房间损失费并不需要额外支付，$h=0$。

(2) 当 $r>q$ 时，邻近宾馆租用和不便费用 $90(r-q)$，即 $s=90$。

解决方案 由公式 $\int_0^Q p(r)\mathrm{d}r = \dfrac{s-k}{s+h} = \dfrac{90-50}{90+0} = \dfrac{4}{9}$，再利用 Excel 正态分布反函数 Norminv(4/9, 5 000, 2 000) 求得 $Q=4\ 720.58$。

决策建议 预订 4 721 个房间。

该问题也可归纳为报童问题，用 WinQSB 求解。

本章小结

本章介绍了存储问题的基本概念、单品种确定性存储模型的5种类型和随机性存储模型的两种类型。主要内容如下:

1. 存储模型的基本概念

(1) 存储系统:由输入(补充)、存储、输出(需求)构成,要素有需求与需求率、补充与经济批量、交纳间隔期、存储策略。

(2) 存储策略:定期订货、定量订货及两方法的结合。

(3) 费用构成:订货费、存储费、缺货费、采购费。

2. 确定性存储模型

(1) "不允许缺货、及时补充"为最基本类型,也称为"基本EOQ模型",经济批量为EOQ。

(2) EOQ 乘以 $\sqrt{P/(P-D)}$,得到模型Ⅱ;EOQ 乘以 $\sqrt{(s+h)/s}$,得到模型Ⅲ;EOQ 乘以 $\sqrt{P/(P-D)}\sqrt{(s+h)/s}$ 得到模型Ⅳ;EOQ 成本与折扣点成本比较得模型Ⅴ。

3. 随机性存储模型

无论离散型还是连续型,均计算 Q 点的累积概率分布值,再利用反函数求得 Q。

 关键术语

存储系统(Storage System)　　　需求(Demand)

补充(Supplement)

经济订购批量(Economic Order Quantity,EOQ)

提前期(Leadtime)　　　存储成本(Holding Cost)

订货成本(Ordering Cost)　　　缺货成本(Shortage Costs)

采购成本(Purchase Cost)　　　不允许缺货(Without Absent Goods)

允许缺货(Absent Goods)　　　定量订货法(Quantitative Order Method)

定期订货法(Periodic Order Method)

敏感性分析法(Sensitivity Analysis Method)

 知识链接

有关多品种随机存储模型可阅读:甘应爱等主编. 运筹学. 北京:清华大学出版社,2005年. 第3版. 第344~377;存储模型求解的 Excel 操作请阅读自编软件 ExcelORM 帮助文件。

 习　题

1. 简答下列问题。

(1) 存储系统由哪些要素构成?

(2) 存储策略有哪几种？各在什么情况下应用？

(3) 若 P 表示生产能力，D 表示需求量，s 表示单位缺货成本，h 表示单位存储成本，则模型Ⅰ～模型Ⅳ的经济订货批量计算公式有何联系？

2. 某产品备件的需求量为 10 000 件，单价 100 元，每次订货费 2 000 元，每件年存储成本按购价的 20%。在不允许缺货和交纳间隔期为 0 的条件下，求该种备件的经济订购批量和总费用（包括订货费、存货费与采购费）。

3. 某服装厂根据市场预测，在冬季可销售羽绒服 10 000 件。现距入冬尚有 200 天时间，要求在这 200 天时间内均衡生产。已知每件所需原材料费 48 元，在这 200 天原材料存储成本按价格的 20% 收取，每次订货费 250 元，如果缺货，则影响生产而使每件损失 100 元，求原材料的经济订购批量。

4. 某工厂生产并出售农机配件，据预测全年需要量为 18 000 个，每月生产能力为 3 000 个，每次生产设备调整费为 500 元，零件存储费 0.15 元/月，要求：

(1) 在不允许缺货的条件下求经济批量。

(2) 若允许缺货，单位缺货损失费为 2 元，经济批量又为多少？

5. 某电器厂年需某种元件 5 000 个，每次订购费 500 元，每个元件年存储费 10 元，不允许缺货。若采购数量在 500 个以下无折扣，价格为 100 元；采购量在 500～1 000 个（含 500 个）按 9 折优惠；采购量在 1 000 个及以上按 8 折优惠，要求：

(1) 在不考虑价格折扣时，经济订购量为多少？

(2) 是否享受价格折扣？享受价格折扣的订购量为多少？

6. 某厂对原材料月需求的概率分布如表 10－2 所示。

表 10－2　需求的概率分布

需求量 d/吨	20	30	40	50	60
概率分布 $P(d)$	0.1	0.2	0.3	0.3	0.1

若不发生订货费，储存成本 200 元/吨·月，缺货成本 600 元/吨·月，采购单价 400 元/吨，要求：

(1) 计算经济订购批量。

(2) 假设需求概率服从均值 $1/\lambda=30$ 的泊松分布，经济订购批量为多少？

注：泊松分布概率为 $P(r)=\dfrac{e^{-\lambda}\lambda^r}{r!}$，$(r=0,1,2,\cdots)$

(3) 如果需求服从 $\mu=30$，$\sigma=5$ 的正态概率分布，每次订购批量又应为多少？

7. 案例一　阅读案例 10－3，并为 Joe 提供决策建议。

阅读案例 10-3

书桌订购数量决策

晨光办公用品公司的客户平均每年需要 6 000 张书桌。每次订货要发生差旅费等 300 元。一张书桌的年度存储费用为 200 元的 25%。下订单和订货到达之间的周期为一周。在(1)~(4)中,假设不允许缺货。

(1) 每次应该订购多少张书桌?
(2) 每年应该订购多少次?
(3) 确定满足客户对书桌的需求量的年度总费用(不包括采购费用)。
(4) 确定再订购点。如果交付周期为 2 个星期,那么再订购点是哪里(52 个星期=1 年)?
(5) 如果允许发生缺货,并且晨光的一张书桌缺货一年的费用为 80 元,那么(1)~(4)的答案将发生什么变化?
(6) 假设晨光正考虑生产书桌。每次生产准备费 500 元,单位变动成本为 180 元,单位储存费 50 元,晨光每年能够生产多达 10 000 张书桌。最优生产批量是多少?

8. **案例二** 阅读案例 10-4,并帮助 Chocochip Cookie 店进行决策。

阅读案例 10-4

曲奇饼烤制数量决策

某早餐店在每天早上开始营业之前烧烤曲奇饼。烧烤曲奇饼每块费用 0.5 元,每块售价 1 元,一天结束时,未售出的曲奇饼以每块 0.2 元的价格卖给廉价面包房。每天售出的曲奇饼的数量以表 10-3 所示的离散随机变量表示。

表 10-3 曲奇饼需求的概率分布

需求量/打	20	30	40	50	60
概率	0.30	0.20	0.20	0.15	0.15

(1) 每天开始营业之间应该烧烤多少打曲奇饼?
(2) 如果曲奇饼的日需求量为 $\mu=50$,$\sigma=20$ 的正态概率分布,应该烧烤多少打?
(3) 如果曲奇饼的日需求量满足密度函数为 $f(r) = \dfrac{e^{-1/50}(1/50)^r}{r!}$ $(r \geqslant 0)$ 的泊松分布,又应该烧烤多少打?

9. **实验一**

【实验目的】掌握 WinQSB 求解确定性存储问题的操作方法
【实验内容】利用 WinQSB 求解第 4 题。
【实验要求】(1)求解订购批量;(2)对存储费为 17、18、19 进行敏感性分析。

10. **实验二**

【实验目的】掌握 WinQSB 求解随机性存储问题的方法。
【实验内容】利用 WinQSB 求解案例二的存储问题。
【实验要求】分别计算需求为离散分布、正态分布、泊松分布下的制作数量。

第 11 章

排队论

教学目标

知识目标	技能目标	应用方向
1. 理解下列基本概念 排队系统的构成、特征、分类、主要性能指标、性能指标间的关系 2. 掌握以下三种单服务台排队系统主要性能指标的计算公式：M/M/1/∞/∞；M/M/1/N/∞；M/M/1/∞/m 3. 掌握以下三种多服务台排队系统主要性能指标的计算公式：M/M/C/∞/∞；M/M/C/N/∞；M/M/C/∞/m 4. 了解 M/G/1、M/D/1 的主要指标计算公式	1. 能将实际问题，由顾客到达及服务时间的经验分布利用 Excel 操作，拟合成相应的分布 2. 能根据 Kendall 分类标记将实际问题建立相应的排队模型 3. 至少掌握一种软件(Excel 或 WinQSB 求解排队问题	合理组织人力、物力、财力的排队问题指标测定与优化

第11章 排队论

知识结构

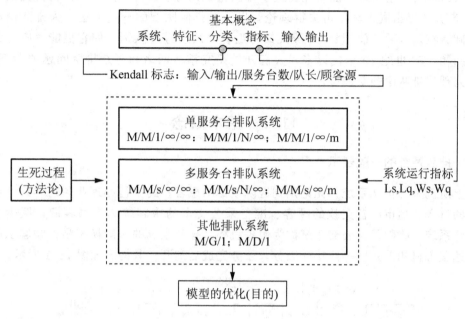

导入案例

主任医师招聘问题

某三甲医院肝胆内科有主任医师1名,由于他的存在而使前来诊疗的患者大增。根据一个月的统计,平均每 h 到达医院的患者6名,并对各时间段统计,经拟合优度检验符合泊松分布;该医生每 h 可诊疗4名,但患者病情不同,分布也不是均匀的,对每位患者就诊时间的统计,经回归,符合指数分布。

医院配备有电子回馈信息系统,及时观察到已挂号排队等候的患者数量。当排队等候人数少于5人时,挂号系统可以挂号。当前来就诊的患者挂上号若医生空闲则可直接就诊,否则排队等候。医生采取先到先服务的规则。若前来就诊的患者挂不上号,则立即到邻近的一家医院就诊。

经统计,经该主任医师诊疗的患者,其诊疗费、检验费、医药费等医院可获纯收入100元;主任医师可高薪聘请,其薪金及住房和各种福利年均25万元,医院实行每周5天工作制,年工作日250天,平均每天支付1 000元的成本。当医生过少,由于患者得不到服务离去而产生的损失增加;当医生过多,由于医生空闲时间的增加也使医院的成本增加。问:医院应招聘多少名肝胆内科主任医师可使得赢利最大?

此类排队现象在日常生活中经常遇到,如客户到银行排队办理存贷款业务,出纳员为客户提供服务;汽车到加油站排队,加注系统为汽车提供加油服务;超市顾客到收银台前排队,收款员为顾客提供交款服务;旅客到公交车站排队,公交车为旅客提供位移服务。

排队论的基本思想是1910年丹麦电话工程师 A·K·埃尔朗在解决自动电话设计问题时开始形成的,当时称为话务理论。他在热力学统计平衡理论的启发下,成功地建立了电话统计平衡模型,并由此得到一组递推状态方程,从而导出著名的埃尔朗电话损失率公式。

自20世纪初以来,电话系统的设计一直在应用这个公式。20世纪30年代苏联数学家 А·Я·欣钦把处于统计平衡的电话呼叫流称为最简单流。瑞典数学家巴尔姆又引入有限后效流等概念和定义。他们用数学方法深入地分析了电话呼叫的本征特性，美国数学家费勒(W. Feller)关于生灭过程的研究促进了排队论的研究。20世纪50年代初，英国数学家D·G·肯德尔提出嵌入马尔可夫链理论，以及对排队队型的分类方法，为排队论奠定了理论基础。在这以后，L·塔卡奇等人又将组合方法引进排队论，使它更能适应各种类型的排队问题。20世纪70年代以来，人们开始研究排队网络和复杂排队问题的渐近解等，成为研究现代排队论的新趋势。

11.1 基本概念

11.1.1 排队系统的一般表示

以上所例举的排队系统，无论是到医院就诊的患者、到银行办理业务的客户、到加油站加油的汽车、超市准备交款的顾客、准备乘公交车的旅客统称为顾客源；医生、出纳员、加注系统、收款员、公交车统称为服务机构。排队系统的一般模型是：顾客从顾客源出发到达服务机构前排队等候接受服务，服务完成后离开。其构成如图11.1所示。

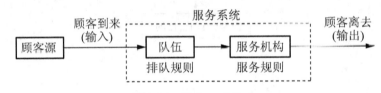

图 11.1 排队系统构成

可见一个排队系统都包括在一定时间内顾客平均到来多少；按什么规律到来（输入过程）；进入系统的顾客按什么规则排队（排队规则）；服务机构设置多少服务设施；排列形式；服务时间服从什么分布。

11.1.2 排队系统的三个特征

如前所述，排队系统由三个基本组成部分：输入过程、排队规则、服务机构。下面分别阐述其基本特征。

1. 输入过程

输入是指顾客到达服务系统的情况。可能有下列情况，但并不相互排斥：

(1) 按顾客源总数划分为有限和无限两大类。如工厂需要检修的机器是有限的，准备进京观光旅游的游客是无限的。

(2) 按顾客到达的人数可以划分为单个到达和成批到达。如到超市购买商品的顾客是单个的，到港国际航班等待安检的旅客是成批的。

(3) 按顾客到达时间间隔是否固定可以划分为确定型和随机型。如定期运行的班车、班轮、班机是确定的，到加油站加油的汽车是随机的。对随机的顾客到达需要知道单位时间到达的顾客数或时间间隔的概率分布。

(4) 按接受过服务的顾客对顾客到达数是否有影响，划分为相互独立到达和非相互独立到达。如提供优质服务的餐饮业所产生了大量"回头客",就属于非相互独立到达。我们只讨论独立到达情况。

(5) 按顾客相继到达间隔时间的分布及其数字特征是否与时间有关可分为平稳与非平稳的。相继到达的间隔时间分布及其数学期望、方差等数字特征都与时间无关,称为平稳的,否则是非平稳的。一般非平稳情况的数学处理很困难,我们只讨论平稳状况。

2. 排队规则

排队规则指到达排队系统的顾客按怎样的规则排队等待。

(1) 按顾客到达排队系统时发现服务设施已被占用是否离去可分为损失制、等待制和混合制3种。当顾客到达时,所有的服务台均被占用,顾客随即离去,称为损失制(或称即时制、消失制);当顾客到达时,所有的服务台均被占用,顾客就排队等待,直到接受完服务才离去,称为等待制,例如出故障的机器排队等待维修就是这种情况;介于损失制和等待制之间的是混合制。

对于等待制,有下列服务规则:先到先服务、先到后服务、带优先服务权、随机服务等。

先到先服务(FCFS):按到达先后次序排成队伍依次接受服务。

先到后服务(LCFS):与 FCFS 相反,后到的顾客反而先得到服务,如仓库中后到的物资放在最外面先被领取。

带优先服务权(PR):对到达的顾客按重要性进行分类,服务设施优先对重要性级别高的顾客服务。如火车站的售票窗口、对外开放的部队医院通常实行"现役军人优先"。

随机服务(SIRO):到达服务系统的顾客不形成队伍,当服务设施有空时,随机选取一名服务,对每一名等待的顾客来说,被选取的概率相等。如在每天生产的 10 000 个产品中随机抽取 100 个进行检验,每个产品被抽取到的概率均为 1%。

在后面研究的问题中均假设采取 FCFS 服务规则。

(2) 按队列长度是否有限,可分为队长有限和队长无限两种情况。在限度以内就排队等待,超过一定限度就离去。

(3) 按排队方式分为单列、多列。如在医院集中预约服务系统排队的队伍就属于单列;在火车站售票大厅多个售票窗口排队购票的队伍就属于多列。对于多列排队的顾客有的可以相互转移,有的则不能(用栏杆等隔开);有的排队顾客因等候时间过长而离开,有的则不能(如在高速公路行驶的汽车必须坚持到高速出口)。我们所讨论的问题限制在队列间不能相互转移,中途不能退出的情形。

3. 服务机构

从机构形式和工作情况来看有以下几种:

(1) 服务机构可以没有服务员,也可以有一个或多个服务员(服务台、窗口)。如超市的货架可以没有服务员,但交款时可能有多个服务员。

(2) 多个服务台的情况中,可以是平行排列的(并联),也可以是前后排列的(串联),也可以是混合的,如图 11.2 所示。

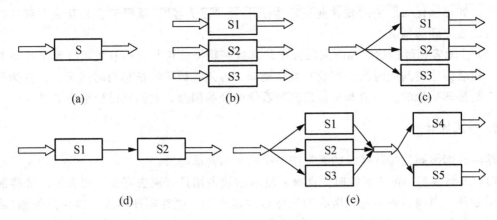

图 11.2　队列结构类型

图 11.2(a)为单队单服务台系统,如乘客排队等公交车,公交车到乘客接受位移服务离去;图 11.2(b)为多队多服务台并联排队系统,如患者在医院的内科、外科、神经科门前排队,接受服务后离去;图 11.2(c)为单队多服务台并联排队系统,如汽车到加油站排队,多个加注机器,加油后离去;图 11.2(d)为多服务台串联排队系统,如流水线上等待加工的产品,加工完毕后作为商品离开生产线;图 11.2(e)为多服务台混合系统,如到医院排队挂号→到相关科分诊→排队划价交款→分别做超声造影和取药。

(3) 服务方式可以对单个顾客进行,也可成批进行。我们只讨论单个服务情况。

(4) 服务时间可分为确定型的和随机型的。如旅客列车对乘客的服务是按列车时刻表进行位移服务的,是确定型的;因患者病情不同,医生诊断的时间不是确定的,是随机型的。

(5) 服务时间的分布总假定是平稳的,即分布的期望值、方差等参数不受时间的影响。

11.1.3　排队系统模型的分类

根据排队系统的特征,肯德尔(Kendall)于 1953 年提出了排队服务系统的分类记号:
输入/输出/并联的服务站数

1971 年国际排队符号标准会上肯德尔将上述分类记号扩充到 6 项,记为:
输入/输出/并联的服务站数/系统容量(队长)/系统状态(顾客源数)/服务规则

其代表符号如表 11-1 所示。

表 11-1　分类标记符号的意义

	符号	含义
输入(顾客到达分布)	M	泊松(Poisson)输入
	D	定长输入(确定型输入 Deterministic)
	GI	一般相互独立(General independent)的时间间隔分布

续表

	符号	含义
输出(服务时间分布)	M E_k G	指数分布(negative exponential) k 阶埃尔朗分布(Erlang distribution) 一般(General)服务时间分布
服务规则	FCFS LCFS PR SIRO	先到先服务 后到先服务 带优先服务权 随机服务

如"M/M/1/∞/∞/FCFS"表示泊松分布到达、指数分布服务、单服务台、队长无限、顾客源无限、先到先服务。以下讨论问题均为 FCFS 服务规则，故将第 6 项符号略去。

11.1.4 排队系统的主要性能指标

求解排队问题的目的，是研究排队系统运行的效率，估计服务质量，确定系统参数的最优值，以决定系统结构是否合理、研究设计改进措施等。因此必须确定用以判断系统运行优劣的基本数量指标。

1. 常用指标

(1) 队长(L_s)和排队长(L_q)：队长指系统内顾客数，包括正在接受服务的顾客与排队等待服务的顾客数(排队长)，即：

系统中的顾客数＝排队等候服务的顾客数 ＋ 正在接受服务的顾客数

(2) 逗留时间(W_s)和等待时间(W_q)：逗留时间指顾客在排队服务系统中从进入到服务完毕离去的平均逗留时间；等待时间指顾客排队等待服务的平均等待时间。这对顾客来讲是最关心的，每个顾客希望逗留时间或等待时间越短越好。

(3) 服务机构工作强度：指服务机构累计的工作时间占全部时间的比例，是衡量服务机构利用效率的指标，即：

$$\frac{服务机构}{工作强度} = \frac{用于服务顾客的时间}{服务设施总的服务时间} = 1 - \frac{服务设施总的空闲时间}{服务设施总的服务时间}$$

2. 指标间的关系

上述指标实际上反映了排队服务系统工作状态的几个侧面，它们之间是互为联系可以互相转换的。

设：λ 表示单位时间内顾客的平均到达数，则 $1/\lambda$ 表示相邻两个顾客到达的平均间隔时间；

μ 表示单位时间内被服务完毕离去的平均顾客数，则 $1/\mu$ 表示对每个顾客的平均服务时间；

s 表示服务系统中并联的服务台数；

$P_n(t)$ 表示在时刻 t 系统中恰好有 n 个顾客的概率。

则有下列关系：

$$L_s = \lambda W_s, \text{ 或 } W_s = \frac{L_s}{\lambda} \quad \text{式 11.1}$$

$$L_q = \lambda W_q, \text{ 或 } W_q = \frac{L_q}{\lambda} \quad \text{式 11.2}$$

$$W_s = W_q + \frac{1}{\mu} \quad \text{式 11.3}$$

式 11.1 和式 11.2 由利特尔（J. D. C. Little）给出了严格证明，故也称为 Little 公式。将其代入式 11.3 得：

$$L_s = L_q + \frac{\lambda}{\mu} \quad \text{式 11.4}$$

又因

$$L_s = \sum_{n=0}^{\infty} n P_n \quad \text{式 11.5}$$

$$L_q = \sum_{n=s+1}^{\infty} (n-s) P_n \quad \text{式 11.6}$$

因此，只要知道 P_n，即可求得 L_s、L_q、W_s、W_q。P_n 的值当 $n=0$ 时即为 P_0；当 $s=1$ 时即为服务系统工作强度。可见，P_n 是求解排队问题的关键。而时刻 t 系统中恰好有 n 个顾客的概率 P_n 与顾客到达率及服务率关系密切。

11.1.5　排队系统的输入和输出

排队系统的输入和输出是指顾客到达流和服务时间流，它们的分布一般都是非负的随机变量。最常见的是泊松分布、指数分布和埃尔朗分布。然而在研究具体问题时，究竟是服从哪种分布呢？通常抽取到达时间间隔和服务时间样本，统计其分布（经验分布），并按照统计学的方法进行检验（如 χ^2 检验），以确定服从哪种理论分布。为此，我们先介绍常用的泊松分布、指数分布和埃尔朗分布，之后介绍经验分布检验的 Excel 操作。

1. 最简单流（泊松流）

在排队论中常常用到最简单流的概念。所谓最简单流，是指在 t 这段时间内有 k 个顾客来到服务系统的概率服从泊松（Poisson）分布，故也称为泊松流。即：

$$P_k(t) = e^{-\lambda t} \frac{(\lambda t)^k}{k!} \quad (k = 0, 1, 2, \cdots) \quad \text{式 11.7}$$

当 $k=0$ 时有

$$P_0(t) = e^{-\lambda t} \quad \text{式 11.8}$$

其均值和方差为

$$E(T) = Var(T) = \lambda t$$

泊松分布曲线如图 11.3 所示。

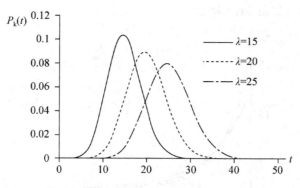

图 11.3　Poisson 分布曲线

那么在什么条件下顾客到达是最简单流呢？它需要满足以下 3 个条件：

(1) 平稳性。指在一定时间间隔内，来到服务系统有 k 个顾客的概率仅与这段时间间隔的长短有关，而与这段时间的起始时刻无关。

(2) 无后效性。指在不相交的时间区间内到达的顾客数是相互独立的，或者说在区间 $[a, a+t]$ 来到 k 个顾客的概率与时间 a 之前来到多少个顾客无关。

(3) 普通性。指在足够小的时间区间内只能有一个顾客到达，不可能有两个以上顾客同时到达。

最简单流的一些性质：

(1) 参数 λ 代表单位时间内到达顾客的平均数。

证　由于考虑单位时间，取 $t=1$，其数学期望为：

$$\sum_{k=0}^{\infty} k P_k(1) = \sum_{k=0}^{\infty} k e^{-\lambda} \frac{\lambda^k}{k!} = \lambda \sum_{k=1}^{\infty} e^{-\lambda} \frac{\lambda^{k-1}}{(k-1)!} = \lambda$$

(2) 在 $[t, t+\Delta t]$ 内没有顾客到达的概率为 $1-\lambda \Delta t + o(\Delta t)$。

证　由式 11.8 可知在时间 Δt 没有顾客到达的概率为 $P_0(\Delta t) = e^{-\lambda \Delta t}$，将右端展开为麦克劳林级数有：

$$e^{-\lambda \Delta t} = 1 + (-\lambda \Delta t) + \frac{(-\lambda \Delta t)^2}{2!} + \frac{(-\lambda \Delta t)^3}{3!} + \cdots$$

当 $\Delta t \to 0$ 时，从第 3 项开始为 Δt 的高阶无穷小，故结论得证。

(3) 在 $[t, t+\Delta t]$ 内恰好有 1 个顾客到达的概率为 $\lambda \Delta t + o(\Delta t)$。

证　式 11.7 可知在 Δt 内恰好有 1 个顾客到达的概率为 $P_1(\Delta t) = e^{-\lambda \Delta t} \lambda \Delta t$，将 $e^{-\lambda \Delta t}$ 的麦克劳林级数代入，结论得证。

2. 指数分布的服务时间

如果随机变量 T 的概率密度为：

$$f(t) = \mu e^{-\mu t} \quad t \geq 0 \qquad \text{式 11.9}$$

则称 T 服从指数分布，其分布函数是：

$$F(t) = P(T \leq t) = 1 - e^{-\mu t} \quad t \geq 0 \qquad \text{式 11.10}$$

数学期望和方差为：　　　　$E(T) = 1/\mu \quad \text{Var}(T) = 1/\mu^2$

指数分布概率密度曲线如图 11.4 所示。

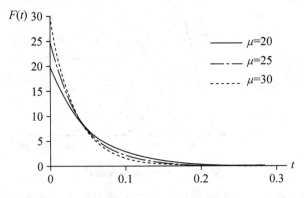

图 11.4 指数分布曲线

指数分布具有下列主要性质：

(1) 不管对某一个顾客的服务已进行了多久，剩下来的服务时间的概率分布仍为同原先一样的指数分布（称为无记忆性或马尔柯夫性）。

证 设刚刚服务完一个顾客所用的时间为 s，对 $t>0$，有：$P\{T>t+s \mid T>s\}$，根据条件概率公式有：

$$P\{T>t+s \mid T>s\} = \frac{P\{(T>t+s) \cup (T>s)\}}{P\{T>s\}} = \frac{P\{T>t+s\}}{P\{T>s\}}$$

$$= \frac{1-P\{T \leqslant t+s\}}{1-P\{T \leqslant s\}} = \frac{1-[1-\mu e^{-\mu(t+s)}]}{1-(1-\mu e^{-\mu s})} = e^{-\mu t} = P\{T>t\}$$

于是结论得证。

(2) 当输入为泊松流时，顾客相继到达时间间隔必是指数分布。

证 对于泊松流，在 $[0, t)$ 内至少一个顾客到达的概率＝1－没有顾客到达的概率，即：

$$1-P_0(t) = 1-e^{-\lambda t}$$

结合式 11.10，结论得证。

因此，相继到达的间隔时间是独立的且为相同的指数分布，与输入过程为泊松流是等价的。所以肯得尔(Kendall)记号中都用 M 表示。

(3) 当服务设施对顾客的服从时间 t 为参数 μ 的指数分布时，与泊松流类似也有：

在 $[t, t+\Delta t]$ 内没有顾客离去的概率为 $1-\mu\Delta t+o(\Delta t)$；

在 $[t, t+\Delta t]$ 内恰有一个顾客离去的概率是 $\mu\Delta t+o(\Delta t)$；

当如果 Δt 足够小，在 $[t, t+\Delta t]$ 内有多于两个以上顾客离去的概率为 $o(\Delta t)$。

(4) 数学期望 $1/\mu$ 表示对每个顾客的平均服务时间，μ 为平均服务率，即单位时间完成服务的顾客数。

(5) 若干独立的指数分布的最小值是指数分布。

证 设 $T_1, T_2, \cdots, T_n$ 分别表示参数为 $\mu_1, \mu_2, \cdots, \mu_n$ 的独立的随机变量，U 是这些随机变量的最小值，即 $U=\min(T_1, T_2, \cdots, T_n)$，对任意 $t \geqslant 0$，有

$$P\{U>t\} = P\{T_1>t, T_2>t, \cdots, T_n>t\} = P\{T_1>t\}P\{T_2>t\}\cdots P\{T_n>t\}$$

$$= e^{-\mu_1 t} \cdot e^{-\mu_2 t} \cdots e^{-\mu_n t} = e^{-\sum_{i=1}^{n} \mu_i t}$$

即 U 是参数为 $\mu = \sum_{i=1}^{n} \mu_i$ 的指数分布。

这一性质说明：第一，如果来到服务机构的有 n 类不同类型的顾客，第 i 类顾客来到服务站的间隔时间具有参数 μ_i 的指数分布，则作为总体来讲，到达服务机构的顾客的间隔时间仍为指数分布；第二，如果一个服务机构中有 s 个服务设施，各服务设施对顾客的服务时间为具有相同参数 μ 的指数分布，于是整个服务机构的输出就是一个具有参数 $s\mu$ 的指数分布。这样对具有多个并联服务站的服务机构就可以同具有单个服务站的服务机构一样处理。

3. k 阶埃尔朗(Erlang)分布

k 个相互独立具有相同参数的指数分布的和的分布称为 k 阶 Erlang 分布。

k 阶 Erlang 分布的概率密度为：

$$f(t) = \frac{\mu k (k\mu t)^{k-1}}{(k-1)!} e^{-k\mu t} \quad t \geqslant 0 \qquad \text{式 11.11}$$

数学期望和方差为：$\quad E(T) = \frac{1}{\mu} \quad Var(T) = \frac{1}{k\mu^2}$

Erlang 分布的密度密度函数曲线如图 11.5 所示。

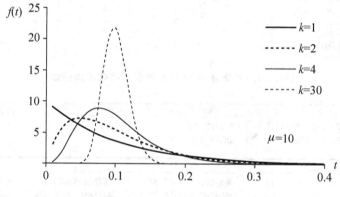

图 11.5　Erlang 分布曲线

Erlang 分布族提供了更为广泛的模型类，比指数分布有更大的适应性。当 $k=1$ 时，Erlang 分布即为指数分布；当 k 增大时，Erlang 分布的图形逐渐变为对称；当 $k \geqslant 30$ 时 Erlang 分布近似于正态分布；当 $k \to \infty$ 时，Erlang 分布化为确定型分布。

4. 经验分布

经验分布函数，设 $(X_1, X_2, \cdots, X_N)$ 是来自总体 X 的简单随机样本。对于任意 $x(x \in R)$，以 $v_n(x)$ 表示事件 $\{X \leqslant x\}$ 在 n 次简单随机抽样(独立重复观测)中出现的次数，即样本的 n 个观测值 $X_1, X_2, \cdots, X_n$ 中不大于 x 的观测值的个数，则称

$F_n = \dfrac{v_n(x)}{n} (-\infty < x < \infty)$ 为总体 X 的经验分布函数。对于给定的 x，经验分布函数是

随机变量；对于给定的样本值，经验分布函数具有随机变量的分布函数的一切性质。

以1979年大连港到港500吨以上非定期航班货船为例①（见图11.6）说明整理方法（整理过程见图11.7）。

	A	B	C	D	E	F	G	H	I	J	K	L	M
1		1月	2月	3月	4月	5月	6月	7月	8月	9月	10月	11月	12月
2	1日	8	2	3	6	7	1	4	4	3	5	5	6
3	2日	10	5	3	2	4	4	1	3	4	2	4	5
4	3日	4	5	5	1	1	2	1	4	4	1	3	5
5	4日	1	2	2	5	2	6	3	4	1	1	5	2
6	5日	0	7	4	4	2	5	3	3	7	6	2	1
7	6日	1	3	7	3	3	2	4	1	7	6	3	5
8	7日	4	6	4	4	7	8	2	0	4	4	4
9	8日	4	2	3	3	4	4	5	7	6	4	2
10	9日	7	3	3	7	5	3	4	5	2	2	3	2
11	10日	0	2	4	5	3	3	4	3	3	3	1	2
12	11日	3	2	2	2	1	3	5	5	0	6	3	3
13	12日	2	2	2	1	7	3	3	5	4	6	3	1
14	13日	4	2	4	1	5	4	3	3	6	3	3	7
15	14日	0	3	5	3	4	5	0	6	2	5	4	5
16	15日	2	4	2	7	3	5	1	2	3	5	1
17	16日	2	6	2	4	7	4	3	3	2	0	4	2
18	17日	5	2	1	2	5	1	2	4	6	2	6
19	18日	4	2	2	4	1	2	0	4	2	1	7
20	19日	2	6	4	6	4	4	6	5	5	0	3
21	20日	1	5	8	4	3	3	4	5	1	3	1
22	21日	1	2	2	6	5	2	4	1	0	6	2
23	22日	3	1	3	5	5	3	6	4	7	6	1
24	23日	6	5	3	1	2	6	5	4	6	9	3	3
25	24日	2	3	4	5	3	5	4	1	6	5	4
26	25日	3	5	5	4	4	5	1	2	2	5	1
27	26日	4	5	4	1	2	2	1	3	5	1	3
28	27日	4	2	7	4	4	6	2	5	1	2	9
29	28日	2	2	2	3	4	2	3	8	0	7	2	3
30	29日	0		4	6	4	1	4	4	2	3	2	3
31	30日	3		1	4	4	6	5	4	5	4	1
32	31日	1		3		2		3	1		3		4

图11.6　大连港1979年到港非定期航班货船数

	O	P	Q	R	S	T
1	平均值	=AVERAGE(B2:M32)	最大值	=MAX(B2:M32)		
2	标准差	=STDEV(B2:M32)		P值	=CHITEST(Q5:R15,S5:T15)	
3						
4	到港船数	到港船数	频率	泊松分布		
5	0	0	12	=365*POISSON(P5,$P$1,0)	=AVERAGE($Q5:$R5)	=AVERAGE($Q5:$R5)
6	1	1	43	=365*POISSON(P6,$P$1,0)	=AVERAGE($Q6:$R6)	=AVERAGE($Q6:$R6)
7	2	2	63	=365*POISSON(P7,$P$1,0)	=AVERAGE($Q7:$R7)	=AVERAGE($Q7:$R7)
8	3	3	73	=365*POISSON(P8,$P$1,0)	=AVERAGE($Q8:$R8)	=AVERAGE($Q8:$R8)
9	4	4	71	=365*POISSON(P9,$P$1,0)	=AVERAGE($Q9:$R9)	=AVERAGE($Q9:$R9)
10	5	5	49	=365*POISSON(P10,$P$1,0)	=AVERAGE($Q10:$R10)	=AVERAGE($Q10:$R10)
11	6	6	28	=365*POISSON(P11,$P$1,0)	=AVERAGE($Q11:$R11)	=AVERAGE($Q11:$R11)
12	7	7	19	=365*POISSON(P12,$P$1,0)	=AVERAGE($Q12:$R12)	=AVERAGE($Q12:$R12)
13	8	8	4	=365*POISSON(P13,$P$1,0)	=AVERAGE($Q13:$R13)	=AVERAGE($Q13:$R13)
14	9	9	2	=365*POISSON(P14,$P$1,0)	=AVERAGE($Q14:$R14)	=AVERAGE($Q14:$R14)
15	10	10	1	=365*POISSON(P15,$P$1,0)	=AVERAGE($Q15:$R15)	=AVERAGE($Q15:$R15)

图11.7　数据整理过程公式审核模式

---

① 数据来源：甘应爱等主编．运筹学．北京：清华大学出版社，2005第3版，第309页

(1) 在 P1、P2、R1 为平均值、标准差和最大值。

(2) 由于最大值为 10，在 O5：O15 单元格区域输入到港船只数可能状态 0～10。

(3) 频数统计：执行菜单命令："工具/数据分析/直方图"，设置直方图对话框(图 11.8)。(注：若"数据分析"在工具菜单未出现，需在"加载宏"中勾选"分析工具库")

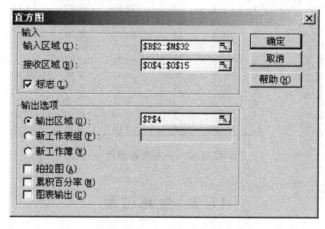

图 11.8　直方图对话框

输入区域为记录的数据区域，即图 11.6 中的数据区域 B2：M32。

接收区域为频数分布区间点的区域，即图 11.7 中 O4：O15 区域，由于 O4 单元格为区间点名称，故勾选"标志"选项；

勾选"输出区域"单选按钮，则在本工作表中输出，其右边的文本框为为输出区域左上角单元格，选择 P4。

单击"确定"按钮，完成频数统计，如图 11.7 中 P4：Q15 单元格区域。

(4) x^2 检验。工作表函数"CHITEST(实际频数，理论频数)"可求得 x^2 检验的 P 值(截尾概率)。要求的数据有实际频数和理论频数。我们用泊松分布进行拟合，要先计算出泊松分布的值。

在 R5 单元格输入如图 11.7 所示公式，向下复制到 R6：R15 单元格区域，得泊松分布的频数(泊松分布函数的使用请阅读 Excel 帮助文件)。

实际频数合计为 365，泊松分布频数合计为 364.63，可以认为样本量相同。因此若二者无差别时，其理论频数也应该是一样的，用经验频数和泊松分布频数平均值作为理论频数，在 S5 单元格输入如图 11.7 所示公式，复制到 S5：T15 单元格区域，求得理论频数。

在 R2 单元格输入如图 11.7 所示公式，得 P 值见普通显示模式(图 11.9)。由图 11.9 可见，P 值为 0.996 8，远大于 0.05，不拒绝服从泊松分布的假设，即认为时间 t 到达 n 个船只的概率服从泊松分布。

	O	P	Q	R	S	T
1	平均值	3.50137	最大值	10		
2	标准差	1.88637	P值	0.996816082		
3						
4	到港船数	到港船数	频率	泊松分布		
5	0	0	12	11.01	11.50	11.50
6	1	1	43	38.54	40.77	40.77
7	2	2	63	67.47	65.24	65.24
8	3	3	73	78.75	75.87	75.87
9	4	4	71	68.93	69.96	69.96
10	5	5	49	48.27	48.63	48.63
11	6	6	28	28.17	28.08	28.08
12	7	7	19	14.09	16.54	16.54
13	8	8	4	6.17	5.08	5.08
14	9	9	2	2.40	2.20	2.20
15	10	10.00	1.00	0.84	0.92	0.92

图 11.9　卡方检验结果

11.2　生死过程

生死过程(生灭过程)是用来处理输入为最简单流,服务时间为指数分布这样一类最简单排队模型的方法。它是分析后面各类排队问题的方法论,在排队论中有重要意义,什么是生死过程呢?举一个例子:某地区当前人口数为 n,该年人口出生数 λ_n,则根据泊松流的性质,在 Δt 时间内出生一个人的概率为 $\lambda_n \Delta t + o(\Delta t)$;$\mu_n$ 为该年人口死亡数,则根据指数分布的性质,在 Δt 时间内死亡一个人的概率为 $\mu_n \Delta t + o(\Delta t)$,那么在经过 Δt 时间后,人口将变成多少?

在生死过程中,生与死的发生都是随机的,当 Δt 足够小,可能有下列四种情况:当 t 时刻人口数为 n,(1)出生 0 个死亡 0 个,$t+\Delta t$ 时刻人口 n;(2)出生 1 个死亡 0 个,$t+\Delta t$ 时刻人口 $n+1$;(3)出生 0 个死亡 1 个,$t+\Delta t$ 时刻人口 $n-1$;(4)出生 1 个死亡 1 个,$t+\Delta t$ 时刻人口 n(如图 11.10 所示)。

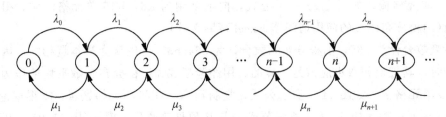

图 11.10　生死过程速率图

可见,当出生率始终大于死亡率时,当 $t \to \infty$ 时,将发生"人口爆炸";当出生率始终小于死亡率时,最终将会消亡。因此,人口政策也应是一个动态的。

如果把出生看作是顾客到达,死亡看作是完成一个服务,顾客离去,则生死过程恰好反映了一个排队服务系统的瞬时状态 $N(t)$。但排队问题与自然界的生死过程不同的是:

当服务率大于到达率时,最终队列中的顾客数不会为0,导致的结果是服务机构空闲时间的增加,经过足够多的时间,队伍中的顾客数将处于稳定状态。假设处于状态 n 的概率为 P_n,由图 11.10 可见:

当 $n=0$ 时,输入仅仅来自状态 1,状态 0 的输入率为 $\mu_1 P_1$;输出也只有一个,输出率为 $\lambda_0 P_0$,状态 0 的平衡方程为:

$$\mu_1 P_1 = \lambda_0 P_0 \Rightarrow P_1 = \frac{\lambda_0}{\mu_1} P_0$$

当 $n=1$ 时,输入和输出各有两个,分别是状态 0 和状态 2,状态 1 的平衡方程为:

$$\lambda_0 P_0 + \mu_2 P_2 = \lambda_1 P_1 + \mu_1 P_1$$

$$\Rightarrow \mu_2 P_2 = \lambda_1 P_1 + \mu_1 P_1 - \lambda_0 P_0 = \lambda_1 P_1 + \mu_1 P_1 - \lambda_0 \frac{\mu_1}{\lambda_0} P_1 = \lambda_1 P_1$$

$$\Rightarrow P_2 = \frac{\lambda_1}{\mu_2} P_1 \Rightarrow P_2 = \frac{\lambda_1 \lambda_0}{\mu_2 \mu_1} P_0$$

同理依次推得:

$$\Rightarrow P_n = \frac{\lambda_{n-1}}{\mu_n} P_{n-1} = \frac{\lambda_{n-1} \cdots \lambda_1 \lambda_0}{\mu_n \cdots \mu_2 \mu_1} P_0$$

令: $\qquad C_n = \frac{\lambda_{n-1} \cdots \lambda_1 \lambda_0}{\mu_n \cdots \mu_2 \mu_1} \quad (n=1, 2, \cdots), \quad C_0 = 1$ 式 11.12

则有: $\qquad P_n = C_n P_0 \quad (n=1, 2, \cdots)$ 式 11.13

由概率的性质 $\sum_{n=0}^{\infty} P_n = P_0 \sum_{n=0}^{\infty} C_n = 1$

有: $\qquad P_0 = \frac{1}{\sum_{n=0}^{\infty} C_n}$ 式 11.14

11.3 单服务台排队系统模型

本节讨论单服务台的排队系统,它的输入过程服从泊松分布,服务时间服从指数分布。按以下三种情形讨论:

(1) 标准的 M/M/1/∞/∞ 系统。
(2) 系统容量有限的 M/M/1/N/∞ 系统。
(3) 顾客源有限的 M/M/1/∞/m 系统。

11.3.1 标准的 M/M/1/∞/∞ 系统

1. M/M/1/∞/∞ 模型需要满足的条件

标准的 M/M/1/∞/∞ 模型是指满足下列条件的排队系统:

(1) 输入过程：顾客源无限，单个到来，相互独立，到达平均数为常数，且服从泊松分布，到达过程是平稳的。

(2) 排队规则：单队，队长不受限制，先到先服务。

(3) 服务机构：单服务台、平均服务率为常数，对各顾客服务时间相互独立，服从相同的指数分布，服务过程也是平稳的。

2. M/M/1/∞/∞ 系统运行指标

由于到达平均数和服务平均数均为常数，即：

$$\lambda_0 = \lambda_1 = \cdots = \lambda_{n-1} = \lambda, \quad \mu_1 = \mu_2 = \cdots = \mu_n = \mu$$

有

$$C_n = \frac{\lambda_{n-1} \cdots \lambda_1 \lambda_0}{\mu_n \cdots \mu_2 \mu_1} = \left(\frac{\lambda}{\mu}\right)^n = \rho^n$$

式中，$\rho = \frac{\lambda}{\mu} < 1$ 称为业务密度。

$$\sum_{n=0}^{\infty} C_n = \sum_{n=0}^{\infty} \rho^n = \frac{1}{1-\rho} \text{（幂级数麦克劳林展开式）} \Rightarrow P_0 = \frac{1}{\sum_{n=0}^{\infty} C_n} = 1 - \rho$$

$$P_n = C_n P_0 = \rho^n P_0 = \rho^n (1-\rho)$$

$$L_s = \sum_{n=0}^{\infty} n P_n = (1-\rho) \sum_{n=0}^{\infty} n \rho^n = (1-\rho) \rho \sum_{n=0}^{\infty} n \rho^{n-1} = (1-\rho) \rho \sum_{n=0}^{\infty} \frac{d}{d\rho} \rho^n$$

$$= (1-\rho) \rho \frac{d}{d\rho} \sum_{n=0}^{\infty} \rho^n = (1-\rho) \rho \frac{d}{d\rho} \left(\frac{1}{1-\rho}\right) = \frac{\rho}{1-\rho} = \frac{\lambda}{\mu - \lambda}$$

由式 11.1~11.4 有：

$$W_s = \frac{L_s}{\lambda} = \frac{1}{\mu - \lambda}; \quad W_q = W_s - \frac{1}{\mu} = \frac{1}{\mu - \lambda} - \frac{1}{\mu} = \frac{\lambda}{\mu(\mu - \lambda)} = \frac{\rho}{\mu - \lambda};$$

$$L_q = \lambda W_q = \frac{\rho \lambda}{\mu - \lambda}$$

综上所述有

M/M/1/∞/∞ 系统运行指标：		
在系统中的平均顾客数（队长）：	$L_s = \frac{\lambda}{\mu - \lambda}$	式 11.15
在队列中等待的平均顾客数：	$L_q = \frac{\rho \lambda}{\mu - \lambda}$	式 11.16
在系统中顾客平均逗留时间：	$W_s = \frac{1}{\mu - \lambda}$	式 11.17
在队列中顾客平均等待时间：	$W_q = \frac{\rho}{\mu - \lambda}$	式 11.18

案例 11-1

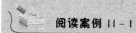

复印机公司维修服务质量改进问题

某办公复印机公司的一个服务部负责为该公司的顾客提供高质量服务支持，即维修公司的设备。这项工作由公司的技术服务代表在顾客所在地进行，每位技术服务代表负责一个特定地域。在一般情形下，顾客每次拨打电话后，都会见到同一个技术服务代表，使得公司可以提供个性化的服务。

在目前政策情形下，每位技术服务代表的地域应当有足够的设备，使得技术服务代表在大约75%的时间里处于维修工作状态（或在到维修地点的路上）。连续工作时，每位技术服务代表应当平均一天维修4台设备（平均每台设备2h，包括行进时间）。每一个工作日平均要接到3个维修电话，公司的设备平均50个工作日需要维修一次，因此，要为每位技术服务代表负责的区域指定大约150台设备。但是，随着集打印和复印功能于一体的彩色复印机的销售成功，带来了具体的服务问题。该设备有如此多的功能，使得它成为购买者办公室的重要设备。当它停下来需要修理时，所有工作都难以展开，即使技术服务代表提供与过去相同的服务水平，对令人无法忍受的等待维修的抱怨也已经充斥了该部门。

公司管理层认为此次危机是公司成功的代价，但正因为这种新设备如此有价值，所以需要更高水平的服务。

公司管理层召集了服务部、工程部、财务部与营销部的主要负责人就服务水平问题进行商讨，在对如何满足所需的服务进行多次讨论后，公司管理层建议用以下4个步骤来解决此问题：

(1) 建立所需的新服务水平的试验标准。
(2) 提出一些可能达到该标准的建议做法。
(3) 让运筹小组详细分析这些建议做法，评估每种做法的有效性与成本。
(4) 组织高层管理人员再开一次会，进行最终决策。

在新服务标准建议方面，大家认为在技术服务代表开始前往顾客所在地修理设备之前，顾客的平均等待时间不应超过2h。现问：应如何对问题进行分析？

分析 每个地区只有一个技术服务代表，为单服务台；该地区用户150户，可近似于无穷大，采用 M/M/1/∞/∞ 排队系统模型。

当前的系统效率指标：

$$L_s = \frac{\lambda}{\mu-\lambda} = \frac{3}{4-3} = 3, \quad L_q = \rho L_s = 0.75 \times 3 = 2.25$$

$$W_s = \frac{1}{\mu-\lambda} = \frac{1}{4-3} = 1, \quad W_q = \rho W_s = 0.75$$

顾客平均等待时间0.75，即8h的0.75倍为6h，要求缩短为2h。

解决方案 若服务率不变，减少顾客到达，则可缩短顾客等待时间。将λ=3减少到2，则有：

$$L_s = \frac{\lambda}{\mu-\lambda} = \frac{2}{4-2} = 1, \quad L_q = \rho L_s = 0.5 \times 1 = 0.5$$

$$W_s = \frac{1}{\mu-\lambda} = \frac{1}{4-2} = 0.5, \quad W_q = \rho W_s = 0.25$$

可见，当每天维修电话从3个减少到2个时，顾客平均等待时间为8h的0.25倍，即2h，满足管理层的要求。排队等待的顾客数也从平均2.25减少到0.5。

决策建议 维修量与顾客总体成正比例，目前每个服务代表负责150个顾客总体，减少到100个，维修电话平均数可降到2个。因此可增加技术服务代表，每个负责有100个用户的区域。

11.3.2 系统容量有限的 M/M/1/N/∞ 系统

1. M/M/1/N/∞ 模型需要满足的条件

M/M/1/N/∞ 模型，由于系统容量有限，当 $n > N$，顾客不再进入系统，其他条件同 M/M/1/∞/∞ 模型。于是有速率图如图 11.11 所示。

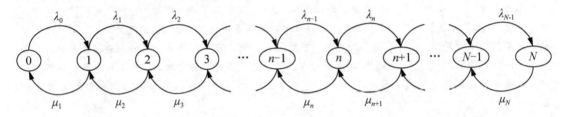

图 11.11 M/M/1/N/∞ 排队系统速率图

由于 $\lambda_0 = \lambda_1 = \cdots = \lambda_{n-1} = \lambda$，$\mu_1 = \mu_2 = \cdots = \mu_n = \mu$，有状态转移差分方程：

$$C_n = \begin{cases} \dfrac{\lambda_{n-1} \cdots \lambda_1 \lambda_0}{\mu_n \cdots \mu_2 \mu_1} = \left(\dfrac{\lambda}{\mu}\right)^n = \rho^n & n \leqslant N \\ 0 & n > N \end{cases} \quad \text{式 11.19}$$

当 $\lambda = \mu$ 时：

$$C_n = \begin{cases} 1 & n \leqslant N \\ 0 & n > N \end{cases}, \quad P_0 = 1/(N+1), \quad P_n = \begin{cases} 1/(N+1) & n \leqslant N \\ 0 & n > N \end{cases} \text{为均匀分布。}$$

当 $\lambda \neq \mu$ 时：$\sum\limits_{n=0}^{N} C_n = \dfrac{1-\rho^{N+1}}{1-\rho} \Rightarrow P_0 = 1 / \sum\limits_{n=0}^{N} C_n = \dfrac{1-\rho}{1-\rho^{N+1}}$

$$P_n = C_n P_0 = \begin{cases} \dfrac{1-\rho}{1-\rho^{N+1}} \rho^n & n \leqslant N \\ 0 & n > N \end{cases} \quad \text{式 11.20}$$

有 $\quad L_s = \sum\limits_{n=0}^{N} n P_n = \dfrac{1-\rho}{1-\rho^{N+1}} \rho \sum\limits_{n=0}^{N} n \rho^{n-1}$

$\qquad\quad = \dfrac{1-\rho}{1-\rho^{N+1}} \rho \sum\limits_{n=0}^{N} \dfrac{\mathrm{d}}{\mathrm{d}\rho}(\rho^n) = \dfrac{1-\rho}{1-\rho^{N+1}} \rho \dfrac{\mathrm{d}}{\mathrm{d}\rho} \sum\limits_{n=0}^{N} \rho^n = \dfrac{1-\rho}{1-\rho^{N+1}} \rho \dfrac{\mathrm{d}}{\mathrm{d}\rho}\left(\dfrac{1-\rho^{N+1}}{1-\rho}\right)$

$\qquad\quad = \dfrac{\rho}{1-\rho} - \dfrac{(N+1)\rho^{N+1}}{1-\rho^{N+1}}$

因
$$\lim_{N\to\infty} L_s = \lim_{N\to\infty}\left[\frac{\rho}{1-\rho} - \frac{(N+1)\rho^{N+1}}{1-\rho^{N+1}}\right] = \frac{\rho}{1-\rho}$$

所以 M/M/1/∞/∞ 模型是 M/M/1/N/∞ 的特例。

由于队长受限制，所以真正进入服务系统的顾客输入率 λ_{eff} 小于 λ。式 11.1、式 11.2 和式 11.4 变为：

$$W_s = \frac{L_s}{\lambda_{eff}} \qquad \text{式 11.21}$$

$$W_q = \frac{L_q}{\lambda_{eff}} \qquad \text{式 11.22}$$

$$L_s = L_q + \frac{\lambda_{eff}}{\mu} \qquad \text{式 11.23}$$

$$L_q = \sum_{n=s+1}^{N}(n-s)P_n = \sum_{n=2}^{N}(n-1)P_n = \sum_{n=2}^{N}nP_n - \sum_{n=2}^{N}P_n$$
$$= \left(P_1 + \sum_{n=2}^{N}nP_n\right) - \left(P_0 + P_1 + \sum_{n=2}^{N}P_n\right) + P_0 = \sum_{n=0}^{N}nP_n - \sum_{n=0}^{N}P_n + P_0$$
$$L_q = L_s - (1 - P_0) \qquad \text{式 11.24}$$

由式 11.23 和式 11.24 得 $\qquad \lambda_{eff} = \mu(1 - P_0)$

综上所述，M/M/1/N/∞ 系统的运行指标：

$$L_s = \frac{\rho}{1-\rho} - \frac{(N+1)\rho^{N+1}}{1-\rho^{N+1}} \qquad \text{式 11.25}$$

$$\lambda_{eff} = \mu(1-P_0) \quad W_s = \frac{L_s}{\lambda_{eff}} \quad W_q = \frac{L_q}{\lambda_{eff}} \quad L_s = L_q + \frac{\lambda_{eff}}{\mu}$$

【例 11.1】 某单人美发店有 3 把椅子以备顾客休息等待。后来的顾客发现 3 把椅子都坐满时就不进店等待而离开。顾客平均到达 3 人/h，理发时间平均 15min/人。要求：

(1) 某顾客一到达就能理发的概率。
(2) 有效到达率。
(3) 排队等待顾客的平均数。
(4) 顾客在理发店平均等待时间。
(5) 顾客一到就离开的概率。

解 已知 $\lambda = 3$，$\mu = 4$，$N = 4$，则 $\rho = \lambda/\mu = 0.75$

(1) 一到就能理发，即系统顾客为 0 的概率

$$P_0 = \frac{1-\rho}{1-\rho^{N+1}} = \frac{1-0.75}{1-0.75^5} = 0.327\,8$$

(2) $\lambda_{eff} = \mu(1-P_0) = 4(1-0.327\,8) = 2.689$（人/h）

(3) $L_s = \dfrac{\rho}{1-\rho} - \dfrac{(N+1)\rho^{N+1}}{1-\rho^{N+1}} = \dfrac{0.75}{1-0.75} - \dfrac{5(0.75)^5}{1-0.75^5} = 1.4443(人)$

等待顾客平均数 $L_q = L_s - \dfrac{\lambda_{eff}}{\mu} = 1.4443 - \dfrac{2.689}{4} = 0.772(人)$

(4) 平均等待时间 $W_q = \dfrac{L_q}{\lambda_{eff}} = \dfrac{0.772}{2.689} = 0.287(h)$

(5) 一到就离开指包括到者系统中有5个顾客,其概率为:

$$P_5 = \dfrac{1-\rho}{1-\rho^{N+1}}\rho^5 = \dfrac{1-0.75}{1-0.75^6} \times 0.75^5 = 7.2\%$$

答:顾客一到就能理发的概率为32.78%;有效到达率为2.689人/h;平均队列长度1.444人;平均等待的顾客0.772人;平均等待时间0.287h(17.2min);一到发现人满就离开的概率为7.2%。

11.3.3 顾客源有限的 M/M/1/∞/m 系统

M/M/1/∞/m 系统除顾客源有限制外,其余条件与 M/M/1/∞/∞ 系统相同。

对顾客源有限在工业生产中应用较广。如工厂中有限台设备因故障停工待修的排队系统,设工厂设备数(顾客源)为 m 台,因故障正在修理和等待修理的设备(系统中的顾客数)有 n 台,λ 表示每台设备单位时间平均故障次数(平均到达率),则发生故障的数量与正在工作中的设备数成正比例变化,即 $(m-n)\lambda$;μ 表示单位时间维修完毕的机器台数(平均服务率),它不受正在工作的机器台数的影响。假设顾客到达服从泊松分布,服务时间服从指数分布。则生死过程速率如图11.12所示。

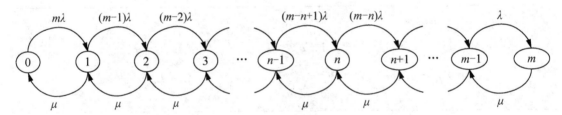

图 11.12 M/M/1/∞/m 排队系统生死过程速率图

由于 $\lambda_0 = m\lambda$,$\lambda_1 = (m-1)\lambda$,$\cdots$,$\lambda_{n-1} = (m-n+1)\lambda$

$$C_n = \begin{cases} \dfrac{\lambda_{n-1}\cdots\lambda_1\lambda_0}{\mu_n\cdots\mu_2\mu_1} = \dfrac{m!}{(m-n)!}\left(\dfrac{\lambda}{\mu}\right)^n, & n \leqslant m \\ 0, & n > m \end{cases} \qquad 式\ 11.26$$

$$\begin{cases} P_0 = 1 / \sum\limits_{i=0}^{m} C_i \\ P_n = C_n P_0 \quad (1 \leqslant n \leqslant m) \end{cases} \qquad 式\ 11.27$$

采用 Excel 操作可按如下步骤进行:

运行指标计算步骤：

由式 11.25 计算 $C_n \to P_0 = 1/\sum\limits_{n=0}^{m} C_n \to P_n = C_n P_0, nP_n, (n-1)P_n \to$

$$L_s = \sum_{n=0}^{m} nP_n, L_q = \sum_{n=s+1}^{m}(n-s)P_n, \bar{\lambda} = \sum_{n=0}^{m} \lambda_n P_n = \lambda(m-L_s) \to W_q = L_q/\bar{\lambda}, W_s = L_s/\bar{\lambda}$$

【例 11.2】 一名工人负责看管 10 台自动机床，在加料或刀具更换时就自动停车，等待工人照管。设平均每台机床两次停车间隔时间 2h，需要工人照管的平均时间为 12min，设以上两项时间均服从指数分布，计算该系统的各项指标。

解 单台平均停车间隔时间 2h，则每台单位时间停车率为 $0.5(\lambda=0.5)$；对每台停车的机床平均照管时间 12min，单位时间照管的台数为 $5(\mu=5)$。

$\lambda/\mu=0.5/5=0.1$，先计算 P_n/P_0，L_s，L_q 可按 11.26 计算，也可按 11.5～11.6 计算，计算过程见图 11.13。

	A	B	C	D	E
1	n	Pn/P0	Pn	(n-1)Pn	nPn
2	0	=0.1^A2*FACT(10)/FACT(10-A2)	=1/B13	0	0
3	1	=0.1^A3*FACT(10)/FACT(10-A3)	=B3*$C$2	=(A3-1)*C3	=A3*C3
4	2	=0.1^A4*FACT(10)/FACT(10-A4)	=B4*$C$2	=(A4-1)*C4	=A4*C4
5	3	=0.1^A5*FACT(10)/FACT(10-A5)	=B5*$C$2	=(A5-1)*C5	=A5*C5
6	4	=0.1^A6*FACT(10)/FACT(10-A6)	=B6*$C$2	=(A6-1)*C6	=A6*C6
7	5	=0.1^A7*FACT(10)/FACT(10-A7)	=B7*$C$2	=(A7-1)*C7	=A7*C7
8	6	=0.1^A8*FACT(10)/FACT(10-A8)	=B8*$C$2	=(A8-1)*C8	=A8*C8
9	7	=0.1^A9*FACT(10)/FACT(10-A9)	=B9*$C$2	=(A9-1)*C9	=A9*C9
10	8	=0.1^A10*FACT(10)/FACT(10-A10)	=B10*$C$2	=(A10-1)*C10	=A10*C10
11	9	=0.1^A11*FACT(10)/FACT(10-A11)	=B11*$C$2	=(A11-1)*C11	=A11*C11
12	10	=0.1^A12*FACT(10)/FACT(10-A12)	=B12*$C$2	=(A12-1)*C12	=A12*C12
13	Σ	=SUM(B2:B12)		=SUM(C2:C12)	=SUM(D2:D12)	=SUM(E2:E12)

图 11.13 计算过程(公式审核模式)

有关公式说明如下：

(1) 图中 B2 单元格公式中 FACT(i) 为求 i 的阶乘，此表达式即为 $\dfrac{m!}{(m-i)!}\left(\dfrac{\lambda}{\mu}\right)^i$，将其向下复制即得 $m=10$、i 从 0～10 的计算结果(B 列)(图 11.14)。

	A	B	C	D	E
1	n	Cn=Pn/P0	Pn	(n-1)Pn	nPn
2	0	1	0.214582343	0	0
3	1	1	0.214582343	0	0.214582343
4	2	0.9	0.193124109	0.193124109	0.386248218
5	3	0.72	0.154499287	0.308998574	0.463497861
6	4	0.504	0.108149501	0.324448503	0.432598004
7	5	0.3024	0.064889701	0.259558802	0.324448503
8	6	0.1512	0.03244485	0.162224251	0.194669102
9	7	0.06048	0.01297794	0.077867641	0.090845581
10	8	0.018144	0.003893382	0.027253674	0.031147056
11	9	0.0036288	0.000778676	0.006229411	0.007008088
12	10	0.00036288	7.78676E-05	0.000700809	0.000778676
13	Σ	4.66021568	1	1.360405774	2.145823431

图 11.14 计算结果

(2) B13 单元格为上述之和，其倒数即为 P_0(C2 单元格)。

(3) C3 单元格公式为 $P_n = C_n P_0$，向下复制得 $n = 1 \sim 10$ 的 P_n。

(4) 根据式 11.6，D13 单元格即为 L_q；根据式 11.5，E13 单元格即为 L_s。

即 $L_s = \sum_{n=0}^{10} n P_n \approx 2.146$，$L_q = \sum_{n=1}^{10}(n-1)P_n \approx 1.36$

$\bar{\lambda} = \lambda(m - L_s) = 0.5(10 - 2.146) = 3.927$

$W_s = L_s / \bar{\lambda} = 0.5464$，$W_q = L_q / \bar{\lambda} = 0.3464$

答：平均每 h 需要照管的机器有 2.146，平均逗留时间为 0.5464h。

11.4 多服务台排队系统模型

11.4.1 标准的 M/M/s/∞/∞ 系统

1. 模型需满足的前提条件

标准的多服务设施排队系统规定的条件：

(1) 顾客到达率为常数($\lambda_n = \lambda$)，服从泊松分布。

(2) 每台服务率为常数，服从指数分布。

(3) 单队排队，队长不受限制，排队规则 FCFS。

(4) 各服务台相互独立，不搞协作(如图 11.15 所示)。

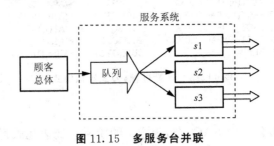

图 11.15 多服务台并联

2. 模型运行指标的计算

基于上述假设，单位时间服务的平均数为工作中的服务台数与每台单位时间服务的平均数之积。而工作中的服务台数与队列中的顾客数有关，当队列中的顾客数少于服务台数，则工作中的服务台数等于顾客数，其他服务台空闲；否则全部服务台都处于工作中。

设服务台数为 s，则有：

$$\mu_n = \begin{cases} n\mu, & n \leq s \\ s\mu, & n > s \end{cases}$$

代入式 11.12，得：

$$C_n = \begin{cases} \dfrac{\lambda_{n-1}\cdots\lambda_1\lambda_0}{\mu_n\cdots\mu_2\mu_1} = \left(\dfrac{\lambda}{\mu}\right)^n \dfrac{1}{n!} & n \leqslant s \\ \dfrac{\lambda_{n-1}\cdots\lambda_1\lambda_0}{(\mu_n\cdots\mu_{s+1})(\mu_s\cdots\mu_2\mu_1)} = \dfrac{\lambda^n}{(s\mu)^{n-s}(s!\ \mu^s)} = \left(\dfrac{\lambda}{\mu}\right)^n \dfrac{1}{s!}\dfrac{1}{s^{n-s}} & n > s \end{cases} \quad \text{式 11.28}$$

采用 Excel 可按下列步骤计算：

$$C_n \to P_0 = 1/\sum_{n=0}^{\infty} C_n \to P_n = C_n P_0 \to nP_n,\ (n-s)P_n$$

$$\to L_s = \sum_{n=0}^{\infty} nP_n,\ L_q = \sum_{n=s+1}^{\infty}(n-s)P_n \to W_s = L_s/\lambda,\ W_q = L_q/\lambda,\ \rho = \dfrac{\lambda}{s\mu}$$

【例 11.3】 有 2 个油泵的加油站，平均加注一辆汽车需要 1.2min，平均每 h 有 80 台汽车前来加油。到达时间服从泊松分布，服务时间间隔服从指数分布。要求确定：

(1) 预期在加油站的汽车数。
(2) 预期汽车在加油站停留多长时间。
(3) 某个油泵空闲的概率。

解 每台汽车加油时间 1.2min，每个油泵服务率 50 辆/h，到达率 80 辆/h。

求解公式见公式审核模式（图 11.16）（模型中的 n 从 0 至 160，此图仅列出前 10 行，且 D3 单元格公式太长，没完整显示）。图中第 2 行为四舍五入保留 2 位小数的求和项；D3 单元格为"=IF(C3>B\$2,B\$5^C3/(FACT(B\$2)*B\$2^(C3-B\$2)),B\$5^C3/FACT(C3))"为式 11.28 分段函数表达式，将其复制到 D4:D163；E3 单元格为 P_0 的表达式，E4 单元格为 P_1 表达式，将其复制到 E5:E163；F3、G3 为本页第 2 段表达式的 EXCEL 公式，将其复制到第 163 行。F2 单元格即为 L_s，G2 单元格即为 L_q，将其分别通过地址连接到 B9 和 B10 单元格。

	A	B	C	D	E	F	G
1			n	Cn=Pn/P0	Pn=CnP0	nPn	(n-s)Pn
2	s	2	∑	=ROUND(SUM(D:	=ROUND(	=ROUN.	=ROUND(SUM(G3:G$163),2)
3	λ	80	0	=IF(C3>B$2,B$5^(	=1/D$2	=C3*E3	=IF($C3>B$2,E3*(C3-B$2),0)
4	μ	50	1	=IF(C4>B$2,B$5^(	=D4*E$3	=C4*E4	=IF($C4>B$2,E4*(C4-B$2),0)
5	λ/μ	1.6	2	=IF(C5>B$2,B$5^(	=D5*E$3	=C5*E5	=IF($C5>B$2,E5*(C5-B$2),0)
6			3	=IF(C6>B$2,B$5^(	=D6*E$3	=C6*E6	=IF($C6>B$2,E6*(C6-B$2),0)
7	Ws	=B9/B3	4	=IF(C7>B$2,B$5^(	=D7*E$3	=C7*E7	=IF($C7>B$2,E7*(C7-B$2),0)
8	Wq	=B10/B3	5	=IF(C8>B$2,B$5^(	=D8*E$3	=C8*E8	=IF($C8>B$2,E8*(C8-B$2),0)
9	Ls	=F2	6	=IF(C9>B$2,B$5^(	=D9*E$3	=C9*E9	=IF($C9>B$2,E9*(C9-B$2),0)
10	Lq	=G2	7	=IF(C10>B$2,B$5^	=D10*E$3	=C10*E	=IF($C10>B$2,E10*(C10-B$2),

图 11.16 计算过程（公式审核模式）

其值如图 11.17 所示。

由图 11.17 可见：

(1) 预期在加油站的汽车数(队长)为 4.44 辆。

(2) 预期停留时间 $W_s = L_s/\lambda = 4.44/80 = 0.0555h = 3.33min$。

(3) 某个油泵空闲的概率为 $P_1 = 0.1778$,两个油泵都空闲的概率为 $P_0 = 0.1111$,P(空闲数$\leqslant 1$) $= P_0 + P_1 - P_0 P_1 = 0.269$。

	A	B	C	D	E	F	G
1			n	Cn=Pn/P0	Pn=CnP0	nPn	(n-s)Pn
2	s	2	∑	9	1	4.44	2.84
3	λ	80	0	1	0.111111111	0	0
4	μ	50	1	1.6	0.177777778	0.177777778	0
5	λ/μ	1.6	2	1.28	0.142222222	0.284444444	0
6			3	1.024	0.113777778	0.341333333	0.113777778
7	Ws	0.0555	4	0.8192	0.091022222	0.364088889	0.182044444
8	Wq	0.0355	5	0.65536	0.072817778	0.364088889	0.218453333
9	Ls	4.4400	6	0.524288	0.058254222	0.349525333	0.233016889
10	Lq	2.8400	7	0.4194304	0.046603378	0.326223644	0.233016889

图 11.17 计算结果

$\rho = \dfrac{\lambda}{s\mu} = \dfrac{80}{2 \times 50} = 0.8$ 称为服务强度或服务系统平均利用率。

3. 1 个 M/M/s/∞/∞ 系统与多个 M/M/1/∞/∞ 系统运行指标的比较

承上例,假设有 2 个单油泵加油站,平均每个加油站到达率为 40 台/h,其他条件不变,由式 11.15~11.18 计算,并与 1 个双油泵加油站指标比较列于表 11-2。

表 11-2 1个双服务台与2个单服务台运行指标的比较

指　　标	1个双油泵加油站	2个单油泵加油站
平均逗留时间 Ws/h(min)	0.0555(3.333)	0.1(6)
平均等待时间 Wq/h(min)	0.0355(2.13)	0.08(4.8)
队长 Ls/台	4.44	4×2=8
排列长 Lq/台	2.84	3.2×2=6.4

由表可见,1 个多服务台要明显好于多个单位服务台系统运行指标。

11.4.2 系统容量有限的 M/M/s/N/∞ 系统

对于容量有限的 M/M/s/N/∞ 系统,由于多于 N 个时不允许进入服务系统,故式 11.28 变为:

$$C_n = \begin{cases} \left(\dfrac{\lambda}{\mu}\right)^n \dfrac{1}{n!} & n \leqslant s \\ \left(\dfrac{\lambda}{\mu}\right)^n \dfrac{1}{s! \, s^{n-s}} & s < n \leqslant N \\ 0 & n > N \end{cases} \qquad \text{式 11.29}$$

系统运行指标公式推导结果较复杂,可用 Excel 按下列步骤进行。

$$C_n \to P_0 = 1/\sum_{n=0}^{\infty} C_n \to P_n = C_n P_0 \to nP_n, (n-s)P_n \to L_s$$

$$= \sum_{n=0}^{N} nP_n, L_q = \sum_{n=s+1}^{N} (n-s)P_n$$

$$\to \lambda_{eff} = \mu(L_s - L_q) \to W_s = L_s/\lambda_{eff}, \; W_q = L_q/\lambda_{eff}, \; \rho = \frac{\lambda}{s\mu}$$

(其中，$\lambda_{eff} = \mu(L_s - L_q)$ 的证明见：胡运权等编著. 运筹学基础及应用. 北京：清华大学出版社，2008年第5版. 第267页.)

【例11.4】 某单位电话交换台有一台200门的内线总机。已知在上班的8h内有20%的内线分机平均每40min要拨一次外线电话，80%的分机平均隔2h拨一次外线电话。又知从外单位打来的电话呼唤率平均1次/min。设外线通话时间平均为3min，以上两个时间均服从指数分布，如果要求电话接通率为95%，问交换台应该设置多少外线？

解 （1）以h为时间单位；与外线通话包括拨出与拨入。拨出：20%分机1.5次/h，80%分机0.5次/h，平均数 $\lambda_1 = (20\% \times 1.5 + 80\% \times 0.5) \times 200 = 140$；拨入60次/h，即 $\lambda_2 = 60$，总计 $\lambda = \lambda_1 + \lambda_2 = 200$；通话时间 $1/\mu = 3\min$，平均通话 $\mu = 20$ 次/h，$\lambda/\mu = 200/20 = 10$。

（2）该问题是一个多服务设施损失制排队系统，在式11.28中当 $N=s$ 时，为损失制服务系统。此时 $C_n = \left(\frac{\lambda}{\mu}\right)^n \frac{1}{n!}$ $(n \leqslant s)$；$P_0 = 1/\sum_{n=0}^{s} C_n$；$P_n = C_n P_0$——损失率，如图11.18所示。

	A	B	C	D
1	s	Pn/P0=Cn	ΣCn	Pn=CnP0
2	0	=10^A2/FACT(A2)	=B2	=B2/C2
3	1	=10^A3/FACT(A3)	=B3+C2	=B3/C3
4	2	=10^A4/FACT(A4)	=B4+C3	=B4/C4
5	3	=10^A5/FACT(A5)	=B5+C4	=B5/C5
6	4	=10^A6/FACT(A6)	=B6+C5	=B6/C6
7	5	=10^A7/FACT(A7)	=B7+C6	=B7/C7
8	6	=10^A8/FACT(A8)	=B8+C7	=B8/C8
9	7	=10^A9/FACT(A9)	=B9+C8	=B9/C9
10	8	=10^A10/FACT(A10)	=B10+C9	=B10/C10
11	9	=10^A11/FACT(A11)	=B11+C10	=B11/C11
12	10	=10^A12/FACT(A12)	=B12+C11	=B12/C12
13	11	=10^A13/FACT(A13)	=B13+C12	=B13/C13
14	12	=10^A14/FACT(A14)	=B14+C13	=B14/C14
15	13	=10^A15/FACT(A15)	=B15+C14	=B15/C15
16	14	=10^A16/FACT(A16)	=B16+C15	=B16/C16
17	15	=10^A17/FACT(A17)	=B17+C16	=B17/C17

(a)

	A	B	C	D
1	s	Pn/P0=Cn	ΣCn	Pn=CnP0
2	0	1	1	1
3	1	10	11	0.909091
4	2	50	61	0.819672
5	3	166.6667	227.6667	0.732064
6	4	416.6667	644.3333	0.646663
7	5	833.3333	1477.667	0.563952
8	6	1388.889	2866.556	0.484515
9	7	1984.127	4850.683	0.409041
10	8	2480.159	7330.841	0.338318
11	9	2755.732	10086.57	0.273208
12	10	2755.732	12842.31	0.214582
13	11	2505.211	15347.52	0.163232
14	12	2087.676	17435.19	0.119739
15	13	1605.904	19041.1	0.084339
16	14	1147.075	20188.17	0.056819
17	15	764.7164	20952.89	0.036497

(b)

图11.18 Excel操作计算公式与结果

图11.18(a)为公式审核模式，式中输入B2、C2、C3、D2计算公式，其余向下复制可得。由图11.8(b)可见，损失率小于5%，至少要有15个外线电话。

11.4.3 顾客源有限的 M/M/s/∞/m 系统

若顾客总体为有限数 $m(m>s)$ 的排队系统，在工厂中机器管理中也是常见的，如 m

台设备，由 s 个修理工负责维修。我们假定的前提是每台机器故障率是一样的，每个维修工技术水平也是一样的，即维修一台机器所用时间一样。其顾客到达与 M/M/s/∞/∞ 相同；服务率与 M/M/1/∞/m 相同。其生死过程速率图如图 11.19 所示。

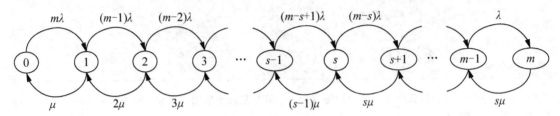

图 11.19　M/M/s/∞/m 排队系统生死过程速率图

于是有：

$$\lambda_n = \begin{cases} (m-n)\lambda & n \leq m \\ 0 & n > m \end{cases}, \quad \mu_n = \begin{cases} n\lambda & n \leq s \\ s\mu & s < n \leq m \\ 0 & n > m \end{cases}$$

可以证明：

$$C_n = \frac{\lambda_{n-1}\cdots\lambda_1\lambda_0}{\mu_n\cdots\mu_2\mu_1} = \begin{cases} \dfrac{m!}{(m-n)!\,n!}\left(\dfrac{\lambda}{\mu}\right)^n & n \leq s \\ \dfrac{m!}{(m-n)!\,s!\,s^{n-s}}\left(\dfrac{\lambda}{\mu}\right)^n & s < n \leq m \\ 0 & n > m \end{cases} \quad \text{式 11.30}$$

$$\bar{\lambda} = \lambda(m - L_s) \quad \text{式 11.31}$$

运行指标计算步骤：

(1) 由式 11.29 计算 C_n

(2) 由 $P_0 = 1/\sum_{n=0}^{N} C_n$ 计算 P_0

(3) 由 P_0 计算 $nP_n, (n-s)P_n, P_n = C_n P_0$

(4) $L_s = \sum_{n=0}^{N} nP_n, L_q = \sum_{n=s+1}^{N} (n-s)P_n$

(5) $\bar{\lambda} = \lambda(m - L_s)$

(6) $W_s = L_s/\bar{\lambda}, W_q = L_q/\bar{\lambda}$

【例 11.5】　2 个工人联合看管 8 台机器，已知机器停机（加料或换刀具）时间间隔平均为 1h，照管的时间平均为 10min。以上两项均服从指数分布，求各项指标。

解　这是一个多服务台顾客源有限的排队系统。按式 11.29 和计算步骤，运用 Excel 操作公式输入如图 11.20 所示。结果如图 11.21 所示。

由图可见，平均队长 1.36 台，排队长 0.25 台；平均逗留时间 0.2h(12min)，平均等待时间 0.038h(2.28min)，工人业务密度（劳动强度）73.2%。

	A	B	C	D	E	F	G
1	m	8	n	Cn		Pn	nPn	(n-s)Pn
2	s	2	0	=$B$5^C2*FACT(8)/(FACT(8-C2)*FACT(C2))	=1/D11	=C2*E2	
3	λ	1	1	=$B$5^C3*FACT(8)/(FACT(8-C3)*FACT(C3))	=D3*$E$2	=C3*E3	
4	μ	6	2	=$B$5^C4*FACT(8)/(FACT(8-C4)*FACT(C4))	=D4*$E$2	=C4*E4	
5	λ/μ	=B3/B4	3	=$B$5^C5*FACT(8)/(FACT(8-C5)*FACT(2)*2^(C5-2))	=D5*$E$2	=C5*E5	=(C5-2)*E5
6	Ls	=F11	4	=$B$5^C6*FACT(8)/(FACT(8-C6)*FACT(2)*2^(C6-2))	=D6*$E$2	=C6*E6	=(C6-2)*E6
7	Lq	=G11	5	=$B$5^C7*FACT(8)/(FACT(8-C7)*FACT(2)*2^(C7-2))	=D7*$E$2	=C7*E7	=(C7-2)*E7
8	λe	=B3*(B1-B6)	6	=$B$5^C8*FACT(8)/(FACT(8-C8)*FACT(2)*2^(C8-2))	=D8*$E$2	=C8*E8	=(C8-2)*E8
9	Ws	=B6/$B$8	7	=$B$5^C9*FACT(8)/(FACT(8-C9)*FACT(2)*2^(C9-2))	=D9*$E$2	=C9*E9	=(C9-2)*E9
10	Wq	=B7/$B$8	8	=$B$5^C10*FACT(8)/(FACT(8-C10)*FACT(2)*2^(C10-2))	=D10*$E$2	=C10*E10	=(C10-2)*E10
11	1-P0	=1-E2		=SUM(D2:D10)	=SUM(E2:E10)	=SUM(F2:F10)	=SUM(G2:G10)

图 11.20 Excel 计算公式审核模型

	A	B	C	D	E	F	G
1	m	8	n	Cn	Pn	nPn	(n-s)Pn
2	s	2	0	1.00000	0.26795	0.00000	
3	λ	1	1	1.33333	0.35727	0.35727	
4	μ	6	2	0.77778	0.20841	0.41682	
5	λ/μ	0.1667	3	0.38889	0.10420	0.31261	0.10420
6	Ls	1.3591	4	0.16204	0.04342	0.17367	0.08684
7	Lq	0.2522	5	0.05401	0.01447	0.07236	0.04342
8	λe	6.6409	6	0.01350	0.00362	0.02171	0.01447
9	Ws	0.2047	7	0.00225	0.00060	0.00422	0.00302
10	Wq	0.0380	8	0.00019	0.00005	0.00040	0.00030
11	1-P0	0.7320		3.73199	1.00000	1.35907	0.25225

图 11.21 Excel 计算结果

11.5 其他排队系统模型

11.5.1 一般服务时间 M/G/1 模型

前面几节讨论的模型是建立在生死过程的基础上，即假定到达为泊松分布和服务时间均为指数分布的情况，但这样的假定与实际情况往往有较大出入，特别是服务时间服从指数分布。本节将讨论服务时间是任意分布的情形，对任何情形下面关系都是正确的。

$$\begin{cases} L_s = L_q + L_{se} \\ W_s = W_q + E[T] \\ W_s = L_s/\lambda_{eff} \\ W_q = L_q/\lambda_{eff} \end{cases}$$

式中，L_{se} 为服务机构中的顾客数，$E[T]$ 为服务时间期望值，λ_{eff} 为有效输入率，当顾客源有限或队长有限情况下有不同的计算公式，当顾客源无限及队长无限情况下即为 λ。

利用嵌入马尔柯夫链推导出的 M/G/1 排队系统队长 L_s 的计算公式称为波拉泽克－欣钦公式（Pollaczek－Khintching 公式），其前提假设是：

（1）系统的输入参数为 λ 的泊松分布。

（2）对每个顾客的服务时间 t 是独立同分布的随机变量，其概率分布函数为 $F(t)$，其期望值和方差分别为：

$$E(t) = \int_0^\infty t\,\mathrm{d}F(t) = \frac{1}{\mu}, Var(t) = \sigma^2$$

(3) $\lambda < \dfrac{1}{E(t)}$，或 $\rho = \dfrac{\lambda}{\mu} = \lambda E(t) < 1$。

(4) 只有一个服务站。

计算公式如下：

Pollaczek-Khintching 公式

$$L_s = \frac{2\rho - \rho^2 + \lambda^2 \sigma^2}{2(1-\rho)} = \rho + \frac{\rho^2 + \lambda^2 \sigma^2}{2(1-\rho)} \qquad \text{式 11.32}$$

其他指标公式：

$$L_q = L_s - \rho = \frac{\rho^2 + \lambda^2 \sigma^2}{2(1-\rho)} \qquad \text{式 11.33}$$

$$W_q = \frac{L_q}{\lambda} = \frac{\rho^2 + \lambda^2 \sigma^2}{2\lambda(1-\rho)} \qquad \text{式 11.34}$$

$$W_s = W_q + \frac{1}{\mu} = \frac{\rho^2 + \lambda^2 \sigma^2}{2\lambda(1-\rho)} + \frac{1}{\mu} \qquad \text{式 11.35}$$

由式 11.33 可见，顾客平均等待时间与方差成正比例变化。因此，当对各顾客服务时间比较接近情况下（方差较小），工作指标就比较好，否则就差。对于定长服务时间（$\sigma^2 = 0$）指标最好。

【例 11.6】 某自动取款机平均每 2min 到达一名顾客，服从泊松分布；顾客取款时间分布律为：

$$f(y) = \begin{cases} 1.25e^{-1.25y+1.25} & y \geq 1 \\ 0 & y < 1 \end{cases}$$

试求顾客在系统中平均等待时间是多少？队长平均有多长？

解 以 min 为时间单位，到达率为 0.5（$\lambda = 0.5$）；设 $Y = T + 1$，则服务时间 T 遵循指数分布，其分布率为：

$$f(t) = \begin{cases} 1.25e^{-1.25t} & t \geq 0 \\ 0 & t < 0 \end{cases}$$

$E(Y) = E(T) + 1 = 1/\mu + 1 = 1.8$

$Var(Y) = Var(1+T) = Var(T) = 1/\mu^2 = 1/1.25^2 = 0.64$

$\rho = \lambda E(Y) = 0.9$

$L_s = \rho + \dfrac{\rho^2 + \lambda^2 \sigma^2}{2(1-\rho)} = 0.9 + \dfrac{0.9^2 + 0.5^2 \times 0.64}{2(1-0.9)} = 5.75$

$L_q = L_s - \rho = 5.75 - 0.9 = 4.85$

$W_q = L_q/\lambda = 4.85/0.5 = 9.7$

答：平均队长 4.85 人，平均等待时间约 9.7min。

11.5.2 定长服务时间 M/D/1 模型

服务时间是确定的常数，例如在一条流水线上完成一件工作的时间就是常数。这时

$$T=1/\mu, \quad \sigma^2=0, \quad L_s=\rho+\frac{\rho^2}{2(1-\rho)} \qquad \text{式 11.36}$$

【例 11.7】 某医院检验科的血糖检测仪器检测每位患者需 5min，平均每 h 有 10 位患者按泊松分布到达，求：

(1) 在检验科排队等候检验的患者人数。
(2) 每位患者平均逗留时间。

解 $\lambda=10$，$\mu=12$，$\rho=\lambda/\mu=5/6$

$$L_s=\rho+\frac{\rho^2}{2(1-\rho)}=\frac{5}{6}+\frac{(5/6)^2}{2(1-5/6)}=2\frac{11}{12}\approx 2.917$$

$$L_q=L_s-\rho=2\frac{11}{12}-\frac{10}{12}=2\frac{1}{12}$$

$$W_s=L_s/\lambda\approx 0.291\ 7\text{h}(\text{约 17.5min})$$

11.5.3 埃尔朗服务时间 M/E_k 模型

若 k 个服务站串联，每个服务站服务时间 T_i 相互独立，并服从相同的指数分布(参数为 $k\mu$)，则 $T=\sum_{i=1}^{k}T_i$ 服从 k 阶埃尔朗(Erlang)分布。

k 阶 Erlang 分布的概率密度为：

$$f(t)=\frac{\mu k\,(k\mu t)^{k-1}}{(k-1)!}\text{e}^{-k\mu t} \quad t\geqslant 0$$

数学期望和方差为： $E(T)=\frac{1}{\mu} \quad Var(T)=\frac{1}{k\mu^2}$

代入式 11.32～11.35 得：

$$L_s=\rho+\frac{(k+1)\sigma^2}{2k(1-\rho)} \qquad \text{式 11.37}$$

$$L_q=L_s-\rho,\quad W_q=L_q/\lambda,\quad W_s=W_q+1/\mu$$

【例 11.8】 某面包店专门制作热狗面包，为赢得顾客满意，采取现场制作。制作过程包括两道工序：制作与烘烤，每道工序大约需要 15 分钟，假设服从指数分布。每烤箱可烤制 4 板，每板 12 个。顾客到达率 20 人/h，每人平均需要 2 个，服从泊松分布。问每个顾客平均逗留多长时间？平均队长有多少人？

解 这是一个串联的排队服务系统，符合 $M/E_k/1$ 模型的条件。$k=2$；$\lambda=20$；每道工序每小时可操作 4 次，每次制作 48 个，共 192 个可满足 96 人需求，即 $2\mu=96$，$\mu=48$。

$E(T)=1/\mu=1/48$，$\sigma^2=1/k\mu^2=1/(2\times 48^2)$

$\rho=\lambda/\mu=\lambda E(T)=20/48=5/12$

$$L_s = \rho + \frac{(k+1)\sigma^2}{2k(1-\rho)} = \frac{5}{12} + \frac{3/(2\times 48^2)}{2\times 2\times(1-5/12)} = 0.418 \text{ 人}$$

$$W_s = L_s/\lambda = 0.418/20h = 1.25\text{min}$$

即平均队长 0.418 人，平均逗留时间 1.25min。

11.5.4 具有优先服务权的排队模型

具有优先权的服务模型在日常生活中经常遇到，到医院患者分一般病人、重病人和抢救病人，以抢救病人优先，其次是重病人，然后是一般病人；列车行驶以动车优先，其次是特快、直快、普快、慢车。

优先权模型服务规则有两种：一是顾客在接受服务过程中，即使有更高优先级顾客到来，服务也不中断，称为无强制优先规则；二是顾客在接受服务过程中，有更高优先级顾客到来时，中断对优先级较低顾客的服务，使其回到系统中等待重新得到服务，此称为强制优先规则。本节所讨论的是无强制优先规则。

设有 N 个优先级别，$\lambda_1, \lambda_2, \cdots, \lambda_N$ 表示各级别顾客输入率；服务率 μ 是相同的；W_{si} 为只有第 i 级别顾客的平均逗留时间；$\overline{W}_s$ 为各类顾客的平均逗留时间。则有

当 $n=2$ 时：　　　　　$(\lambda_1+\lambda_2)\overline{W}_s = \lambda_1 W_{s1} + \lambda_2 W_{s2}$

即　　　　　$W_{s2} = \frac{\lambda_1+\lambda_2}{\lambda_2}\overline{W}_s - \frac{\lambda_1}{\lambda_2}W_{s1}$

当 $n=3$ 时：　　　　　$(\lambda_1+\lambda_2+\lambda_3)\overline{W}_s = \lambda_1 W_{s1} + \lambda_2 W_{s2} + \lambda_3 W_{s3}$

即　　　　　$W_{s3} = \frac{\lambda_1+\lambda_2+\lambda_3}{\lambda_3}\overline{W}_s - \frac{\lambda_1}{\lambda_3}W_{s1} - \frac{\lambda_2}{\lambda_3}W_{s2}$

当 $n=N$ 时：

$$W_{sN} = \frac{\sum_{i=1}^{N}\lambda_i}{\lambda_N}\overline{W}_s - \frac{\sum_{i=1}^{N-1}\lambda_i W_{si}}{\lambda_N} \qquad \text{式 11.38}$$

【例 11.9】 某车站一售票窗口购票旅客到达 2 人/min，服从泊松分布；其中 5% 是军人；售票员平均每 20 秒卖一张票，服从指数分布。该车站实行军人优先的排队规则，问：普通旅客在购票过程中平均要逗留多少时间？

解　已知 $\lambda_1 = 0.1, \lambda_2 = 1.9, \mu = 3$

$$\overline{W}_s = \frac{1}{\mu-\lambda} = 1\text{min}; \quad W_{s1} = \frac{1}{\mu-\lambda_1} = 0.345\text{min}; \quad W_{s2} = \frac{\lambda_1+\lambda_2}{\lambda_2}\overline{W}_s - \frac{\lambda_1}{\lambda_2}W_{s1} = 1.034\text{min}$$

11.6　排队系统的优化

排队系统的最优化问题分为两类：系统设计的最优化和系统控制最优化。

系统设计最优化也称为静态问题，其目的是使设备达到最大效益，或者说，在一定的质量指标下要求机构最为经济。

系统控制最优化也称为动态问题，指一个给定的系统，如何运营可使某个目标函数得到最优。

我们仅讨论静态最优问题。对于静态问题，可从两个角度考虑：一是费用最低；二是收益最大。

作为排队系统，费用主要考虑两个方面：一是服务费用；二是等待费用。在单台服务费用一定时，服务台数越少，服务费用也就越少。但服务台数越少，顾客等待时间就越长，等待费用就越多。当然减少顾客等待时间还可以通过提高服务台服务水平来解决，如在工厂通过现代化生产设备的使用来减少产品加工时间。无论增加服务

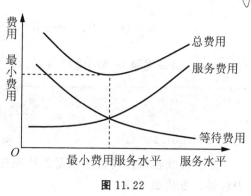

图 11.22

台数，还是采用现代化设备，统称为提高服务水平。我们的目标是使提高服务水平所付出的成本与减少顾客等待时间所节约的成本找到一个平衡点，使两荐成本之和为最小（如图 11.22 所示）。

11.6.1 M/M/1 模型中的最优服务率

1. M/M/1/∞/∞ 模型最优服务率

M/M/1 模型中服务率为 μ，顾客在排队系统中的顾客数为 L_s。

设 c_s 表示服务一个顾客的成本；c_w 表示单位时间一个顾客的等待成本则总费用

$$z = c_s\mu + c_w L_s \qquad \text{式 11.39}$$

将 $L_s = \dfrac{\lambda}{\mu-\lambda}$ 代入得

$$z = c_s\mu + c_w \dfrac{\lambda}{\mu-\lambda} \qquad \text{式 11.40}$$

令 $\dfrac{dz}{d\mu}=0$ 得

$$\mu^* = \lambda + \sqrt{\dfrac{c_w}{c_s}\lambda} \qquad \text{式 11.41}$$

【例 11.10】 有 1 个油泵的加油站，平均每 h 有 36 台汽车前来加油。对出租车车主来说，等待 1h，将损失 40 元，对加油站来说，服务一个顾客平均支付成本 10 元。则单位时间最优加油数量为

$$\mu^* = \lambda + \sqrt{\dfrac{c_w}{c_s}\lambda} = 36 + \sqrt{\dfrac{40}{10}\times 36} = 48 \text{ 辆}$$

2. M/M/1/N/∞ 模型最优服务率

由于当系统中已有 N 个顾客，后来的顾客将被拒绝。设被拒绝的概率为 P_N，则能接受服务的概率为 $1-P_N$，$\lambda(1-P_N)$ 为单位时间有效进入服务机构的顾客平均数。

又设 G 为服务 1 名顾客的收入，c_s 仍为服务单位顾客发生的费用，则有收益最大的目标函数：

$$z=\lambda(1-P_N)G-c_s\mu=\lambda G\frac{1-\rho^N}{1-\rho^{N+1}}-c_s\mu=\lambda G c_s\mu\frac{\mu^N-\lambda^N}{\mu^{N+1}-\lambda^{N+1}}$$

令 $\dfrac{dz}{d\mu}=0$，得最优服务率的隐函数表达式：

$$\rho^{N+1}\frac{N-(N+1)\rho+\rho^{N+1}}{(1-\rho^{N+1})^2}=\frac{c_s}{G} \qquad 式\ 11.42$$

这一公式很难用解析法求得最优服务率，可使用 Excel 规划求解工具或利用模拟运算表求得，方法如下：

(1) 取目标函数：$\min w=abs\left[\rho^{N+1}\dfrac{N-(N+1)\rho+\rho^{N+1}}{(1-\rho^{N+1})^2}-\dfrac{c_s}{G}\right]$。

(2) 输入参数及目标函数表达式。

(3) 利用规划求解工具或模拟运算表求解 μ^*。

【例 11.11】 某 M/M/1/N/∞ 系统，$c_s=10$，$G=20$，$\lambda=10$，要求：

(1) 利用模拟运算表计算当系统容量 N=5 时的 μ^*。

(2) 利用模拟运算表计算 N=1、2、3、4、5 时的 μ^*。

解 (1) 利用规划求解工具步骤。

① 输入已知参数 $c_s=10$，$G=20$，$\lambda=10$，$N=5$（如图 11.23 单元格 C1：C4）；给变量赋初值 F1 单元格；输入中间变量 $\rho=\lambda/\mu$，以便目标函数公式输入；输入目标函数表达式 F3 单元格。

	A	B	C	D	E	F
1	已	N	5	变量初值	μ	4.59422895736686
2	知	λ	5	中间变量	ρ	=C2/F1
3	参	cs	10	目标函数	z	=ABS(F2^(C1+1)*(C1-(C1+1)*F2+F2^(C1+1))/(1-F2^(C1+1))^2-C3/C4)
4	数	G	20			

图 11.23　Excel 公式输入

② 从菜单栏执行"工具/规划求解"设置对话框（图 11.24），单击求解，得唯一最优解 4.59。

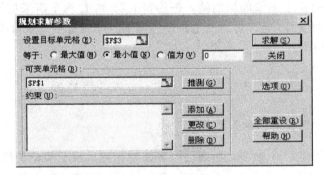

图 11.24　Excel 规划求解参数对话框设置

(2) 利用模拟运算表计算不同 N 值的最优服务率。

① H2:L2 单元格区域为变量 N 的取值 1~5；G3:G11 为变量 μ 的取值（这些值可以调整）。

② G2 单元格输入：=F3，即目标函数表达式（如图 11.25）。

③ 选择 G2:L11 单元格区域，执行菜单命令"数据/模拟运算表"，设置如图 11.26 所示。

	G	H	I	J	K	L
1		N=1	N=2	N=3	N=4	N=5
2	5.6176E-08	1	2	3	4	5
3	1.2	0.150364204	0.378982122	0.461023593	0.488169307	0.496558795
4	1.8	0.040657439	0.275156012	0.393528087	0.451679763	0.478861103
5	2.4	0.043462381	0.169978237	0.29951463	0.380815999	0.43090229
6	3	0.109375	0.072678051	0.192717344	0.27956408	0.343601837
7	3.6	0.161979448	0.013016292	0.085745878	0.161496796	0.223048101
8	4.2	0.20463138	0.086424818	0.01296341	0.042107095	0.087476558
9	4.8	0.239691795	0.148346082	0.099246737	0.067052362	0.043317337
10	5.4	0.268860947	0.200164519	0.172042102	0.160108502	0.156225979
11	6	0.29338843	0.24338848	0.232087926	0.235776739	0.246458819

图 11.25　Excel 模拟运算表计算结果

图 11.26　模拟运算表对话框设置

④ 单击"确定"按钮，即得图 11.25 结果。

⑤ 在图 11.25 的工作表中插入"无数据点光滑线散点图"（源数据为 G3:L11）。

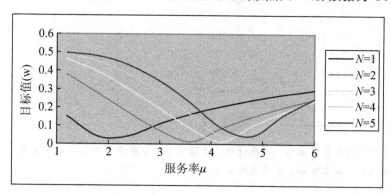

图 11.27　Excel 模拟运算表计算结果

由图 11.27 可见不同 N 值的 w 值，最小值点的横坐标为 μ^*。

11.6.2　M/M/s 模型中的最优服务台数

最优服务台数是指服务成本与等待成本之和为最少的服务台数。设 c'_s 为单位时间每服务台的费用，s 为服务台数；c_w 为顾客等待单位时间的费用，L 为系统中平均顾客数。

故有目标函数：

$$\min z = c'_s s + c_w L \qquad \text{式 11.43}$$

【例 11.12】 某加油站，平均加注一辆汽车需要 2.4min，平均每 h 有 48 台汽车前来加油。单位服务成本 40 元，单位等待成本 60 元。要求确定最优服务台数。

解 利用 Lingo 编写程序并求解如下 P：

Model：
```
        cs=40；cw=60；lambde=48；mu=25；    ! cs 为单位服务成本, cw 单位等待成本；
        min=scost+wcost；                    ! 目标：服务成本与等待成本之和最小；
        scost=cs*n；                         ! 服务成本=单位服务成本×服务台数；
        wcost=cw*(fwait*lambde/(mu-lambde)+lambde/mu)；
                                             ! 等待成本=单位等待成本×系统顾客平均数；
        fwait=@peb(lambde/mu, n)；           ! 服务系统繁忙率；
        @gin(n)；                            ! 服务台数整数约束；
End
```

式中：@peb(ro, n) 到达负荷为 ro，服务系统有 n 个服务器且允许无穷排队时的 Erlang 繁忙概率。

Objective value：　　　　　　184.1661
Extended solver steps：　　　　3
Total solver iterations：　　　452

Variable	Value	Reduced Cost
CS	40.00000	0.000000
CW	60.00000	0.000000
LAMBDE	48.00000	0.000000
MU	25.00000	0.000000
SCOST	120.0000	0.000000
WCOST	64.16613	0.000000
N	3.000000	83.60969
FWAIT	0.4075622	0.000000

本章小结

本章介绍了排队论的基本概念、生死过程、单服务台与多服务台排队系统主要指标计算方法，并介绍了排队系统优化的基本方法。主要内容如下：

1. 基本概念

(1) 一般表示：排队系统由输入、排队规则、服务机构构成。

(2) 三个特征：输入过程（独立、平稳）、排队规则（FCFS、LCFS、PR、SIRO）、服务机构（单、多、串、并）。

(3) Kendall 分类方法：输入/输出/服务台数/系统容量/顾客源数/服务规则。

(4) 主要指标与相互关系：$L_s = \lambda W_s$ 或 $W_s = \dfrac{L_s}{\lambda}$，$L_p$ 或 $W_q = \dfrac{L_q}{\lambda}$，

$$W_s = W_q + \frac{1}{\mu}, L_s = L_q + \frac{\lambda}{\mu}, L_s = \sum_{n=0}^{\infty} nP_n, L_q = \sum_{n=s+1}^{\infty} (n-s)P_n。$$

(5) 输入和输出：Poisson 流、指数分布、k 阶 Erlang 分布，经验分布。

2. 生死过程

由速率图 $\to C_n = \dfrac{\lambda_{n-1}\cdots\lambda_1\lambda_0}{\mu_n\cdots\mu_2\mu_1}$, $C_0 = 1$, $P_n = C_n P_0$, $P_0 = 1/\sum_{n=0}^{\infty} C_n$。

3. 排队系统模型

$M/M/1/\infty/\infty$: $\begin{cases}\lambda_n = \lambda \\ \mu_n = \mu\end{cases} \to C_n = \rho^n \to P_0 = 1-\rho \to L_s = \dfrac{1}{1-\rho}$

$M/M/1/N/\infty$: $\lambda_n = \begin{cases}\lambda, & n \leq N \\ 0, & n > N\end{cases}$, $\mu_n = \mu \to C_n = \begin{cases}\rho^n, & n \leq N \\ 0, & n > N\end{cases} \to P_0 = \dfrac{1-\rho}{1-\rho^{N+1}}$

$M/M/1/\infty/m$: $\lambda_{n-1} = (m-n+1)\lambda \to C_n = \begin{cases}\dfrac{m!}{(m-n)!}\left(\dfrac{\lambda}{\mu}\right), & n \leq m \\ 0, & n > m\end{cases}$

$M/M/s/\infty/\infty$: 　　　　$M/M/s/N/\infty$: 　　　　$M/M/s/\infty/m$:

$C_n \begin{cases}\left(\dfrac{\lambda}{\mu}\right)^n \dfrac{1}{n!} & n \leq s \\ \left(\dfrac{\lambda}{\mu}\right)^n \dfrac{1}{s! \, s^{n-s}}, & n > s\end{cases}$　　$C_n \begin{cases}\left(\dfrac{\lambda}{\mu}\right)^n \dfrac{1}{n!} & n \leq s \\ \left(\dfrac{\lambda}{\mu}\right)^n \dfrac{1}{s! \, s^{n-s}}, & s < n \leq N \\ 0 & n > N\end{cases}$　　$C_n \begin{cases}\dfrac{m!}{(m-n)! \, n!}\left(\dfrac{\lambda}{\mu}\right)^n & n \leq s \\ \dfrac{m!}{(m-n)! \, s! \, s^{n-s}}\left(\dfrac{\lambda}{\mu}\right) & s < n \leq m \\ 0 & n > m\end{cases}$

4. 系统优化：min 成本 = 服务成本 + 等待成本

关键术语

排队论(Queuing Theory)　　　　　输入(Import)
输出(Export)　　　　　　　　　　服务机构(Service)
顾客源(Customer Resource)　　　　系统容量(Capacity of System)
排队规则(Queuing Discipline)　　　泊松流(Poisson Process)
指数分布(Exponential Distribution)　埃尔朗分布(Erlang Distribution)
经验分布(Empirical Distribution)　　肯德尔记号(Kendall Notation)
利特尔公式(Little Formula)　　　　平均队长(Expected Value of Team Length)
平均逗留时间(Expected Value of Sojourn Time)
平均排队长(Expected Value of Queue Length)
平均等待时间(Expected Value of Waiting Time)

知识链接

有关排队问题的证明及其他排队模型，可阅读：胡运权等编著. 运筹学基础及应用. 清华大学出版社，2008. 第 5 版. 第 249~289 页；有关排队问题的 WinQSB 及 Excel 操作，可阅读《运筹学实验指导》。

习 题

1. 排队系统由哪几部分构成?
2. 试绘制下列服务系统结构图:
   (1) 单队单服务台。
   (2) 单队多服务台并联。
   (3) 平行的多队多服务台。
   (4) 单队多服务台串联。
3. 写出 Kendall 记号表达式。
4. 写出主要指标 L_s, L_q, W_s, W_q 之间的关系(Little 公式)。
5. 若到达服从泊松分布 $P_k(t) = e^{-\lambda t} \dfrac{(\lambda t)^k}{k!}$ ($k = 0, 1, 2, \cdots$),则 λ 表示什么? $1/\lambda$ 又表示什么?
6. 若服务时间服从指数分布 $f(t) = \mu e^{-\mu t}$ $t \geq 0$,则 μ 表示什么? $1/\mu$ 又表示什么?
7. 画出 $M/M/s/\infty/\infty$ 生死过程速率图。
8. 写出具有优先服务权的普通优先级平均逗留时间计算公式。
9. 某餐馆对午餐顾客到达数量进行了半年的记录(如表 11-3 所示),请统计频数,并检验是否服务泊松分布。

表 11-3 顾客到达记录

	1月	2月	3月	4月	5月	6月		1月	2月	3月	4月	5月	6月
1 日	17	20	21	25	18	18	17 日	8	16	24	13	13	21
2 日	19	15	19	17	22	28	18 日	19	26	8	15	30	18
3 日	16	22	18	28	27	24	19 日	20	15	22	16	25	13
4 日	13	16	16	20	17	28	20 日	16	17	11	22	24	26
5 日	17	20	27	29	22	19	21 日	16	15	19	17	11	26
6 日	11	24	23	20	26	20	22 日	20	22	25	25	25	22
7 日	15	22	17	18	22	22	23 日	18	16	22	31	17	15
8 日	25	22	15	13	19	23	24 日	24	24	25	18	20	16
9 日	26	17	19	16	17	14	25 日	18	24	17	17	28	26
10 日	20	19	14	17	22	17	26 日	21	22	17	29	16	20
11 日	21	23	14	20	25	20	27 日	15	21	25	17	14	12
12 日	11	16	24	17	25	16	28 日	19	21	18	17	22	16
13 日	20	21	23	24	22	19	29 日	29		21	15	20	25
14 日	29	24	20	25	22	16	30 日	23		23	19	26	26
15 日	22	20	21	26	18	20	31 日	22		26		22	
16 日	25	19	18	16	21	29							

10. 某心理学专家进行心理咨询，前来咨询的顾客服从泊松分布，平均 3 人/h 到达；咨询时间服从指数分布，平均对每个顾客咨询时间为 15min。由于机会难得，故当专家繁忙时，顾客就排队等待，直到接受完咨询服务后离去。问：

(1) 平均有多少顾客在排队等待？

(2) 顾客平均等待时间为多长？

11. 在第 10 题中，若顾客发现排队人数达到 8 人随即离去，则上述结果又是如何？

12. 某工厂机加车间有 10 台自动车床，由 1 名技术工人负责看管。当车床需换料或刀具出现问题时就自动停下来等待工人处理。根据统计，停机间隔时间平均 1h，并服从泊松分布；工人处理时间需 3min，服从指数分布。问：

(1) 平均有多少台机器在等待处理？

(2) 从机器停机到处理完毕重新运转平均时间是多少？

(3) 工人空闲的概率是多少？繁忙率是多少？

13. 某加油站有 3 个油泵，前来加油的汽车平均 30 辆/h，服从泊松分布；每个油泵加油一辆汽车平均要用 5min，服从指数分布。问：

(1) 平均等待加油的车辆数是多少？

(2) 每辆车平均等待时间是多少？

(3) 车到时不需等待立即可加油的概率是多少？

(4) 至少 1 个油泵空闲概率是多少？

14. 在第 13 题中如果等待加油的车位只有 10 个，上述情况又该如何？

15. 某工厂的 40 台数控车床由 5 人看管，每台机器加工 1 件产品需 1h，加工完后机器自动停机等待工人处理。每个工人处理 1 台机器的时间平均为 3min。设停机的概率服从泊松分布，处理时间服从指数分布。工厂有两种方案：一是将 40 台机器分给 5 名工人，每人看管 8 台，以明确责任；二是 40 台机器由 5 名工人联合看管，以发挥相互协作作用。要求：

(1) 在联合看管情况下，待调整设备平均等待时间。

(2) 在联合看管情况下，平均等待设备的台数。

(3) 在联合看管情况下，设备不需等待立即可进行调整的概率。

(4) 在联合看管情况下，工人平均繁忙率。

(5) 在分工看管情况下，上述各项指标。

(6) 将联合看管与分工看管进行比较，哪一种方法更好。

16. 某自动取款机平均每 2min 到达一名顾客，对 40 名顾客取款时间进行了记录如下：

0 3 1 0 0 0 1 1 1 3 0 3 1 0 1 2 0 0 0 4 2
2 3 0 1 5 2 3 2 1 2 0 1 0 4 3 1 0 1 0 0

试求顾客在系统中平均等待时间是多少？队长平均有多长？

17. 某汽车清洗公司采用自动清洗设备，清洗每辆车需 5min，前来清洗的汽车平均到达率为 8 辆/h，服从泊松分布。求：

(1) 在清洗公司排队等待清洗的汽车平均有多少？

(2) 每辆车平均逗留时间是多少？

18. 某审批业务需经过 4 个部门，为提高行政效率建立了行政审批中心，实行联合办公流水作业，每个部门审批时间平均为 20min，都服从指数分布；每小时有 2 名顾客前来办理审批业务。问：

(1) 平均每个顾客逗留时间是多少？

(2) 在审批中心办理业务的顾客平均数是多少（包括正在办理和排队等待办理的）？

19. 某高速公路收费站平均每 min 有 10 辆车到达，服从泊松分布；每个收费窗口平均对每辆车收费时间平均为 15 秒，服从指数分布。若使排队等待的汽车平均数不超过 10 辆，收费窗口的繁忙率为 70%，应设几个收费窗口？

20. 某医院急诊科平均诊治一位病人需 20min，服从指数分布；患者到达率为 2 人/h，其中有 10% 为抢救病人，若有抢救病人到达时，优先为其诊治。问普通急诊病人在医院平均要耗费多长时间？

21. 案例一　请阅读案例 11-2，并帮助公司提出决策建议。

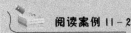

江城集团信息中心设置问题

江城集团公司在各地的销售网点有 210 个，总部通过电子信息系统与其取得联系。信息系统设 1 名精干的信息员专门负责此项工作。各销售网点平均每月向总部发出请求 1 次并需要得到总部的指示。总部在对各网点的请求进行认真思考后（平均需半小时）作出指示。公司实行双休日，再扣除法定假日，平均每月工作 21 天，每天工作 8 小时。网点发出请求服从泊松分布，公司分析思考时间服从指数分布。

问题：

(1) 各网点发出请求后平均多长时间能得到总部的指示？

(2) 平均有多少个网点已发出请求等待公司的指示（包括正在答复中）？

(3) 公司信息员的繁忙率为多少？

(4) 业务员的费用（包括工资、设备等）20 元/h，网点得到答复的延迟成本为 40 元/h，问应设几名业务员最为合适。

对上述问题写出分析报告，并提出决策建议。

22. 案例二　阅读案例 11-3，并提出决策建议。

高速公路收费口设置

某高速公路管理部门常常接到汽车司机的抱怨，反映收费站等待时间过长。为此公路管理部门派业务员进行实地调查。该收费用有 4 个收费窗口，业务员对汽车流量高峰期记录了汽车来到收费站的数据和一个收费窗口收费时间的记录，数据见表 11-4 和表 11-5。

表 11-4 汽车到达率(辆/min)

38	41	30	36	27	48	24	39	31	35	37	34	28	57	40	36	25	43	45	32
30	46	47	43	36	39	24	49	44	42	42	40	38	28	39	47	34	34	46	42
49	34	39	49	39	33	29	32	32	32	40	49	35	44	38	35	37	38	29	39
23	40	43	39	42	36	40	30	41	36	41	46	35	37	43	37	49	42	29	42
39	47	38	50	25	33	43	40	40	36	33	36	39	53	36	38	39	36	44	40

表 11-5 每收费窗口服务率(辆/min)

11	9	9	12	20	16	17	18	14	14	9	10	12	14	16	17	14	18	15	16
18	20	20	17	21	9	9	10	9	11	17	20	12	15	13	13	17	14	14	12
17	14	10	13	14	11	14	16	14	12	17	15	10	15	15	17	11	25	10	11
15	17	22	15	17	21	14	14	21	11	16	23	15	17	11	17	12	20	17	17
20	20	14	8	14	12	9	19	13	15	12	12	14	13	19	16	17	18	13	

要求：(1) 对汽车到达和服务率分别统计其概率分布。

(2) 检验汽车到达率和服务率是否服从泊松分布。

(3) 计算排队系统主要指标(平均等待时间，平均队长，收费窗口繁忙率)。

(4) 若等待成本 5 元/min，服务成本 20 元/min，提出改进收费窗口服务的建议，写出分析报告。

23. 实验一

【实验目的】 掌握 WinQSB 求解排队问题的操作方法。

【实验内容】 利用 WinQSB 求解第 9 题。

【实验要求】 写出实验报告。

24. 实验二

【实验目的】 掌握 Excel 求解排队问题的操作方法。

【实验内容】 利用 Excel 求解求案例 2。

【实验要求】 写出实验报告。

第 12 章

决策分析

教学目标

知识目标	技能目标	应用方向
1. 了解决策分析的类型 2. 掌握不确定型决策的决策准则（乐观准则、悲观准则、乐观系数准则、等概率准则、最小后悔值准则） 3. 掌握风险型决策的方法（最大收入、最小风险以及利用风险厌恶度进行决策） 4. 掌握贝叶斯准则的决策步骤 5. 掌握效用的绘制方法及结果解释 6. 了解 Pareto 最优的操作方法	1. 能够对管理中的实际问题正确建立决策模型 2. 能够利用 WinQSB、Excel 对不确定型、风险型、进行决策 3. 对贝叶斯决策的操作能利用 Excel 快速求得后验概率，并结合使用插件 treeplan.xla 绘制决策树进行决策 4. 会绘制效用曲线，了解 Pareto 最优的应用	管理中的决策问题

知识结构

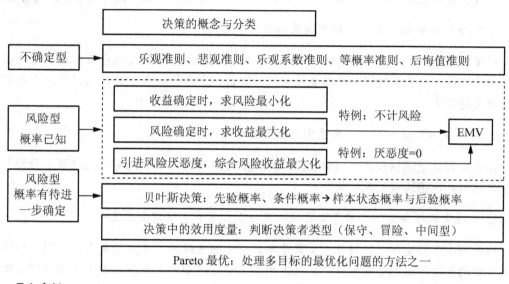

导入案例

面包烤制数量决策

某面包店每天早晨烤制面包,每个面包成本 0.6 元,售价 1.0 元,若当天卖不出去则打 4 折出售(每个 0.4 元),每烤 1 箱生产 100 个。根据以往销售情况统计,每天销售量可能为 1 箱(100 个)、2 箱(200 个)和 3 箱(300 个)。

问题:

1. 当每天销售几箱无法确定时,应生产多少个面包?

2. 根据以往销售情况统计,每天销售 100 个的概率为 0.3;销售 200 个的概率为 0.5;销售 300 个的概率为 0.2。问每天应生产多少个为宜?

在管理中,经常遇到选择方案的行为,称为决策。其目的是从多种方案中做出正确的选择,以便获得好的结果或达到预期的目标。管理国家、企业、军队、学校……时刻都遇到大大小小的决策问题。西蒙(A. Simon)有句名言:"管理就是决策"。就是说管理的核心是决策,决策的失误是最大的失误。

本章将介绍决策的分类与决策过程、不确定型决策、风险型决策、马氏链决策的准则或方法。

12.1 决策分类与决策过程

12.1.1 决策的分类

决策可以从不同的角度进行分类。

1. 按性质的重要性分类——战略决策、策略决策和执行决策

战略决策涉及组织发展和生存有关的全局性、长远性问题的决策,如新产品开发方向的选择等；策略决策是为完成战略决策所规定的目标而进行的决策，如产品规格的选择等；执行决策是根据策略决策的要求对执行行为方案的选择，如产品合格标准的选择等。

2. 按决策的结构分类——程序决策和非程序决策

程序决策是一种有章可循的决策，一般是可重复的。如各级人代会每年对一府两院报告所作的决议；非程序决策一般是无章可循的决策，通常是一次性的，如对汶川大地震的抗震救灾的部署。

3. 按定量和定性分类——定量决策和定性决策

描述决策对象的指标都可以量化时，可用定量决策，否则只能用定性决策。总的发展趋势是尽可能地把决策问题量化。

4. 按决策环境分类——确定型决策、风险型决策和不确定型决策

确定型决策是指决策环境是完全确定的，作出的选择的结果也是确定的；风险型决策是指决策的环境不是完全确定的，而其发生的概率是已知的；不确定型决策则是指决策者对未来状态的概率一无所知，只能凭决策者的主观倾向进行决策。

5. 按决策过程的连续性分类——单项决策和序贯决策

单项决策是指整个决策过程只作一次决策就得到结果；序贯决策是指整个决策过程由一系列决策组成。可见序贯决策是由若干单项决策所构成。

12.1.2 决策过程

作为一个完整的决策过程，一般应包括以下几个阶段：确定目标、收集信息、拟订方案、方案优选、方案实施与反馈。

目标的确定应既要考虑先进性，又要考虑可行性。目标不先进，就不能鼓舞人们奋发向上；目标太超前又会使人们丧失信心。

在目标确定之后，就要收集与目标相关的各项信息。信息收集要体现完整性、有用性和时效性。信息收集不能是支离破碎的，而应该是系统的；有用性要求收集信息不是泛泛的，而是与目标紧紧相关，以节约成本；同时，收集的信息不能是过时的。

拟订的方案必须是可行的，而且应有多个方案，以备优选。

方案一旦被选中，就是付诸实施，在实施过程中要把实施情况与拟订的方案进行比较。如果发现偏差应分析原因。如果是执行的问题，应强化执行力；如果是方案有问题，需追踪决策，调整方案。

一个完整的决策包含下面 5 个要素：一是决策者，如引例中的房地产开发商；二是有两个以上的备选方案，如引例中的商业开发、住宅开发和土地出售；三是不以人们意志为转移的自然状态，如引例中的市场需求高、中、低；四是各方案在不同状态下的益损值；五是衡量各种结果的评价标准。

12.2 不确定型决策

不确定型决策，依决策者承担风险能力和主观偏好而采取不同的准则。主要有：乐观准则、悲观准则、乐观系数准则、等概率准则、最小后悔值准则。所需资料包括：两种以上的自然状态(s_j)，两个以上的备选方案(d_i)，益损值矩阵($\mathbf{A} = \{a_{ij}\}$)。

1. 乐观准则

乐观准则也称大中取大准则。是先求出在每个行动方案中的各个自然状态的最大效益值，再从这些最大效益值中找出最大值。采取这种准则要求决策者有较强的承担风险能力和敢冒风险的乐观主义精神。对于 n 种自然状态、m 个备选方案，有：

$$f(d^*) = \max_{1 \leq i \leq m} \max_{1 \leq j \leq n} a_{ij} \quad (i=1,2,\cdots,m; j=1,2,\cdots,n) \quad \text{式 12.1}$$

【例 12.1】 利用乐观主义准则对导入案例进行决策。

解 在导入案例中，若每天生产 100 个，由于销售可能最少为 100 个，即可全部销售出去，则盈利为：$100 \times (1.0 - 0.6) = 40$ 元；若每天生产 200 个，则在需求不少于 200 个时，盈利为 $200 \times (1.0 - 0.6) = 80$ 元；若生产 200 个而需求为 100 个，则盈利为：$100 \times (1.0 - 0.6) - 100 \times (0.6 - 0.4) = 20$ 元。即：

盈利 = 销售数量 × (销售单价 − 单位成本) − 剩余数量 × (单位成本 − 折扣价)

由此得益损值矩阵(表 12 − 1)。

表 12 − 1 导入案例的益损值矩阵

状态 方案	利润(元)		
	需求 100 个 s_1	需求 200 个 s_2	需求 300 个 s_3
生产 100 个 d_1	40	40	40
生产 200 个 d_2	20	80	80
生产 300 个 d_3	0	60	120

$$\mathbf{A} = \begin{bmatrix} 40 & 40 & 40 \\ 20 & 80 & 80 \\ 0 & 60 & 120 \end{bmatrix} \begin{matrix} \max \\ 40 \\ 80 \\ 120 \end{matrix}$$

$$\max \quad 120$$

即，冒风险选择生产 300 个，一旦市场需求好，可盈利 120 元。

2. 悲观准则

悲观准则也称华尔德(Wald)准则，是先求出每个行动方案中的各个自然状态下的最小效益值,再从这些最小效益值中找出最大值,故也称为 max min 准则。对承担风险能力比较弱和不愿冒风险的决策者可采取这种准则。对于 n 种自然状态、m 个备选方案,有:

$$f(d^*)=\max_{1\leqslant i\leqslant m}\min_{1\leqslant j\leqslant n}a_{ij} \quad (i=1,2,\cdots,m;j=1,2,\cdots,n) \qquad 式\ 12.2$$

【例 12.2】 对导入案例利用悲观主义准则进行决策。

解

$$A=\begin{bmatrix}40 & 40 & 40\\20 & 80 & 80\\0 & 60 & 120\end{bmatrix}\begin{matrix}\min\\40\\20\\0\end{matrix}$$

$$\max\quad 40$$

即,最优方案:生产 100 个,可稳获 40 元盈利。

3. 乐观系数准则

乐观系数准则亦称折衷准则或赫威斯(Hurwicz)准则。由于绝对乐观或绝对悲观的实现可能性都不大,故赫威斯提出了一个折中准则,用一个乐观系数 $\alpha(0\leqslant\alpha\leqslant 1)$ 将最大效益值和最小效益值进行折中,并从折中值中找出最大值,所对应的方案即为最优方案。即:

$$f(d^*)=\max_i\{\alpha\max_j\{a_{ij}\}+(1-\alpha)\min_j\{a_{ij}\}\}$$
$$(i=1,2,\cdots,m;j=1,2,\cdots,n) \qquad 式\ 12.3$$

【知识要点提醒】 乐观系数乘以乐观值(最大值),悲观系数乘以悲观值(最小值)。

【例 12.3】 对导入案例利用乐观系数准则进行决策(乐观系数取 0.6)。

解

$$\qquad\qquad\qquad\qquad\alpha\max\ +(1-\alpha)\min$$
$$A=\begin{bmatrix}40 & 40 & 40\\20 & 80 & 80\\0 & 60 & 120\end{bmatrix}\begin{matrix}0.6\times 40+0.4\times 40=40\\0.6\times 80+0.4\times 20=56\\0.6\times 120+0.4\times 0=72\end{matrix}$$

$$\max=72$$

即,最优方案:生产 300 个。

4. 等概率准则

等概率准则又称拉普拉斯(Laplace)准则,是按照等可能的思想在决策过程中将各种

状态以相同的概率计算出期望值,再求其最大期望值,以此作为选择方案的依据。即:

$$f(d^*) = \max_i \{\frac{1}{n}\sum_{j=1}^{n} a_{ij}\} \quad (i=1,2,\cdots,m; j=1,2,\cdots,n) \qquad 式12.4$$

【例12.4】 对导入案例利用等概率准则进行决策。
解:

$$A = \begin{bmatrix} 40 & 40 & 40 \\ 20 & 80 & 80 \\ 0 & 60 & 120 \end{bmatrix} \quad \begin{matrix} (40+40+40)/3=40 \\ (20+80+80)/3=60 \\ (0+60+120)/3=60 \end{matrix}$$

$$\max = 60$$

即,最优方案:生产200个或300个。

5. 最小后悔值准则

假设决策者以乐观准则决策时,选择生产300个,以期待市场需求高而获得120万的收益。但却销售了100个,决策者将无盈利,此时他将后悔当初不如选择生产100个,可稳获40元的收益,40-0=40称为后悔值。最小后悔值准则的操作步骤如下:
(1) 求出每种自然状态的各行动方案中的最大收益值。
(2) 以每种自然状态下的最大收益值减去该状态各方案收益值而得到后悔值矩阵。
(3) 对每个方案找出最大后悔值,再从各方案的最大后悔值中找出最小值,所对应的方案即为最优方案。用公式表示为:

$$r_{ij} = \max_i a_{ij} - a_{ij}$$
$$f(d^*) = \min_i \max_j \{r_{ij}\} \quad (i=1,2,\cdots,m; j=1,2,\cdots,n) \qquad 式12.5$$

【例12.5】 对导入案例利用等最小后悔值准则进行决策。
解

$$A = \begin{bmatrix} 40 & 40 & 40 \\ 20 & 80 & 80 \\ 0 & 60 & 120 \end{bmatrix}$$
$$\max \quad 40 \quad 80 \quad 120$$

由公式 $r_i = \max_i a_{ij} - a_i$ 求后悔矩阵得:

$$R = \{r_{ij}\} = \begin{bmatrix} 40-40 & 80-40 & 120-40 \\ 40-20 & 80-80 & 120-80 \\ 40-0 & 80-60 & 120-120 \end{bmatrix} = \begin{bmatrix} 0 & 40 & 80 \\ 20 & 0 & 40 \\ 40 & 20 & 0 \end{bmatrix} \begin{matrix} \max \\ 80 \\ 40 \\ 40 \end{matrix}$$

$$\min = 40$$

即,最优方案:生产200或300个。

12.3 风险型决策

12.3.1 风险型决策：收益最大化与风险最小化

对于先验概率问题，通常采取最大收益期望值法，即计算各方案收益的期望值，从中找出最大者，对应的方案为最优方案。然而，对于风险型决策，人们喜欢收益而厌恶风险，追求高收益和低风险双目标。但高收益和低风险两个目标不能兼得，一般收益高的风险就大，而风险小的收益也低。解决的办法：一是在风险确定时求收益的最大化；二是在收益确定时求风险的最小化；三是引进一个风险厌恶度，将两个目标合并成一个目标，求综合风险收益率的最大化。

收益通常以益损值的期望值来表示，风险的绝对指标以益损值的标准差表示之，相对指标则以变异系数表示。

1. 风险确定时求期望收益最大化

假设 v_0 为可接受的变异系数，则最优方案是在变异系数不大于 v_0 条件下的收益期望值的最大值。即：

$$f(d^*) = \max_i \{\mu_i \mid v_i \leqslant v_0 \text{ 或 } \sigma_i \leqslant \sigma_{i0}\} \quad (i=1,2,\cdots,m)$$

$$\mu_i = \sum_{j=1}^n p_j a_{ij}, \sigma_i = \sqrt{\sum_{j=1}^n p_j (a_{ij} - \mu_i)^2}, v_i = \frac{\sigma_i}{\mu_i}$$

式 12.6

若不考虑风险，即为期望收益最大化 $EMV^* = \max_i \sum_{j=1}^n a_{ij} p_j$。

2. 期望收益确定时求风险最小化

假设 μ_0 为可接受的期望收益，则最优方案是在期望收益不小于 μ_0 条件下变异系数或标准差的最小值。即：

$$f(d^*) = \min_i \{v_i \mid \mu_i \geqslant \mu_0\} \quad (i=1, 2, \cdots, m)$$

$$\text{或 } f(d^*) = \min_i \{\sigma_i \mid \mu_i \geqslant \mu_0\} \quad (i=1, 2, \cdots, m)$$

式 12.7

3. 给定风险厌恶度下综合风险收益率最大化

引进风险厌恶度，使风险和收益两个目标合并成 1 个目标。风险厌恶度表示决策者对风险的厌恶程度，范围为 $0 \sim 1 \alpha (0 \leqslant \alpha \leqslant 1)$。风险厌恶度等于 1 表示最厌恶风险，是最保守的态度；风险厌恶度等于 0 表示完全不考虑风险，或者说最喜爱风险，是最冒险的态度，等同于最大收益期望值（EMV）准则。一般情况下，风险厌恶度为 $\alpha(0 < \alpha < 1)$，则最优方案是：

$$f(d^*) = \max_i \{(1-\alpha)\mu_i - \alpha\sigma_i\} \quad (i=1, 2, \cdots, m) \qquad 式\ 12.8$$

【例 12.6】 在导入案例中回答下列问题：
(1) 当变异系数不大于 60% 时，生产多少个可使收益期望值最大？
(2) 当期望收益不小于 60 元时，生产多少个可使风险最小？
(3) 当给定风险厌恶度为 0.6 时，如何进行决策可使收益尽可能大，而风险尽可能小？

解 在 Excel 中输入图 12.1 所示的数据信息和公式。

	A	B	C	D	E	F	G
1	需求→	100	200	300		指标计算	
2	概率→	0.3	0.5	0.2	期望值	标准差	变异系数
3	生产100个d1	40	40	10	=SUMPRODUCT(B3:D3,$B$2:$D$2)	=SQRT(SUMPRODUCT((B3:D3-E3)^2,$B$2:$D$2))	=F3/E3
4	生产200个d2	20	80	80	=SUMPRODUCT(B4:D4,$B$2:$D$2)	=SQRT(SUMPRODUCT((B4:D4-E4)^2,$B$2:$D$2))	=F4/E4
5	生产300个d2	0	60	120	=SUMPRODUCT(B5:D5,$B$2:$D$2)	=SQRT(SUMPRODUCT((B5:D5-E5)^2,$B$2:$D$2))	=F5/E5
6					=MAX(E3:E5)	=MIN(F3:F5)	=MIN(G3:G5)
7	风险厌恶度α				方案	(1-α)μ-ασ	
8	0.6				d1	=(1-$A$8)*E3-$A$8*F3	
9					d2	=(1-$A$8)*E4-$A$8*F4	
10					d3	=(1-$A$8)*E5-$A$8*F5	

图 12.1 风险决策 Excel 模型（公式审核模式）

图中在 E3 单元格输入公式："=SUMPRODUCT(B3:D3,$B$2:$D$2)"前复制到下两个单元格，得期望值，求其最大（E6 单元格）即为通常的期望值法所确定的最优值。

【操作小技巧】 在 Excel 中要对单元格绝对引用，不必手工键入"$"，在选择了单元格区域后按"F4"即可。如"=SUMPRODUCT(B3:D3,B2:D2)"选择 B2:D2 区域后按 F4，得图中的公式。其目的是复制时保持单元格区域固定不变。

在 F3 和 G3 单元格输入图中所示公式，复制到 F4:G5 单元格区域，得标准差和变异系数。F8:F10 为公式 12.8。

建立上述模型后，由图 12.2 可见：
(1) 当变异系数不大于 60% 时，期望值最大的为 62 元，对应的方案为生产 200 个。
(2) 收益值不小于 60 元时，变异系数最小的为 44.3%，最优方案也是生产 200 个。
(3) 风险厌恶度不 0.6 时，生产 200 个为最佳方案。

	A	B	C	D	E	F	G
1	需求→	100	200	300		指标计算	
2	概率→	0.3	0.5	0.2	期望值	标准差	变异系数
3	生产100个d1	40	40	10	34	12	0.352941
4	生产200个d2	20	80	80	62	27.49545	0.443475
5	生产300个d2	0	60	120	54	42	0.777778
6					62	12	0.352941
7	风险厌恶度α				方案	(1-α)μ-ασ	
8	0.6				d1	6.4	
9					d2	8.302727	
10					d3	-3.6	

图 12.2 风险决策 Excel 模型

12.3.2 信息的价值

若决策者通过预测调查或咨询,若能确定何种自然状态出现,并依此进行决策,则称为完全信息收益期望值(Expected Profit of Perfect Informaiton,EPPI)。完全信息期望值 $EPPI$ 与无信息时最大收益期望值 EMV^* 之差:

$$EVPI = EPPI - EMV^* \qquad 式12.9$$

称为完全信息的价值(Expected Value of Perfect Information,EVPI)。可见,当实际调查或咨询费用大于 $EVPI$ 说明调查或咨询无意义。

【例 12.7】 在导入案例中,若面包店通过电话订购、采取上门送货,面包店按订购数量生产,但面包店要支付给服务员 20 元的上门服务费,此种方案是否可取?

解 在不同订货下(不同需求),面包店的最优策略是按需求数量生产;此时完全信息期望值为 76 元(见图 12.3(b)),公式审核模式见图 12.3(a)。

图 12.3 信息的价值——风险决策 Excel 模型

由例 12.5 可知,无信息最大期望值为 $EMV^* = 62$ 元,信息的价值

$$EVPI = EPPI - EMV^* = 76 - 62 = 14 \text{ 元}$$

而支付的送货费为 20 元,高于信息的价值,方案不可取。

12.3.3 序贯决策及决策树

在复杂的决策问题中,往往要碰到连续地进行多次决策,这种决策称为序贯决策。而决策树是序贯决策的有效工具。决策树由决策点、事件点、树枝和树梢构成。

决策点以□表示,决策者应当在决策点从若干策略中进行抉择;

事件点(或称状态点)以〇表示,在每个策略确定之后,可能遇到发生不同的事件和状态。

树枝表示一个策略或事件。

树梢表示各事件的结果。

决策树的绘制可由 Excel 插件 treeplan.xla 实现,有关该软件的使用方法,在 12.4 中一并列举。

12.4 贝叶斯决策

12.4.1 贝叶斯决策的基本概念

1. 先验概率(prior probability)

概率是事件发生可能性的客观度量,但在很多实际问题中,对事件发生的可能性缺乏客观的统计资料,这时决策者依据有限资料或凭自己的经验进行估计,由这种估计得到的事件的发生概率称为先验概率或称为主观概率。

2. 贝叶斯公式和后验概率(posterior probability)

所谓贝叶斯(Bayes)决策是贝叶斯公式在决策中的应用。由数理统计可知,贝叶斯公式(也称为逆概公式)如下:

$$P(A_i \mid B) = \frac{P(A_i)P(B \mid A_i)}{\sum_{i=1}^{n} P(A_i)P(B \mid A_i)} \qquad 式12.10$$

式中

$$P(B) = \sum_{i=1}^{n} P(A_i)P(B \mid A_i) \qquad 式12.11$$

称为全概公式。

式 12.10 和式 12.11 中 $P(A_i)$ 为先验概率,$P(B \mid A_i)$ 是由样本获取的信息,$P(A_i \mid B)$ 则是先验概率经样本信息修正后得到的后验概率。当然对后验概率如果继续样本并根据新的信息再次修正,则原有的概率当作先验概率,再次修正后的概率成了后验概率。

12.4.2 案例

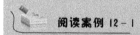
阅读案例 12-1

石油钻探决策

某石油公司得到专家报告,估计在一块荒地有石油的概率为 0.4,无油的概率为 0.6。为了获取更准确的信息,可请地质部门进行地震勘探。根据资料表明,凡有油地区做试验,试验结果也好的概率为 0.9,试验结果不好的概率为 0.1;凡无油地区做试验,试验结果好的概率为 0.2,试验结果不好的概率为 0.8。若钻井需支付费用 200 万元,钻井后若有油,可盈利 1 000 万元;若请地质部门做地震试验,需支付 100 万元的费用;如果转让土地使用权,可获得 240 万元转让费。问石油公司应如何决策?

分析 该问题解决的思路:

(1) 决策详细勘探还是不详细勘探。

(2) 不详细勘探有两种选择:钻井和土地使用权出售。

(3) 详细勘探后有两种结果:一是试验结果好,二是试验结果不好。

(4) 勘探后试验是钻井还是出售土地使用权？若钻井有油的概率是多少？

这是一个序贯决策，可用决策树来解决。但在绘制决策图树前应计算在详细勘探后勘探结果好与不好的条件下有油的概率，这就涉及贝叶斯决策。

解决方案：

(1) 利用贝叶斯公式计算试验结果好(B_1)与不好(B_2)条件下有油的概率。

已知专家估计(先验概率)：有油(A_1)的概率 $P(A_1)=0.4$，无油(A_2)的概率 $P(A_6)=0.6$；

在有油情况下试验结果好的概率 $P(B_1 \mid A_1)=0.9$，结果不好的概率 $P(B_2 \mid A_1)=0.1$；

在无油情况下试验结果好的概率 $P(B_1 \mid A_2)=0.2$，结果不好的概率 $P(B_2 \mid A_2)=0.8$；

地震试验结果好的概率：

$$P(B_1)=P(A_1)P(B_1 \mid A_1)+P(A_2)P(B_1 \mid A_2)$$
$$=0.4\times0.9+0.6\times0.2=0.48$$

试验结果好情况下有油的概率：

$$P(A_1 \mid B_1)=\frac{P(A_1)P(B_1 \mid A_1)}{P(B_1)}=\frac{0.4\times0.9}{0.48}=\frac{3}{4}$$

地震试验结果不好的概率：

$$P(B_2)=P(A_1)P(B_2 \mid A_1)+P(A_2)P(B_2 \mid A_2)$$
$$=0.4\times0.1+0.6\times0.8=0.52$$

试验结果不好有油的概率：

$$P(A_1 \mid B_2)=\frac{P(A_1)P(B_2 \mid A_1)}{P(B_2)}=\frac{0.4\times0.1}{0.52}=\frac{1}{13}$$

【操作小技巧】 贝叶斯公式的计算过程可在 Excel 中进行。B2：C4 单元格区域为输入的已知数据，分别为有油、无油的先验概率及在有油无油条件下试验结果好与不好的概率；E3，E4 单元格为实验结果好与不好的概率，为式 12.11（全概公式）的 Excel 表达式；F3：G4 单元格区域则为后验概率（图 12.4），计算显示结果如图 12.5 所示。

	A	B	C	D	E	F	G
1		i=1	i=2				
2	P(Ai)	0.4	0.6			P(A1|Bi)	P(A2|Bi)
3	P(B1|Ai)	0.9	0.2	P(B1)	=SUMPRODUCT($B$2:$C$2,B3:C3)	=B$2*B3/$E3	=C$2*C3/$E3
4	P(B2|Ai)	0.1	0.8	P(B2)	=SUMPRODUCT($B$2:$C$2,B4:C4)	=B$2*B4/$E4	=C$2*C4/$E4

图 12.4 后验概率的 Excel 计算过程（公式审核模式）

	A	B	C	D	E	F	G
1		i=1	i=2				
2	P(Ai)	0.4	0.6			P(A1|Bi)	P(A2|Bi)
3	P(B1|Ai)	0.9	0.2	P(B1)	0.48	3/4	1/4
4	P(B2|Ai)	0.1	0.8	P(B2)	0.52	1/13	12/13

图 12.5 后验概率的 Excel 计算结果

(2) 绘制决策树图。

treeplan.xla 插件可按文件名从网上搜索，下载到本地硬盘，新建工作表，执行菜单命令："工具/加载宏/浏览：从 treeplan.xla 存放路径选择该文件/确定"，则该决策树插件就出现在工具菜单中，名为"Decision Tree…"。操作步骤如下：

第 1 步：建立初始决策节点。

此问题决策者有 2 种选择：详细勘探、不详细勘探。光标置于工作表 A1 单元格，从菜单选择："工具/Decision Tree…"，弹出如图 12.6 所示界面，单击 New Tree 按钮建立新的决策树，生成决策树初始决策节点(图 12.7)。

图 12.6　新建决策树界面

D2、D7 单元格输入决策方案名称"详细勘探""不详细勘探"；D4 单元格输入"-100"表示详细勘探的费用支出。

第 2 步：建立详细勘探后续节点。

详细勘探有 2 种可能"结果好""结果不好"，其概率分别为 0.48 和 0.52，这是一个状态节点。鼠标置于 F3(注意：一定选择该分枝结尾处)，再次执行"工具/Decision Tree…"命令，弹出对话框(图 12.8)：

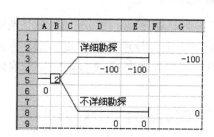

图 12.7　初始决策节点默认分枝

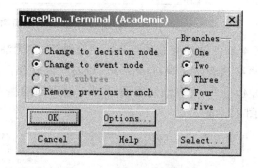

图 12.8　添加节点对话框

选择"Change go event node"(添加状态节点)，选择"Two"(2 个分枝)，单击 OK 按钮，添加了状态节点(图 12.9)。在 H2 和 H7 单元格输入状态名称"回波好"和"回波不好"；在 H1 输入 0.48，H6 输入 0.52，为有结果好与不好的概率(注意：概率之和必须等于 1)。

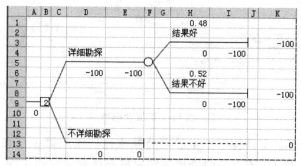

图 12.9　添加直接钻井后的状态节点

第3步:"不详细勘探"添加后续节点,有2种选择:"钻井"、"出售土地",为决策节点。在图12.9中选择F13单元格,再次执行"工具/Decision Tree…"命令,弹出对话框(图12.8):节点类型选择Change to decision node(决策节点),分枝数仍然是"Two",单击OK按钮。在H12和H17输入决策方案名称,在H14和H19输入钻进费用和出售土地收益"-200"和"240"(图12.10)。

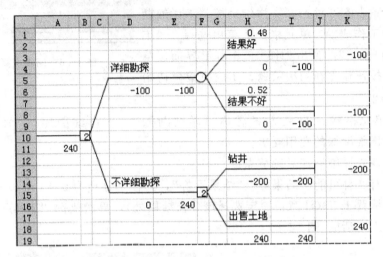

图12.10　添加不详细勘探后的决策节点

第4步:钻井有2种可能:"有油"、"无油",为状态节点。在图12.10中光标置于J13,再次执行"工具/Decision Tree…"命令,添加2个分枝的状态节点。L11为有油的概率0.4,L14为有油的收益;L16为无油的概率(0.75),无油无收益,L19采取默认的"0"(图12.11)。

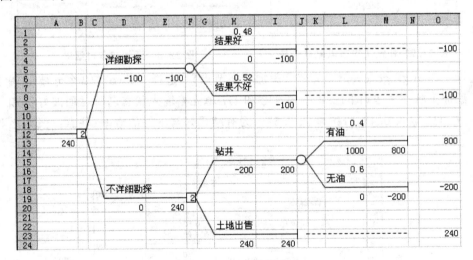

图12.11　添加状态节点

第5步:分别选择详细勘探后2个状态分枝末尾,按照第3步和第4步同样的办法,添加决策节点和状态节点。不过此时勘探后结果好和结果不好的条件下有油和无油的概率不是先验概率，而是后验概率(图 12.12)。

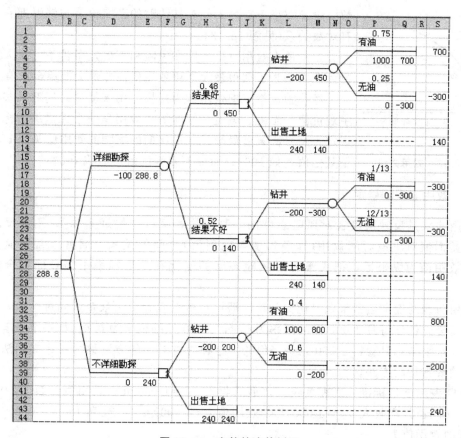

图 12.12 完整的决策树图

决策建议 由图 12.12 可见，详细勘探的期望收益为 288.8 万元，直接钻井期望收益为 200 万元，土地出售收益为 240 万元，期望值最大的是详细勘探，为最优方案。详细勘探"结果好"进行钻井，"回波不好"则出售土地。需要指出的是上述决策没有考虑风险。

12.5 决策分析中的效用度量

12.5.1 效用的概念

在决策中，决策者的个性、才智、胆识、经验等主观因素，使不同的决策者对相同的益损问题(获取收益或避免损失)作出不同的反应；即使是同一决策者，由于时间和条件等客观因素不同，对相同的益损问题也会有不同的反应。决策者这种对于益损问题的独特感受和取舍，称之为"效用(Utility)"。

效用的概念是丹尼尔·伯努利(D. Berneulli)在解释圣彼得堡悖论(丹尼尔的表兄尼古拉·伯努利故意设计出来的一个悖论)时提出的，目的是挑战以金额期望值作为决策的标准。丹尼尔·伯努利对这个悖论的解答在 1738 年的论文里，主要包括两条原理：

一是边际效用递减原理。即一个人对于财富的占有多多益善，即效用函数一阶导数大

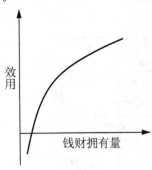

图 12.13 效用曲线

于零;随着财富的增加,满足程度的增加速度不断下降,效用函数二阶导数小于零。人们对其钱财的真实价值与钱财拥有量之间有对数关系(见图 12.13)。

二是最大效用原理。即在风险和不确定条件下,个人的决策行为准则是为了获得最大期望效用值而非最大期望金额值。

经济管理学家把效用作为指标,用来衡量人们对某些事物的主观价值、态度、偏爱、倾向等。效用是一个无量纲指标,一般规定:凡是决策者最爱好、最倾向的事物的效用值赋予 1(也可赋予其他值,如 100);而最不爱好的效用值赋予 0。

12.5.2 效用曲线的确定

效用曲线是反映决策者对风险态度的一种曲线,又称"偏好曲线",用来反映决策后果的益损值对决策者的效用(即益损值与效用值)之间的关系。通常以益损值为横坐标,以效用值为纵坐标,把决策者对风险态度的变化在此坐标系中描点而拟合成一条曲线。

效用曲线的确定通常采取对比提问法。假设一个求职者,一家企业同意录用,根据业绩确定薪金,估计每月 1 000 元的概率为 0.4,3 000 元的概率为 0.6。如果求职者认为这样的收入水平与每月稳得 1 500 元是等价的。这种通过对比的方法称为对比提问法,是确定效用曲线常用的方法。

设 U 表示度量标准,x 表示收入,最低收入 $x_1=1\,000$ 元,效用值为 $U(1\,000)=0$,概率 $p=0.4$;最高收入 $x_2=3\,000$ 元,效用值 $U(3\,000)=1$,概率 $1-p=0.6$,则稳得 1 500元的效用值为:

$$U(1\,500)=pU(1\,000)+(1-p)U(3\,000)=0.4\times0+0.6\times1=0.6$$

一般情况如下公式:

$$pU(x_1)+(1-p)U(x_3)=U(x_2) \quad 式 12.12$$

在式 12.12 中有 4 个变量:x_1,x_2,x_3,p;若固定 3 个则可求得另 1 个。

设 12.12 左边的事件为 A_1,右边的事件为 A_2,提问方式可以有以下 3 种。

(1) 固定 x_1,x_2,x_3,改变 p,问:"p 取何值时,认为 A_1 和 A_2 是等价的"?

(2) 固定 x_1,x_3,p,改变 x_2,问:"x_2 取何值时,认为 A_1 和 A_2 是等价的"?

(3) 固定 x_1(或 x_3),x_2,p,改变 x_3(或 x_1),问:"x_3(或 x_1)取何值时,认为 A_1 和 A_2 是等价的"?

【例 12.8】 假定决策者 A、B、C 对 0 元收入的效用值都为 0,记为 $U(0)=0$;对 10 000元的收入效用值都是 1,即 $U(10\,000)=1$。各决策者分别以下结局认为无差别:

决策者 A:肯定收入 5 000 元;0.6 可能得 10 000 元,0.4 可能得 0 元;
决策者 B:肯定收入 5 000 元;0.5 可能得 10 000 元,0.5 可能得 0 元;
决策者 C:肯定收入 5 000 元;0.4 可能得 10 000 元,0.6 可能得 0 元;

分别求 A、B、C 得 5 000 元收入时的效用值。

解 由式 12.12 可知

决策者 A：$U(5\,000)=0.6U(10\,000)+0.4U(0)=0.6$

决策者 B：$U(5\,000)=0.5U(10\,000)+0.5U(0)=0.5$

决策者 C：$U(5\,000)=0.4U(10\,000)+0.6U(0)=0.4$

将决策者 A、B、C 对应于 0、5 000、10 000 收入的效用值绘制成效用曲线，如图 12.14 所示。

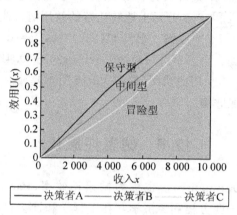

图 12.14 例 12.8 效用曲线

从图中反映出不同的人对风险持 3 种态度：

(1) 保守型效用曲线。决策者 A，肯定的收入的效用值高于具有相同期望值收入的 B 的效用值，表现他宁愿少得也不愿冒风险，称为保守型。保守型效用曲线严格上凸，表示边际效用递减，这样的决策者对于亏损特别敏感，而大的收益对他的吸引力却不是很大，这种类型的决策者容易满足，不求大利，只求避风险。即保守型决策者厌恶风险。

(2) 激进型效用曲线。与决策者 A 相反，决策者 C 肯定的收入的效用值低于具有相同期望值收入的 B 的效用值，表现出为了多挣钱宁肯冒风险。其效用曲线是下凸的，即边际效用递增。表示决策者专注于想获得大的收益而不十分关心亏损，这种类型的决策者不易满足。激进型决策者喜欢风险。

(3) 中间型效用曲线。决策者 B 对风险持不偏不倚的态度。

除此之外还有混合型的效用曲线。图 12.15(a)表示对数额较小时，敢于冒风险，而数额较大时，则持谨慎态度；图 12.15(b)则相反，当抗风险能力不强时持谨慎态度，当抗风险能力较强时则敢于冒风险。

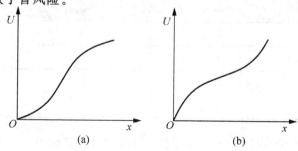

图 12.15 混合型效用曲线

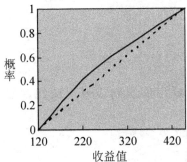

图 12.16 例 12.9 效用曲线

【例 12.9】 在 12.4.2 案例分析中在详细勘探结果好时收益值为 450 万元，概率为 0.48；结果不好时收益值为 120 万元，概率为 0.52，期望值为 288.8 万元。而不详细勘探直接出售土地使用权，可稳获为 240 万元收入。若收益 120 万元的效用值为 0，450 万元的效用值为 1，假设决策者认为详细勘探和土地出售的效用是一样的，求稳获 240 万元土地转让费的效用值，决策者是哪种类型？

解 已知 $U(120)=0$，$p=0.52$，$U(450)=1$
$U(240)=0.52U(120)+0.48U(450)=0.48$ 绘制成效用曲线图（如图 12.16 所示）。

由图可见，决策者属保守型。

12.6 帕累托最优

帕累托最优(Pareto Optimality)，也称为帕累托效率(Pareto Efficiency)、帕累托改善、帕累托最佳配置，源于西方福利经济学，在工程学和社会科学中有着广泛的应用。帕累托最优是指资源分配的一种理想状态，即假定固有的一群人和可分配的资源，从一种分配状态到另一种状态的变化中，在没有使任何人境况变坏的前提下，也不可能再使某些人的处境变好。换句话说，就是不可能在改善某些人的境况时，而不使任何其他人受损。

帕累托最优是处理多目标的一种方法。如欲购一辆汽车，要考虑价格、舒适度、耗油量、外形等因素。当两种型号汽车 A 和 B 对比时，发现 A 与 B 在其他标准相同，而 A 的某项标准优化于 B，则称 A 超优于 B，B 从备选方案中删除。但在多数情况下，A 的一些标准优于 B，而 B 的另一些标准优于 A。假如购买者考虑两种因素：舒适度和价格，舒适度高的价格也高，舒适度差的价格也低，不能判别哪种车辆更优，只能在舒适度与价格之间进行权衡。

【例 12.10】 某产品在生产中消耗资源 1 和 2，已知单位产品消耗量、资源可供量/吨、每单位产品利润/万元、每吨产品排放污染物如表 12-2 所示。若产品单位取整数，并希望求得在规定允许污染排放的情况下利润最大的生产方案。

表 12-2 某产品在生产中排放污染物

	产品 A	产品 B	资源可供量
资源 1	1	2	10
资源 2	6	3	50
单位利润/万元	2	3	
污染物/单位	3	4	

解 设产品 A、B 分别生产 x_1，x_2 单位，则有如下 LP 模型
$$\max z=2x_1+3x_2$$

$$\min w = 3x_1 + 4x_2$$
$$s.t. \begin{cases} x_1 + 2x_2 \leqslant 10 \\ 6x_1 + 3x_2 \leqslant 50 \\ x_1, x_2 \geqslant 0 \text{ 且为整数} \end{cases}$$

如果不考虑污染,可用最优化方法求利润目标最大化;如果不考虑利润,则两种产品生产量均为 0 时污染排放也为 0。我们的思路是先不考虑污染,求利润 z 最大化的生产方案,从而确定此时污染最大排放量,再让污染从 0 逐步增加,求得利润最大的方案。经计算,求得不考虑污染时最优生产量 $x_1 = 6$,$x_2 = 2$,$z = 18$,此时 $w = 26$。让 $w = 1$ 按步长 4 增至 26,求得利润最大化的生产量。也就是将 $3x_1 + 4x_2 \leqslant w$ 作为约束条件,求不同 w 的参数线性规划的解。将求得的解列于表 12-3。

表 12-3 不同 w 的参数线性规划的解

x_1	0	0	0	0	0	0	0	4	6
x_2	0	1	2	3	4	5	3	2
W	0	4	8	12	16	20	24	26
Z	0	3	6	9	12	15	17	18

以污染为横坐标,利润为纵坐标,绘制曲线图(见图 12.17),则曲线上的点为在允许污染条件下利润的最大值,即最优解;曲线右下方区域为劣解。该曲线称为帕累托(Pareto)曲线。

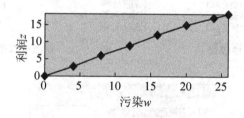

图 12.17 Pareto 曲线

12.7 灵敏度分析

通常在决策模型中的自然状态的概率和益损值往往是通过估计或预测得到的,不可能十分正确,此外实际情况也在不断变化。通常将决策分析中所用到的数据可在一定范围变动,来观察最优方案还是否继续有效,称为灵敏度分析。

【例 12.11】 某企业生产甲、乙两种产品,根据过去市场需求统计如表 12-4 所示。

表 12-4 收益矩阵

产品	旺季 $p = 0.7$	淡季 $1 - p = 0.3$
甲产品	4	3
乙产品	6	2

试根据最大期望收益准则求最优方案,并分析当概率 p 发生变化,所确定的最优方案还是否为最优?当概率为多少时最优方案发生变化?此时的概率称为转折概率。

解 $EMV_甲=4\times0.7+3\times0.3=3.7$,$EMV_乙=6\times0.7+2\times0.3=4.8$。显然最优方案为乙方案。

当改变 p 值,使两个方案的期望收益相等时,此时的 p 值为转折概率。即:
$$4p+3(1-p)=6p+2(1-p)\Rightarrow p=1/3$$

灵敏度分析可利用 Excel 的"模拟运算表"工具来实现。其方法:

(1) 在 A2 单元格中输入概率,B2、C2 单元格中输入甲、乙方案期望值的计算公式(注意:公式中的概率必须是单元格的引用);在 A3:A13 单元格区域中输入 p 的变化范围(如图 12.18 所示)。

(2) 选择 A2:C13 单元格区域,执行菜单命令"数据/模拟运算表",设置对话框如图 12.20 所示,得结果(图 12.19)。有关模拟运算表的使用,请阅读 Excel 帮助文件。

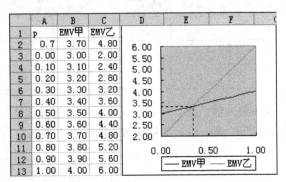

图 12.18 公式审核模式 　　图 12.19 模拟运算表计算结果及插图

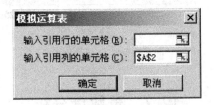

图 12.20 混合型效用曲线

本章小结

本章介绍了决策的概念与分类,不确定型决策、风险型决策、贝叶斯决策、决策中的效用度量、帕累托最优。

(1) 不确定型决策是指决策环境的不确定,即自然状态的概率未知。要求有两个以上的决策方案,两种以上的自然状态及益损值矩阵。不确定型决策依决策者承担风险的能力和对风险的偏好而采取不同的决策方法。主要有:乐观准则、悲观准则、乐观系数准则、等概率准则、最小后悔值准则。这类决策可借助 WinQSB 和 Excel 进行辅助决策。

(2) 风险型决策与不确定型决策的概念相近,所不同的是自然状态的概率已知。作为决策者,高收益和低风险双目标不能兼得,可设置收益和风险的阈值,在风险不大于阈值时求收益最大,或在收益不小于阈值时求风险最小,或给定一个风险厌恶度,对收益和风险加权的差最大化。当风险厌恶度等于0时,即为通常的最大收益期望值法。

(3) 贝叶斯决策是风险型决策的继续,其步骤是:

已知先验概率 $P(A_i)$ 和先验概率条件下获取样本各状态的概率 $P(B_j \mid A_i)$

由全概公式求样本状态概率: $P(B_j) = \sum\limits_{i=1}^{n} P(A_i) P(B_j \mid A_i)$

由贝叶斯公式求后验概率: $P(A_i \mid B_j) = P(A_i) P(B_j \mid A_i) / P(B_j)$

利用决策树插件 treeplan. xla 绘制决策树图进行决策。

(4) 决策中的效用度量可用于分析决策者的类型,以便在竞争中采取不同的对策。

(5) 帕累托最优用是解决多目标决策问题的方法之一。

关键术语

不确定型决策(Decision Making Under Uncertainty)

风险性决策(Risk Decision)　　　乐观准则(Max—max Criterion)

悲观准则(Max—min Criterion)　　乐观系数准则(Trade—off Criterion)

等概率准则(Laplace Criterion)　　最小后悔值准则(Regret Criterion)

期望值法(Expected Value Method)　决策树法(Decision Trees Method)

益损矩阵(Opportunity Loss Matrix)　贝叶斯公式(Bayes Formula)

全概公式(Total Probability Theorem)　效用(Utility)

帕累托最优(Pareto Optimality)

习　题

1. 回答下列问题。

(1) 根据环境的确定程度,可将决策问题划分为哪几种?

(2) 简述乐观准则、悲观准则、乐观系数准则、等概率准则、后悔值准则的操作步骤。

(3) 对于风险型决策本书介绍了哪几种方法?在什么条件下本书所介绍的方法与最大收益期望值法相同?

(4) 什么是决策树?决策树由哪几个要素构成?

(5) 什么是先验概率?什么是条件概率?什么是后验概率?

(6) 后验概率法解决问题的步骤是什么?

(7) 什么是效用?如何绘制效用曲线?

(8) 什么是 Pareto 最优?主要用于解决什么问题?

2. 某厂有一种新产品,其推销策略由 A_1、A_2、A_3 3 种可供选择,但各方案所需资金、时间都不同,加上市场情况的差别,因而获利和亏损情况不同。而市场情况也有 3

种：S_1(需要量大)，S_2(需要量一般)，S_3(需要量低)。市场情况的概率并不知道，其损益矩阵如表 12-5 所示。

表 12-5 损益矩阵/万元

Q_j \ S_i	市场情况		
	S_1	S_2	S_3
A_1	50	10	−5
A_2	30	25	0
A_3	10	10	10

试分别用乐观准则、悲观准则、等概率准则和最小后悔值准则进行决策。

3. 某公司为了扩大市场，要举行一个展销会，会址打算选择甲、乙、丙 3 地中的一个。获利情况除了与会址有关外，还与天气有关。天气可区分为晴、普通、多雨 3 种。通过天气预报，估计 3 种天气情况可能发生的概率为 0.25，0.50，0.25，其收益情况如表 12-6 所示，用最大收益期望值准则进行决策。

表 12-6 收益情况表

方案 \ 自然状态	晴	普通	多雨
甲地	4	6	1
乙地	5	4	1.5
丙地	6	2	1.2
概率	0.25	0.5	0.25

4. 某公司需要决定建大厂还是建小厂来生产一种新产品，该产品的市场寿命为 10 年。建大厂的投资费用为 280 万元，建小厂的投资为 140 万元。据专家预测 10 年内每年净金流入如表 12-7 所示，折现率按 8% 计算。

表 12-7 每年现金净流量(不含投资)/万元

	高需求(概率0.2)	中需求(概率0.5)	低需求(概率0.3)
建大厂	150	100	0
建小厂	80	60	40

问题：
(1) 若不考虑风险，应用期望收益最大原则，则应选择哪个方案？
(2) 若决策者要求风险(变异系数)不超过 40% 时，应选择哪个方案？
(3) 若决策者要求收益不低于 250 万元时，应选择哪个方案？
(4) 若决策者风险厌恶度为 0.7，又应选择哪个方案？

5. 某早餐店每天早晨从奶农进鲜奶，价格 2 元/kg，售价 3 元/kg。若当天卖不出去，

可处理给面包店发酵之用,价格1元/kg。根据以往的销售情况,每天销量为20～25kg,但未做过统计。要求:

(1) 建立这个问题的收益矩阵。

(2) 若根据过去半年的统计,销售量为 20、21、22、23、24、25kg 的概率分别是 0.1、0.15、0.3、0.2、0.15、0.1。若不考虑风险,则每天应向奶农订购多少?

(3) 若采取预约并送货上门,可根据预约数据订货,但需支付给送货员 10 元的费用。问这种策略是否可取?

6. 某石油公司考虑在某地钻井,结果可能出现 3 种情况:无油 s_1,少油 s_2,多油 s_3。公司估计,3 种状态出现的可能性分别为 0.5,0.3,0.2。已知钻井费用为 7 万元。如果少油,可收入 12 万元;如果多油,可收入 27 万元。为进一步了解地质构造情况,可先进行勘探。勘探结果可能是:构造较差(I_1),构造一般(I_2),构造较好(I_3)。根据过去的经验,地质构造与出油的关系如表 12-8 所示。

表 12-8 地质构造与出油关系表

P(I|S)	构造较差(I_1)	构造一般(I_2)	构造较好(I_3)
无油 s_1	0.6	0.3	0.1
少油 s_2	0.3	0.4	0.3
多油 s_3	0.1	0.4	0.5

假设勘探费用为 1 万元,求:

(1) 应先进行勘探,还是不进行勘探直接钻井或不钻井?

(2) 如何根据勘探的结果决策是否钻井?

7. 某决策问题的最大和最小益损值分别为 120 元和 -40 元,所对应的效用值分别为 1 和 0,其他益损值所对应的效用值如表 12-9 所示。试画出效用曲线,并利用效用值准则说明下列两种方案中哪一种较优:s_1(成功概率为 0.6,获利 80 元;失败概率为 0.4,损失 40 元),s_2(成功概率为 1,获利 30 元)。

表 12-9 效益值和效用值

R/元	10	20	30	80	90	100
U	0.57	0.62	0.75	0.84	0.87	0.95

8. 某厂要决策是现在还是明年扩大生产规模问题。由于可能出现的市场需求情况不一样,预期利润也不同。已知市场需求有高(s_1)、中(s_2)、低(s_3)3 种自然状态,各状态下的概率及不同方案时的预期利润如表 12-10 所示。对该厂来说损失 1 万元效用值为 0,获利 10 万元效用值为 1,对于以下事件效用值无差别:

(1) 肯定得 8 万或 0.9 概率得 10 万和 0.1 概率失去 1 万。

(2) 肯定得 6 万或 0.8 概率得 10 万和 0.2 概率失去 1 万。

(3) 肯定得 1 万或 0.25 概率得 10 万和 0.75 概率失去 1 万。

求:①建立效用值表;②分别根据效益值和效用值按期望值法确定最优策略。

表 12-10 不同方案在不同状态下的益损值/万元

自然状态 方案	s_1 $p(s_1)=0.2$	s_2 $p(s_2)=0.5$	s_3 $p(s_3)=0.3$
a_1(现在扩大)	10	8	-1
a_2(明年扩大)	8	6	1

9. 找出多目标决策问题的帕累托最优解并画出权衡曲线。

$$\max z_1 = 10x_1 + 9x_2 + 8x_3$$
$$\min z_2 = 10x_1 + 6x_2 + 3x_3$$
$$s.t. \begin{cases} 4x_1 + 3x_2 + 2x_3 \leq 1\ 300 \\ 3x_1 + 2x_2 + 2x_3 \leq 1\ 000 \\ x_1, x_2, x_3 \geq 0 \text{ 取整} \end{cases}$$

10. 某厂考虑生产甲、乙两种产品，根据过去市场需求统计如表 12-11 所示。

表 12-11 市场需求表

自然状态 方案	旺季 $p_1=0.8$	淡季 $p_2=0.2$
甲种	8	6
乙种	12	4

要求：(1)不考虑风险，用期望收益最大原则，应选择哪个方案？

(2)当旺季概率为 0.2，淡季概率为 0.8 时，原来方案还最优吗？

(3)求转折概率是多少？

11. 案例

根据以下案例所提供的资料，要求：

(1)绘出决策树图。

(2)若李董以资产最大化为目标而不考虑风险，应该采取何种策略？其期望资产增加额为多少？

(3)若采取了试销，一旦在本地试销失败，李董应采取何种策略？此时资产将减少多少？

(4)若采取了试销，一旦在本地试销成功，李董应采取何种策略？此时资产将增加多少？

 阅读案例 12-2

李董的营销策略

李董的当前资产为 100 万元，他想要确定是否开拓一个新的巧克力口味的苏打市场。李董有以下 3 种选择。

选择 1：本地试销，然后使用市场研究结果来确定是否在全国范围内销售；
选择 2：立即在全国范围内销售（不经过试销）；
选择 3：立即决定不在全国范围内销售（不经过试销）。

在不进行市场研究的情况下，李董认为在全国范围内成功的概率为 55%，在全国范围内失败的概率为 45%。如果获得全国范围内的成功，那么李董的资产会增加 200 万元，在全国范围内失败，那么李董的资产会减少 70 万元。

如果李董进行市场研究（花费 10 万元），那么该研究将产生良好的结果（指本地成功）的概率为 60%，将产生不好结果（指本地失败）的概率为 40%。如果观察到的是本地成功，那么在全国范围内成功的概率就为 85%。如果观察到的是本地失败，那么在全国范围内成功的概率就只有 10%。

12. 实验一

【实验目的】　掌握 treeplan.xla 绘制决策树图的方法。

【实验内容】　利用 treeplan.xla 绘制第 11 题决策树图。

【实验要求】　写出实验报告，包括以下内容：

（1）绘制决策树图。

（2）利用"模拟运算表"对在全国成功的概率从 50% 至 60%，步长 1% 变化时的敏感性分析。

13. 实验二

【实验目的】　掌握 WinQSB 或 Excel 求解不确定型决策和风险型决策的方法。

【实验内容】　利用 WinQSB 或 Excel 求解第 3 题。

【实验要求】　写出实验报告，包括：（1）简述操作步骤；（2）解释实验结果。

14. 实验三

【实验目的】　掌握 WinQSB 或 Excel 进行贝叶斯辅助决策的操作方法。

【实验内容】　利用 WinQSB 或 Excel 求解第 6 题。

【实验要求】　写出实验报告，包括：

（1）简述操作步骤；（2）解释实验结果。

第13章 对策论

教学目标

知识目标	技能目标	应用方向
1. 理解下列基本概念 矩阵对策；矩阵对策三要素；最优纯策略与最优混合策略，鞍点和对策值 2. 算法要求： (1) 会用"超优原则"和"最大最小"原则求矩阵对策的最优纯策略 (2) 会用"线性规划"方法求矩阵对策的最优混合策略 (3) 了解纯策略和混合策略的纳什均衡求取	1. 能对管理中现实问题建立矩阵对策模型 2. 至少掌握一种求解对策问题的软件的操作方法，能求得二人零和对策及纳什问题的最优纯策略及最优混合策略	对抗中最优策略的选择

知识结构

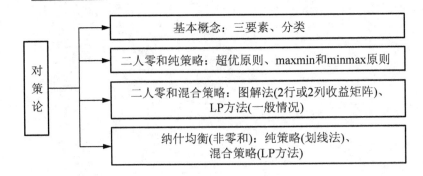

导入案例

田忌赛马

在我国古代,"田忌赛马"就是一个典型的对策论的例子。战国时期,大将田忌与齐王赛马,比赛分三局,每局双方各出一匹马比赛,负者要付胜者千金,双方都有上、中、下3个等级的马,已知同一级别的马比赛,田忌的马要输给齐王,但是田忌的上等马优于齐王的中等马,田忌的中等马优于齐王的下等马。如果田忌与齐王的同等级的马比赛,田忌要连输三局而付给齐王3千金。当时田忌的一位谋士孙膑出了一个对策,每局比赛先让齐王出马,然后用下等马对齐王的上等马,用上等马对齐王的中等马,用中等马对齐王的下等马,结果田忌两胜一负,赢得千金。

对策论又称为博弈论(Game Theory)、游戏论,是一门研究游戏中参加者各自所选择策略的科学。通常认为是现代数学的一个分支,也是运筹学中的一个重要学科。对策论发展的历史并不长,1944年,冯·诺依曼(Von Neumann)和摩根斯坦(Morgenstern)出版的《博弈论和经济行为》(Theory of Games and Economic Behavior)一书,在博弈论的历史上享有类似哥伦布的新大陆发现者的地位,应该被看做是博弈论历史的真正起点。

冯·诺依曼
(1903—1957年)

摩根斯坦
(1902—1977年)

1950—1954年美国数学家、统计学家纳什(John Nash)的系列论文中引入了合作博弈和非合作博弈的区分,并为非合作博弈提出了"纳什均衡(Nash Equilibrium)"这个一般性的概念,证明了有限博弈中纳什均衡的存在性,奠定了现代博弈论学科体系的基础。1965年,塞尔腾(Selten)率先开辟了动态对策模型的研究,给出了子博弈完美均衡(Subgame Perfect Nash Equilibrium)的概念,探讨了有关问题,发展了逆推归纳法等分析方法。使博弈论向前发展。1967—1968年海萨尼(Harsanyi)开创了不完全信息对策研究的新领地,他首先提出贝叶斯纳什均衡(Bayesian Nash Equilibrium),初步运用随机分析方法解决信息不完全和不对称问题。由于纳什、塞尔腾、海萨尼3人在博弈论及其应用方面取得突出贡献,1994年,他们荣获了诺贝尔经济学奖。近几年来,在完善和发展博弈理论的同时,西方学者开始更深入地探讨其实际应用的可能性。

13.1 对策论的基本概念

在日常生活中,经常可以看到一些具有相互之间竞争性质的行为,如下棋、打牌、游戏、体育比赛等;还比如战争中的双方,都力争选择对自己最有利的策略,千方百计取得胜利;政治方面,国际谈判,各种政治团体之间的斗争等;在经济活动中,各企业之间的经济谈判,产量、价格的竞争等,无一不具有竞争的性质。

因此,可以这么定义对策论,是研究在多人决策时,策略之间存在相互依存关系的一门学科。为了达到各自的目标和利益,各方必须考虑竞争对手的各种方案,从理性出发,力图选择对自己最为有利的方案。

13.1.1 对策模型的基本要素

从"田忌赛马"例子中,可以得出对策模型必须具备以下 3 个基本要素。

1. 局中人

局中人(players)是指参与竞争的各方,每方必须有独立的决策能力和承担风险的能力。而那些在竞争中,既不作决策,结局又和他的得失无关的人,就不能称为局中人。例如,"田忌赛马"中,参与人共有 3 个:田忌、孙膑和齐王。但是孙膑是田忌的谋士,没有独立承担风险的能力,就不能称为局中人,局中人为田忌和齐王。有些对策问题局中人不一定是两个,也可以是多个,后面我们将提到 n 人对策。这里的"局中人"的概念,不一定是单个的人,可以是一个集体,如两个球队之间的比赛,两个企业之间的竞争等,有时也可以把"大自然"作为局中人。

2. 策略集

在对策问题中,局中人为了应对其他局中人的行动而采取的方案和手段称为该局中人的一个策略(strategy)。这里所说的策略必须是局中人选择的实际可行的通盘筹划的完整的行动方案,并非指竞争过程中某一步所采取的局部方案。例如在齐王赛马的例子中,"先出上马"只是作为一个策略的一个组成部分,并非一个完整的策略,而完整的策略是一开始就要把各人的 3 匹马排好次序,然后依次出赛。那么 3 匹马排列的一个次序就是一个完整的行动方案,称为一个策略。如田忌先出下马,然后出中马,最后出上马(简记为(下、中、上))就是田忌的一个策略。

每个局中人拥有的策略的个数可以相同,也可不相同,可以是有限个,也可以是无限个。一个局中人拥有的策略的全体称为该局中人的策略集。例如,在"田忌赛马"中,田忌的策略集里有 6 个策略:(上,中,下),(上,下,中),(中,上,下),(中,下,上),(下,上,中),(下,中,上)。这 6 个策略的集合就是田忌的策略集,而齐王的策略集与田忌的一样。

如果在一局对策中,各个局中人都有有限个策略,称为有限对策(Finite Game),否则称为无限对策(Infinite Game)。例如,田忌赛马就是一个有限对策,而市场竞争中,因价格变动可能有无限个值,故可认为是无限对策。

3. 赢得及赢得函数

局中人采用不同策略对策时,各方总是有得或有失,统称赢得(Payoff)或得益。在齐王赛马的例子中,最后田忌得 1 千金,而齐王损失 1 千金,即为这局对策(结局时)双方的赢得。可以用 1 和 −1 来表示。

实际上,每个局中人在一局对策结束时的赢得,是与局中人所选定的策略有关,例如在齐王赛马的例子中,当齐王出策略(上、中、下),田忌出策略(下、上、中)时,田忌得千金;而如果齐王与田忌都出策略(上、中、下)时,田忌就得付出 3 千金了。所以用数学语言描述为,一局对策结束时,每个局中人的赢得是全体局中人所取定的一组策略的函数,通常称为赢得函数(Payoff Function)。用符号 H_i 表示局中人 i 的赢得函数。

在对策论中,从每个局中人的策略集中各取一个策略,组成的策略组,称为一个局势(Situation)。于是赢得是局势的函数。如果在任一局势中,全体局中人的赢得相加总和等于零时,这个对策就称为零和对策(Zero-sum Game),否则就称为非零和对策。例如,"田忌"赛马中,若齐王采取(上,中,下)策略,田忌也采取(上,中,下)策略,就构成了一个局势,此时,齐王的赢得为3千金,田忌为-3千金。本对策问题中,共存在6×6=36个策略组合,各策略组合下局中人的赢得值都可以计算出来,见表13-1。

表 13-1 "田忌赛马"损益矩阵

S_1 \ S_2	β_1 (上中下)	β_2 (上下中)	β_3 (中上下)	β_4 (中下上)	β_5 (下上中)	β_6 (下中上)
α_1(上中下)	3,-3	1,-1	1,-1	1,-1	-1,1	1,-1
α_2(上下中)	1,-1	3,-3	1,-1	1,-1	1,-1	-1,1
α_3(中上下)	1,-1	-1,1	3,-3	1,-1	1,-1	1,-1
α_4(中下上)	-1,1	1,-1	1,-1	3,-3	1,-1	1,-1
α_5(下上中)	1,-1	1,-1	1,-1	-1,1	3,-3	1,-1
α_6(下中上)	1,-1	1,-1	-1,1	1,-1	1,-1	3,-3

在表13-1中,局中人甲方齐王的策略集为
$$S_1 = \{\alpha_1, \alpha_2, \alpha_3, \alpha_4, \alpha_5, \alpha_6\}$$
局中人乙方田忌的策略集为
$$S_2 = \{\beta_1, \beta_2, \beta_3, \beta_4, \beta_5, \beta_6\}$$
表13-1矩阵中的元素前面数字表示局中人甲的赢得值,后面元素表示局中人乙的赢得值,把甲方齐王的赢得值用下面的矩阵表示。

$$A = \begin{bmatrix} 3 & 1 & 1 & 1 & -1 & 1 \\ 1 & 3 & 1 & 1 & 1 & -1 \\ 1 & -1 & 3 & 1 & 1 & 1 \\ -1 & 1 & 1 & 3 & 1 & 1 \\ 1 & 1 & 1 & -1 & 3 & 1 \\ 1 & 1 & -1 & 1 & 1 & 3 \end{bmatrix}$$

矩阵 A 称为局中人甲方的赢得矩阵。

13.1.2 对策问题的分类

实际中有各种各样的对策问题,根据局中人多寡、策略数是否有限、赢得函数代数和是否为零和,局中人是否允许合作等问题常常将对策问题分成下列几类。

(1) 根据策略的选择和时间有关和无关可分为静态对策和动态对策。

(2) 根据局中人的个数,分为二人对策和多人对策。

(3) 根据各局中人的赢得函数的代数和是否为零,分为零和对策和非零和对策。

(4) 根据局中人的策略集中策略个数有限还是无限,分为有限对策和无限对策。
(5) 根据各局中人之间是否允许合作,分为合作对策和非合作对策。

对策模型的形式很多,通常遇到的对策问题,就是上述各类对策的组合,图 13.1 表示的是对策问题的分类组合。

图 13.1　对策论分类

在图 13.1 对策分类中,研究最早、占有重要地位的是二人有限零和对策。

二人有限零和对策需要具备以下 3 个条件:
(1) 有两个局中人。
(2) 每个局中人的策略都是有限的。
(3) 每一策略组合下,各局中人赢得之和始终为零。

一个对策问题只要具备以上 3 个条件就称为二人有限零和对策,又称为矩阵对策。显然,田忌赛马就是一个典型的二人有限零和对策的例子。局中人为田忌和齐王;每个局中人都有六个策略;在任何一对策略组合下,双方的赢得之和始终为零。例如当齐王赢得 1 千金时,田忌就输掉 1 千金,有 1+(−1)=0。

二人有限零和对策是最简单最重要的对策模型,在理论研究和求解方法两方面都是比较完善和成熟的,而且它的研究思想和方法也具有代表性,所以它是对策论的基础。本章所研究的对策问题主要是矩阵对策,通常矩阵对策表示为 $G=\{S_1, S_2, A\}$,表示局中人为甲、乙两个人,各自的策略分别为 S_1、S_2,以及局中人甲的赢得矩阵为 A。

【例 13.1】　甲、乙二人玩剪刀·石头·布游戏,输方付给赢方 1 元人民币,若双方所出策略相同,例如都出剪刀,则赢得均为零。试写出双方进行一次游戏时各局中人的策略集和局中人甲的赢得矩阵。

解　显然,局中人甲和乙可出的策略有剪刀、石头和布,此对策问题为二人有限零和对策,$S_1=S_2=\{\alpha_1, \alpha_2, \alpha_3\}=\{\beta_1, \beta_2, \beta_3\}=\{剪刀, 石头, 布\}$,局中人甲的赢得矩阵为

$$A=\begin{bmatrix} 0 & -1 & 1 \\ 1 & 0 & -1 \\ -1 & 1 & 0 \end{bmatrix}$$

13.2 矩阵对策的纯策略

对于对策问题,所关心的是一旦对策问题的三要素确定了,双方分别会出什么策略。在矩阵对策中,若知道了局中人甲的赢得矩阵,就可以找出双方如何选择自己策略来对付对方,使得自己的收益最大或损失最小。要讨论的问题必须对对策模型提出一定假设前提。

> 为求出对策模型的解,首先需要对双方的对策条件作如下的假设。
> (1) 对策双方的行为是理智的,对策略的选择不存在任何侥幸心理。
> (2) 局中人选取策略的目标是收益最大或损失最小。
> (3) 局中人同时选取各自的行动策略,且不知道对方选取哪一个策略。
> (4) 对策中的有关规定和要求,局中人是知道的。

在这里,先简单介绍纯策略和混合策略的概念。有些对策问题双方会分别采取 S 中的策略,这样的策略称为纯策略;但是,例如在"田忌赛马"游戏中,知道如果田忌和齐王都可以随机选择策略,且双方都不会固定的选择其中的某一个策略,会按照一定的概率在其策略集中出策略,这种情况,称为混合策略。本节中,重点研究双方出纯策略的矩阵对策求解,下一节中探讨混合策略的矩阵对策求解。

13.2.1 超优原则

为了更方便地求解矩阵对策,这里先介绍一种对矩阵进行简化的方法——超优原则。

设 $A=(a_{ij})_{m\times n}$ 为局中人甲的赢得矩阵,a_{ij} 为在策略组合 (α_i, β_j) 下局中人甲的损益值,如果在矩阵 A 中存在两行 r 行与 s 行,r 行的元素均不小于 s 行的元素,即对一切 $j=1, 2, \cdots, n$ 都有 $a_{rj} \geq a_{sj}$,则称局中人甲的策略 α_r 优超于 α_s;同样如果在矩阵 A 中存在两列 h 列与 k 列,h 列的元素不小于 k 列的元素,即对于一切 $i=1, 2, \cdots, m$ 都有 $a_{ih} \geq a_{ik}$,则称局中人乙的策略 β_k 优超于 β_h。

超优原则:当局中人甲的某策略 α_i 被其他策略之一所超优时,可在 A 划去第 i 行,同样对于局中人乙来说,可以在 A 中划去被其他策略之一所超越的那些列,所得的阶数较小的矩阵 A',他所对应的对策 B' 与原对策 G 等价,即它们有相同的矩阵对策的解。

对于比较复杂的矩阵对策问题,采用超优原则对赢得矩阵进行简化,求解起来会更方便一些。下面举例说明超优原则的应用。

【例 13.2】 简化下面的矩阵对策问题,其中局中人甲的赢得矩阵为

$$A = \begin{bmatrix} 6 & 4 & 5 & 4 & 6.5 \\ -1 & 2 & 0 & 3 & 7 \\ 5 & 5 & 1.5 & 4 & 9 \\ 1 & 3 & -3 & 0 & 8 \\ 0 & 4 & 2 & 1 & -3 \end{bmatrix}$$

解 由于第 3 行优超于第 2 行,第 1 行优超于第 5 行,所以将第 2 行和第 5 行划去,

可以得到新的矩阵

$$A_1 = \begin{array}{c} \\ \alpha_1 \\ \alpha_3 \\ \alpha_4 \end{array} \begin{array}{c} \beta_1 \quad \beta_2 \quad \beta_3 \quad \beta_4 \quad \beta_5 \\ \begin{bmatrix} 6 & 4 & 5 & 4 & 6.5 \\ 5 & 5 & 1.5 & 4 & 9 \\ 1 & 3 & -3 & 0 & 8 \end{bmatrix} \end{array}$$

对于 A_1，第 1 列优超于第 5 列，第 4 列优超于第 2 列，所以将第 2 列和第 5 列划去，可以得到新的矩阵

$$A_2 = \begin{array}{c} \\ \alpha_1 \\ \alpha_3 \\ \alpha_4 \end{array} \begin{array}{c} \beta_1 \quad \beta_3 \quad \beta_4 \\ \begin{bmatrix} 6 & 5 & 4 \\ 5 & 1.5 & 4 \\ 1 & -3 & 0 \end{bmatrix} \end{array}$$

对于 A_2，第 3 列优超于第 1 列，所以将第 1 列划去，可以得到新的矩阵

$$A_3 = \begin{array}{c} \\ \alpha_1 \\ \alpha_3 \\ \alpha_4 \end{array} \begin{array}{c} \beta_3 \quad \beta_4 \\ \begin{bmatrix} 5 & 4 \\ 1.5 & 4 \\ -3 & 0 \end{bmatrix} \end{array}$$

对于 A_3，第 1 行优超于第 2 行和第 3 行，所以将第 2 行和第 3 行划去，得到新的矩阵

$$A_4 = \alpha_1 \begin{array}{c} \beta_3 \quad \beta_4 \\ [5 \quad 4] \end{array}$$

对于 A_4，第 2 列优超于第 1 列，所以将第 1 列划去，得到一个数字 4，对应着双方的策略分别为 α_1 和 β_4，所以此矩阵对策的一个解为 (α_1, β_4)，局中人甲的得益为 4，乙为 -4。

关于超优原则的运用，需要注意：利用超优原则简化赢得矩阵时，有可能将原矩阵对策的解划去一些。因此这里对超优原则进行修改，介绍另外一种简化矩阵的方法——严格下策反复消去法，就不会消去矩阵对策的解，但是有的赢得矩阵往往无法简化。

如果在矩阵 A 中存在两行 r 行与 s 行，r 行的元素均不小于 s 行的元素，即对一切 $j=1,2,\cdots,n$ 都有 $a_{rj} \geqslant a_{sj}$，则称局中人甲的策略 α_s 是 α_r 的严格下策；同样如果在矩阵 A 中存在两列 h 列与 k 列，h 列的元素不小于 k 列的元素，即对于一切 $i=1,2,\cdots,m$ 都有 $a_{ih} \geqslant a_{ik}$，则称局中人乙的策略 β_h 是 β_k 的严格下策。

严格下策反复消去法：通过在赢得矩阵中进行反复消去严格下策，可以对矩阵进行简化，而且不会消去矩阵对策的解。

下面通过一个例子介绍矩阵对策最优纯策略的求解方法。

【例 13.3】 某地区有甲、乙两家企业生产同种产品，采取相同的价格出售，为了提高市场份额，均采取做广告的方式扩大自己的销售量。甲和乙均有 3 种广告策略。甲企业所占的市场份额增加的百分数如下面矩阵 A 所示。

$$A = \begin{array}{c} \\ \alpha_1 \\ \alpha_2 \\ \alpha_3 \end{array} \begin{array}{c} \beta_1 \quad \beta_2 \quad \beta_3 \\ \begin{bmatrix} 3 & 1 & 4 \\ 5 & -6 & -1 \\ 4 & -2 & -3 \end{bmatrix} \end{array}$$

求该矩阵对策的最优纯策略。

解 从 A 中可以看出，甲企业的最大赢得为 5，若想得到这个赢得，他就应该选择 α_2。由于乙企业也是理智的，他考虑到甲企业打算出 α_2 的心理，于是准备用 β_2 来对付甲企业，这样甲企业反而损失 6。双方都考虑到对方为使自己尽可能少的赢得而采取相应的应对策略，所以双方都不会存在侥幸心理，而采取比较稳妥的策略，即从各自可能出现的最不利的情形中选择一种最为有利的情况作为决策的依据，这就是所谓的"理智"行为，也就是双方都能够接受的一种稳妥方法。

甲企业的 α_1、α_2、α_3 3 种策略可能带来的最小赢得，即矩阵 A 中每行元素的最小值分别为：1，-6，-3。在这些最小赢得中最好的结果是 1，即甲企业应选择 α_1 策略，无论乙企业选择何种策略，甲企业至少赢得 1。

同理，对乙企业来说，从最稳妥的情况出发，从 β_1、β_2、β_3 中找到最大损失 5、1、4，从中选取最小的 1，这时乙企业采取 β_2 策略，不管甲企业选择何种策略甲企业的赢得不会超过 1。这时甲企业应采取 α_1 策略，乙企业应选择 β_2 策略，这时甲企业的赢得值和乙企业的损失值都为 1，(α_1,β_2) 称为该矩阵对策的最优纯策略。

13.2.2 最大最小原则

通过例 13.3 可以得出更一般的求矩阵对策最优纯策略的方法：最大最小原则。

最大最小原则：对于矩阵对策 $G=\{S_1,S_2,A\}$，设 $A=(a_{ij})_{m\times n}$ 为局中人甲的赢得矩阵，a_{ij} 为在纯局势 (α_i,β_j) 下局中人甲的损益值，对行中元素先取小后取大，即 $\max\limits_{i}\min\limits_{j}a_{ij}$，对应的局中人甲的策略为 α_r；对列中元素先取大后取小，即 $\min\limits_{j}\max\limits_{i}a_{ij}$，对应着局中人乙的策略为 β_s，如果 $\max\limits_{i}\min\limits_{j}a_{ij}=\min\limits_{j}\max\limits_{i}a_{ij}=V$ 成立时，矩阵对策才存在最优纯策略，并把纯局势 (α_r,β_s) 称为对策 G 在纯策略下的解，又称为对策 G 的鞍点或平衡局势。把其值 V 称为对策 G 的对策值。

例 13.3 中，$\max\limits_{i}\min\limits_{j}a_{ij}=\max\{1,-1,-3\}=1$，$\min\limits_{j}\max\limits_{i}a_{ij}=\min\{5,1,4\}=1$，鞍点为 (α_1,β_2)，对策值为 $V=1$。

【例 13.4】 矩阵对策 $G=\{S_1,S_2,A\}$，局中人甲的赢得矩阵为

$$A=\begin{bmatrix} 2 & -3 & 4 & -4 \\ 6 & -4 & 2 & -5 \\ 4 & 3 & 3 & 2 \\ 2 & -3 & 2 & -4 \end{bmatrix}$$

求该矩阵对策的鞍点和对策值。

解 首先采取严格下策反复消去法对矩阵 A 进行简化，由于第 3 行对应元素均大于第 4 行，所以 α_4 策略是 α_3 策略的严格下策，理性的局中人甲不会采取 α_4 策略，应消去 α_4 策略，得到矩阵 A_1。

$$A_1=\begin{array}{c} \\ \alpha_1 \\ \alpha_2 \\ \alpha_3 \end{array}\begin{array}{c} \beta_1\ \ \beta_2\ \ \beta_3\ \ \beta_4 \\ \begin{bmatrix} 2 & -3 & 4 & -4 \\ 6 & -4 & 2 & -5 \\ 4 & 3 & 3 & 2 \end{bmatrix} \end{array}$$

对于矩阵 A_1，β_1 和 β_2 策略相对于 β_4 策略都是严格下策，理性的局中人乙不会采取 β_1 和 β_2 策略，应消去 β_1 和 β_2 策略，得到矩阵 A_2。

$$A_2 = \begin{array}{c} \\ \alpha_1 \\ \alpha_3 \\ \alpha_4 \end{array} \begin{array}{cc} \beta_3 & \beta_4 \\ \left[\begin{array}{cc} 4 & -4 \\ 2 & -5 \\ 3 & 2 \end{array}\right] \end{array}$$

对于矩阵 A_2，α_2 策略相对于 α_3 策略是严格下策，理性的局中人甲不会采取 α_2 策略，应消去 α_2 策略，得到矩阵 A_3。

$$A_3 = \begin{array}{c} \\ \alpha_1 \\ \alpha_3 \end{array} \begin{array}{cc} \beta_3 & \beta_4 \\ \left[\begin{array}{cc} 4 & -4 \\ 3 & 2 \end{array}\right] \end{array}$$

显然矩阵 A_3 已经不能进行简化，矩阵 A_3 与矩阵 A 等价。

在矩阵 A_3 中采取最大最小原则求最优纯策略。

对于局中人甲来说，若采取 α_1 策略，$\min\limits_{j=1,2} a_{1j} = \min\{4, -4\} = -4$

若采取 α_3 策略，$\min\limits_{j=1,2} a_{2j} = \min\{3, 2\} = 2$

所以 $\max\limits_{i=1,2}\min\limits_{j=1,2} a_{ij} = \max\{-4, 2\} = 2$

对于局中人乙来说，若采取 β_3 策略，$\max\limits_{i=1,2} a_{i1} = \max\{4, 3\} = 4$

若采取 β_4 策略，$\max\limits_{i=1,2} a_{i2} = \max\{-4, 2\} = 2$

所以 $\min\limits_{j=1,2}\max\limits_{i=1,2} a_{ij} = \min\{4, 2\} = 2$

$\max\limits_{i=1,2}\min\limits_{j=1,2} a_{ij} = \min\limits_{j=1,2}\max\limits_{i=1,2} a_{ij} = 2$

所以该矩阵对策存在最优纯策略，即存在鞍点 (α_3, β_4)。矩阵对策的对策值为 $V = 2$。局中人甲赢得为 2，局中人乙为 -2。

一般矩阵对策的解可以是不唯一的，当解不唯一时，解之间的关系具有下面两条性质。

(1) 无差别性：若 $(\alpha_{i_1}$ 和 $\alpha_{i_1})$ 和 $(\alpha_{i_2}$ 和 $\alpha_{i_2})$ 是对策 G 的两个解，则 $a_{i_1 j_1} = a_{i_2 j_2}$。

(2) 可交换性：若 $(\alpha_{i_1}, \beta_{j_2})$ 和 $(\alpha_{i_2}, \beta_{j_1})$ 是对策 G 的两个解，则 $(\alpha_{i_1}, \beta_{j_2})$ 和 $(\alpha_{i_2}, \beta_{j_1})$ 也是解。

这两条性质表明，矩阵对策的值是唯一的。即当局中人甲采用构成解的最优纯策略时，能保证他的赢得 V 不依赖于对方的纯策略。

13.3 矩阵对策的混合策略

13.3.1 混合策略的概念

通过上节的讨论可知，求矩阵对策应先判断是否存在鞍点，但有些矩阵对策不存在鞍点，亦即对策没有平衡局势，例如田忌赛马中，按照"最大最小"原则可得

$$\max\limits_{i}\min\limits_{j} a_{ij} = \max\{-1, -1, -1, -1-1, -1\} = -1$$

$$\min\limits_{j}\max\limits_{i} a_{ij} = \min\{3, 3, 3, 3, 3, 3\} = 3$$

由于 $\max\limits_{i}\min\limits_{j}a_{ij} \neq \min\limits_{j}\max\limits_{i}a_{ij}$，所以田忌赛马不存在鞍点。此对策为没有鞍点的对策，或称在纯策略下没有解。下面举例说明这类对策的特点。

【例 13.5】 猜硬币游戏：甲、乙两个儿童玩猜硬币游戏，甲手中拿着一枚硬币，把硬币盖在桌子上，让儿童乙猜是正面向上还是反面向上。如若猜对甲给乙 1 元钱，猜错乙给甲 1 元钱。

猜硬币游戏属于矩阵对策，儿童甲的策略有出正面向上（α_1）和出反面向上（α_2），儿童乙的策略有猜正面向上（β_1）和猜反面向上（β_2）。

该矩阵对策 $G=\{S_1, S_2, A\}$ 中，$S_1=\{\alpha_1, \alpha_2\}$，$S_2=\{\beta_1, \beta_2\}$，儿童甲的赢得矩阵为

$$A = \begin{bmatrix} -1 & 1 \\ 1 & -1 \end{bmatrix}$$

采用最大最小原则，$\max\limits_{i}\min\limits_{j}a_{ij}=-1$，$\min\limits_{j}\max\limits_{i}a_{ij}=1$，$\min\limits_{j}\max\limits_{i}a_{ij} \neq \min\limits_{j}\max\limits_{i}a_{ij}$，所以猜硬币游戏不存在最优纯策略。说明儿童甲和乙不可能单独的采取其中某一个策略，以不变应万变。一个比较合理的想法是：局中人在其策略集中按照一定的概率分布选择策略，以使对方的平均赢得最少。也就是说，局中人会选择**混合策略**。实际上，最优纯策略问题是混合策略的特例，即两个局中人各以 100% 的概率选择某一策略，而其他的策略选取的概率为 0。

对于本例，可以假设儿童甲出策略 α_1 的概率为 x，则出策略 α_2 的概率为 $1-x$。

儿童乙出策略 β_1 的概率为 y，则出策略 β_2 的概率为 $1-y$。

则可以得出儿童乙选择 β_1 的期望值为 $E_{\beta_1}=1 \times x+(-1)(1-x)=2x-1$

儿童乙选择 β_2 的期望值为 $E_{\beta_2}=(-1) \times x+1 \times (1-x)=1-2x$

若令 $E_{\beta_1}=E_{\beta_2}$，可得 $x=0.5$。

现在以 0.5 为界对 x 进行讨论。

先看乙的策略选择：

(1) 当 $x<0.5$ 即儿童甲出正面向上的概率小于 0.5 时，$E_{\beta_1}<E_{\beta_2}$，理性的儿童乙会选择猜反面向上（β_2），这样儿童乙的平均赢得就会比较多，相反儿童甲的平均损失就比较多，所以理性的儿童甲是不会出混合策略 $x<0.5$。

(2) 当 $x>0.5$ 即儿童甲出正面向上的概率大于 0.5 时，$E_{\beta_1}>E_{\beta_2}$，理性的儿童乙会选择猜正面向上（β_1），这样儿童乙的平均赢得就会比较多，相反儿童甲的平均损失就比较多，所以理性的儿童甲是不会出混合策略 $x>0.5$。

(3) 当 $x=0.5$ 即儿童甲出正面向上的概率等于 0.5 时，$E_{\beta_1}=E_{\beta_2}=0$，儿童乙不论采取何种策略，平均赢得都是零，见图 13.2(a)。

同理，当乙猜正面的概率小于 0.5（$y<0.5$），则甲选择出正面；当乙猜正面的概率大于 0.5（$y>0.5$），则甲选择出反面，当乙出正面的概率为 0.5 时，甲不论采取何种策略，平均赢得也都是零，见图 13.2(b)。

将两个图绘制在一起，其交点即为最优混合策略，即双方均以 0.5 的概率出正面或猜正面，见图 13.2(c)。

综上分析，不论儿童甲出混合策略 $x<0.5$ 或者 $x>0.5$ 即正面向上和反面向上的概率不相等时，儿童乙的平均赢得都是正值，相反儿童甲的平均损失都是正值。只有当 $x=$

0.5时，儿童乙的平均赢得才最小，所以儿童甲的最优混合策略为分别以0.5的概率出正面向上和反面向上。

同理，可以分析出儿童乙的最优混合策略为分别以0.5的概率猜正面向上和猜反面向上。

对策值为 $V=0.5\times0.5\times(-1)+0.5\times0.5\times1+0.5\times0.5\times1+0.5\times0.5\times(-1)=0$

实际上也可以采取画图的方法求解该矩阵对策的最优混合策略。分别画出儿童甲的混合策略 x 随儿童乙的混合策略 y 变化的曲线，如图13.2(a)所示，儿童乙的混合策略 y 随儿童甲的混合策略 x 变化的曲线（为了研究方便，横坐标用 y 表示，纵坐标用 x 表示），如图13.2(b)所示。把13.2(a)和13.2(b)两个图形放在一个图形中，即得到在图13.2(c)。在图13.2(c)中的交点坐标为(0.5, 0.5)，即为儿童甲和儿童乙的混合策略；儿童甲的最优混合策略为分别以0.5的概率出正面向上和反面向上；儿童乙的最优混合策略为分别以0.5的概率猜正面向上和猜反面向上。

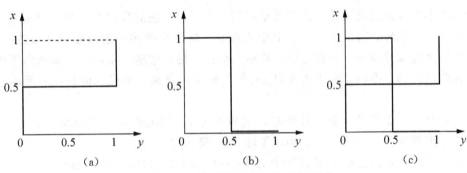

图 13.2 "猜硬币游戏" 混合策略图

从例13.5可以看出，对于没有鞍点的对策，每个局中人参加对策时，不是决定用哪一个纯策略，而是决定用多大概率选择每一个纯策略，以这样一种方式选取纯策略参加对策是双方的最优策略。

综上所述，为了克服有些对策没有鞍点的困难，将这些对策作这样的扩充：把每个局中人的策略集合 S_i 扩充为在集合 S_i 上的概率分布集合 S_i^*，赢得函数是进行多次对策所赢得的数学期望值，称这种扩充为**混合扩充**。

混合扩充：设有矩阵对策

$$G=\{S_1, S_2, A\} \quad \text{式 13.1}$$

式中，设 $S_1=\{\alpha_1, \alpha_2, \cdots, \alpha_m\}$，$S_2=\{\beta_1, \beta_2, \cdots, \beta_n\}$，$A=(a_{ij})_{m\times n}$ 式 13.2

$$S_1^* = \{X=(x_1, x_2, \cdots, x_m) \mid x_i \geqslant 0, i=1,2,\cdots,m, \sum_{i=1}^{m} x_i = 1\}$$
$$S_2^* = \{Y=(y_1, y_2, \cdots, y_n) \mid y_j \geqslant 0, j=1,2,\cdots,n, \sum_{j=1}^{n} y_j = 1\}$$
式 13.3

则 S_1^* 和 S_2^* 分别称为局中人甲和局中人乙的**混合策略集**（或策略集）；$X \in S_1^*$，$Y \in$

S_2^* 分别称为局中人甲和局中人乙的混合策略(或策略);对 $X \in S_1^*$,$Y \in S_2^*$,称 (X,Y) 为一个**混合局势**(或局势)。局中人甲的赢得函数记为:

$$E(X,Y) = X^T AY = \sum_i \sum_j a_{ij} x_i y_j \qquad \text{式 13.4}$$

这样得到的一个新的对策,记为 $G^* = \{S_1, S_2, E\}$,称 G^* 为对策 G 的混合扩充。

当 $\max_i \min_j a_{ij} \neq \min_j \max_i a_{ij}$ 时用 G^* 代替 G,有一个混合局势 (X^*, Y^*) 对两局中人而言都在某种意义下是最优的。对于局中人甲采用混合策略 X 时,他只希望获得 $\min E(X,Y)$,$Y \in S_2^*$,就是局中人乙所有的混合策略中使局中人甲获得最少,即如果甲出混合策略 x_1,乙就在其可能的混合策略中出一个策略以使甲获得最少。对于甲的另一混合策略 x_2 也如此。则甲就应选取所有这些策略中使自己的赢得是最大的那个值。

因此,局中人甲应选取 $X \in S_1^*$,使 $\min E(X,Y)$,$Y \in S_2^*$ 取最大,即局中人甲保证自己的赢得不少于:

$$\max_{X \in S_1^*} \min_{Y \in S_2^*} E(X,Y) = V_1 \qquad \text{式 13.5}$$

同样,局中人乙的支出至多是

$$\min_{Y \in S_2^*} \max_{X \in S_1^*} E(X,Y) = V_2 \qquad \text{式 13.6}$$

最优混合策略:设 $G^* = \{S_1, S_2, E\}$,是矩阵对策 $G = \{S_1, S_2, A\}$ 的混合扩充,局中人甲的赢得函数为 $E(X,Y)$,如果

$$\max_{X \in S_1^*} \min_{Y \in S_2^*} E(X,Y) = \min_{Y \in S_2^*} \max_{X \in S_1^*} E(X,Y) \qquad \text{式 13.7}$$

记其值为 V,则称 V 为对策 G^* 的值,称使上式成立的混合局势 (X^*, Y^*) 为对策 G 在混合策略下的解(或简称解),X^* 和 Y^* 分别称为局中人甲和局中人乙的最优混合策略(或简称最优策略)。

求解一个最优纯策略问题可以看成求解混合策略问题的一个特例,它表示两个局中人各自以 100% 的概率选取其某一个策略,而其他的策略选取的概率皆为零。

矩阵对策有许多解法,对于 $m \times 2$ 和 $2 \times n$ 类型可采取图解法,对于一般问题可采用通用的方法——线性规划法。

13.3.2 图解法

图解法求解矩阵对策,一般适用于赢得矩阵为 $2 \times n$ 或 $m \times 2$ 的对策问题,对于 m 和 n 都较大的对策问题就不适用了。下面通过例子来说明这种方法。

【例 13.6】 求解矩阵对策 $G=\{S_1, S_2, A\}$，其中

$$A = \begin{bmatrix} 2 & 3 & 11 \\ 7 & 5 & 2 \end{bmatrix}$$

$S_1=\{\alpha_1, \alpha_2\}$, $S_2=\{\beta_1, \beta_2, \beta_3\}$。

解 设局中人甲的混合策略为 x，$(1-x)$，$x\in[0,1]$。过坐标轴上坐标为 0 和 1 的两点分别作两条垂线 I 和 II，垂线上的点的纵坐标分别表示局中人甲采取纯策略 α_1 和 α_2 时，局中人乙采取各纯策略的赢得值，如图 13.3 所示。

当局中人甲选择每一混合策略时，他的最少可能的赢得由局中人乙选择 β_1、β_2、β_3 时所确定的三条直线 $2x+7(1-x)$，$3x+5(1-x)$，$11x+2(1-x)$ 在 x 处的纵坐标的最小者，即如折线 $BCDE$ 所示。所以对局中人甲来说，他的最优选择就是确定 x 使他的赢得尽可能地多，从图 13.3 可以看出，应选择 $x=OA$，而 AC 即为对策值，为求出 x 和对策值 V，可以联立过 C 点的两条线段 β_2 和 β_3 所确定的方程组

$$\begin{cases} 3x+5(1-x)=V \\ 11x+2(1-x)=V \end{cases}$$

解得 $x=3/11$，$V=49/11$。所以，局中人甲得最优混合策略为 $X^*=(\frac{3}{11}, \frac{8}{11})$。此外，还可以从图上看出，局中人乙的最优混合策略只有 β_2 和 β_3 组成。所以局中人乙出 β_1 的概率为 0。因此假设局中人乙出 β_2 的概率为 y，出 β_3 的概率为 $1-y$ 由

$$3y+11(1-y)=5y+2(1-y)=49/11$$

求得 $y=9/11$。所以局中人乙的最优混合策略为 $Y^*=\left(0, \frac{9}{11}, \frac{2}{11}\right)$。

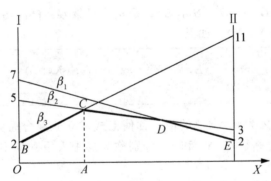

图 13.3　$2\times n$ 矩阵对策的图解法

13.3.3 线性规划法

对于矩阵对策 $G=\{S_1, S_2, A\}$，设 $A=(a_{ij})_{m\times n}$ 为局中人甲的赢得矩阵，a_{ij} 为在策略组合 (α_i, β_j) 下局中人甲的损益值，局中人甲的混合策略为分别以 x_i 的概率出策略 α_i，$i=1, 2, \cdots, m$，$\sum_{i=1}^{m} x_i = 1$；局中人乙的混合策略为分别以 y_j 的概率出策略 β_j，$j=1, 2, \cdots, n$，$\sum_{j=1}^{n} y_j = 1$。

当局中人甲取纯策略 α_i 时，其相应的赢得函数为 $E(\alpha_i)=\sum_j a_{ij}y_j$，局中人乙希望局中人甲的赢得尽可能地少，其损失就越少。

当局中人乙取纯策略 β_j 时，其相应的损失函数为 $E(\beta_j)=\sum_i a_{ij}x_i$，局中人甲希望局中人乙的损失尽可能地多，其赢得就越多。

所以矩阵对策的最优混合策略可以由以下两个不等式组合得到

不等式组（Ⅰ）为

$$\begin{cases} \sum_i a_{ij}x_i \geqslant V & j=1,2,\cdots,n \\ \sum_i x_i = 1 \\ x_i \geqslant 0 & i=1,2,\cdots,m \end{cases}$$

不等式组（Ⅱ）为

$$\begin{cases} \sum_j a_{ij}y_j \leqslant V & i=1,2,\cdots,m \\ \sum_j y_j = 1 \\ y_j \geqslant 0 & j=1,2,\cdots,n \end{cases}$$

其中，V 为矩阵对策对策值。这两个不等式组的解即为该矩阵对策甲乙两个局中人的最优混合策略。

下面给出求解矩阵对策的线性规划方法。

不妨设 $V>0$。V 的值与赢得矩阵中各元素的值有关系，对于不等式组（Ⅰ）来说，局中人甲希望 V 越大越好，也就是希望 $1/V$ 越小越好。

下面作变量代换。令

$$x_i'=\frac{x_i}{V} \qquad \text{式 13.8}$$

这样不等式组（Ⅰ）就可以变换为

$$\begin{cases} \min \sum_i x_i' \\ \sum_i a_{ij}x_i' \geqslant 1 & j=1,2,\cdots,n \\ x_i' \geqslant 0 & i=1,2,\cdots,m \end{cases} \qquad \text{式 13.9}$$

对于不等式组（Ⅱ）来说，局中人乙希望 V 越小越好，也就是希望 $1/V$ 越大越好。

下面作变量代换。令

$$y_j'=\frac{y_i}{V} \qquad \text{式 13.10}$$

这样不等式组（Ⅱ）就可以变换为

$$\begin{cases} \max \sum_j y'_j \\ \sum_j a_{ij} y'_j \leqslant 1 & i=1,2,\cdots,m \\ y'_j \geqslant 0 & j=1,2,\cdots,n \end{cases} \quad \text{式 13.11}$$

所以，求解矩阵对策可以等价为求解如下两个线性规划模型。

线性规划模型（Ⅰ）

$$\begin{cases} \min \sum_i x'_i \\ \sum_i a_{ij} x'_i \geqslant 1 & j=1,2,\cdots,n \\ x'_i \geqslant 0 & i=1,2,\cdots,m \end{cases}$$

线性规划模型（Ⅱ）

$$\begin{cases} \max \sum_j y'_j \\ s.t. \begin{cases} \sum_j a_{ij} y'_j \leqslant 1 & i=1,2,\cdots,m \\ y'_j \geqslant 0 & j=1,2,\cdots,n \end{cases} \end{cases}$$

【例 13.7】 利用线性规划方法求解赢得矩阵

$$A = \begin{bmatrix} 7 & 2 & 9 \\ 2 & 9 & 0 \\ 9 & 0 & 11 \end{bmatrix}$$

解 求解问题可以化为两个线性规划问题：

方程组（Ⅰ）为

$$\begin{cases} \min (x'_1 + x'_2 + x'_3) \\ 7x'_1 + 2x'_2 + 9x'_3 \geqslant 1 \\ 2x'_1 + 9x'_2 + 0x'_3 \geqslant 1 \\ 9x'_1 + 0x'_2 + 11x'_3 \geqslant 1 \\ x'_i \geqslant 0 \quad i=1,2,3 \end{cases} \quad (\text{Ⅰ})$$

方程组（Ⅱ）为

$$\begin{cases} \max (y'_1 + y'_2 + y'_3) \\ 7y'_1 + 2y'_2 + 9y'_3 \leqslant 1 \\ 2y'_1 + 9y'_2 + 0y'_3 \leqslant 1 \\ 9y'_1 + 0y'_2 + 11y'_3 \leqslant 1 \\ y'_j \geqslant 0 \quad j=1,2,3 \end{cases} \quad (\text{Ⅱ})$$

$$\begin{cases} Y'^* = (1/20, 1/10, 1/20) \\ w = 16/80 \end{cases} \quad \begin{cases} X'^* = (1/20, 1/10, 1/20) \\ z = 16/80 \end{cases}$$

于是
$$V=80/16=5$$
所以局中人甲的最优混合策略为
$$X^*=VX'^*=5\times(1/20,1/10,1/20)=(1/4,1/2,1/4)$$
局中人乙的最优混合策略为
$$Y^*=VY'=5\times(1/20,1/10,1/20)=(1/4,1/2,1/4)$$

矩阵对策的解为：局中人甲分别以 1/4、1/2、1/4 的概率出 α_1、α_2、α_3，局中人乙分别以 1/4、1/2、1/4 的概率出 β_1、β_2、β_3。

在用线性规划模型求解矩阵对策时，V 值不一定大于 0，可以把矩阵 A 中的每一个元素都加上同样的一个足够大的正数 K 使得所得到的新的赢得矩阵 A' 的每一个元素都非负。有定理保证这两个矩阵对策

$$G=\{S_1,S_2,A\}$$
$$G'=\{S_1,S_2,A'\}$$

的最优混合策略是相同的，这样求出了 G' 的最优混合策略，也就求出了 G 的最优混合策略，而且有 $V=V'-K$。

13.4 纳什均衡

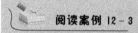

"囚徒困境"的故事

话说有一天，一个富翁在家中被杀，财物被盗；警方在此案的侦破过程中，抓到两个犯罪嫌疑人张三和李四，并从他们的住处搜出被害人家中丢失的财物。但是，他们矢口否认曾杀过人，辩称他们只是顺手牵羊偷了点儿东西。于是警方将两人隔离审讯。警察分别对张三和李四说，"由于你们的偷盗罪已有确凿的证据，所以可以判你们 1 年刑期。但是如果你单独坦白杀人的罪行，我只判你 3 个月的监禁，但你的同伙要被判 10 年刑。如果你拒不坦白，而被同伙检举，那么你就将被判 10 年刑，他只判 3 个月的监禁。但是，如果你们两人都坦白交代，那么，你们都要被判 5 年刑。"

于是张三和李四面临着两难的选择——坦白或抵赖。显然最好的策略是双方都抵赖，结果是大家都只被判一年。但是由于两人处于隔离的情况下无法串供，按照亚当·斯密的理论，每一个人都是一个"理性的经济人"，都会从利己的目的出发进行选择。这两个人都会有这样一个盘算过程：假如他招了，我不招，得坐 10 年监狱，招了才 5 年，所以招了划算；假如我招了，他也招，各坐 5 年，他要是不招，我就只坐 3 个月，而他会坐 10 年牢，也是招了划算。综合以上几种情况考虑，不管他招不招，对我而言都是招了划算。两个人都会动这样的脑筋，最终，两个人都选择了"招"。结果都被判 5 年刑期。原本对双方都有利的策略（抵赖）和结局（被判 1 年刑）就不会出现。这就是著名的"囚徒困境"。

在上面的例子中，将不同策略下囚徒的结局列于表 13-3。我们注意到了一个并非最优的结果，就是两人都选择坦白的策略以及因此被判 5 年的结果。双方都不会主动采取行动偏离这个平衡状态，如果偏离这个状态，只会给自己带来损失。如张三偏离，则会坐 10

年牢,李四也会坐10年牢。如果某情况下无一参与者可以独自行动而增加收益,则此策略组合被称为纳什均衡点。"纳什均衡",也叫非合作均衡,由诺贝尔经济学奖获得者——美国普林斯顿大学约翰·纳什提出。

表13-3 不同策略下囚徒的结局

张三 \ 李四	坦白 β_1	抵赖 β_2
坦白 α_1	(−5,−5)	(−0.25,−10)
抵赖 α_2	(−10,−0.25)	(−1,−1)

John F. Nash

当然,"纳什均衡"虽然是由单个人的最优战略组成,但并不意味着是一个总体最优的结果。如果上述两个囚徒能够串供进行合作,那么他们一定会选择都抵赖从而只因偷盗罪被判1年。当然,正是考虑到了这一点,所以警察才对他们隔离审查从而获知了事实真相,对囚徒而言最有利的合作结果才没有出现。"纳什均衡"描述的就是一种非合作博弈均衡,在现实中非合作的情况要比合作情况普遍。所以"纳什均衡"是对冯·诺依曼和摩根斯坦的合作博弈理论的重大发展,甚至可以说是一场革命。

13.4.1 纯策略纳什均衡的划线法

仍以囚徒困境为例,说明纯策略下纳什均衡的求取。

(1) 当李四选择坦白,张三也选择坦白,坐5年牢,否则将坐10年牢(表13-4(a))。
(2) 当李四选择抵赖,张三还选择坦白,坐3月牢,否则会坐1年牢(表13-4(b))。
(3) 当张三选择坦白,李四也选择坦白,坐5年牢,否则将坐10年牢(表13-4(c))。
(4) 当张三选择抵赖,李四还选择坦白,坐3月牢,否则会坐1年牢(表13-4(d))。

可见,无论一方采取何种策略,另一方的最优策略均为坦白,故坦白是均衡点。任何一方偏这个均衡点都要受更多的损失。

表13-4 纯策略下的纳什均衡

(a)

张三 \ 李四	坦白 β_1	抵赖 β_2
坦白 α_1	(<u>−5</u>,−5)	(<u>−0.25</u>,−10)
抵赖 α_2	(−10,−0.25)	(−1,−1)

(b)

张三 \ 李四	坦白 β_1	抵赖 β_2
坦白 α_1	(<u>−5</u>,−5)	(<u>−0.25</u>,−10)
抵赖 α_2	(−10,−0.25)	(−1,−1)

(c)

张三 \ 李四	坦白 β_1	抵赖 β_2
坦白 α_1	(−5,<u>−5</u>)	(−0.25,−10)
抵赖 α_2	(−10,<u>−0.25</u>)	(−1,−1)

(d)

张三 \ 李四	坦白 β_1	抵赖 β_2
坦白 α_1	(−5,<u>−5</u>)	(−0.25,−10)
抵赖 α_2	(−10,<u>−0.25</u>)	(−1,−1)

13.4.2 混合策略纳什均衡的 LP 方法

【例 13.8】 对表 13-5 求取纳什均衡。

表 13-5 【例 13.8】数据表

甲 \ 乙	b_1	b_2	b_3	b_4
a_1	(1, −1)	(4, −4)	(8, −8)	(7, −7)
a_2	(3, −3)	(2, −2)	(3, −3)	(7, −7)
a_3	(0, 0)	(3, −3)	(5, −5)	(1, 3)
a_4	(0, 0)	(4, −4)	(3, −3)	(7, −7)

解 仍按超优原则进行简化。对于局中人甲，其收益矩阵为

$$A = \begin{bmatrix} 1 & 4 & 8 & 7 \\ 3 & 2 & 3 & 7 \\ 0 & 3 & 5 & 1 \\ 0 & 4 & 3 & 7 \end{bmatrix}$$

第 1 行收益均不小于第 3、4 行，去掉 a_3，a_4；

对于局中人乙，其收益矩阵为：

$$B = \begin{bmatrix} -1 & -4 & -8 & -7 \\ -3 & -2 & -3 & -7 \\ 0 & -3 & -5 & -3 \\ 0 & -4 & -3 & -7 \end{bmatrix}$$

第 1 列收益大于第 3 列和第 4 列，去掉 β_3，β_4。于是问题简化为如表 13-6 所示。

表 13-6 问题简化结果表

甲 \ 乙		y_1 β_1	y_2 β_2
x_1	a_1	(1, −1)	(4, −4)
x_2	a_2	(3, −3)	(2, −2)

由图可见，当乙使用 β_1，甲使用 a_2；当甲连续使用 a_2，乙发现 β_2 策略收益大于 β_1，于是改为 β_2；当乙连续使用 β_2，甲发现 a_1 策略下收益值 4>2，于是甲又改为 a_1。因此不存在纯策略纳什均衡。解决的办法是分别设甲和乙对各自的策略使用概率为 x_1, x_2 和 y_1, y_2，建立两个 LP 模型。需要指出的是纳什均衡并非零和对策，对策双方都是为了使自己的收益 v 最大化，即 1/v 的最小化。

建立模型时要分别用到甲、乙的收益矩阵：

$$A=\begin{bmatrix}1 & 4\\ 3 & 2\end{bmatrix},\ B=\begin{bmatrix}-1 & -4\\ -3 & -2\end{bmatrix}$$

由于所求得的概率不能为负，故 B 矩阵各元素都加上 4，于是建立的 LP 如下：

$$\min \frac{1}{v_甲}=x'_1+x'_2 \qquad \min \frac{1}{v_乙}=y'_1+y'_2$$

$$s.t.\begin{cases}x'_1+3x'_2\geqslant 1\\ 4x'_1+2x'_2\geqslant 1\\ x'_1,\ x'_2\geqslant 0\end{cases} \qquad s.t.\begin{cases}3y'_1\geqslant 1\\ y'_1+2y'_2\geqslant 1\\ y'_1,\ y'_2\geqslant 0\end{cases}$$

求解得：

$$\begin{cases}x'_1=0.1\\ x'_2=0.3\end{cases} \qquad \begin{cases}y'_1=1/3\\ y'_2=1/3\end{cases}$$

$$v_甲=1/0.4=2.5 \qquad v_乙=3/2$$

$$\begin{cases}x_1=v_甲,\ x'_1=0.25\\ x_2=v_甲,\ x'_2=0.75\end{cases} \qquad \begin{cases}y_1=v_乙,\ y'_1=0.5\\ y_2=v_乙,\ y'_2=0.5\end{cases}$$

一般地：

对于收益等赢得值，有收益最大化 maxV（即 min1/V）模型如下：

$$\min = \sum_{i=1}^{m}x'_i \qquad \min = \sum_{j=1}^{n}y'_j$$

$$s.t.\begin{cases}\sum_i a_{ij}x'_i\geqslant 1 & j=1,2,\cdots,n\\ x'_i\geqslant 0 & i=1,2,\cdots,m\end{cases} \qquad s.t.\begin{cases}\sum_j b_{ij}y'_j\geqslant 1 & i=1,2,\cdots,m\\ y'_j\geqslant 0 & j=1,2,\cdots,n\end{cases}$$

对于成本等损失值，有损失最小化 minV（即 max1/V）模型如下：

$$\max = \sum_{i=1}^{m}x'_i \qquad \max = \sum_{j=1}^{n}y'_j$$

$$s.t.\begin{cases}\sum_i a_{ij}x'_i\leqslant 1 & j=1,2,\cdots,n\\ x'_i\geqslant 0 & i=1,2,\cdots,m\end{cases} \qquad s.t.\begin{cases}\sum_j b_{ij}y'_j\leqslant 1 & i=1,2,\cdots,m\\ y'_j\geqslant 0 & j=1,2,\cdots,n\end{cases}$$

13.5 应用举例

前面重点介绍了矩阵对策的求解方法，在本节内通过实例来说明对策论在日常生活中的应用。

案例 13-1 市场竞争策略

阅读案例 13-1，并分析甲、乙企业最优策略。

阅读案例 13-1

市场竞争策略

甲、乙两个企业生产同一种电子产品,两个企业都想通过改革管理获得更多的市场销售份额。

甲企业的策略有:
(1) 降低产品价格。
(2) 提高产品质量,延长保修年限。
(3) 推出新产品。

乙企业考虑措施有:
(1) 增加广告费。
(2) 增设维修网点,扩大维修服务。
(3) 改进产品性能。

假定市场份额一定,由于各自采取的策略不同,通过预测,今后两个企业的市场占有份额变动情况(支付矩阵)如表 13-7 所示(正值为增加份额,负值为减少的份额)。试通过对策分析,确定两个企业各自的最优策略。

表 13-7 支付矩阵

S_1 \ S_2		乙企业策略		
		b_1	b_2	b_3
甲企业策略	a_1	10	−1	3
	a_2	12	10	−5
	a_3	6	5	6

分析 设 x_1,x_2,x_3 为局中人甲企业使用策略 a_1,a_2,a_3 的概率;y_1,y_2,y_3 为局中人乙使用策略 b_1,b_2,b_3 的概率,则由式 13.11 和式 13.13,可建立如下线性规划模型。

局中人甲对策问题模型:

$$\min w = x_1' + x_2' + x_3'$$

$$s.t. \begin{cases} 10x_1' + 12x_2' + 6x_3' \geq 1 \\ -x_1' + 10x_2' + 5x_3' \geq 1 \\ 3x_1' - 5x_2' + 6x_3' \geq 1 \\ x_1', x_2', x_3' \geq 0 \end{cases}$$

局中人乙对策问题模型:

$$\max z = y_1' + y_2' + y_3'$$

$$s.t. \begin{cases} 10y_1' - y_2' + 3y_3' \leq 1 \\ 12y_1' + 10y_2' - 5y_3' \leq 1 \\ 6y_1' + 5y_2' + 6y_3' \leq 1 \\ y_1', y_2', y_3' \geq 0 \end{cases}$$

其中,$x_i' = \dfrac{x_i}{V}$ ($i = 1, 2, 3$) $y_j' = \dfrac{y_j}{V}$ ($j = 1, 2, 3$)

解决方案 局中人甲和乙的对策问题模型为一对对偶问题。需要指出的是,求得的最优解并不是概率值,还应根据 $x_i = V x_i'$ 和 $y_i = V y_j'$ 求得概率值。为此,自编软件 ExcelORM 专门设计了求二人零和对策混合策略的模型。操作如下:

(1) 执行开始菜单命令:"程序/ExcelORM/规划论/矩阵对策/输入局中人 A 策略数 3 和局中人 B 的策略数 3/确定",生成模型(图 13.4)。

(2) 在 B3:D5 中输入赢得矩阵。

(3) 从菜单栏选择"工具/规划求解",设置规划求解参数对话框:

	A	B	C	D	E	F
1		二人零和对策				
2	支付矩阵A	β1	β2	β3		
3	α1	10	-1	3		
4	α2	12	10	-5		
5	α3	6	5	6		
6						
7	乙最大损失	max∑y'j				
8	目标单元格	0.188235				
9	y'	y'1	y'2	y'3		
10	可变单元格	0	0.129412	0.058824		
11	最优策略	P(β1)	P(β2)	P(β3)		
12		0	0.6875	0.3125		
13	约束	∑aijy'j	∑aijy'j	∑aijy'j		
14		0.047059	1	1	<=	1
15						
16	甲最小赢得	min∑x'i				
17	目标单元格	0.188235				
18	x'	x'1	x'2	x'3		
19	可变单元格	0	0.011765	0.176471		
20	最优策略	P(β1)	P(β2)	P(β3)		
21		0	0.0625	0.9375		
22	约束	∑aijx'i	∑aijx'i	∑aijx'i		
23		1.2	1	1	>=	1

图 13.4　矩阵对策的 Excel 求解结果

目标单元格：B8、最大

可变单元格：B10：D10

添加约束：B14：D14＜＝1

选项/假定非负/确定/求解，得局中人乙的最优策略（B12：D12 单元格区域）。

（4）再次从菜单栏选择"工具/规划求解"，重新设置规划求解参数对话框：

目标单元格：B17、最小

可变单元格：B19：D19

添加约束：B23：D23＞＝1

选项/假定非负/确定/求解，得局中人甲的最优策略（B21：D21 单元格区域）。

决策建议　局中人甲以 0，0.6875，0.3125 的概率使用策略 a_1，a_2，a_3；局中人乙以 0，0.0625，0.9375 的概率使用策略 b_1，b_2，b_3。

案例 13-2　对抗赛项目确定

阅读案例 13-2，请帮助这两个队的教练确定让自己的健将级队员李和王各参加哪个项目的比赛，可使各自的成绩最好。

阅读案例 13-2

参赛项目

有甲、乙两只游泳队举行包括 3 个项目的对抗赛。这两只游泳队各有一名健将级队员（甲队为李，乙队为王），在这 3 个项目中成绩都非常突出，但规则要求他们每人只能参加两场比赛，每队的其他两名队员可参加全部比赛。已知各运动员的平均成绩（S）见表 13-8。

假设各运动员在比赛中都发挥正常水平，又比赛第一名得 5 分，第二名得 3 分，第 3 名得 1 分，问教练员应决定让自己队的健将参加哪两项比赛，使本队得分最多（各队参加比赛名单互相保密，定下来之后不许变动）？

表 13-8 各队员平均成绩表

	甲队			乙队		
	A1	A2	李	王	B1	B2
100 米蝶泳	59.7	63.2	57.1	58.6	61.4	64.8
100 米仰泳	67.2	68.4	63.2	61.5	64.7	66.5
100 米蛙泳	74.1	75.5	70.3	72.6	73.4	76.9

分析 这是一个对抗赛，而非接力赛，不能用指派问题的方法去解决。首先构造两名健将参加某项比赛时甲、乙两队的得分表。如甲队李不参加蝶泳，乙队王也不参加蝶泳，而参加另两项，则两队得分如下：

蝶泳项目：甲队 A_1 第 1 名，得 5 分，A_2 第 3 名，得 1 分，共得 6 分；

仰泳项目：甲队李第 2 名，得 3 分；

蛙泳项目：甲队李第 1 名，得 5 分。

综上所述，甲队共得分 6+3+5=14 分；每个单项总分 9 分，3 个项目共 27 分，乙队共得分 27-14=13 分。

用同样的方法算出李和王参加项目的其他组合如表 13-9 和 13-10 所示。

表 13-9 甲队得分表

		王不参加此项比赛		
		蝶泳	仰泳	蛙泳
李不参加此项比赛	蝶泳	14	13	12
	仰泳	13	12	12
	蛙泳	12	12	13

表 13-10 乙队得分表

		王不参加此项比赛		
		蝶泳	仰泳	蛙泳
李不参加此项比赛	蝶泳	13	14	15
	仰泳	14	15	15
	蛙泳	15	15	14

解决方案 这是一个纳什均衡问题。

在甲的赢得矩阵中，第 1 行的收益值均不小于第 2 行，故李不参加仰泳的概率为 0；在乙的赢得矩阵中第 2 列不小于第 1 列，故乙不参加蝶泳的概率为 0。于是赢得矩阵简化为：

$y_2 \qquad y_3$

x_1 (13,14)(12,15)
x_3 (12,15)(13,14)

分别建立两个LP模型：

$$\min z = x_1' + x_2' \qquad \min z = y_1' + y_2'$$
$$s.t. \begin{cases} 13x_1' + 12x_2' \geq 1 \\ 12x_1' + 13x_2' \geq 1 \\ x_1', x_2' \geq 1 \end{cases} \text{和} \quad s.t. \begin{cases} 14y_1' + 15y_2' \geq 1 \\ 15y_1' + 14y_2' \geq 1 \\ y_1', y_2' \geq 1 \end{cases}$$

解此LP模型，求得最优混合局势。

决策建议 甲队的李参加仰泳，并各以0.5的概率参加蝶泳和蛙泳；乙队的王参加蝶泳，并各以0.5的概率参加仰泳和蛙泳。

本章小结

对策论是研究具有竞争性质的现象，并为参加者各方提供对策方法的数学理论，对策自古有之，只是在科学技术高度发展的现代社会，更进一步引起越来越多人的重视和研究。

无论何种对策，构成一个对策现象的共同特征是具有3个基本要素：局中人、策略集和损益值。

本章重点研究的是矩阵对策，又称为二人有限零和对策，是指两个局中人、每一局中人策略数量都是有限的且在任何一对策略组合下两个局中人的损益值之和始终为零的对策。通常矩阵对策表示为

$$G = \{S_1, S_2, A\}$$

在求解矩阵对策时，我们可以采取以下步骤：

首先用严格下策反复消去法对赢得矩阵进行简化。

判断对策是否存在鞍点，如若存在，可以用"最大最小"原则进行求解。如若不存在鞍点，说明存在最优混合策略。

若是$m \times 2$阶矩阵对策或者$2 \times n$阶矩阵对策，可以采取"图解法"求解。

对于比较复杂的矩阵对策，可以采用"线性规划法"进行求解。

纳什均衡是解决非零和的重要方法，与零和对策不同的是：

(1) 要分别构造对策各方的收益矩阵。

(2) 对策各方均以收益最大为目标。

(3) 在利用超优原则化简时，以各自的收益矩阵进行比较各方案的收益值。

(4) 对混合策略也以各自的收益矩阵建立LP模型。

关键术语

对策论(Game Theory)　　　　　　局中人(Players)
策略集(Strategies)　　　　　　　　赢得函数(Payoff Function)
矩阵对策、纯策略(Pure Strategies)　　混合策略(Mix Strategies)
超优原则(Dominant Principle)　　　最大最小原则(Max-min Criterion)
鞍点(Saddle Point)

习 题

1. 填空题。

(1) 构成一个对策现象的共同特征是具有 3 个基本要素：_____、_____ 和_____。

(2) 根据策略的选择和时间有关和无关可分为_____ 和_____。

(3) 根据局中人的个数，分为_____ 对策和_____ 对策。

(4) 根据各局中人的赢得函数的代数和是否为零，分为_____ 对策和_____ 对策。

(5) 根据局中人的策略集中策略个数有限还是无限，分为_____ 对策和_____ 对策。

(6) 根据各局中人之间是否允许合作，分为_____ 对策和_____ 对策。

(7) 有些对策问题双方会分别采取 S 中的策略，这样的策略称为_____；但是，例如"田忌赛马"游戏中，知道如果田忌和齐王都可以随机选择策略，且双方都不会固定的选择其中的某一个策略，会按照一定的概率在其策略集中出策略，这种情况下，称为_____。

2. 判断正误。

(1) 矩阵对策的最优解是有限的。   (   )

(2) 矩阵对策中，如果最优解要求一个局中人采取纯策略，则另一个局中人也必须采取纯策略。   (   )

(3) 矩阵对策中当局势达到平衡时，任何一方单方面改变自己的策略(纯策略或混合策略)将意味着自己更少的赢得或更大的损失。   (   )

(4) 如果矩阵对策中局中人甲的赢得矩阵的元素存在负值，则求得的对策值为负值。
                                                                    (   )

(5) 在矩阵对策局中人甲的赢得矩阵的所有元素上加上一个常数，将不影响双方各自的最优策略。   (   )

(6) 任何矩阵对策一定存在混合策略意义下的解，并可以通过求解两个互为对偶的线性规划问题得到。   (   )

3. 简答下列问题。

(1) 试述组成对策模型的 3 个基本要素及各要素的含义。

(2) 试述二人零和有限对策在研究对策模型中的地位、意义，为什么它又被称为矩阵对策？

4. 解释下列概念，并说明同组概念之间的联系和区别。

(1) 策略、纯策略、混合策略。

(2) 鞍点、平衡局势、纯局势、纯策略意义下的解。

(3) 混合扩充、混合局势、混合策略意义下的解。

(4) 优超、某纯策略被另一个纯策略优超。

5. 矩阵对策 $G=\{S_1, S_2, A\}$，其中 $S_1=\{\alpha_1, \alpha_2, \alpha_3, \alpha_4\}$，$S_2=\{\beta_1, \beta_2, \beta_3, \beta_4\}$，求该矩阵对策所有鞍点。其中局中人甲的赢得矩阵为：

$$A = \begin{bmatrix} 8 & 6 & 8 & 6 \\ 1 & 3 & 4 & 3 \\ 9 & 6 & 7 & 6 \\ -3 & 1 & 10 & 3 \end{bmatrix}$$

6. 设甲、乙两公司都生产同一种产品，其中甲公司研制一种新产品。为推出这种新产品加强与乙公司竞争，考虑了3个竞争对策：①将新产品全面投入生产；②继续生产现有产品，新产品小批量试产试销；③维持原状，新产品只生产样品征求意见。乙公司了解到甲公司有新产品情况下也考虑了三个策略：①加速研制新产品；②对现有产品革新；③改进新产品外观和包装。根据市场研究进行了定性分析，其资料如表 13-11 所示。

表 13-11 甲、乙公司策略

		乙公司策略		
		1	2	3
甲公司策略	1	1	2	3
	2	0	-1	1
	3	-3	-2	0

注：一般：0分；较好：1分；好：2分；很好：3分；较差：-1分；差：-2分；很差：-3分。试决策采用哪种策略？

7. 试用图解法求解下列的矩阵对策。

(a) $\begin{bmatrix} 1 & 2 & 4 & 0 \\ 0 & -2 & -3 & 2 \end{bmatrix}$

(b) $\begin{bmatrix} 6 & 5 \\ 8 & 9 \\ 11 & 7 \\ 4 & 2 \end{bmatrix}$

8. 用线性规划法求解下列的矩阵对策。

(a) $\begin{bmatrix} 3 & -1 & -3 \\ -3 & 3 & -1 \\ -4 & 3 & 3 \end{bmatrix}$

(b) $\begin{bmatrix} 3 & -2 & 4 \\ -1 & 4 & 2 \\ 2 & 2 & 6 \end{bmatrix}$

9. 甲、乙两人玩一种游戏，有3张牌，分别记为大、中、小，由甲任意抽取一张，让乙猜。乙只能猜大或者小，若乙猜对，甲输3元，否则乙输2元。若甲所抽的牌为中，则当乙猜小时，乙赢2元，猜大时，由甲再从剩下的两张牌中任意抽取一张让乙猜，当乙猜对时，乙赢1元，猜错时乙输3元。将此问题归结为矩阵对策问题，列出甲的赢得矩阵，并求出各自的最优策略和对策值。

10. 求下列对策中的纳什均衡解（赢得矩阵为成本），见表 13-12(a)，(b)。

表 13-12(a)

A\B	b_1	b_2	b_3
a_1	(3, 0)	(1, 1)	(4, 2)
a_2	(2, 4)	(1, 2)	(1, 3)
a_3	(1, 3)	(0, 2)	(3, 0)

表 13-12(b)

A\B	b_1	b_2	b_3
a_1	(0, 0)	(4, 5)	(5, 4)
a_2	(5, 4)	(0, 0)	(4, 5)
a_3	(4, 5)	(5, 4)	(0, 0)

11. 案例一

广告策略问题

麦克先生在宾夕法尼亚中部一个小镇上经营一个汽车修理厂，他的唯一竞争者是吉姆汽车服务部。麦克业务占该镇业务的 55%，吉姆汽车服务部占 45%。当地广播电台主任与麦克商谈了在电台做广告的事，提出了 3 套广告策略。电台主任与吉姆汽车服务部也商谈了同样的话题。麦克赢得矩阵列入表 13-13 中，矩阵中元素表示麦克在该镇业务增加的百分比。试求解此对策问题。

表 13-13 广告策略对策

		吉姆策略		
		β_1	β_2	β_3
麦克策略	α_1	3	−4	1
	α_2	−3	0	1
	α_3	4	2	1

12. 实验一

【实验项目】二人零和对策。

【实验目的】熟悉矩阵对策方法及 WinQSB 或 Excel 求解二人零和对策的操作方法。

【实验内容】求解题 8(a) 矩阵对策。

【实验要求】

(1) 简述操作过程；(2) 分析试验结果；(3) 写出实验报告。

13. 实验二

【实验项目】纳什均衡。

【实验目的】熟悉 Excel 求解纳什均衡的操作方法。

【实验内容】求解题 10(b) 纳什均衡的解。

【实验要求】提交实验报告，包括：

(1) 简述操作过程；(2) 分析试验结果。

部分习题参考答案

第2章 线性规划

4. (1)唯一最优解 $X^* = (15, 20)$，$z^* = 1\,350$；(2)无界解。

5. (1)无穷多最优解，其一为 $x_1 = 2$，其余 $=0$，最优值 4；

(2) 唯一最优解 $x_1 = 2$，$x_2 = 5$，$z^* = 5$；

(3) 唯一最优解 $x_1 = 1$，其余 $=0$，$z^* = 3$；

(4) 唯一最优解 $x_3 = 4$，$x_4 = 22$，其余 $=0$，$z^* = 76$。

6. (1)无界；(2)无穷多最优解，其一为 $x_1 = 4$，其余 $=0$，$z^* = 8$。

7. 案例一　最优解 $x_{11} = 12.5$，$x_{12} = 17.5$，$x_{23} = 15$，$x_{31} = 16.25$，$x_{34} = 10$；最优值 $z = 57.5$。

8. 案例二　最优方案——服装Ⅰ生产 10 000 件，由机器 B 生产 14 天，由 C 生产 2 天；服装Ⅱ生产 9 100 件，由 C 生产 13 天；服装Ⅲ生产 7 000 件，由机器 A 生产 1 天，由 C 生产 10 天；服装Ⅳ生产 8 200 件，由机器 B 生产 20 天。总加工费用 7 230 元。

9. 案例三　最优生产方案第 1 年正常生产 3 艘，第 1 年销售 2 艘，第 2 年销售 1 艘；第 1 年加班生产 3 艘，当年销售 3 艘；第 2 年正常生产 2 艘，当年销售；第 3 年正常生产 2 艘，加入生产 3 艘，当年销售 4 艘，期末存货 1 艘，总成本 7 150 万元。

10. 案例四　工厂 1 排放 10 000 m^2，工厂 2 排放 8 000 m^2，最小总费用 1 640 元。

11. 案例五

最优方案

	北美销售量 x_{ij}			欧洲销售量 y_{ij}		
	美国	中国	爱尔兰	美国	中国	爱尔兰
大型机		962			321	
小型机	1 683	1 769	965			1 580
个人机	14 395	33 815			15 400	
打印机	15 540			6 850		

爱尔兰劳动力减少到 78 000：

	北美销售量 x_{ij}			欧洲销售量 y_{ij}		
	美国	中国	爱尔兰	美国	中国	爱尔兰
大型机		962			321	
小型机	2 001	1 520	896			1 580
个人机	12 942	35 268			15 400	
打印机	15 540			6 850		

爱尔兰劳力增加到 95 000：

	北美销售量 x_{ij}			欧洲销售量 y_{ij}		
	美国	中国	爱尔兰	美国	中国	爱尔兰
大型机		962			321	
小型机		3 473	944			1 580
个人机	24 322	23 888			15 400	
打印机	15 540			4 083		2 767

第 3 章　对偶规划

4.（1）最优解 $x=(4,3,0)$，最优值 18；（2）最优解 $x=(0,2/3,0)$，最优值 4/3；（3）$x=(0.5,1,0,0)$，最优值 14；（4）最优解 $x_1=7/3$，其余 $=0$，最优值 35/3。

5.（1）$\max z = 6x_1 - 2x_2 + 10x_3$;
$s.t. \begin{cases} x_2 + 2x_3 \leqslant 5 \\ 3x_1 - x_2 + x_3 \leqslant 10 \\ x_1, x_2, x_3 \geqslant 0 \end{cases}$

（2）$\min w = 5y_1 + 10y_2$
$s.t. \begin{cases} 3y_2 \geqslant 6 \\ y_1 - y_2 \geqslant -2 \\ 2y_1 + y_2 \geqslant 10 \\ y_1, y_2 \geqslant 0 \end{cases}$

（3）对偶规划问题的最优解为：$Y^* = (4, 2)$。

6.（1）可得 $\mathbf{X}^* = (5, 0, 3)^T$，$z^* = 35$；（2）产品甲的利润变化范围为 $[3, 6]$；（3）新的最优生产计划：丁产品生产 15 个，其他不生产，总利润 37.5 货币单位；（4）结论：购进原料 B 15 单位为宜；（5）新计划为 $\mathbf{X}^* = [0, 0, 6]^T$，$z^* = 30$。

7.（1）可得 $\mathbf{X}^* = (100/3, 200/3, 0)^T$，$z^* = 2200/3$；

（2）$\mathbf{X}^* = (175/6, 275/6, 25)^T$，$z^* = 875$；

（3）由检验数非正，得 $-4 \leqslant t \leqslant 5$，即 $6 \leqslant c_1 \leqslant 15$；

（4）$x_2 = 175/3$，$x_1 = 95/3$，$x_3 = 10$，$x_6 = 60$ 或 $\mathbf{X}^* = (95/3, 175/3, 10)$；

（5）值得生产；

（6）即 $x_2 = 175/3$，$x_1 = 95/3$，$x_3 = 10$，$x_6 = 60$ 或 $\mathbf{X}^* = (95/3, 175/3, 10)$。

第 4 章　整数规划及分配问题

1.（1）$x_1 = 4$，$x_2 = 1$，$z^* = 14$；（2）(a) $x_1 = 3$，$x_2 = 3.875$，$z^* = 38.25$；(b) $x_1 = 2.667$，$x_2 = 4$，$z^* = 37.33$；(c) $x_1 = 2$，$x_2 = 4$，$z^* = 34$。

（3）(a) $x_1 = 8$，$x_2 = 1.667$，$z^* = 95$；(b) $x_1 = 8$，$x_2 = 2$，$z^* = 98$。

2.

(1) $\begin{cases} x_1+x_2 \leqslant 2+My \\ 2x_1+3x_2 \geqslant 8-M(1-y) \\ y=0 \text{ 或 } 1 \end{cases}$

(2) $\begin{cases} x=5y_2+9y_3+12y_4 \\ y_1+y_2+y_3+y_4=1 \\ y_{1\sim4}=0 \text{ 或 } 1 \end{cases}$

(3) $\begin{cases} x_2 \leqslant 4+My \\ x_5 \geqslant 0-My \\ x_2 > 4-M(1-y) \\ x_5 \leqslant 3+M(1-y) \\ y=0 \text{ 或 } 1 \end{cases}$

(4) $\begin{cases} x_6+x_7 \leqslant 2+My_1 \\ x_6 \leqslant 1+My_2 \\ x_7 \leqslant 5+My_3 \\ x_6+x_7 \geqslant 3-My_4 \\ y_1+y_2+y_3+y_4 \leqslant 2 \\ y_{1\sim4}=0 \text{ 或 } 1 \end{cases}$

3. (1) $x_1=0$, $x_2=0$, $x_3=1$, $z^*=2$; (2) $x_1=0$, $x_2=x_3=x_4=1$, $z^*=12$

4. (1) $x_{11}=x_{22}=x_{33}=x_{44}=1$,其余$=0$,$z^*=16$
   (2) $x_{12}=x_{24}=x_{33}=x_{41}=1$,其余$=0$,$z^*=63$

5. 选择 s_1, s_4, s_6, s_7, s_9 钻探,总费用 5.8 万元;

6. 采用生产过程丙生产 3 500,总成本 13 500。

7. 最优方案

星期	星期一、二	星期二、三	星期三、四	星期四、五	星期五、六	星期六、日	星期日、一
休息人数	1	6	4	4	5	0	4

最少需要 24 人。

8. 案例一 设在 2 和 12 处,相信街居民人数为 21 300 人。

9. 案例二 服装鞋帽和风味快餐各 2 家,日用百货和蔬菜果品各 3 家,月盈利 45.84 万元。

第 5 章 运输问题

3. 最优解 $x_{12}=10$, $x_{21}=60$, $x_{22}=10$, $x_{23}=10$, $x_{31}=15$,其余为 0,总运费 515,$c_{11} \in [2, \infty)$ 最优基不变。

4. 最优解 $x_{12}=50$, $x_{24}=30$, $x_{31}=40$, $x_{33}=25$, $x_{34}=5$,其余为 0;最优值:205 最优解不唯一。

5. $x_1=30$, $x_{12}=20$, $x_{21}=30$, $x_{23}=80$, $x_{31}=15$,总运费 875。

6. 最优解
第 1 年正常生产 2 艘,本年使用;加班生产 3 艘,本年使用 1 艘,第 3 年使用 2 艘;
第 2 年正常生产 4 艘,本年使用;加班生产 1 艘,本年使用;
第 3 年正常生产 1 艘,供期末存货,加班生产 3 艘,供本年使用。
总成本 8 375 万元。

7. 最优解(不唯一):甲供应 B150,供应 D50;乙供应 A100,供应 D50,供应 F150;丙供应 A100,供应 C300;丁供应 C100。总利润 780 000 元。

8. 最优生产计划

(1) 方案不唯一,其一为:第一季度生产14万瓶,其中10万瓶为本季度供货,4万瓶储存,供第二季度使用;第二季度生产15万瓶,其中10万瓶为本季度供货,5万瓶储存,供第三季度使用;第三季度生产15万瓶供本季度使用;第四季度生产8万瓶供本季度使用。总成本292万元。

(2) 方案不唯一,其一为:第一季度正常生产12万瓶,其中10万瓶为本季度供货,2万瓶储存,供第二季度使用;第二季度正常生产15万瓶,其中10万瓶为本季度供货,5万瓶储存,供第三季度使用,加班生产2万瓶供本季度使用;第三季度正常生产15万瓶供本季度使用;第四季度生产8万瓶供本季度使用。总成本292万元。

9. 选择"选项3"。

10. (1) A—①75,A—⑤70,A—⑥55;B—②60,B—③80,B—⑤30;C—⑦90。C—⑧70。总运输费及短缺损失439元。

(2) A—①75,A—③14,A—⑤56,A—⑥55;B—②34,B—③80,B—③56;C—⑤24,C—⑦72。C—⑧64。总运输费及短缺损失469.6元。

(3) 增产的蔬菜80(100kg)全部供应给收购点C。

第6章 目标规划

2. 满意解:$x_1=3$,$x_2=3$ 第一台设备加班1台时。

3. 满意解:$x_1=12$,$x_2=10$,$x_3=6$,$d_1^+=1\,300$,$d_2^+=12$,$d_3^-=12$,其余$=0$。

4. 满意解:$x_{12}=6$,$x_{13}=4$,$x_{22}=4$,$x_{32}=4$,$x_{41}=9$,$x_{43}=3$,$d_1^+=3$,$d_5^+=32$,其余$=0$。

5. 设 x_{ij} 表示第 i 种品牌酒由使用第 j 种原料酒的数量。

满意解 $x_{22}=454.5$,$x_{23}=1\,084$,$d_4^+=774$,$d_8^-=2\,000$,其余$=0$(解不唯一)

6. 设200kg香肠使用牛肉86.86kg、猪肉48.57kg、羊肉和水淀粉64.57kg。

7. 满意解

$x_{11}=16$,$x_{14}=9$,$x_{23}=14$,$x_{24}=21$,,$x_{32}=16$,$x_{42}=9$,$x_{45}=22$,$x_{46}=9$,$x_{53}=16$,$x_{55}=18$,$x_{66}=26$。

8.

类别	生产管理		营销管理		财务管理	
	沪市	深市	沪市	深市	沪市	深市
1	14	2		9		
2			24	11		
3	6	14				
4				9	12	19
5				6	28	
6						16

第7章 图与网络模型

3. 图的次数序列的有:(1)、(2)。

4. 需3个仓库,分别存放 {A,D,R}、{P,T,C}、{B,S}(方案不唯一)。

6. (a) $s \to v_1 \to v_4 \to t$,最短路长11;(b) $s \to v_2 \to v_4 \to t$,最短路长9。

7. $v_1 \to v_2$,路长6;$v_1 \to v_4$,路长4;$v_1 \to v_4 \to v_3$,路长9;$v_1 \to v_4 \to v_5$,路长19;$v_1 \to v_4 \to v_3 \to v_6$,路长14;$v_1 \to v_4 \to v_5 \to v_8$,路长33;$v_1 \to v_7$ 标不到。

8. $\min c(V, \bar{V}) = 8$,所给方案找不出增广链,最大流也是8。

9. 最大流=16。

10. 4个奇点边成两对,重复一次路段:$v_5 - v_6$,$v_7 - v_8$,其他路段只走一次。

11. 最大流8,$f_{12}=4$,$f_{13}=4$,$f_{25}=6$,$f_{32}=2$,$f_{34}=2$,$f_{42}=0$,$f_{45}=2$;最小费用116。

12. (1)为最小支撑树问题,方案不唯一,其一如下图所示,$W(T^*)=40$。

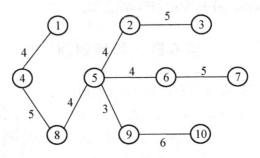

(2)中心问题,设在v5处,各点到该点距离之和55。

(3)重心问题,设在v5处,各点到该加权距离之和269。

(4)最短路问题,先求①到⑦最短路,再求⑦到⑨的最短路。①→⑤→⑥→⑦→⑥→⑨,最短路长25km。

(5)布点问题,在v5设一处消防站,负责全部消防任务。

第8章 计划评审技术与关键路线法

1. 关键路线 B→F→G→K→L→M。

2.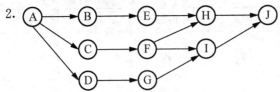

3. G工序赶工1天,净节约200元。

4. (1)先安排关键路线的各工序(C、F、G、H)。

(2)工序A需要9人,有7个时差,且无紧后工序,可安排到最后,与H平行作业。

（3）工序 E 需要 8 人，且需安排在关键工序 H 之前，可与 G 平行作业。

（4）工序 D 和 B 在前 4 天结束均不影响紧后作业 E 和 G，安排 D 与 C 平行作业，B 与 F 平行作业。

第 9 章 动态规划

1. A~B：最短路线 A→1→5→8→B，最短路 16；A~C：最短路线 A→1→5→8→B，最短路 16；A~D：最短路线 A→1→5→9→D，最短路 20。

2. 最优方案不唯一，其一为：甲—0，乙—2，丙—3，丁—1；最优值：134。

3. 前两个季度所有设备全部用于生产第二种产品，后两个季节全部用于生产第一种产品。

4. 1~4 月份分别生产 5，5，5，0 艘；最小总成本 187 万元。

5. $x_1^* = 0$，$x_2^* = 0$，$x_3^* = 10$，最大值 200。

6. 物品 A、B 各装 1 件，总价值 13 货币单位。

第 10 章 存储论

2. $Q^* = 1414$，订货费与储存费 TC=28 284。

3. $Q^* = 756$。

4. 不允许缺货 $Q^* = 15\,492$，允许缺货 $Q^* = 16\,062$。

5. 不考虑折扣 $Q^* = 707$，享受 8 折优惠，订购量 1 000 个。

6. (1)50；(2)34；(3)33.37。

7. (1)269；(2)22.36；(3)13 416.41；(4)第 t 次再订货时间 $1 + 16.326t - 14$；(5)342；17.54；10 524.7(6)548。

8. (1)40；(2)56.37；(3)52。

第 11 章 排队论

9. 服从 $\lambda = 20$ 的泊松分布。

10. (1)2.25 人；(2)0.75h。

11. (1)1.67 人；(2)0.567h。

12. (1)0.297 台；(2)0.082h(4.93min)；(3)0.54，0.46。

13. (1)3.51 辆；(2)0.117h(7min)；(3)4.49%；(4)29.8%。

14. (1)2.21 辆；(2)0.075h(4.53min)；(3)4.96%；(4)32.9%。

15. 联合照管：(1)0.036min；(2)0.022 8 台；(3)14.14%；(4)85.8%。

分工照管：(1)1.340min；(2)0.166 6 台；(3)62.70%；(4)37.3%。

相比之下，分工看管工人空闲时间多，但设备等待时间长。每人平均有 0.166 台等待，5 人有 0.83 台等待，而联合照管等待时间非常短，几乎不需等待。应实行联合看管。

16. 1.7min, 0.85 人。

17. (1)2/3 辆；(2)6.67 分钟。

18. (1)37.8min；(2)1.26 人。

19. 3 个。

20. 1.046h。

21. (1)1.328h；(2)1.66 个；(3)62.55%；(4)2 个。

22. (1)(2)。

到达分布：

台数	23	24	25	26	27	28	29	30	31	32	33	34	35	36	37	38	39	40
频数	1	2	2	0	1	2	3	3	1	4	3	4	4	9	4	6	10	8
台数	41	42	43	44	45	46	47	48	49	50	51	52	53	54	55	56	57	
频数	3	6	5	3	1	3	3	1	5	1	0	0	1	0	0	0	1	

符合平均值为 38 的泊松分布。

服务分布：

台数	7	8	9	10	11	12	13	14	15	16	17	18	19	20	21	22	23	24	25
频数	1	1	6	5	7	10	5	15	8	6	15	5	2	7	3	1	1	0	1

服从均值为 15 的泊松分布。

(3) 平均等待时间 0.015 分钟(0.9 秒)；平均队长 3.11 辆，有一个窗口空闲的概率为 19.2%，有两个窗口闲置的概率为 22.7%，有三个窗口闲置的概率为 17.9%，四个窗口全空闲的概率为 7.08%。

(4) 设三个收费窗口可使总成本最低。

第 12 章　决策分析

2. 乐观准则选择策略 A_1，悲观准则选择策略 A_3，等概率准则选择 A_1 或 A_2，最小后悔值准则选择策略 A_1。

3. 选择甲地。

4. (1)、(2)、(3)和(4)均选择建小厂。

5. (2)订购 22kg；(3)不可取。

6. (1)选择详细勘探；(2)详细勘探后构造较差不钻井，构造较好和构造一般钻井。

7. S_2 较优。

8. 现在扩大。

9.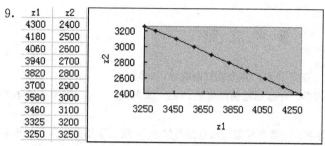

z1	z2
4300	2400
4180	2500
4060	2600
3940	2700
3820	2800
3700	2900
3580	3000
3460	3100
3325	3200
3250	3250

10. (1)乙方案；(2)甲方案；(3)$P_1 = 1/3$。

11. (1)决策树图(略)。

(2) 本地试销，资产期望增加 85.7 万元。

(3) 一旦试销失败，不在全国范围销售，资产损失 10 万元。

(4) 一旦试销成功，在全国范围销售，资产期望增加 149.5 万元。

第 13 章 对策论

5. (α_1, β_2), (α_1, β_4), (α_3, β_2), (α_3, β_4)。

6. (α_1, β_1)。

7. (1)局中人 A 以 2/3，1/3 概率使用策略 α_1 和 α_2，局中人 B 以 2/3，1/3 概率使用策略 β_1 和 β_4；(2)局中人 A 以 0.8 和 0.2 的概率使用策略 α_2 和 α_3，局中人 B 以 0.4 和 0.6 的概率使用策略 β_1 和 β_2。

8. (1)局中人 A 以 0.54，0.46 概率使用策略 α_1 和 α_3，局中人 B 以 0.46，0.54 概率使用策略 β_1 和 β_3；(2)局中人 A 以使用纯策略 α_3，局中人 B 以 0.4 和 0.6 的概率使用策略 β_1 和 β_2。

9. $\boldsymbol{A} = \begin{bmatrix} -3 & -3 & 2 \\ -1 & 3 & -2 \\ 3 & -1 & -1 \\ 2 & 2 & -3 \end{bmatrix}$, $x_1 = x_4 = 0.5$, $y_1 = y_2 = 0.25$, $y_3 = 0.5$, $V = -0.5$。

10. (a)(α_1, β_3)；(b)局中人 A 均以 1/3 的概率使用 $\alpha_1, \alpha_2, \alpha_3$，局中人 B 以 3/4 和 1/4 的概率使用 β_1, β_2。

11. (α_1, β_3)或(α_3, β_3)。

参 考 文 献

[1] 胡运权. 运筹学基础及应用. 5版. 北京：高等教育出版社，2008.
[2] [美] Wayne L. Winston. 运筹学——应用范例与解法. 4版. 李乃文，等译. 北京：清华大学出版社，2006.
[3] [美] Wayne L. Winston. 运筹学——概率模型应用范例与解法. 4版. 李乃文，等译. 北京：清华大学出版社，2006.
[4] 刘兰娟. 经济管理中的计算机应用——Excel数据分析、统计预测和决策模拟. 北京：清华大学出版社，2006.
[5] 徐玖平，胡知能. 运筹学——数据·模型·决策. 2版. 北京：科学出版社，2009.
[6] 徐玖平，胡知能. 中级运筹学. 北京：科学出版社，2008.
[7] 袁新生. Lingo和Excel在数学建模中的应用. 北京：科学出版社，2007.
[8] [美] Hamdy A. Taha. 运筹学导论高级篇. 8版. 薛毅，等译. 北京：人民邮电出版社，2008.
[9] [美] S. Christian Albright，Wayne L. Winston. Excel数据建模与应用. 崔群法，等译. 北京：清华大学出版社，2006.
[10] 袁新生，邵大宏，郁时炼. LINGO和Excel在数学建模中的应用. 北京：科学出版社，2007.
[11] 甘应爱. 运筹学. 3版. 北京：清华大学出版社，2005.

附　　录

AI 伴学内容及提示词

AI 伴学工具：生成式人工智能工具，如 Deepseek、Kimi、豆包、腾讯元宝、文心一言等

序号	AI 伴学内容	AI 提示词
1	第1章　绪论	运筹学的概念是什么？主要分支有哪些？
2		运筹学是怎么产生的？
3		运筹学解决问题的过程
4		运筹学现在的发展趋势是什么？
5	第2章　线性规划	线性规划的数学模型的组成要素有哪些？
6		线性规划模型有哪几种形式？
7		线性规划图解法的步骤和适用范围
8		线性规划标准模型有哪些条件？
9		单纯形法的基本原理和迭代步骤
10		线性规划的基、可行基、基变量、非基变量、基解、基可行解、可行基、最优解的定义
11		规划求解结果有哪几个报告？
12		出一套关于线性规划的自测题
13	第3章　对偶规划	对偶问题的提出和基本性质
14		请解释原问题与对偶问题的对称性、弱对偶性、最优性、无界性、强对偶性和互补松弛性
15		对偶规划和对偶问题的区别是什么？它们有什么联系？
16		对偶单纯形法的基本概念
17		对偶单纯表法与单纯形法的区别是什么？
18		什么是影子价格？
19		出一套关于对偶规划的自测题
20	第4章　整数规划与分配问题	什么是整数规划、纯整数规划、混合整数规划、0－1规划？
21		什么是隐枚举法？隐枚举法与枚举法有什么区别？
22		隐枚举法求解 0－1 规划的步骤
23		分枝定界法是什么？
24		割平面法是什么？
25		分配问题是什么？什么是分配问题数学模型的标准形式？
26		出一套关于整数规划与分配问题的自测题

续表

序号	AI伴学内容	AI提示词
27	第5章 运输问题	什么是运输问题？运输问题有哪三种主要模型？
28		什么是运输问题的数学模型？其标准形式是什么？
29		表上作业法、西北角法、最小元素法和Vogel法的基本步骤
30		闭回路法调整方案
31		出一套关于运输问题的自测题
32	第6章 目标规划	什么是目标规划？目标规划的建模步骤有哪些？
33		决策变量与偏差变量区别是什么？
34		系统约束和目标约束区别是什么？
35		优先因子与权系数区别是什么？
36		目标规划单纯形法详解
37		序贯算法如何求解目标规划？
38		出一套关于目标规划的自测题
39	第7章 图与网络模型	无向图、有向图、基础图的区别是什么？
40		环、多重边、简单图、多重图的区别是什么？
41		次、奇点、偶点、孤立点、悬挂点、悬挂边的区别是什么？
42		避圈法如何求解最小支撑树？
43		什么是最短路问题？
44		饱和弧、非饱和弧、零流弧、非零流弧的区别是什么？
45		出一套关于图与网络模型的自测题
46	第8章 计划评审关键路线法	网络图的概念
47		紧前工序、紧后工序的定义
48		最早开始时间、最迟开始时间、最早结束时间、最迟结果时间的概念
49		时间优化有哪几种途径？
50		出一套关于计划评审关键路线法的自测题
51	第9章 动态规划	动态规划基本概念
52		状态变量、决策变量、策略、
53		状态转移方程、指标函数与最优值函数
54		顺序算法和逆序算法的区别
55		出一套关于动态规划的自测题

续表

序号	AI 伴学内容	AI 提示词
56	第 10 章 存储论	存储问题的基本概念
57		存储系统及其基本要素
58		定量订货法、定期订货法的区别是什么？
59		存储策略包括哪些类型？
60		存储系统费用的构成
61		确定性存储模型有哪几种？
62		需求是离散的随机存储模型、需求是连续的随机存储模型有什么区别？
63		出一套关于存储模型的自测题
64	第 11 章 排队论	排队系统构成和分类？可相互转移与不可相互转移排队系统有什么区别？
65		损失制、等待制、混合制排队规则的区别
66		先到先服务、先到后服务、带优先服务权服务、随机服务规则的区别
67		泊松流有哪些性质？需要满足什么条件？
68		指数分布、k 阶埃尔朗分布、经验分布、泊松分布与负指数分布的主要性质
69		出一套关于排队论的自测题
70	第 12 章 决策分析	决策的基本概念和一般过程是什么？包含哪些要素？
71		战略决策、策略决策和执行决策的区别是什么？
72		程序决策和非程序决策区别是什么？
73		定量决策和定性决策区别是什么？
74		确定型决策、风险型决策和不确定型决策区别是什么？
75		不确定型决策包括哪些准则？
76		确定型决策常用的方法有哪些？
77		风险型决策的期望收益最大化、风险最小化、风险厌恶度及综合风险收益率最大化
78		举一个贝叶斯决策的案例
79		效用曲线在实际应用的意义？
80		出一套关于决策分析的自测题

续表

序号	AI伴学内容	AI提示词
81	第13章 对策论	矩阵对策及矩阵对策三要素是什么？
82		混合策略的概念是什么？最优纯策略、最优混合策略的区别是什么？
83		二人零和对策需要具备哪些条件？
84		介绍一下纯策略的原则：超优原则与最大最小原则
85		最求解优混合策略有哪几种主要方法
86		矩阵对策线性规划法依据的基本原理是什么？它的步骤有哪些？
87		纯策略纳什均衡的划线法是什么？
88		混合策略如何进行纳什均衡计算？
89		出一套关于对策论的自测题